W0171271

DIETER H. WIRTZ

Das Zigarren-Lexikon

DIETER H. WIRTZ

Das Zigarren-Lexikon

DROEMER

Für Elke

Redaktionsschluß für die zweite Auflage:
30. September 1999

Die Folie des Schutzumschlags sowie die Einschweißfolie
sind PE-Folien und biologisch abbaubar.
Dieses Buch wurde auf chlor- und säurefreiem Papier gedruckt.

Besuchen Sie uns im Internet:
www.droemer-knaur.de

Copyright © 1998, 2000 Droemersche Verlagsanstalt
Th. Knaur Nachf., München
Alle Rechte vorbehalten. Das Werk darf – auch teilweise – nur mit Genehmigung
des Verlages wiedergegeben werden.
Umschlaggestaltung: Casa nova corporate communications, München
Umschlagillustration: Helge Glatzel-Poch
Satz: QuarkXPress im Verlag
Druck und Bindung: Franz Spiegel Buch, Ulm
Printed in Germany
ISBN 3-426-27191-5

5 4 3 2

Inhalt

Zu diesem Buch

Jede Zigarre hat ihren Preis – und so hat auch jede Zigarre ihre Berechtigung. Dabei kann es sich um eine Zigarre handeln, die im Zehnerpack angeboten wird, dessen Gegenwert einer Kinokarte entspricht, aber auch um eine, die mit dem Preis für ein Fünf-Gänge-Menü zu vergleichen ist, das in einem Nobelrestaurant serviert wird.

Die Bandbreite bei den Zigarren und Zigarillos, die angeboten werden, ist enorm groß, ja sie ist selbst für den Fachmann, der in seinem Einzelhandelsgeschäft tagtäglich seine Kunden zu beraten hat, fast nicht mehr überschaubar. Viele Tabakwarenfachgeschäfte unterbreiten daher ein Zigarrensortiment, von dem sie überzeugt sind, es werde hinlänglich ausreichen, um die verschiedensten Wünsche und Vorstellungen hinsichtlich Geschmack und Preis vollständig abzudecken. Dabei vertrauen sie zum einen auf jene alteingeführten Marken, die ständig nachgefragt werden, bieten zum anderen aber auch immer wieder Zigarren an, die relativ neu auf dem Markt sind und denen sie berechtigte Chancen einräumen, von ihrem Kundenkreis angenommen zu werden.

Nahezu tagtäglich wird eine neue Zigarrenserie kreiert, und nahezu tagtäglich wird eine eingeführte Marke »aus dem Verkehr gezogen«, will heißen, aus dem Sortiment genommen bzw. nicht mehr hergestellt. Der Grund dafür, warum Marken oder bestimmte Formate einer Serie aus den Läden verschwinden, muß nicht unbedingt an der fehlenden Qualität oder der mangelnden Nachfrage liegen, sondern kann auch darin begründet sein, daß bestimmte Tabake nicht mehr ausreichend zur Verfügung stehen.

Es handelt sich hier also um einen Markt, der ständigen Schwankungen unterworfen ist und der sich morgen ganz anders präsentieren kann als heute erwartet. Zwar bewegt sich beispielsweise in Deutschland der Marktanteil jener Zigarren und Zigarillos, die ein dunkles Deckblatt aufweisen, also dem Typ »Brasil« entsprechen, ziemlich konstant bei einem Drittel, doch andererseits steigt die Nachfrage nach höherpreisigen bzw. Premium-Zigarren stetig an. Das unterstreichen auch die zahlreichen Berichte in den verschiedensten Magazinen und Zeitschriften über jenen Boom, der vor allem bei den Havannas sowie nicht wenigen Premium-Marken aus dem übrigen karibischen Raum auszumachen ist.

Doch Vorsicht! Statistiken lassen bekanntlich die unterschiedlichsten Interpretationen zu – und so sollen einige Zahlen unterstreichen, was es mit diesem Boom auf sich hat, wenn er ins Verhältnis zu der Gesamtentwicklung des Zigarrenmarktes gesetzt wird. Laut Statistischem Bundesamt in Wiesbaden hatten die Zigarren, deren Einzelverkaufspreis stolze 15 Mark beträgt, 1996 den enormen Zuwachs von 646 Prozent gegenüber dem Vorjahr zu verzeichnen. Das ist eine beachtliche Zahl. Diese Zahl relativiert sich jedoch, wenn man einen Blick auf den Marktanteil der 15-Mark-Zigarren wirft: 1996 wurden davon in Deutschland rund 19 000 Stück verkauft – und das wiederum entspricht einem Marktanteil von etwas über 0,00001 Prozent! Da nimmt sich der Anteil der Zigarren und Zigarillos, deren Einzelverkaufspreis lediglich 32 1/2 Pfennig beträgt, schon ganz anders aus, denn davon wurden 224 631 000 Stück verkauft – was einem Marktanteil von immerhin 15,8 Prozent entspricht. Will man also dem Statistischen Bundesamt Glauben schenken – und wer zweifelt an diesen Zahlen? –, so wurden 1996 in Deutschland über 11 820mal mehr Zigarren bzw. Zigarillos verkauft, die pro Stück 32 1/2 Pfennig kosteten, als solche, deren Einzelverkaufspreis exakt 15 Mark betrug. So hat also jede Zigarre ihren Preis – und ihre Berechtigung. Denn wer will schon all jene Käufer in eine Ecke stellen, die Zigarren bzw. Zigarillos bevorzugen, welche lediglich 32 1/2 Pfennig das Stück kosten?

Setzt man sie also in Beziehung zueinander, so sorgen Zahlen nicht selten für die eine oder andere Überraschung, zumal dann, wenn sie Statistiken entnommen werden. Zu viele Zahlen wiederum sind meist verwirrend, und deshalb sollen hier nur noch deren drei Erwähnung finden: Im Jahre 1996 wurden in Deutschland – wiederum laut Statistischem Bundesamt – 1 423 573 000 Zigarren bzw. Zigarillos verkauft. Das entspricht einer Steigerung gegenüber dem

Vorjahr von immerhin 8,4 Prozent, wobei das Marktanteilverhältnis der Zigarren zu Zigarillos ca. 21 zu 79 Prozent betrug. Prozentual lassen sich diese Zahlen in etwa auch auf Österreich und die Schweiz übertragen.

Genug der Zahlen. Wie schon gesagt, hat jede Zigarre ihre Berechtigung, auch jene, deren Preis eindeutig unter 50 Pfennig liegt. Dennoch werden in diesem Lexikon nur wenige Zigarren aufgeführt, die dem unteren Preissegment zuzuordnen sind. Da es sich hier »nur« um ein Lexikon handelt, nicht um eine Enzyklopädie, ist der »Mut zur Lücke« bei solch einem Buch unerläßlich, und so wird hauptsächlich auf jene Zigarrenmarken eingegangen, die den höheren Preissegmenten zuzuordnen sind, sowie auf jene, die das Prädikat »Premium-Zigarre« tragen, sind es doch gerade diese Marken, die eine gewisse Aura verbreiten. Darunter befinden sich wiederum Schätze, welche das Herz eines jeden Zigarrenliebhabers höher schlagen lassen, und dann gibt es noch die, welche zu Legendenträgern geworden sind, eben weil von ihnen eine regelrechte Faszination ausgeht.

Selbstverständlich werden alle Havanna-Marken vorgestellt, selbst jene, die nur noch schwer zu bekommen sind. Das gebietet allein die Achtung gegenüber dem »Mutterland der Zigarre«, gegenüber Kuba, und ist zugleich eine Reverenz an die »Königin der Zigarre«. In diesem Zusammenhang ist es ebenso selbstverständlich, daß bei der Vorstellung derjenigen Havannas, die im deutschsprachigen Raum nicht zu kaufen sind, ein entsprechender Hinweis nicht fehlt. Auch werden einige wenige Marken aus den übrigen Karibik-Ländern vorgestellt, die hierzulande nicht angeboten werden. Es handelt sich dann um absolute Premium-Zigarren, die darüber hinaus mit einer interessanten Entstehungsgeschichte aufwarten.

Überhaupt spielt die Geschichte der Zigarre eine nicht unwesentliche Rolle in diesem Buch, schließlich handelt es sich bei der Zigarre um ein Gut von kulturhistorischer Bedeutung. Schon Jahrhunderte vor der Entdeckung Amerikas war die Zigarre als ritueller Gegenstand bei bedeutenden und weniger bedeutenden Feierlichkeiten der präkolumbischen Einwohner fester Bestandteil des kultischen und religiösen Lebens. Auch die Zeremonie, bei der die Friedenspfeife im wahrsten Sinne des Wortes zum Zuge kam, war bei den Indianern Nordamerikas ein Akt, dem große Bedeutung beikam. Das Rauchen von Tabak setzte praktisch den Schlußpunkt, ja, die »Unterschrift« nach einer Vereinbarung bzw. unter einen Vertrag. Dabei handelte es sich, der jeweiligen Situation angemessen, um ein durchweg ernstes Ritual, bei dem der Genuß zweitrangig war.

Heutzutage gilt die Zigarre dagegen als reines Genußmittel – und dennoch: Wer sich beispielsweise abends, sozusagen nach den Mühen des Tages, eine Zigarre anzündet, der weiß zwar um den kommenden Genuß, der weiß aber auch um die Aufmerksamkeit, die ihm eine Zigarre während des Rauchens abverlangt. Eine Zigarre – besonders die großformatigen – kann man nicht einfach so »nebenher« rauchen wie etwa eine Zigarette. Das ist wohl auch der wesentliche Unterschied, der zwischen einer Zigarette und einer Zigarre besteht: Während das Rauchen von Zigaretten sehr leicht zur Sucht werden kann (und dann übertrieben wird), hat das Rauchen von zwei bis drei Zigarren pro Tag – das übliche Quantum eines *Connaisseurs* – weniger mit Sucht, sondern bedeutend mehr mit Genuß zu tun. Und hier schließt sich der Kreis: Das stilvolle Rauchen von Zigarren birgt auch heute noch sehr viel Rituelles in sich.

Zurück zu diesem Buch. Da es sich hier um ein Zigarren-Lexikon handelt, liegt auch der absolute Schwerpunkt auf Zigarren. Zwar wird mitunter auf Zigarillos eingegangen, werden sie auch erwähnt, etwa dann, wenn sich die Formate einer Marke auch auf Zigarillos erstrecken, doch geschieht das, wie gesagt, eher marginal.

Dafür ist um so mehr über Zigarren zu erfahren. Wie schon angesprochen, werden viele – nicht alle – Zigarrenmarken vorgestellt, die im deutschsprachigen Raum zu kaufen sind, größtenteils auch die Formate der einzelnen Marken aufgelistet; ferner finden sich Firmenportraits; dann werden die Leistungen der Menschen hinter den (meist bedeutenden) Marken gewürdigt; nicht selten kommt auch Skurriles und weniger Skurriles zum Vorschein; schließlich werden auch Legenden und Geschichten erzählt, welche sich um einzelne Marken drehen oder welche die Zigarre an sich zum Thema haben – eine Einladung zum Schmökern!

Darüber hinaus werden die Länder und Regionen vorgestellt, die Zigarrentabak anbauen, dann die, die ihn anbauen und verarbeiten, und auch die, die ihn hauptsächlich nur verarbeiten. Weiterhin nehmen die verschiedenen Tabak- und Blattsorten sowie die Deckblatt-Farben ein weites Feld ein, genauso wie die Behandlung der und der Umgang mit den Zigarren. Ein großer Raum wird auch den Formaten eingeräumt, nicht zuletzt deshalb, weil die Vielzahl der Bezeichnungen oft für Verwirrung sorgt.

Das alles ist benutzerfreundlich unter den jeweiligen Stichwörtern zu finden – und wenn einmal ein einzelner gesuchter Begriff kein eigenes Stichwort hat, so sorgt das umfangreiche Register am Schluß des Buches für ein rasches Auffinden des gesuchten Wortes. Abgerundet wird das Ganze durch eine umfangreiche Auflistung – sie beginnt auf Seite 366 – wirklich erstklassiger Tabakwaren-geschäfte, die ein breites, gut sortiertes Sortiment von Zigarren für den *Aficionado* bereithalten und neben den notwendigen Accessoires auch ihre fachkundige Beratung anbieten.

Ein Aspekt findet sich jedoch nicht in diesem Buch: Es werden keine vergleichenden Beurteilungen hinsichtlich Machart und Qualität von verschiedenen Zigarren vorgenommen. Während beispielsweise der eine Raucher eine kräftige Havanna liebt, schwört der zweite auf eine milde dominikanische Zigarre, mit der wiederum der dritte wenig im Sinn hat, weil er Shortfillern den Vorzug gibt, die den traditionellen holländischen Stil verkörpern. Vergleiche hinken gewöhnlich – besonders dann, wenn Geschmäcker und Vorlieben eine Rolle spielen. Jeder *Aficionado* wird mit der Zeit »seine« Zigarren entdeckt haben, weil sie seinem individuellen Geschmack entsprechen. Hinweise, etwa auf Stärke und Aromadichte, sind dagegen bei der Suche nach den »richtigen« Zigarren meist sehr hilfreich – und deshalb finden sich solche Bemerkungen in großer Zahl.

In einer Einleitung sollte man nicht vergessen, all jenen zu danken, die am Zustandekommen eines Buches ihren Anteil haben. Es waren in diesem Fall Angestellte von Vertriebsgesellschaften und Zigarrenimportfirmen, Einzelhändler, Journalisten, Mitarbeiter von Zigarrenfabriken, Zigarrenmacher – sie alle haben mich bei meinen

Recherchen unterstützt und mir so manch wertvolle Information zukommen lassen. Jede(n) einzelne(n) aufzuzählen ist aus Platzgründen einfach nicht möglich. Dennoch möchte ich – stellvertretend – einige wenige erwähnen, vor allem deshalb, weil sie während der ganzen Entstehungszeit dieses Buches stets ein offenes Ohr für meine Anliegen hatten. Zu danken habe ich: Carlos Amado-Blanco, Michael Blumendeller, Pit N. Brockhausen, Hans-Jürgen Dersche, Peter Fendt, Maria Gump, Norbert H. Heinrich, Kerstin Hüffmeyer, Michael Kohlhase, Thomas Montasser, Pierre Müller, Walter Offermanns, Michael Ostrowski, Steffen Rinn, Esther Rohrer, Mario Šamec, Philipp Schuster, Petra Struckmeyer, Ghodo F. Thiel, Christoph M. Wolters. Zu danken habe ich ferner meiner Frau, die durch das Korrekturlesen des Manuskripts zur ersten Kritikerin wurde und mir somit wertvolle Hinweise zu Verbesserungen gab.

Ich hoffe, daß Sie, lieber Leser, so manch kurzweilige Stunde beim Lesen des vorliegenden Buches haben werden. Es sollte sich von selbst verstehen, daß Sie dabei einer guten Zigarre frönen.

Mönchengladbach, im Januar 1998
Dieter H. Wirtz

Vorwort zur zweiten Auflage

Der Mut zur Lücke ist größer geworden – zwangsläufig. Nachdem im April 1998 das »Zigarren-Lexikon« erstmals erschienen ist, ist bis September 1999 die Zahl der Premium-Marken weltweit um rund 500 gestiegen. Das heißt: Nach ziemlich genau eineinhalb Jahren hat sich das Angebot von handgemachten Longfillern auf dem internationalen Zigarrenmarkt mehr als verdoppelt. Mittlerweile werden rund 1000 Zigarrenmarken hergestellt, die mit dem Prädikat »Premium« ausgestattet sind. In jener Zahl sind die Havannas noch nicht einmal enthalten, ebensowenig wie die vielen guten europäischen Shortfiller.

Es wäre ein sinnloses Unterfangen, sich jeder neuen Premium-Marke mit ihren zehn und mehr Formaten intensiv zu widmen. Das wäre nämlich nicht nur in hohem Maße aufwendig, sondern in nicht wenigen Fällen auch sinnlos. Als Beispiel mag hier die Marke »Primo del Rey« dienen. Diese wirklich gut gemachten Longfiller zählen mit zum Besten, was die dominikanische Zigarrenindustrie nach dem Zweiten Weltkrieg hervorgebracht hat. Mittlerweile muß man von den »Neffen des Königs«, immerhin seit 1961 auf dem Markt, in Europa in der Vergangenheit reden – sie gibt es hier nicht mehr. Ähnlich wird es etlichen Premium-Marken gehen, die mit viel Hoffnung (u. a. auf hohen Profit) dem *Aficionado* angeboten werden, begleitet durch vollmundiges Lob für die Ingredienzen und kräftiges Schlagen der Werbetrommel – und die dann schon bald in Vergessenheit geraten sind. Heute rot, morgen tot.

Besagte Zahl läßt sich, wie gesagt, nicht genau festmachen, schon gar nicht mit Inhalten füllen. Sie ist nur eine punktuelle Bestandsaufnahme. Das sehen auch Importeure und Fachhändler so. Sie sind äußerst zurückhaltend mit dem, was international angeboten wird. Vertrauen auf Bewährtes steht deshalb im Vordergrund – was nicht ausschließt, daß die ein oder andere Zigarrenkiste der ein oder anderen neuen Marke den Weg in die Auslage der Ladenlokale findet.

Ähnlich verhält es sich mit der zweiten Auflage des »Zigarren-Lexikons«. Zwar wird der interessierte Zigarrenfreund vieles von dem, was er schon in der ersten Auflage gelesen hat, wiederentdecken, doch er wird auch etliches Neues finden – neue Marken neben jenen etablierten, die eine Erweiterung durch einzelne Formate, ja, komplette Serien erfahren haben. Auch sind hinzugekommene Anekdoten zu entdecken, während einige Tabellen von Duplikaten nicht mehr aufgeführt sind, da sie für Neues weichen mußten.

Was die Entwicklung auf dem Zigarrenmarkt betrifft, so sei auf das Vorwort zur ersten Auflage verwiesen – wesentlich Neues hat sich nämlich bezüglich des Trends und der dazugehörenden Zahlen in den letzten eineinhalb Jahren nicht getan. Nur soviel sei dazu gesagt: Insgesamt ist der Zigarren- und Zigarillomarkt weiter im Aufwind, doch sind die Absatzzuwächse nicht mehr ganz so rapide gestiegen wie in den zurückliegenden Jahren. Es ist zu vermuten, daß der Markt bald auf hohem Niveau stagnieren wird.

Zum Schluß nehme ich gerne wieder die Gelegenheit wahr, mich bei den Menschen zu bedanken, die mich bei der Arbeit zu dieser zweiten Auflage in verschiedenster Weise unterstützt haben. Sie mögen stellvertretend für die vielen stehen, welche mit Anregungen und Ratschlägen Interesse an dem Thema Zigarre und an dem »Zigarren-Lexikon« selbst gezeigt haben. Es sind dies: Corina Atzli, Archi W. Bechlenberg, Peter Heinrichs, Claus Hofmann, René Hollenstein, Matthias W. Wintzer. Auch dem Großteil der auf Seite 14 Genannten nochmals herzlichen Dank.

Mönchengladbach, im November 1999
Dieter H. Wirtz

Wichtiger Hinweis zu den Format-Tabellen: Falls ein Zigarrenformat in einer Aluminiumhülse angeboten wird und das nicht durch den Namen des Formats, etwa durch den Zusatz »Tubed« bzw. »Tubos«, ersichtlich ist, ist der jeweilige Format-Name mit einem Sternchen (*) versehen. Zwei Sternchen (**) bedeuten: Das Format ist sowohl mit als auch ohne Hülse erhältlich.

Accessoires

Es gibt sie in allen nur erdenklichen Ausstattungen und Preislagen, die so notwendigen Accessoires, jene unentbehrlichen Utensilien, ohne die ein wahrer *Aficionado* nicht zurechtkommt. Ob es die langen Zündhölzer von »Cohiba« oder »Dunhill« sind, der Humidor aus Acryl von »Davidoff« oder aus Wurzelholz von »Elie Blue«, das Gasfeuerzeug in Gold von »S. T. Dupont« oder in Silber von »Rowenta«, das Zigarrenetui aus edlem Holz oder feinstem Leder, die Zigarrenhülse aus Acryl- oder Acrylrauch- oder Rauchglas, der Zigarrenanschneider, dessen Edelstahlklinge einen Diagonalschliff hat und dessen Gehäuse sowohl mit Goldauflage als auch in gebürstetem Edelstahl zu haben ist, die verchromte oder versilberte Zigarrenschere, der Zigarrencutter mit Doppelklinge oder der Rundcutter, jeweils mit oder ohne Lederetui, oder ob es der Reise-Humidor aus genähtem Leder von »Savinelli« oder der von »Brebbia«, der mit Zedernholz ausgeschlagen ist, vielleicht gar der in Wurzel-Samt-Dekor von »Guy Janot« sein muß – das alles sind Accessoires, die nicht unbedingt zur Standardausrüstung eines Zigarrenrauchers gehören müssen, ohne die aber der *Connaisseur* nicht auskommen kann.

Gewiß, ein einfaches Streichholz, wovon es für einen Pfennig deren drei gibt, gar ein ordinäres Gasfeuerzeug, das nach Gebrauch im Restmüll landet, tun es auch, um eine Zigarre zum Entfachen zu bringen, und auch eine »Guillotine«, die es beim Kauf einer Kiste Zigarren vom Fachhändler manchmal gratis gibt, reicht aus, um beim Anschneiden den Zigarrenkopf einen Kopf kleiner zu machen – doch Hand aufs Herz: Welcher *Aficionado* bringt es über sich, mit letztgenannten »Werkzeugen« beispielsweise eine »Montecristo A« zu behandeln?

Es muß ja nicht gleich ein begehbarer Humidor sein, doch ein gewisses Ambiente gehört schon bei einem angenehmen Smoke dazu. Und deshalb halten Zigarrenhandel und -versand neben den oben beschriebenen auch noch weitere ausgefallene Accessoires bereit, welche allesamt dazu dienen, das Zigarrerauchen zu verschönern.

ACHT-NEUN-ACHT/8-9-8

In früheren Zeiten wurden die Zigarren beim Verpacken regelrecht in ihre Holzkisten gepreßt, was erklärt, warum sie schon bald danach eine rechteckige Form annahmen. Irgendwann kam der Zigarrenmacher Ramón Allones auf die Idee, die Zigarren in drei Reihen zu verpacken, wobei sie versetzt aufeinander zu liegen kamen – und so entstand eine Verpackungsart, die noch heute Anwendung findet, und zwar bei nahezu allen Kisten zu 25 Zigarren. Dabei liegen in der unteren wie der oberen Reihe acht Zigarren, während die mittlere mit deren neun bestückt ist.

AFICIONADO

Afición bedeutet »Zuneigung«, »Leidenschaft«, »Faible«, und so kann ein *Aficionado* durchaus als jemand angesehen werden, der eine Sache mit Leidenschaft betreibt – zum Beispiel das Zigarrerauchen. Wenn in diesem Buch von einem *Aficionado* die Rede ist, dann ist damit natürlich der leidenschaftliche Zigarrenraucher gemeint ...

Während der *Connaisseur* noch lange kein *Aficionado* sein muß, so ist letzterer dagegen eindeutig der Spezies *Connaisseur* zuzuordnen, ist doch der *Aficionado* jemand, dem der Genuß seiner geliebten Zigarren über alles geht. Darüber hinaus kennt er sich in der Welt der Zigarren hervorragend aus und weiß genau, welche Formate wie beschaffen sein sollten, damit er sie für würdig erachtet, seine Genußerwartungen zu befriedigen. Aber auch über den weiten Bereich der Accessoires und des Zubehörs weiß er umfassend Bescheid, so daß er bei Aufbewahrung und Behandlung seiner geliebten Zigarren die notwendige Umsicht walten läßt. So ist der *Aficionado* mehr als ein Zigarrenraucher und -kenner – er ist sozusagen ein »Zigarren-Gourmet«.

All das trifft natürlich auch auf die passionierte *Aficionada* zu. Die Zigarrenraucherinnen sind gegenüber ihren männlichen Pendants zwar noch erheblich in der Minderzahl, doch ihre Zahl wächst – nicht nur in den Vereinigten Staaten, wo es schon erste Clubs gibt, die ausschließlich *Aficionadas* vorbehalten sind, sondern auch in der

Alten Welt. Hier sind es die Zigarrenliebhaberinnen in den nordischen Ländern, die wiederum als Vorbilder für ihre amerikanischen Geschmacksgenossinnen dienen, ist doch in Skandinavien die zigarre- bzw. zigarillorauchende Frau schon seit Jahrzehnten keine Seltenheit.

An dieser Stelle sei eine Bemerkung erlaubt. In dem vorliegenden Buch ist stets von *Aficionados*, von Zigarrenrauchern und -liebhabern die Rede. Das hat nichts mit Mißachtung gegenüber dem weiblichen Geschlecht zu tun, sondern in erster Linie mit dem Lesefluß. Es stört einfach, ständig auf Wortungetüme und Beinahe-Wiederholungen wie »Zigarrenraucher bzw. Zigarrenraucherin«, wie »*Aficionado* bzw. *Aficionada*« oder auf Satzteile wie »...was ein(e) jede(r) Zigarrenraucher(in)...« zu stoßen. Auch ein immer wiederkehrendes Wort wie »ZigarrenraucherInnen« ermüdet mit der Zeit, zumal ein Artikel (wie auch ein Attribut) zum Singular-Wort »ZigarrenraucherIn« erneut zweier Klammern bedarf.

Ein *Aficionado* weiß sehr wohl um die Existenz zweierlei Geschlechts beim Menschen – und somit schätzt er die *Aficionadas* ebenso wie seine männlichen Gesinnungsgenossen, bezeugt ihnen mitunter sogar mehr Respekt als Letztgenannten.

$\mathcal{A}$ GIO

Weltweit zählt die Marke »Agio« nicht nur zu den bekanntesten Zigarillos, sondern »Agio« hat noch mehr zu bieten: Hinter diesem Namen verbirgt sich eine der erfolgreichsten niederländischen Zigarrenfabriken. Eigentümer ist Jacques Wintermans, doch zurück geht das Unternehmen auf seinen Großvater, der die Firma im Jahre 1904 ins Leben rief. Seit dieser Zeit sind die »Agios« auch außerhalb der Niederlande ein Begriff.

Zwischen Eindhoven und der Grenze zu Belgien liegt die Ortschaft Duizel, und hier, im Süden der Provinz Nord-Brabant, befindet sich der Stammsitz der »Agio Sigarenfabrieken N.V.«, in dem die Einlage-Mischungen aufbereitet werden sowie Verpackung und Versand erfolgen. Wichtige Produktionsschritte, wie etwa das Vorbereiten der Deckblätter, werden in eigenen Fabriken in Übersee, so unter anderem in der Dominikanischen Republik und auf Sri Lanka, vorgenommen. Gefertigt werden die Zigarren und Zigarillos jedoch weiter südlich vom Stammsitz. Im nördlichen Belgien, nicht weit von Antwerpen entfernt, in Geel, stellen die Fachkräfte von »Agio« die Marken »Biddies«, »Balmoral«, »Capa D'or«, »De Huifkar«, »Mehari's«, »Panter« und »Prima Primeur« her. Während es sich bei den Serien »Biddies«, »Capa D'or«, »Mehari's«, »Panter« und »Prima Primeur« ausschließlich um Zigarillos handelt, dreht es sich bei der Marke »Balmoral« auch und bei der Marke »De Huifkar« ausschließlich um die Zigarre.

Die »Balmorals« – übrigens benannt nach Schloß Balmoral in Schottland, dem Ferien- und Sommersitz der englischen Königsfamilie – mit ihren knapp zehn Zigarrenformaten haben eine Einlage aus Brasil-, Java- und Havanna-Tabaken, ein Umblatt aus Java sowie ein würziges Sumatra-Deckblatt – lediglich die »Rich & Light No. 7« weicht hier etwas ab, weist sie doch ein Connecticut-Shade-Deckblatt auf.

Wären da noch die »De Huifkars« mit ihren etwas über zehn Formaten. Was Einlage und Umblatt betrifft, lassen sich die Brabanter Zigarrenmacher nicht in den Wickel gucken. Versichert wird jedoch, daß nur Tabake der besten Erntejahre und der besten Plantagen Verwendung finden. Das Deckblatt wiederum unterliegt keinem Geheimnis: Es ist ein Sumatra-Sandblatt.

Bliebe schließlich nur noch der (eigentlich überflüssige) Hinweis, daß alle »Agio«-Erzeugnisse aus 100 Prozent Tabak bestehen. Gefertigt werden sie maschinell – nach bewährter holländischer Tradition.

AL CAPONE

Eine vor allem bei jungen Leuten beliebte Marke der Firma »Dannemann«. Bevorzugt diese Klientel die Zigarillos, so bietet »Al Capone« für den Zigarrenraucher zwei klassische Shortfiller an: die »Al Capone jr.«, eine »Panatela«, und die »Al Capone Cigars«, eine »Corona«, beide in den Geschmacksrichtungen Brasil und Sumatra und beide zu 100 Prozent aus Tabak.

$\mathcal{A}$LMUERZO

Der Name dieses Havanna-Formats bedeutet soviel wie »Mittag-essen«. Ob sich gerade eine Zigarre solch eines Formats dafür anbietet, sie nach dem Mittagsmahl zu genießen, ist nicht bekannt, jedoch ohne weiteres denkbar.

Das äußerst seltene Format, welches in etwa mit dem einer international gebräuchlichen »Petit Corona« vergleichbar ist, hat eine Länge von 5 1/8 Inches (≈ 130 mm) und ein Ringmaß von 40, was einem Durchmesser von ca. 15,9 Millimetern entspricht. Zigarren des Formats »Almuerzo« sind maschinengefertigt.

$\mathcal{A}$NSCHNEIDEN

Das Anschneiden eines Zigarrenkopfes ist eine Philosophie für sich. Schwört der erste auf seine Zigarrenschere, vertraut der zweite auf eine Rasierklinge (was zwar etwas außergewöhnlich ist, aber durchaus nachvollziehbar), während der dritte – und hier handelt es sich meist um einen Kubaner – seine Zähne zu Hilfe nimmt, um den Zigarrenkopf entsprechend zu bearbeiten, damit der bereit ist für das Anzünden. Vor allem letztere Methode ist in europäischen Breiten selten zu beobachten – sie scheint wirklich denjenigen Rauchern in der Karibik vorbehalten zu sein, die in der Nähe weitflächiger Tabakplantagen aufgewachsen sind.

Es zeugt auch hierzulande wenig von guter Erziehung, wenn jemand beispielsweise während einer »Smoker's Night« ein Stück des Zigarrenkopfes mit seinen Kauwerkzeugen abreißt, um es daraufhin in hohem Bogen auszuspucken. Je nachdem, wo dieses Stück schließlich landet, etwa in der Suppe einer gutaussehenden *Aficionada* – der Gute hat dann ein Problem.

Da empfiehlt sich schon eher die »Guillotine«. Dieses einstmals martialische Gerät, vornehmlich bekannt durch seinen überaus häufigen Einsatz während der Französischen Revolution, dessen Bestimmung einzig und allein in der Vorgabe bestand, den Kopf eines Delinquenten vom Rumpf zu trennen – dieses Gerät hat mittlerweile seinen Schrecken verloren, insbesondere unter *Aficionados*. Sie schätzen die »Guillotine« ob ihres Schnitts, der einen Teil des Zigarrenkopfes – und hier werden wieder Erinnerungen an die Französische Revolution wach – glatt und sauber vom »Zigarrenrumpf« trennt. Dieser saubere Schnitt ist auch von nicht unerheblicher Bedeutung, da er sich, neben anderen Faktoren, wesentlich auf das Brandverhalten der Zigarre während des Rauchens auswirkt. Gerät nämlich das Anschneiden weniger exakt, so kann der Abbrand unregelmäßig vonstatten gehen – was sich wiederum unangenehm auf den Rauchgenuß auswirkt. Außerdem: Wer hierbei die nötige Sorgfalt vermissen läßt, der nimmt eine Schädigung des Deckblatts in Kauf. Und: Neben der Regelmäßigkeit des Abbrands garantiert ein sauberer Schnitt einen einwandfreien Zug und fördert die Wahrnehmung der Aromen.

Doch die »Guillotine« ist beim Anschneiden einer Zigarre nicht das alleinseligmachende Gerät. Viele *Aficionados* benutzen beispielsweise jene neuartigen »Zigarrenkopföffner«, die seit einiger Zeit auf dem Markt sind. Hierbei wird der Zigarrenkopf mittels eines Rundmessers angebohrt, wodurch ein etwa 15 Millimeter tiefes Loch entsteht und der losgeschnittene Tabak beim Zurückdrehen des Bohrers herausgezogen wird.

Dann wird von nicht wenigen die Zigarrenschere benutzt, deren Anwendung kein Geringerer als Zino Davidoff bevorzugte. Glaubt man den Ausführungen des großen Zigarrenkenners – und wer zweifelt schon an ihnen? –, besteht der Vorteil einer guten Zigarrenschere darin, daß sie einen sauberen, zirkulären Schnitt gestattet, ganz gleich, wie der Durchmesser der Zigarre beschaffen ist.

Wie gesagt: Es gibt mehrere Möglichkeiten, einen Zigarrenkopf perfekt anzuschneiden. Während der erste mit dem einen Gerät besser bedient ist, wählt der zweite ein anderes, weil er es einfacher handhaben kann. Es ist wie bei der Wahl der Zigarren: Stets wird sich das durchsetzen, was den Neigungen und Vorlieben des einzelnen am ehesten entspricht.

»Tabak ist die Pflanze, die Gedanken in Träume umwandelt.«
Victor Hugo, französischer Schriftsteller

ANTONIO & CLEOPATRA

Die wie die »Romeo y Julieta« nach einem weltberühmten Liebespaar benannte Marke findet deshalb Erwähnung, weil sie, 1888 eingeführt, einstmals zu den bekanntesten Havanna-Marken gehörte.
Heute in Puerto Rico hergestellt, erinnern die »Antonio & Cleo-
patras« nur noch durch ihren Namen an die ehemals beliebte kubanische Marke. Die in Massenproduktion hergestellten Zigarren
haben teilweise ein Candela-Deckblatt, das aus einheimischem Anbau, teilweise eines, das aus Kamerun stammt, ein homogenisiertes
Umblatt sowie eine Kurzblatt-Einlage, die von heimischen Blättern
stammen, welche aus kubanischen Saaten gezogen werden.

ANZÜNDEN

Der Rauchgenuß einer Zigarre fängt mit dem richtigen Anzünden
an. Das beschnittene Brandende der Zigarre wird langsam über einem Feuerzeug bzw. einem Zündholz gedreht, damit es sich erwärmen kann, wobei die Flamme nicht in Kontakt mit der Zigarre
kommen darf, um so ein Ansengen und den damit verbundenen
scharfen Geschmack zu vermeiden. Diesen Vorgang nennt man
auch »Toasten«.
Während die Zigarre immer noch gedreht und die Spitze der Flamme dicht unter das Brandende gehalten wird, bewirkt ein leichtes
Paffen das Hinziehen des Feuers zur Zigarre sowie ein gleich-
mäßiges Entfachen des Brandendes.
Ähnlich wie bei der Frage nach dem Entfernen oder Nichtentfernen
der Bauchbinde entzweien sich auch die Meinungen, wenn es um
das richtige »Werkzeug« beim Entfachen der Zigarre geht. Hier
lautet die Frage: Feuerzeug oder Zündholz? Diese Frage stellt sich
dem wahren *Connaisseur* überhaupt nicht, benutzt er doch nach wie
vor einen längeren Holzspan, womöglich einen aus Zedernholz.
Doch nicht immer ist ein solches »Werkzeug« zur Hand. Aber es
gibt ja Alternativen …
Zweifellos ist das Streich- bzw. Zündholz eines der wichtigsten
Utensilien des Zigarrenrauchers. Allerdings sollte es sich entweder

um ein längeres Streichholz handeln, damit sich der Geruch des entflammten Schwefels verflüchtigen kann, oder um eines, dessen Zündkopf erst gar keinen Schwefel enthält (die gibt es nämlich auch). Die Betonung liegt hierbei im wahrsten Sinne des Wortes auf Holz, also nicht auf jenen »Hölzern«, die beispielsweise aus Wachs gefertigt sind. Solche Streich»hölzer« bewirken einen unangenehmen Geschmack beim Rauchen und beeinträchtigen den Rauchgenuß erheblich.

Nicht immer ist das Zündholz das passende Instrument, um des *Aficionados* vorrangiges Geschmackserlebnis einzuleiten. Auf Reisen beispielsweise ist ein gutes Gasfeuerzeug absolut von Vorteil, da eine große Schachtel mit langen Streichhölzern die Stelle des Jacketts, unter der sie sich verbirgt, etwas deformiert aussehen läßt (altdeutsch: das Jackett ausbeult). Jedenfalls erfüllt ein gutes Gasfeuerzeug praktisch denselben Zweck wie ein Zündholz – lediglich die Atmosphäre, die letzteres verbreitet, ist eine andere als die, welche bei der Benutzung eines Feuerzeugs aufkommt.

Liegt die Betonung beim Streichholz auf »Holz«, so liegt sie beim Feuerzeug eindeutig auf »Gas«. Wird die Zigarre beispielsweise mit einem Benzinfeuerzeug angezündet, so bewirkt das einen unangenehmen Beigeschmack, der sich über den gesamten Rauchvorgang hinzieht – wahrlich kein Vergnügen für einen *Connaisseur.*

Wenig Rauchgenuß verspricht auch eine Kerze. Falls jemand auf den absurden Gedanken kommt, diese Feuerstelle zum Anzünden einer edlen Zigarre zu verwenden, sollte er das Wort »Zigarre« am besten gar nicht mehr in den Mund nehmen – und das ist sowohl im übertragenen wie im sprichwörtlichen Sinne gemeint.

*A*RNOLD ANDRÉ

1835 ist das offizielle Gründungsjahr der Tabakfabrik »Gebrüder André«. Angefangen hat es jedoch schon 1817, denn in diesem Jahr nahmen die Gebrüder André in Osnabrück ihre Tabakfabrikation auf. Das Unternehmen muß sich rasch entwickelt haben, denn schon 16 Jahre nach der offiziellen Gründung, also 1851, eröffnete es eine Zweigniederlassung im ostwestfälischen Bünde. Schließlich erfolgte 1866 die Gründung der Firma »Arnold André Zigarrenfabrik«. Der Name des Unternehmens hat sich seitdem nicht geändert – verändert hat sich lediglich der Sitz: 1905 wurde das heutige Stammhaus in Bünde bezogen. Gehörte damals »Arnold André« zu den Bekannteren der Branche, so ist das Unternehmen heute zu den Großen zu zählen. Im Bereich der preiswerten Zigarren und Zigarillos ist »Arnold André« in Deutschland jedenfalls absolut führend. So stellen die Zigarrenmacher in Bünde sowie in den Zweigwerken Osterholz-Scharmbeck nahe Bremen und Königslutter bei Helmstedt beispielsweise die Zigarillos der 1972 eingeführten Marke »Clubmaster« her, die mittlerweile die absatzstärkste Zigarillomarke Deutschlands ist, und auch die altbekannte Marke »Handelsgold«, 1935 erstmals herausgebracht und über Jahrzehnte die bekannteste Zigarrenmarke Deutschlands.

Mit der Zeit kamen dann noch die Marken »Tropenschatz«, eine Brasil, »Garves«, ebenfalls eine Brasil, »El Bacco«, eine Sumatra, sowie »Bachschmidt« hinzu – alles Zigarren bzw. Zigarillos, die im unteren Preissegment angesiedelt sind – und die ihre feste Käuferschaft haben. So ist etwa »Tropenschatz« die meistverkaufte Zigarrenmarke in Deutschland.

A ROMA

Wenn in diesem Buch von »Aroma« die Rede ist, so bezieht sich das in der Regel auf die Stärke einer Zigarre. Egal, welche Duftnuancen eine Zigarre verbreitet und welche Nuance schließlich vorherrscht, manchmal die anderen gar überdeckt, so entwickelt doch jedes Aroma eine gewisse Stärke.

Um nicht immer den Ausdruck »Körper« zu gebrauchen, steht »Aroma« sozusagen für die Aromastärke, die eine Zigarre insgesamt besitzt. Aroma hat in diesem Falle nichts mit Geschmack zu tun – ebensowenig wie Geschmack mit Stärke zu tun hat. So schmeckt beispielsweise eine relativ milde Zigarre relativ bitter, wenn mehr als zwei Drittel von ihr aufgeraucht sind. Nicht wenige *Aficionados* rauchen deshalb nur zwei Drittel einer Zigarre, weil die danach einset-

zende Bitterkeit – auch wenn sie sich nur leicht bemerkbar macht –
die Duftnoten überdeckt und somit nicht mehr voll zur Geltung
bringt.

*A*ROMEN

Manchmal ist in diesem Buch von »Aromen« die Rede, etwa dann,
wenn es beispielsweise heißt, die Zigarre überrasche »durch ein
süßes Aroma«. In solch einem Fall bezieht sich der Begriff »Aroma«
eindeutig auf bestimmte Geschmacksnuancen einer Zigarre – und
nicht auf die Stärke ihres Körpers.
In diesem Zusammenhang sei ein notwendiger Hinweis erlaubt:
Wer bei einzelnen Zigarren jene charakteristischen Beschreibungen
sucht, die so manchen Beurteilungen von Zigarren eigen ist, wenn
es beispielsweise heißt, »das schöne Lederparfum der Corona erinnert in der Tat an den traditionellen Geschmack, wobei die Würze
sich erst im letzten Drittel öffnet« – der wird vergebens suchen.
Es kann und soll nicht die Aufgabe dieses Lexikons sein, auf einzelne Arten von Aromen einzugehen und zu dokumentieren, welche
Zigarre welchen Geschmack an welcher Stelle in welcher Intensität
entfaltet. Das sollte Experten vorbehalten sein – sowie jedem einzelnen *Connaisseur*, der während des Rauchens entdeckt und erfährt,
welche Aromen sich ihm beim Genuß einer Zigarre besonders stark
erschließen und welche ihm weniger lebhaft in Erinnerung bleiben.

*A*RTURO FUENTE

Sie hat ihre Wurzeln in Spanien und Kuba, ihre
Spuren finden sich in den Vereinigten Staaten, in
Puerto Rico, Nicaragua und Honduras, und neuerdings geht – im wahrsten Sinne des Wortes – ihre
Saat in der Dominikanischen Republik auf. Gemeint ist die Familie Fuente, die seit drei Generationen Zigarren herstellt.
Gegen Ende des 19. Jahrhunderts wanderte Don Arturo Fuente mit
seiner Familie von Kuba in die Vereinigten Staaten aus, um hier in

den folgenden Jahren in verschiedenen Fabriken sein Wissen von der Kunst der Zigarrenherstellung einzubringen. Nach einiger Zeit gab es schließlich »Clear Havanas« zu kaufen, die den Namen Fuente trugen, nachdem Don Arturo 1912 in Tampa im US-Staat Florida seine erste Fabrik gegründet hatte (der noch eine Reihe weiterer folgen sollten). Ganze sieben Angestellte umfaßte die erste Belegschaft, und die kleine Truppe mußte oft bis spät in die Nacht arbeiten, denn die Fuente-Produkte erfreuten sich bald enormer Nachfrage.

Stets waren es äußere Umstände, welche die Familie dazu bewogen, ihre Zelte abzubrechen und in einem anderen Land ihr Glück zu versuchen. War es ein Brand, der die Fabrik in Tampa restlos zerstörte und Don Arturo zwang, irgendwo anders neu anzufangen, so waren es in Puerto Rico wie in Honduras und Nicaragua politische Wirren, die zur Aufgabe des jeweiligen Arrangements in den einzelnen Ländern führten und die leidenschaftlichen Zigarrenmacher überlegen ließen, welcher Ort wohl am besten geeignet sei, ihrer Berufung die notwendigen Voraussetzungen zu bieten.

Schließlich fanden sie im dominikanischen Santiago de Los Caballeros jenen Ort, der ihren Vorstellungen vom Anbau, von der Aufzucht und von der Verarbeitung hochwertiger Tabaksorten recht nahe kam.

Als Don Arturo, der Patriarch, 85jährig starb (die Zahlenkombination der zu seinen Flaggschiffen gehörenden »Flor Fina 8-5-8«, ehemals seine Lieblingszigarre, verweist auf sein Alter, als er verstarb), hatte er seinen Sohn Carlos schon längst in die Geheimnisse der Zigarrenherstellung eingeweiht. Der wiederum gab und gibt sein Wissen an seine beiden Kinder Carlos Jr. und Cynthia weiter, die heute ebenfalls im Familienbetrieb tätig sind.

Ihnen ist etwas gelungen, das selbst *Aficionados* in diesem Maß nicht für möglich gehalten hätten: Als sie zu Anfang der 90er Jahre den Olivas die Plantage »El Caribe« abkauften und bald darauf verkündeten, dort Tabak für erlesene Deckblätter anzubauen, hatte die Fachwelt für dieses Vorhaben nur ein müdes Lächeln übrig. Ihr Plan, wirklich gute Deckblätter zu ziehen, traf jedenfalls weitgehend auf Skepsis. Mittlerweile ist diese Skepsis einer uneingeschränkten

Hochachtung vor den Leistungen der Fuentes gewichen, drückt sich doch die hohe Kunst ihrer Zigarrenherstellung vor allem in den Formaten der »Opus X«-Serie aus, die ausschließlich Deckblätter tragen, welche auf der in »Château de la Fuente« umbenannten Plantage gezogen werden. Jedenfalls genießt diese Serie in Liebhaberkreisen inzwischen einen hervorragenden Ruf.

Zu erwähnen bleibt noch, daß die Fuentes eine dritte Fabrik betreiben, und zwar in Tampa. Hier, in Florida, wird eine eigene Produktpalette von maschinell gewickelten, jedoch handgerollten Zigarren hergestellt, die für den US-amerikanischen Markt bestimmt sind.

Mittlerweile werden im Norden der Dominikanischen Republik Zigarren hergestellt, die zu den besten handgemachten gehören, die auf dem Markt erhältlich sind. Wie erwähnt, ließen sich hier die Fuentes nach einer wahren Odyssee wohl endgültig nieder. 1980 gründeten sie in der Provinzhauptstadt Santiago de Los Caballeros ihre erste Zigarrenfabrik, ehe sie 1990 im etwa 20 Kilometer südöstlich gelegenen Moca eine zweite aus der Taufe hoben. Mit ihren rund 700 Mitarbeitern, davon allein 550 in Santiago, sind die Fuentes zum mittlerweile größten dominikanischen Hersteller von Premium-Zigarren avanciert. Pro Jahr verlassen weit mehr als 20 Millionen Zigarren ihre Fabriken.

Daß sich Quantität und Qualität nicht zwangsläufig ausschließen, beweisen die Fuentes Tag für Tag. In beiden Herstellungsstätten werden ausschließlich hochwertige Tabaksorten verarbeitet, so unter anderem aus Connecticut und Kamerun für Deckblätter sowie aus Brasilien, der Dominikanischen Republik, aus Mexiko und Nicaragua für Um- und Einlageblätter.

Die »Arturo Fuentes«, die nicht allzu stark sind, weisen vorwiegend ein Colorado-Claro-Deckblatt auf. Da wirken die »Hemingways« – übrigens allesamt »Figurados« – mit ihrem Colorado-Maduro-Deckblatt schon etwas stärker. Die Zigarren der Serie »Opus X« – sie haben ein Colorado-Deckblatt – sind hingegen relativ mild.

Neben den Serien »Arturo Fuente«, »Hemingway« und »Opus X« produzieren die Fuentes übrigens – neben anderen Marken – auch die »Ashton« und die »Cuesta-Rey«, ebenfalls ausgezeichnete Marken, deren Zigarren ausschließlich von Hand gemacht werden.

Eine letzte Notiz sei noch angebracht: In den deutschsprachigen Ländern finden sich unter den Bezeichnungen »A. Fuente« sowie »A. Fuente Gran Reserva« hauptsächlich Formate der hier aufgeführten Standardserie.

Formate der Standardserie »Arturo Fuente« der in der Dominikanischen Republik hergestellten Marke »Fuente«

Handelsname und (in Klammern) Formatzuordnung	Länge in Inches (mm)		Ringmaß bzw. Durchmesser (mm)	
Canones				
(Giant)	8 1/2	(216)	52	(20,6)
Château Fuente				
(Robusto)	4 1/2	(114)	50	(19,8)
Château Fuente Double				
(Toro)	6 3/4	(171)	50	(19,8)
Château Fuente Royal Salute				
(Double Corona)	7 5/8	(194)	54	(21,4)
Churchill				
(Churchill)	7 1/4	(184)	48	(19,1)
Corona Imperial				
(Grand Corona)	6 1/2	(165)	46	(18,3)
Cuban Corona				
(Corona Extra)	5 1/4	(133)	45	(17,9)
Flor Fina 8-5-8				
(Grand Corona)	6	(152)	47	(18,7)
Fumas				
Lonsdale	7	(178)	44	(17,5)
Panetela Fina				
(Long Panatela)	7	(178)	38	(15,1)
Petit Corona				
(Short Panatela)	5	(127)	38	(15,1)
Privada No. 1				
(Lonsdale)	6 3/4	(171)	44	(17,5)

→

Rothschild

(Robusto)	4 1/2	(114)	50	(19,8)

Spanish Lonsdale

(Lonsdale)	6 1/2	(165)	42	(16,7)

Formate der Serie »Hemingway« der in der Dominikanischen Republik hergestellten Marke »Fuente«

Handelsname und (in Klammern) Formatzuordnung	Länge in Inches (mm)		Ringmaß bzw. Durchmesser (mm)	
Best Seller				
(Robusto)	5	(127)	55	(21,8)
Classic				
(Churchill)	7	(178)	48	(19,1)
Masterpiece				
(Giant)	9	(229)	52	(20,6)
Short Story				
(Robusto)	4	(102)	48	(19,1)
Signature				
(Grand Corona)	6	(152)	47	(18,7)
Untold Story				
(Double Corona)	7 1/2	(191)	53	(21,0)

Formate der Serie »Opus X« der in der Dominikanischen Republik hergestellten Marke »Fuente«

Handelsname und (in Klammern) Formatzuordnung	Länge in Inches (mm)		Ringmaß bzw. Durchmesser (mm)	
A				
(Giant)	9 1/4	(235)	47	(18,7)
Double Corona				
(Double Corona)	7 5/8	(194)	49	(19,5)

→

Fuente Fuente				
(Grand Corona)	5 5/8	(143)	46	(18,3)
No. 1				
(Lonsdale)	6 1/2	(165)	42	(16,7)
Perfection No. 2				
(Toro)	6 3/8	(162)	52	(20,6)
Perfection No. 8				
(Petit Corona)	4 7/8	(124)	40	(15,9)
Perfection X				
(Toro)	6 1/4	(159)	48	(19,1)
Petite Lancero				
(Panatela)	6 1/4	(159)	39	(15,5)
Reserva Château				
(Churchill)	7	(178)	48	(19,1)
Robusto				
(Robusto)	5 1/4	(133)	50	(19,8)

*A*SHTON

Erst gut ein Jahrzehnt auf dem Markt, hat sich die »Ashton« mittlerweile im Segment der Premium-Zigarren fest etabliert. Das mag nicht zuletzt an dem Namen des Herstellers liegen, denn der hat in *Connaisseur*-Kreisen schon seit geraumer Zeit einen guten Klang: Fuente.

Im dominikanischen Santiago de Los Caballeros fertigen qualifizierte Zigarrenroller drei Serien: »Ashton Standard«, »Ashton Aged Cabinet Selection«, »Ashton Aged Maduro«. Die Zigarren aller »Ashtons« sind zwar mit einem Connecticut-Deckblatt versehen, doch während die Formate der »Standard«- wie der »Aged Cabinet Selection«-Serie Colorado-Claro-Deckblätter aufweisen, die im Schatten gezogen worden sind, umschließen Einlage und Umblatt der »Aged Maduros« hervorragende Connecticut-Broadleaf-Deckblätter, die wiederum zu den dunkelsten ihrer Art gehören – und die durchaus mit dem Etikett »Oscuro« versehen werden könnten.

Wie wenige andere Zigarrenmacher beherrschen die Fuentes die Kunst, gleich mehrere Tabaksorten bei der Herstellung der einzelnen Zigarren zu verwenden – und somit Zigarren zu präsentieren, bei denen sich jedes einzelne Format durch einen individuellen Charakter auszeichnet. Diese Kunst der harmonischen Tabakmischung und -komposition findet sich auch in den Formaten der »Ashton« wieder. Neben den jeweiligen Connecticut-Deckblättern werden für Umblatt und Einlage Tabake verwendet, die aus kubanischen Saaten in der Dominikanischen Republik gezogen werden.

Noch ein Wort zur Stärke: Alle »Ashtons« eignen sich durchaus für Anfänger, reicht doch die Aromabreite von mild (»Aged Cabinet Selection«) bis mittelstark (Standardserie). Dagegen überraschen die ein Jahr gereiften »Aged Maduros« mit einer mild-süßen Note. Und noch etwas ist erwähnenswert: Alle Formate der Serie »Aged Cabinet Selection« sind »Figurados«.

Der Name »Ashton« ist übrigens eine Referenz an den berühmten englischen Pfeifenmacher William Ashton Taylor.

Standardformate der in der Dominikanischen Republik hergestellten Marke »Ashton«

Handelsname und (in Klammern) Formatzuordnung	Länge in Inches (mm)		Ringmaß bzw. Durchmesser (mm)	
8-9-8				
(Lonsdale)	6 1/2	(165)	44	(17,5)
Churchill				
(Double Corona)	7 1/2	(191)	52	(20,6)
Cordial				
(Slim Panatela)	5	(127)	30	(11,9)
Corona				
(Corona)	5 1/4	(133)	44	(17,5)
Double Magnum				
(Toro)	6	(152)	50	(19,8)

→

Elegante			
(Panatela)	6 1/2	(165)	35 (13,9)
Magnum			
(Robusto)	5	(127)	50 (19,8)
Panetela			
(Panatela)	6	(152)	36 (14,3)
Prime Minister			
(Churchill)	6 7/8	(175)	48 (19,1)

Formate der Serie »Aged Cabinet Selection« der in der
Dominikanischen Republik hergestellten Marke »Ashton«

Handelsname und (in Klammern) Formatzuordnung	Länge in Inches (mm)		Ringmaß bzw. Durchmesser (mm)	
No. 1				
(Giant)	9	(228)	52	(20,6)
No. 2				
(Churchill)	7	(178)	48	(19,1)
No. 3				
(Grand Corona)	6	(152)	47	(18,7)
No. 6				
(Robusto)	5 1/2	(140)	52	(20,6)
No. 7				
(Toro)	6 1/4	(159)	52	(20,6)
No. 8				
(Double Corona)	7	(178)	49	(19,5)
No. 10				
(Double Corona)	7 1/2	(191)	52	(20,6)

»Eine gute Zigarre aus Übersee verschließt den Gemeinheiten
dieser Welt die Tür.«

Franz Liszt, ungarischer Meisterpianist

Formate der Serie »Aged Maduro« der in der Dominikanischen Republik hergestellten Marke »Ashton«

Handelsname und (in Klammern) Formatzuordnung	Länge in Inches (mm)		Ringmaß bzw. Durchmesser (mm)	
No. 10				
(Robusto)	5	(127)	50	(19,8)
No. 20				
(Corona)	5 1/2	(140)	44	(17,5)
No. 30				
(Lonsdale)	6 3/4	(171)	44	(17,5)
No. 40				
(Toro)	6	(152)	50	(19,8)
No. 50				
(Churchill)	7	(178)	48	(19,1)
No. 60				
(Double Corona)	7 1/2	(191)	52	(20,6)

ᴀUGUST SCHUSTER

Genaugenommen lautet der Firmenname »August Schuster Cigarrenfabrik«. Ihren Ursprung hat diese Firma, einer der letzten deutschen Zigarrenhersteller in Familienbesitz, im 19. Jahrhundert, als die »Gebrüder Schuster Cigarren-Fabriken« im ostwestfälischen Bünde darauf stolz waren, als »Specialität« vor allem »Feine Handarbeits Fabrikate« anbieten und ferner damit werben zu können, eine »Garantie für rein überseeische Tabake« zu geben. Im Jahre 1909 schied dann August Schuster aus besagter Firma aus, um unter dem Namen »Cigarren-Fabriken Aug. Schuster« seine eigene Zigarrenmanufaktur zu gründen. Bald gab es in der Zigarrenstadt Bünde drei Schuster-Fabriken, denn auch Hermann Schuster, ein weiterer Bruder, hatte sich selbständig gemacht. Allein die »Cigarren-Fabriken Aug. Schuster« nannten in den 20er Jahren vier Fabrikationsstätten ihr eigen, verfügten über ein »Postscheckkonto«, ein »Bank-Konto« und ein »Giro-Konto«, hatten außerdem einen »Fernsprecher«. Es war die große Zeit der deutschen Zigarrenmanufakturen. Heute besteht nur noch eine davon, eben jene »August Schuster Cigarrenfabrik«, und die wird wiederum von (zwei) Brüdern geleitet: Manfred und Philipp. So schließt sich der Kreis.

Beschäftigte die Firma in ihren Glanzzeiten um die 1000 Mitarbeiter, so sind es heute gerade einmal 40. Doch die liefern hervorragende Arbeit, denn für sie ist die Qualität bei der Zigarrenherstellung oberstes Gebot – schließlich setzt sich letztendlich nur Qualität durch, so die Philosophie der Schusters. Dazu trägt auch der hohe Anteil an Handarbeit bei, der in der Bünder Fabrik geleistet wird. Zwar gibt es auch Maschinen, doch stammen die noch größtenteils aus den 60er Jahren oder sind noch älteren Datums.

Bei den Schusters werden nur ausgesuchte Brasil-, Java-, Havanna- und Sumatra-Tabake verwendet, wobei nicht nur auf die sorgfältige Auswahl bei den Deckblättern Wert gelegt wird, sondern auch auf die Zusammensetzung des Wickels. Bei sämtlichen Zigarren handelt es sich um traditionelle Shortfiller, zwar maschinell hergestellt, doch stets zu 100 Prozent aus Tabak.

Neben der Spitzenserie »C. Mendoza« seien von den 120 verschiedenen Zigarren, die in 30 Formaten angeboten werden, vor allem die Serien »Lepanto« und »Partageño y Cia« erwähnt. Letztere wurde erstmals 1906 produziert und gilt somit als die Schustersche Traditionsmarke. Alle »Partageño y Cias« weisen in der Einlage eine fein abgestimmte Mischung aus Brasil-, Havanna- und Java-Tabaken auf, haben ein Java-Umblatt sowie ein Brasil- bzw. Sumatra-Deckblatt. Die »Lepantos« wiederum bestehen in der Einlage aus Havanna-Remedios-, Java-Besuki- und Mata-Fina-Brasil-Tabaken, die in ein Java-Umblatt gedreht und entweder von einem Brasil- oder Sumatra-Deckblatt umgeben werden.

»Deutsche Wertarbeit« – dieser altmodische, weil auch etwas martialisch klingende Begriff findet sich im Sprachgebrauch nur noch selten, doch mag er an dieser Stelle auf die durchweg im Zug leichten und im Geschmack milden Zigarren der »August Schuster Cigarrenfabrik« aus Bünde einmal herhalten.

Zigarren und Tabak in Österreich – das führt in diesem Land nur über »Austria-Tabak«, jener staatlich unterstützten Handelsgesellschaft, die ihre Zigarrenprodukte (sofern sie nicht importiert sind) in Fürstenfeld herstellen und über ihre Tochtergesellschaft »tobaccoland« vertreiben läßt – wie auch alle anderen Tabakerzeugnisse, die in der Alpenrepublik angeboten werden (von einigen Karibik-Marken abgesehen).

In dem erwähnten Fürstenfeld, einer Kleinstadt am Wasserlauf der Freistritz, gelegen im südlichen Burgenland unweit des Ecks, an dem sich die Grenzen der drei Länder Österreich, Ungarn und Slowenien treffen, befindet sich heute die letzte Zigarrenfabrik von vielen des ehemaligen k.u.k. Staates. Zwar hatten einige die beiden Weltkriege überstanden, doch seit 1945 mußte eine nach der anderen aufgrund wirtschaftlicher Schwierigkeiten schließen – die letzte in Stein an der Donau. Übrig blieb, wie gesagt, Fürstenfeld.

In der seit 1694 bestehenden Fabrik, seinerzeit errichtet in den Gebäuden eines Schlosses, werden heute pro Jahr rund 30 Millionen Zigarren und Zigarillos hergestellt, worunter sich auch Marken befinden, die man in Lizenz fertigt. Zu nennen sind da vor allem die zwei Formate der kubanischen »Siboney«, »Mini« und »Midi« geheißen. Für die Herstellung dieser Zigarillos berücksichtigt man ausschließlich Tabake aus der Vuelta Abajo.

Interessant ist auch die fünf Formate umfassende Marke »Falstaff«, deren erstes Format, die »No. 1«, eine »Grand Corona«, Ende 1982 herauskam, während die »No. 5«, ein »Cigarillo«, im Oktober 1992 den vorläufigen Schlußpunkt setzte. Während allen »Falstaffs« ein Brasil-Deckblatt eigen ist, werden für den Wickel verschiedene Kompositionen verwendet, so etwa Brasil und Java, dann Brasil, Havanna und Java, schließlich auch Brasil, Havanna, Java und Santo Domingo. Bleibt noch anzumerken, daß die »Falstaffs« zu 100 Prozent aus Tabak gefertigt sind.

Neben der recht jungen – und schon etablierten Marke – »Wall Street« käme es einer Todsünde gleich, die »Nationalzigarre« Österreichs unerwähnt zu lassen. Gemeint sind die Zigarren, die als

EIN HAUCH VON BLAUEM DUNST
FÜR EIN GENIE

Ob die folgende Geschichte, die hier nacherzählt wird, wirklich den Tatsachen entspricht, ist schwer nachzuvollziehen. Doch wenn sie stimmt, muß sie sich am 25. Oktober des Jahres 1881 in der südspanischen Hafenstadt Málaga, gelegen an der Costa del Sol, zugetragen haben …

Da ward nämlich ein Knabe geboren. Es war eigentlich eine Geburt wie jede andere gewesen. Der Arzt war in das Haus der Eltern geeilt, nachdem man ihn benachrichtigt hatte, daß die ersten Wehen eingesetzt hatten. Gegen Abend kamen die Wehen erneut, zwar stark, aber wiederum nicht so stark, daß Grund zur Besorgnis gegeben war. Dennoch dauerte es noch eine kleine Weile, ehe das Kind zur Welt kam. Es war ein Junge. Doch er bewegte sich nicht, auch dann nicht, als der Arzt ihm einige leichte Schläge auf das kleine Hinterteil verabreicht hatte. Eine Totgeburt?

Der Arzt mochte es nicht glauben. Er zündete sich eine Zigarre an, nahm einige kräftige Züge, behielt den Rauch des letzten Zuges im Mund, ehe er den blauen Dunst dem Knaben ins Gesicht pustete. Und siehe da: Schon kurz darauf hallte ein weh-klagendes Schreien durch den Raum.

Das Schreien stammte natürlich von dem Neugeborenen. Hatte die heilende Wirkung, die man dem Tabak seit seiner Ankunft in der Alten Welt nachsagte, auch hier geholfen? Dann war das gewiß ein Geschenk des Himmels, denn der Knabe sollte einmal als einer der größten bildenden Künstler des 20. Jahrhunderts gefeiert werden.

Wenn sich die Geschichte so zugetragen hat, dann muß der Knabe einige Tage nach dem denkwürdigen Ereignis auf den Namen Pablo getauft worden sein. Es war Pablo Picasso, der am 25. Oktober anno 1881 im spanischen Málaga das Licht der Welt erblickte.

»Virginier« seit 1846 in unveränderter Rezeptur hergestellt werden. Dabei handelt es sich um Zigarren, die vorwiegend aus geselchten – »selchen« ist der österreichische Ausdruck für »räuchern« – Virginia-Tabaken bestehen. Sie dienen stets als Deckblätter, kommen aber auch, neben Tabaken aus Malawi und Zaire, in der Einlage der »Virginier Spezial Regie« vor. Nicht genug der exotischen Tabake aus den beiden afrikanischen Ländern, bilden gar Tabake aus Tansania und Uganda eine Einlage, und zwar für die »Regie Virginier«. All diese Tabake sind »dark fired« – eben »geselcht«. Lediglich die »Jubiläums-Virginier«, die seit Mai 1984 auf dem Markt ist, wartet in der Einlage mit Bekannterem auf, nämlich mit Brasil, Havanna und Java.

Charakteristisch für die »Virginier« sind neben einem Mundstück ein Durchzugshalm (wofür ein bestimmtes exotisches Gras verwendet wird). Vor dem Rauchen wird dieser Halm aus der Zigarre gezogen, um so einen Luftkanal herzustellen. Und die Formate? Die sind stets gleich. Alle »Virginier« sind 205 Millimeter lang und haben einen Durchmesser von 10 1/2 Millimetern. Und die Formatbezeichnung? Ganz einfach: »Virginier«!

*A*VO UVEZIAN

Waren die in der Dominikanischen Republik hergestellten »Avos« lange Zeit im deutschsprachigen Raum nicht zu bekommen, so sind die hervorragend gemachten Premium-Zigarren seit Anfang 1999 nunmehr auch hierzulande den *Aficionados* zugänglich – zumindest die der Serien »Avo Uvezian XO Quartetto« und »Avo Uvezian XO Trio« (während die Standardserie »Avo« weiterhin hauptsächlich in den Vereinigten Staaten angeboten wird).

Kreiert hat sie das Multitalent Avo Uvezian – erfolgreicher Unternehmer wie begnadeter Musiker und Komponist. Der 1926 im Libanon als Sohn armenischer Eltern Geborene kann auf ein wechselvolles Leben zurückblicken. Da sein Vater Komponist war und über Jahre ein Symphonieorchester dirigierte, seine Mutter zudem als begnadete Sängerin große Erfolge feierte, lag es nahe, daß auch der junge Avo, bereits früh »angesteckt«, schon von einer Karriere träumte, in welcher die Musik eine dominierende Rolle spielen sollte. Als Teenager bereiste er zunächst mit einem eigenen Jazz-Trio den Nahen Osten und setzte schon bald seiner kurzen Karriere eine erste Krone auf: Mit 21 Jahren begab er sich an den Hof von Teheran, wohin ihn Schah Reza Pahlawi als Pianospieler engagiert hatte. Auf dessen Rat und mit dessen Unterstützung ging er einige Jahre später in die USA, wo er in New York an der berühmten »Julliard School of Music« klassisches Klavier und Musikkomposition studierte.

Jahre später trug ihm dann seine zweite große Leidenschaft, das Komponieren, einen außergewöhnlichen Erfolg ein: Avo Uvezian schrieb die Musik des Welthits »Strangers in the Night«.

Seine dritte große Leidenschaft – das Rauchen edler Zigarren – führte dann Mitte der 80er Jahre zur Kreation jener Zigarren, die seinen Namen tragen. Und auch hier hatte der erfinderische Libanese Erfolg: Schon kurz nach ihrer Einführung im Jahre 1986 wurde die »Avo« von Kennern der Zigarrenszene zu den absoluten Premium-Marken gezählt – und das wird sie auch heute noch. Als schließlich kein Geringerer als Zino Davidoff auf die Marke und deren Schöpfer aufmerksam wurde und sich 1988 sowohl finanziell als auch logistisch an dem »Zigarrenunternehmen Avo« beteiligte, war der Erfolg für Uvezian gesichert. Waren im ersten Jahr einige tausend »Avos« gefertigt worden, so verlassen mittlerweile über fünf Millionen Zigarren dieser Premium-Marke die Dominikanische Republik.

Gefertigt in den Fabrikationshallen von »Tabacos Dominicanos« (»Tabadom«), denen Hendrik Kelner vorsteht, weisen die Zigarren der XO-Serien – die übrigens voller im Aroma sind als die der Standardserie – ein auserlesenes Connecticut-Shade-Deckblatt in Colorado Claro, ein Umblatt aus dominikanischem *Olor*-Tabak der Region Villa González sowie eine Einlage auf, die aus einer ausgewogenen Mischung verschiedener dominikanischer Tabaksorten besteht, wobei einen gewichtigen Anteil ein speziell fermentierter, sorgsam abgelagerter *Piloto-Cubano*-Tabak ausmacht.

Standardformate der in der Dominikanischen Republik hergestellten US-Marke »Avo«

Handelsname und (in Klammern) Formatzuordnung	Länge in Inches (mm)		Ringmaß bzw. Durch- messer (mm)	
Belicoso				
(Torpedo)	6	(152)	50	(19,8)
No. 1				
(Lonsdale)	6 3/4	(171)	42	(16,7)
No. 2				
(Toro)	6	(152)	50	(19,8)
No. 3				
(Double Corona)	7 1/2	(191)	52	(20,6)
No. 4				
(Long Panatela)	7	(178)	38	(15,1)
No. 5				
(Grand Corona)	6 3/4	(171)	46	(18,3)
No. 6				
(Panatela)	6 1/2	(165)	36	(14,3)
No. 7				
(Long Corona)	6	(152)	44	(17,5)
No. 8				
(Corona)	5 1/2	(140)	40	(15,9)
No. 9				
(Robusto)	4 3/4	(121)	48	(19,1)
Pyramid				
(Pyramid)	7	(178)	54	(21,4)
Petit Belicoso				
(Torpedo)	4 3/4	(121)	50	(19,8)

»Avo Uvezian und Zino Davidoff sind sich in vielem ähnlich.«
Hendrik Kelner, Tabakexperte holländischer Herkunft,
über zwei »Zigarren-Verrückte«

Formate der Serie »Avo Uvezian XO Quartetto« der in der Dominikanischen Republik hergestellten US-Marke »Avo«

Handelsname und (in Klammern) Formatzuordnung	Länge in Inches (mm)		Ringmaß bzw. Durch- messer (mm)	
Allegro (Small Panatela)	4 1/2	(114)	34	(13,5)
Notturno (Petit Corona)	5	(127)	42	(16,7)
Presto (Slim Panatela)	5	(127)	31	(12,3)
Serenata (Panatela)	5 3/4	(146)	38	(15,1)

Formate der Serie »Avo Uvezian XO Trio« der in der Dominikanischen Republik hergestellten US-Marke »Avo«

Handelsname und (in Klammern) Formatzuordnung	Länge in Inches (mm)		Ringmaß bzw. Durch- messer (mm)	
Intermezzo (Small Panatela)	5 1/2	(140)	50	(19,8)
Maestoso (Petit Corona)	7	(178)	48	(19,1)
Preludio (Slim Panatela)	6	(152)	40	(15,9)

ℬACCARAT

Diese Marke gehört zu den bekannteren, welche in Honduras hergestellt werden. Anfangs wurden die mit einem vollen Aroma aus-
gestatteten »Baccarats« in der Fabrik »C. Upmann« hergestellt.
Der Fabrikname geht auf Carl Upmann zurück, einem Verwandten

des berühmten Hermann Upmann. Carl Upmann stellte im letzten Viertel des vorigen Jahrhunderts seine ersten Zigarren in New York her, ehe er um die Jahrhundertwende die Produktion nach Tampa in Florida verlegte. Dann, gegen Ende der 60er Jahre, siedelten sich seine Nachfolger in Honduras an. Heute ist die Familie Eiroa für die Qualität der Zigarren verantwortlich – und die scheint nicht die schlechteste zu sein, werden doch jeden Monat allein 300 000 »Baccarats« in die Vereinigten Staaten exportiert (womit die Marke hinsichtlich der verkauften Exemplare den dritten Platz auf dem US-Zigarrenmarkt einnimmt).

Die »Baccarats« weisen Deckblätter auf, die sich in einem gängigen Mittelbraun präsentieren, welche aus Connecticut-Shade-Saaten in Honduras gezogen werden, haben ein Umblatt aus Mexiko sowie eine Langblatt-Einlage aus kubanischen Saaten.

In Deutschland nicht zu kaufen – und somit nicht mit der gleichnamigen Marke zu verwechseln, die in deutschen Zigarrengeschäften angeboten wird –, gehören die »Baccarats« nicht nur zu den bekannten, sondern auch zu den wirklich guten Zigarren, die in Honduras gefertigt werden. Wer sie beispielsweise in einem Duty-free-Shop entdeckt, der sollte beim Kauf nicht lange überlegen – einen Versuch sind die »Baccarats« allemal wert.

*B*AUCHBINDE

Es war Gustav(o) Bock, der die Bauchbinden als erster einführte. Das geschah im Jahre 1850. Der findige Zigarrenhändler, der mit dem Im- und Export von Havannas sein Geld verdiente, dachte dabei weniger an die Ebenmäßigkeit gepflegter Finger, deren Erhalt so manchem adligen und honorigen Zigarrenraucher unendliches Kopfzerbrechen bereitete – er dachte also nicht daran, diese Finger vor jeglicher denkbarer Unbill zu schützen, sondern hatte damit etwas ganz anderes im Sinn. Die Idee mit den Bauchbinden entsprang vordergründig schlichtem schnödem Mammondenken: Durch diese Papierringe – die ersten waren in Weiß gehalten – sollten sich Bocks Zigarren von denen der Konkurrenz unterscheiden. Das taten sie denn auch – jedoch nicht lange.

Mit der damaligen Verbreitung der Lithographie war es leicht möglich, diese Papierringe farbig zu bedrucken – und schon kurze Zeit nach Einführung der Bauchbinde präsentierte sich eine farbenfroher als die andere. Nahezu tagtäglich entstanden neue kleine Kunstwerke, welche die verschiedensten Zigarren verschönerten. Ins Auge fallende Symbole waren darauf zu sehen, ebenso Schriftzüge in Goldprägung. Der Möglichkeiten, eine Bauchbinde unverwechselbar und individuell zu gestalten, gab es jedenfalls zusehends mehr. Das rief dann auch die Großen der Welt sowie die, die sich dazu

EINE KAISERIN IST UNGEHALTEN

Will man so manchen Berichten Glauben schenken, so war es keine Geringere als Katharina die Große (1729–1796), ihres Zeichens Kaiserin von Rußland, die Entscheidendes zur Entwicklung der Bauchbinde beigetragen hat.

Die Zarin deutschen Geblüts war ja bekanntlich vielen Genüssen gegenüber äußerst aufgeschlossen, und so war sie, wie man sich erzählt, auch dem Zigarrerauchen keineswegs abhold. Einmal einem irdischen Laster anheimgefallen, betrieb sie es exzessiv – und so verlor sich schon nach kurzer Zeit Rauchwolke um Rauchwolke in den prunkvollen Gemächern zu Sankt Petersburg. Ob der intensiven Hingabe an das königliche Vergnügen des Zigarrerauchens nahmen alsbald die blauädrigen Finger der kaiserlichen *Aficionada* an bestimmten Stellen eine etwas dunklere Farbe an, und das wiederum gefiel der ehemaligen Prinzessin zu Anhalt-Zerbst nun gar nicht. Baldige Abhilfe war erwünscht.

Irgendwie muß sich die kaiserliche Not herumgesprochen haben, bis sie, Jahrzehnte später, einem gewissen Gustav(o) Bock zu Ohren kam. Leider war es der großen Katharina nicht mehr vergönnt, die ständig steigende Beliebtheit der Bauchbinde mitzuerleben…

zählten, auf den Plan, und schon bald erhielten zahlreiche Zigarrenmacher zahlreiche Aufträge mit der Order, die bestellten Zigarren nur mit Bauchbinden zu versehen und zu versenden, auf denen das Konterfei des jeweiligen Auftraggebers abgebildet war. Dieser von Eitelkeit genährte Wunsch hielt sich bis weit ins 20. Jahrhundert – König Faruk von Ägypten beispielsweise gehörte zu denjenigen, die eine Zigarre nur dann rauchten, wenn sie ihr Portrait auf der Bauchbinde verewigt sahen.

Heute sind viele Bauchbinden noch immer farbenfroh, doch solche, auf denen Portraits zu sehen sind, sterben langsam aus. Nicht aussterben wird jedoch – und da braucht man kein Prophet zu sein – die Bauchbinde selbst. Eine Havanna etwa ohne *Anillo*, wie in Kuba die Bauchbinde genannt wird? Undenkbar! Sie gehört zu einer guten Zigarre wie die Butter zum Brot.

Während sich in diesem Punkt die *Aficionados* in aller Welt einig sind, führt ein anderer zu häufigem Streit, der mitunter zu einem wahren Glaubenskrieg ausufert. Hierbei geht es um die Frage, ob eine Zigarre mit oder ohne Bauchbinde geraucht werden soll. Bei ihrer Beantwortung hat schon so mancher distinguierte *Connaisseur*, dabei jegliche Toleranz gegenüber der Weltanschauung des »Kontrahenten« vermissen lassend, seine Contenance verloren und das Benehmen einer rasenden Wildsau angenommen – und nicht wenige trauerten in solch einer Situation dem Wegfall des ehemals so beliebten Duells hinterher.

Wie dem auch sei: Ob nun eine Zigarre mit oder ohne Bauchbinde geraucht wird … auf den Geschmack hat das keinerlei Einfluß – es sei denn, jemand käme auf die absurde Idee, die Bauchbinde während des Rauchens mit abbrennen zu lassen.

Mit oder ohne – in dieser Frage sollte die Toleranz gegenüber der jeweiligen »Unart« des Andersdenkenden bzw. Andershandelnden als oberstes Gebot gelten. Lediglich eine technische Seite ist hierbei zu beachten: Wenn jemand das Rauchen ohne Bauchbinde vorzieht, so ist es ratsam, den Papierring erst dann abzustreifen, nachdem die Zigarre angezündet worden ist und schon eine gewisse Wärme entwickelt hat. Dann läßt sich nämlich die mit einem geschmacklosen (und mittlerweile erhitzten) Pflanzenleim befestigte Bauchbinde leichter lösen (Tragant heißt dieser Pflanzenleim übrigens). Träfe man diese Vorsichtsmaßnahme nicht, könnte das Deckblatt beschädigt werden. Und das wiederum will nun kein Zigarrenliebhaber, wie auch immer sich seine Meinung zu diesem Punkt verfestigt hat.

*B*AUZA

Einstmals in Kuba hergestellt, finden sich auf den »Bauza«-Kisten immer noch Hinweise auf die prärevolutionäre Zeit Havannas, obwohl die Produktionsstätte dieser wirklich gut gemachten Zigarren schon seit Jahren in der Dominikanischen Republik liegt.

Für das Deckblatt der »Bauza« werden seltene Colorado-Maduro-Blätter aus Kamerun verwendet, während das Umblatt aus der Dominikanischen Republik stammt, das eine Einlagemischung aus nicaraguanischen und dominikanischen Tabaken umhüllt. Dies alles zusammen ergibt einen sehr angenehmen Rauchgenuß mit mildem bis mittelschwerem Aroma.

Folgender wichtiger Hinweis darf nicht fehlen: Die »Presidente« reicht mit ihrer Einlage – einer Kombination aus Kurz- und Langblatt – nicht ganz an die Güte der übrigen Formate heran. Ansonsten sind die von Hand gemachten »Bauzas« nicht nur sehr gut, sondern auch, gemessen an ihrer Qualität, recht preiswert – und es stellt wohl kaum ein Wagnis dar, die hierzulande nicht erhältlichen »Bauzas« zu erwerben, wenn man sie beispielsweise in einem Duty-free-Shop entdeckt.

*B*ELICOSO

So wird eine relativ dicke Zigarre genannt (in der Regel mit – mindestens – Ringmaß 52), die einen verjüngten Kopf aufweist und somit einige Anforderungen an die Kunst eines *Torcedors* stellt.

*B*ELINDA

Mitte des 19. Jahrhunderts in Kuba erstmals gefertigt und somit zu den alten kubanischen Marken zählend, sind die »Belindas« selbst auf dem amerikanischen Kontinent recht schwer zu finden, da ihre Produktion in den letzten Jahren stark zurückgefahren worden ist. Eigentlich schade, denn einige Formate der einstmals beliebten Havanna-Marke eignen sich besonders für Anfänger, da sie sehr mild sind. Kleiner Trost bzw. Tip für Unentwegte: Man sollte zunächst einmal in einer *Casa del Habano* anfragen, denn dort sind die »Belindas« noch am ehesten zu finden.

Ob die in Honduras gefertigten »Belindas« eine Alternative zu ihren kubanischen Gegenstücken darstellen, mag jeder *Aficionado* für sich selbst entscheiden.

Für die Einlage der honduranischen Zigarren wird auf dominikanische und honduranische Tabake zurückgegriffen, wohingegen für die Umlage ausschließlich heimische Blätter verwendet werden. Wären da noch die Deckblätter: Sie stammen entweder aus Connecticut, Ecuador oder Honduras und präsentieren sich meist in Colorado Maduro. Allerdings weist etwa die »Medaglia d'Oro«, eine »Robusto«, ein Colorado-Claro-Deckblatt auf, während beispielsweise das ihres Gegenstücks, der »Robusto«, fast schon als Oscuro-Deckblatt durchgeht. Insgesamt weisen die honduranischen »Belindas« – die Marke wurde 1994 ins Leben gerufen – einen mittelstarken bis starken Körper auf.

Sollte der Zigarrenliebhaber versuchen, in den deutschsprachigen Ländern eine honduranische »Belinda« zu erwerben, wird das Unternehmen ein vergebliches sein, denn neben der kubanischen Version – *Casa del Habanos* sowie einzelne gut sortierte Zigarrengeschäfte in der Schweiz ausgenommen – wird auch die honduranische hier nicht angeboten. Kleiner Trost: So kann er wenigstens keiner Verwechslung aufsitzen.

»Zigarren lindern den Schmerz und die Einsamkeit der Menschen durch Tausende von schönen Bildern.«
George Sand, eigentlich Aurore Dupin, französische Schriftstellerin (und außergewöhnliche Frau)

Formate der kubanischen Marke »Belinda«

Handelsname und (in Klammern) Produktionsname	Länge in Inches (mm)		Ringmaß bzw. Durchmesser (mm)	
Belvederes				
(Belvederes)	4 11/12	(125)	39	(15,5)
Petit				
(Petit)	4 1/4	(108)	31	(12,3)
Petit Corona				
(Petit Corona)	5 1/12	(129)	42	(16,7)
Princess				
(Epicure)	4 1/3	(110)	35	(13,9)
Super Fino				
(Coronita)	4 5/8	(117)	40	(15,9)

Formate der in Honduras hergestellten Marke »Belinda«

Handelsname und (in Klammern) Formatzuordnung	Länge in Inches (mm)		Ringmaß bzw. Durchmesser (mm)	
Belinda				
(Panatela)	6 1/2	(165)	36	(14,3)
Breva Conserva				
(Corona)	5 1/2	(140)	43	(17,1)
Cabinet				
(Corona Extra)	5 5/8	(143)	45	(17,9)
Corona Grande				
(Long Corona)	6 1/4	(159)	44	(17,5)
Dina				
(Short Panatela)	5	(127)	36	(14,3)
Excellente				
(Toro)	6	(152)	50	(19,8)

→

Humidores

(Long Corona)	6	(152)	43	(17,1)

Medaglia d'Oro

(Robusto)	4 1/2	(114)	50	(19,8)

Prime Minister

(Double Corona)	7 1/2	(191)	50	(19,8)

Ramon

(Churchill)	7 1/4	(184)	47	(18,7)

Robusto

(Robusto)	4 1/2	(114)	50	(19,8)

Spanish Twist

(Long Corona)	6 1/4	(159)	43	(17,1)

Vintage Corona

(Grand Corona)	6 1/4	(159)	45	(17,9)

*B*ELVEDERES

Relativ häufig anzutreffendes Havanna-Format, das eine Länge von 4 11/12 Inches (≈ 125 mm) sowie ein Ringmaß von 39 (≈ 15,5 mm Durchmesser) aufweist und in etwa dem international gebräuchlichen Format einer »Short Panatela« entspricht. Zigarren des Formats »Belvederes« sind von Hand gemacht.

*B*ETHAN INTERNATIONAL

Sie hat eine lange Tradition, diese Marke, denn schon im Jahre 1872 wurde die »Bethan International« von einem angesehenen Fachgeschäft für Zigarren angeboten, das auf der Düsseldorfer Königsallee zu finden war. Heute werden die »Bethans« von der »Cigar Society« vertrieben. Das Tochterunternehmen von »Dannemann« bietet neben einer interessant zusammengesetzten Zigarillo-Palette auch einige hervorragend gemachte Shortfiller-Zigarren an, so etwa die »No One«, eine »Señorita«, die »150«, eine »Panatela«, die »200«, eine »Corona«, sowie die »Tubes 250«, die zwar in der Länge einer »Corona« entspricht, jedoch etwas schlanker als üblich daherkommt. All diese Shortfiller sind unter den Bezeichnungen

»Brasil« und »Indonesia« erhältlich – und alle bestehen aus 100 Prozent Tabak.

Ein Teil der »Bethan International«-Serie trägt die zusätzliche Bezeichnung »Grand Prix«. Dahinter verbergen sich ebenfalls Shortfiller aus 100 Prozent Tabak, doch werden hierfür ausschließlich Havanna-Tabake verwendet. Neben zwei Zigarillo-Formaten wartet die Serie noch mit einer »Corona« unter dem Namen »Classico Tubes« sowie einer »Panatela« (»Arena«) auf. Ob nun eine »Bethan International« oder eine »Bethan International Grand Prix« – die Zigarren beider Serien lohnen durchaus einen Versuch.

$\mathcal{B}$OCK Y CIA.

Erst seit Mitte 1998 auf dem Markt, haben die »Bock y Cia.s« mittlerweile eine respektable Anhängerschaft gefunden, welche diese mild bis mittelstark schmeckende Premium-Zigarre aus der Dominikanischen Republik zu schätzen weiß. In Santiago de Los Caballeros von erfahrenen *Torcedores* hergestellt, besteht die Einlage der »Bocks« aus dominikanischem *Piloto Cubano* und nicaraguanischen Tabaken, welche aus Havanna-Samen gezogen worden sind. Ähnlich verhält es sich mit dem Deckblatt aus Ecuador: Hier sind es Connecticut-Samen, die dem Blatt Geschmeidigkeit wie Festigkeit geben – beides Eigenschaften, die einen guten Wrapper ausmachen. Wäre noch das Umblatt zu nennen. Hier vertraut man der Qualität, für welche die indonesischen Tabakanbauer weltweit bekannt sind. Der Name dieser Zigarrenmarke erinnert an den Niederrheiner Gustav Bock – Niederrheiner deshalb, weil es umstritten ist, ob der »Erfinder der Bauchbinde« deutscher oder holländischer Herkunft war. Da der Rhein bekanntlich in der Nähe von Emmerich Deutschland verläßt und in die Niederlande fließt, um dort schließlich ein weites Delta zu bilden, mag die Herkunftsbezeichnung »Niederrheiner« gestattet sein. Wie dem auch sei: Die Erinnerung an einen der ganz Großen im Tabakhandel des ausgehenden 19. Jahrhunderts, der sich schon bald nach seiner Auswanderung nach Kuba Gustavo nannte, wird durch die angenehm zu rauchenden Zigarren aus der Dominikanischen Republik aufrechterhalten.

Formate der in der Dominikanischen Republik hergestellten Marke »Bock y Cia.«

Handelsname und (in Klammern) Formatzuordnung	Länge in Inches (mm)		Ringmaß bzw. Durchmesser (mm)	
Churchill				
(Giant Corona)	7	(178)	45	(17,9)
Corona				
(Long Corona)	6	(152)	40	(15,9)
Double Corona				
(Giant)	8	(203)	50	(19,8)
Panetela				
(Panatela)	5 3/4	(146)	36	(14,3)
Robusto				
(Robusto)	5	(127)	52	(20,6)
Torpedo				
(Torpedo)	6	(152)	54	(21,4)

*B*OLIVAR

Sie zählen zu den besten der Havannas – die Zigarren der Marke »Bolivar«. Der Name erinnert an den Anführer der lateinamerikanischen Unabhängigkeitsbewegung, an Simón Bolívar (1783–1830). Bolívar, Nachfahre einer baskischen Hidalgo-Familie, die im 16. Jahrhundert nach Südamerika ausgewandert war, gehörte einer Junta an, welche sich 1810 gegen die spanische Herrschaft erhob. 1813 zum *Libertador*, zum »Befreier«, proklamiert, wurde er 1819 zum Präsidenten Venezuelas gewählt, nachdem die Spanier besiegt worden waren und somit die Herrschaft über den Staat verloren hatten. Zwar konnten unter Bolívars Führung in der Folgezeit große Teile im Nordwesten des südamerikanischen Kontinents befreit werden, doch des *Libertadors* großes Ziel, all diese Teile zu einer Union zu vereinen, war dem Kämpfer für die Freiheit Lateinamerikas letztendlich nicht vergönnt.

Ob die »Bolivar« dem großen Sohn Südamerikas, an den noch heute zahlreiche Denkmäler erinnern, gerecht wird, ist in diesem Zusammenhang nicht von Relevanz, doch ihr voller Körper, der ein ausgesprochen starkes Aroma entwickelt, ist durchaus etwas für »Kämpfer«, will heißen für erfahrene Zigarrenraucher, welche die Durchschlagskraft einer starken Havanna lieben. Diese Stärke ist vor allem bei den großen Formaten sehr ausgeprägt. Somit gehören die kraftvollen, intensiv, ja erdig schmeckenden »Bolivars« zu den letzten »klassischen« Havannas.

Die handgemachten Zigarren mit ihren dunklen Deckblättern, deren Bauchbinden und *Vistas* nach wie vor das Portrait Bolívars tragen, verdanken übrigens ihr starkes Aroma vor allem der Einlage-Mischung, die mehr *Seco*- als *Volado*-Blätter enthält.

Im Jahre 1901 von der in Havanna ansässigen Firma »José F. Rocha« eingeführt, erwarb sich die Marke in den 50er Jahren ihren heute noch hervorragenden Ruf, als die Brüder Rafael und Ramón Cifuentes deren Produktion übernahmen. Heute werden nahezu alle »Bolivars« in den Fabriken »La Corona« und »Partagás« hergestellt. Wie schon gesagt, sind diese wirklich hervorragend gemachten Zigarren etwas für denjenigen, der eine starke Havanna liebt. Er sollte allerdings von einem Kauf Abstand nehmen, wenn auf der Zigarrenkiste die Prägung *Totalmente a mano* fehlt, denn es gibt von dieser Marke auch Formate, die maschinell hergestellt werden (und die von einer weniger guten Qualität sind). Dabei handelt es sich um folgende *Vitola de salidas:* »Amado Seleccion G«, »Bolivar Tubos No. 3«, »Bonita«, »Champion«, »Corona Junior«, »Panetela« und »Regente«.

In der Dominikanischen Republik werden übrigens auch »Bolivars« hergestellt, doch sind sie, so die vorwiegende Expertenmeinung, qualitativ nicht so hochwertig wie die ihrer kubanischen Verwandten. Relativ mild, sind die Zigarren mit ihren Deckblättern aus Kamerun dennoch angenehm rauchbar und empfehlen sich vor allem für Anfänger.

Formate der kubanischen Marke »Bolivar«

Handelsname und (in Klammern) Produktionsname	Länge in Inches (mm)		Ringmaß bzw. Durch- messer (mm)	
Amado Seleccion C				
(Francisco)	5 5/8	(143)	44	(17,5)
Amado Seleccion E				
(Robusto)	4 7/8	(124)	50	(19,8)
Amado Seleccion G				
(Minuto)	4 1/3	(110)	42	(16,7)
Belicoso Fino				
(Campana)	5 1/2	(140)	52	(20,6)
Belvederes				
(Belvederes)	4 11/12	(125)	39	(15,5)
Bolivar Tubos No. 1				
(Corona)	5 7/12	(142)	42	(16,7)
Bolivar Tubos No. 2				
(Mareva)	5 1/12	(129)	42	(16,7)
Bolivar Tubos No. 3				
(Placera)	4 11/12	(125)	34	(13,5)
Bonita				
(Londres)	4 11/12	(125)	40	(15,9)
Champion				
(Crema)	5 1/2	(140)	40	(15,9)
Chicos				
(Chicos)	4 1/6	(106)	29	(11,5)
Churchill				
(Julieta No. 2)	7	(178)	47	(18,7)
Corona				
(Corona)	5 7/12	(142)	42	(16,7)
Corona Extra				
(Francisco)	5 5/8	(143)	44	(17,5)
Corona Gigante				
(Julieta No. 2)	7	(178)	47	(18,7)

→

Corona Junior					
(Minuto)	4 1/3	(110)	42	(16,7)
Demi Tasse					
(Entreacto)	3 15/16	(100)	30	(11,9)
Especial					
(Delicado Extra)	7 9/16	(192)	38	(15,1)
Gold Medal					
(Cervante)	6 1/2	(165)	42	(16,7)
Inmensa					
(Dalia)	6 11/16	(170)	43	(17,1)
Lonsdale					
(Cervante)	6 1/2	(165)	42	(16,7)
Palma					
(Ninfas)	7	(178)	33	(13,1)
Panetela					
(Conchita)	5	(127)	35	(13,9)
Petit Corona					
(Mareva)	5 1/12	(129)	42	(16,7)
Petit Corona Especial					
(Eminente)	5 3/16	(132)	44	(17,5)
Regente					
(Placera)	4 11/12	(125)	34	(13,5)
Royal Corona					
(Robusto)	4 7/8	(124)	50	(19,8)
Suprema Churchill					
(Julieta No. 2)	7	(178)	47	(18,7)

$\mathcal{B}$RANDENDE

Das ist das Ende, an dem die Zigarre angezündet wird – und es ist der Teil einer jeden Zigarre, an dem das Deckblatt besonders anfällig ist für Beschädigungen. Dem hat beispielsweise die dominikanische Marke »Juan Clemente« Rechnung getragen, indem sie die Bauchbinden »entfremdete«. Sie umschließen die Zigarren nicht, wie allgemein üblich, im oberen Drittel, also zum Kopf bzw. zur

Kappe hin, sondern sind an besagtem Brandende angebracht. Auch die Zigarren der dominikanischen Marke »Profesor Sila« tragen solch einen Schutz – zusätzlich zu den Bauchbinden.

*B*RANDVERHALTEN

Am idealen Brandverhalten erkennt man die wirklich gute Zigarre. Es sind vor allem drei Punkte, welche in diesem Zusammenhang wichtig sind. So sollte der Zug leicht und gleichmäßig vonstatten gehen, der Abbrand ebenso gleichmäßig sein und sich die Asche lange halten, da sie während des Rauchens isolierend wirkt und das Brandende kühlt. Relativ unerheblich in bezug auf die Qualität ist die Farbe der Asche. Ob sie nun weiß, hellgrau oder grau ist – die Farbe läßt, entgegen landläufiger Meinung, nicht auf die Qualität einer Zigarre schließen.

Noch ein Wort zur Asche: Das Rauchen einer Zigarre sollte nicht zu einer Sportveranstaltung mutieren, indem man etwa versucht, die Asche so lange wie möglich zu »halten«. Das ist absolut nicht notwendig – zwei bis drei Zentimeter Asche genügen vollauf, damit das Brandende nicht zu heiß wird. Und außerdem: Dieser »Sport« führt meist zu verschmutzter Kleidung oder unansehnlichen Flekken auf Möbelbezugsstoffen oder zu graumelierten Teppichböden.

Ein gutes Brandverhalten hängt natürlich auch von der Behandlung der Zigarre ab. Wenn man etwa eine Havanna in einer offenen Schale direkt neben dem brennenden Kamin aufbewahrt, sie »anschneidet«, indem man nach Kubaner Sitte mit den Zähnen ein Stück aus dem Zigarrenkopf reißt, sie mit einer Kerze anzündet, wobei das Brandende womöglich noch direkt in die Flamme gehalten wird – dann, ja dann wird das Brandverhalten ein miserables sein.

»Rauchen Sie weniger, aber besser und länger – machen Sie einen Kult daraus, eine Philosophie!«

Zino Davidoff, Grandseigneur der Zigarre

$\mathcal{B}$ RANIFF

Eine sehr beliebte Marke der Schweizer Firma
»Villiger«, hauptsächlich bekannt durch ihre
Zigarillos. Es werden jedoch auch einige Zigar-
renformate hergestellt, von denen die »Braniff

Golden Label Gran Panetela« herausragt. Sie gibt es sowohl mit
Brasil- als auch mit Sumatra-Deckblatt und wird – verpackt in einer
Aluminiumhülse – einzeln angeboten.

$\mathcal{B}$ RASILIEN

Der Tabakanbau in Brasilien kann auf eine Tradition zurückblicken,
die über Jahrhunderte reicht. So öffnete schon in den 60er Jahren
des 17. Jahrhunderts das erste offizielle Verkaufsgebäude für Tabak
in jenem Land seine Pforten, das mit seinen mehr als achteinhalb
Millionen Quadratkilometern nahezu die Hälfte der Fläche des
südamerikanischen Subkontinents einnimmt.

Dagegen nehmen sich die beiden Hauptanbaugebiete für Zigarrentabak geradezu winzig aus. Beide liegen im Nordosten der República Federativa do Brasil, und zwar in der Region Arapiraca, die im
Bundesstaat Alogoa liegt, sowie in der rund 500 Kilometer südlich
entfernten Region Recôncavo, die sich im Bundesstaat Bahia befindet. Gerade die letztere Region mit den Gebieten Mata Sul, Mata
Norte und vor allem Mata Fina, dem Herzstück des brasilianischen
Tabakanbaus, ist vielen Zigarrenrauchern allein schon über die
Bezeichnungen »Bahia« und »Mata Fina« bekannt, die sich in nicht
wenigen Markennamen wiederfinden.

Hier im Recôncavo mit der »Tabakhauptstadt« Cruz das Almas wird
neben Bohnen, Mais und Maniok vor allem auch Zigarrentabak
angebaut, und zwar, im Gegensatz etwa zu den Karibik-Ländern,
von Tausenden selbständigen Pflanzern, die auf ihren Parzellen,
Sitios genannt, jedes Jahr gegen Ende Juli damit beginnen, besten
Bahia-Tabak zu ernten. Dabei unterscheidet sich dieser Vorgang
ebenfalls von dem, wie er in Mittelamerika vonstatten geht. Wird
dort die Einzelblattpflückung praktiziert, so erfolgen hier Pflük-

53

kung wie Trocknung der Pflanze am ganzen Stengel. Dieser Erntevorgang garantiert nach dem Schnitt eine Nachversorgung der Blätter mit den so wichtigen Nährstoffen, wodurch die Aromaentfaltung des später so würzig schmeckenden Tabaks nachhaltig gefördert wird. Dazu trägt auch der nach der Ernte beginnende Fermentationsprozeß bei, der sich über sechs Monate erstreckt und wobei der Tabak in Stapeln von bis zu eineinhalb Tonnen auf 50° bis 55° Celsius erhitzt wird und somit Nikotin, Wasser und Zucker abbaut.

Trotz jeglicher Pflege vor und nach der Ernte zeitigte aller Einsatz der Tabakbauer wenig Erfolg, wenn nicht der Recôncavo zu den fruchtbarsten Regionen Brasiliens gehörte. Hier herrscht mit einer Jahresdurchschnittstemperatur von 25° Celsius ein tropisches Klima vor, das zudem von zahlreichen heftigen Niederschlägen gekennzeichnet ist. Aufgrund dieses Klimas wie auch der Nähe zur Bucht von Bahia wartet der Recôncavo mit einem leicht sandigen Boden auf – und der wiederum ist ideal für den Anbau von Zigarrentabak.

Ähnliche Bedingungen finden sich auch in der weiter nördlich gelegenen Region Arapiraca. Während auf den Hügeln lehmartige Erde vorherrscht, ist sie in den Ebenen, also dort, wo der Tabak angebaut wird, ebenfalls leicht sandhaltig, dazu noch porös.

Im Unterschied zu Bahia wird in Alagoas die Einzelblattpflückung praktiziert. Auch die Trocknung geschieht Blatt für Blatt. Das wiederum führt zu erstklassigen Resultaten im Hinblick auf die Deckblatt-Produktion.

Will man nun Vergleiche zwischen den Tabaken beider Regionen anstellen, so läßt sich, grob vereinfacht, folgendes feststellen: Während der Tabak aus dem Recôncavo recht würzig ist und die Blätter von klarer Struktur sind, verfügt der aus Arapiraca über weniger Würze, hat dafür aber Blätter mit einer feineren Struktur.

Zigarrentabak aus Brasilien hat, ähnlich dem aus Indonesien, eine hohe Ausfuhrrate. Das heißt: Im Land selbst werden, prozentual gesehen, bei weitem nicht so viele Zigarren für den Export hergestellt, wie das in den Karibik-Ländern der Fall ist. Zwar werden auch hier Premium-Marken gefertigt, die internationale Aner kennung finden, doch heute wie ehedem ist zu konstatieren: Ein hoher Anteil brasilianischen Zigarrentabaks geht als begehrter Rohtabak in alle Welt.

*B*RITANICA

Äußerst selten kommt dieses Havanna-Format vor, das eine Länge von 5 3/8 Inches (≈ 137 mm) sowie ein Ringmaß von 46 (≈ 18,3 mm Durchmesser) hat und dem international gebräuchlichen Format einer »Corona Extra« nahekommt. Zigarren des Formats »Britanica« sind maschinengefertigt.

*B*ÜNDEL

Hier handelt es sich um eine Verpackungsform. Zahlreiche Hersteller bieten bestimmte Formate ihrer Marken in hohen Kistchen an, in denen entweder 25 oder 50 Zigarren als Bündel von einem Seidenband zusammengehalten werden.

Auf Kuba spricht man bei einem 50er Bündel von einer *Medea rudea*, einem »Halbrad«. Dieser Ausdruck bezieht sich auf eine Redensart, die bei den Kubanern gang und gäbe ist. Wird dort nämlich jemand 50 Jahre alt, heißt es, er habe das Halbrad seines Lebens erreicht. Womit bewiesen ist, daß ein jeder Kubaner die Absicht hat, 100 Jahre alt zu werden – nicht mehr, aber auch nicht weniger.

*B*URGER

Vollständig heißt das Unternehmen »Burger Söhne AG«, doch wer in der europäischen Zigarrenwelt von »Burger« spricht, dem begegnen höchst selten fragende Blicke – schließlich gehört die Aktiengesellschaft zu den führenden europäischen Unternehmen, die im Tabakwarengeschäft tätig sind. So hat auch »Dannemann« – neben anderen – mittlerweile seinen Platz unter dem Dach der Eidgenossen gefunden. Seit 1989 gehört der bekannte deutsche Hersteller von Zigarren und Zigarillos zu dieser Schweizer Firmengruppe, die ihren Stammsitz in der Kleinstadt Burg hat.

Die Burgers aus dem Kanton Aargau lieben die eher leisen Töne, doch was Christian und Max Burger sagen, das hat Gewicht. Ihr Wort zählt nämlich einiges in der Welt des Tabaks, genauer gesagt in der des Zigarrentabaks und der Zigarren. Das unterstreichen die gezielten Kooperationen mit Joint-Venture-Partnern, die Präsenz an den Rohstoffbasen in Brasilien und Indonesien sowie die Beteiligungen an Zigarrenfabriken in der Karibik.

Das in der vierten Generation geführte Unternehmen geht auf die Gründung einer Zigarrenfabrik durch einen gewissen Rudolf Burger-Fröhlich zurück. Das war im Jahre 1864. Zu jener Zeit hatte ein solcher Schritt wenig Spektakuläres, denn zu Beginn der 60er Jahre des vorigen Jahrhunderts schossen hier, im Norden der Schweiz, Zigarrenfabriken wie Pilze aus dem Boden – bald hieß diese Gegend etwas despektierlich »Stumpenland«. Und »Burger Stumpen« waren bald ein Begriff bei den Zigarrenrauchern.

»Stumpen«, jene etwas gedrungen wirkenden, maschinell hergestellten Zigarren, sind heute immer noch beliebt. Auch die Firma »Burger« mag auf diese Traditionszigarren nicht verzichten. Unter dem Namen »Rössli« werden die »Stumpen«, bei denen Überseetabake aus Brasilien, Indonesien und Kuba verarbeitet werden, weiterhin gefertigt – und haben wie ehedem ihre feste Anhängerschaft.

C ADETE

Der Name des relativ selten vorkommenden Havanna-Formats »Cadete« heißt soviel wie »Kadett« – und so handelt es sich hier auch um ein kleineres Format mit einer Länge von 4 1/2 Inches (≈ 114 mm) und einem Ringmaß von 36 (≈ 14,3 mm Durchmesser), das in etwa dem Format einer »Short Panatela« entspricht. Zigarren des Formats »Cadete« sind maschinengefertigt.

C AMPANA

Hier handelt es sich um ein recht selten anzutreffendes Havanna-Format, dessen Zigarren jedoch von Hand gemacht sind. Es präsentiert sich mit einer Länge von 5 1/2 Inches (≈ 140 mm) und dem recht großen Ringmaß von 52 (≈ 20,6 mm Durchmesser). Damit kommt dieses Format durchaus dem Format einer »Robusto« gleich.

CARLOS TORAÑO

Erst seit wenigen Jahren auf dem europäischen Markt, haben sich die »Carlos Toraños« schon einen Namen gemacht und viele Zigarrenliebhaber überzeugt. Die in der Dominikanischen Republik und in Nicaragua hergestellten Longfiller überzeugen durch eine gute Machart, haben ein mittelstarkes Aroma (Dominikanische Republik) oder ein etwas kräftigeres (Nicaragua) und fallen durch das satte Braun ihres Colorado-Maduro-Deckblatts ins Auge.

Für die »Carlos Toraño Dominican Selections« werden Tabake aus der Dominikanischen Republik (Einlage), Mexiko (Umblatt) und Connecticut (Deckblatt) verwendet, während ihre Gegenstücke aus Nicaragua hauptsächlich mit nicaraguanischem Tabak (Einlage und Umblatt) aufwarten, ergänzt durch ein hervorragendes Sumatra-Deckblatt.

Formate der in der Dominikanischen Republik hergestellten Serie »Carlos Toraño Dominican Selection« der US-Marke »Carlos Toraño«

Handelsname und (in Klammern) Formatzuordnung	Länge in Inches (mm)		Ringmaß bzw. Durchmesser (mm)	
Carlos I				
(Toro)	6	(152)	50	(19,8)
Carlos II				
(Lonsdale)	6 3/4	(171)	43	(17,1)
Carlos III				
(Double Corona)	7 1/2	(191)	52	(20,6)
Carlos IV				
(Corona)	5 3/4	(146)	43	(17,1) →

Carlos V				
(Grand Corona)	6	(152)	46	(18,3)
Carlos VI				
(Churchill)	7	(178)	48	(19,1)
Carlos VII				
(Robusto)	4 3/4	(121)	52	(20,6)
Carlos VIII				
(Panatela)	6 1/2	(165)	36	(14,3)

Formate der in Nicaragua hergestellten Serie »Carlos Toraño Nicaraguan Selection« der US-Marke »Carlos Toraño«

Handelsname und (in Klammern) Formatzuordnung	Länge in Inches (mm)		Ringmaß bzw. Durchmesser (mm)	
Cetros				
(Long Corona)	6	(152)	44	(17,5)
Churchill				
(Churchill)	7	(152)	48	(19,1)
Double Corona				
(Toro)	6 1/4	(159)	50	(19,8)
Presidente				
(Double Corona)	7 1/2	(191)	52	(20,4)
Robusto				
(Robusto)	5	(127)	50	(19,8)
Torpedo				
(Torpedo)	6 1/2	(165)	54	(21,4)

CARLOTA

Das Havanna-Format »Carlota« ist relativ selten anzutreffen. Es weist eine Länge von 5 5/8 Inches (≈ 143 mm) sowie ein Ringmaß von 35 (≈ 13,9 mm Durchmesser) auf und entspricht in etwa dem international gebräuchlichen Format einer »Panatela«. Zigarren des Formats »Carlota« sind von Hand gemacht.

CAROLINA

Dieses recht kleine und relativ selten vorkommende Havanna-Format, dessen Zigarren von Hand gemacht sind, ist 4 3/4 Inches (≈ 121 mm) lang und hat ein Ringmaß von 26 (≈ 10,3 mm Durchmesser). Es entspricht damit einem »Cigarillo«-Format.

CASA BLANCA

Die »Casa Blancas«, recht gut zu rauchende Zigarren, werden von Hand gemacht, und zwar in der Dominikanischen Republik. Dort scheinen die *Torcedores* wahrhaft große Hände zu haben, denn Zigarren mit wirklich riesigen Ausmaßen sind das besondere Merkmal dieser Marke.

Zurück zu den Tatsachen. Während die drei kleineren Formate (»Bonita«, »Corona«, »Panatela«) Colorado-Claro-Deckblätter haben, werden die übrigen Formate sowohl mit Colorado-Claro- als auch mit Maduro-Deckblättern gefertigt. Allen »Weißen Häusern« ist jedoch eines gemeinsam: Das Deckblatt kommt aus Connecticut. Mit ihrer Einlage aus der Dominikanischen Republik und ihrem Umblatt aus Mexiko sind die »Casa Blancas« recht mild und daher für Anfänger ohne weiteres geeignet.

Vor dem Genuß dieser Zigarren muß der Interessierte jedoch eine Reise nach Übersee antreten (oder in einem Duty-free-Shop Glück haben), denn die gut gemachten Longfiller sind in Europa nur selten zu finden.

CASA DE NICARAGUA

Mit den »Casa de Nicaraguas« – auch unter dem Namen »La Casa de Nicaragua« bekannt – präsentieren sich wirklich gute *Puros*. Bei den Tabaken dieser Marke handelt es sich ausnahmslos um einheimische Pflanzen, die aus kubanischen Saaten gezogen worden sind. Und noch etwas haben alle »Casa de Nicaraguas« gemeinsam: ein durchaus ansprechendes Colorado-Claro-Deckblatt.

Diese wirklich gut gemachten, von Hand gerollten, überwiegend in großen Formaten hergestellten Zigarren mit ihrem mittelvollen bis starkem Aroma empfehlen sich eher für den einigermaßen erfahrenen Raucher, wobei er ein Produkt erwirbt, dessen Qualität ebenso erfreulich ist wie dessen Preis.

Formate der in Nicaragua hergestellten US-Marke »Casa de Nicaragua«

Handelsname und (in Klammern) Formatzuordnung	Länge in Inches (mm)		Ringmaß bzw. Durch- messer (mm)	
Churchill				
(Double Corona)	7	(178)	49	(19,5)
Corona				
(Long Corona)	6	(152)	43	(17,1)
Double Corona				
(Lonsdale)	7	(178)	44	(17,5)
Gigante				
(Giant)	8	(203)	54	(21,4)
Presidente				
(Double Corona)	7 1/2	(191)	52	(20,6)
Rothschild				
(Robusto)	5	(127)	50	(19,8)
Toro				
(Toro)	6	(152)	50	(19,8)
Viajante				
(Giant)	8 1/2	(216)	52	(20,6)

CAZADOR

Die Bezeichnung dieses heute recht selten benutzten Havanna-Formats ist korrekt mit »Jäger« zu übersetzen. Ob bei der Namensgebung an den Waidmann gedacht worden ist, der sich das oft stundenlange Warten auf sein Wild am besten mit einer Zigarre verkürzt, deren Genuß sich über einige Zeit hinzieht, ist wohl eher unwahrscheinlich. Da alles denkbar ist, wäre auch das möglich, denn eine »Cazador« läßt sich nicht in wenigen Minuten bewältigen, weist das Format doch eine ansprechende Länge von 6 3/8 Inches (≈ 162 mm) sowie ein Ringmaß von 44 (≈ 17,5 mm Durchmesser) auf – weshalb es mit dem international gebräuchlichen Format einer »Lonsdale« gleichzusetzen ist. Zigarren des Formats »Cazador« sind von Hand gemacht.

CENTRAL AMERICA TOBACCO

Nach der »Consolidated Cigar Corporation« und der »General Cigar Company«, unbestritten die zwei führenden US-Tabak-imperien, gehört die »Central America Tobacco Corporation« zu den Größeren der Tabakwaren- und Zigarrenhersteller in den Ver-einigten Staaten. Hinter diesem Unternehmen steht ein Name, der in Fachkreisen etwas gilt: Carlos Toraño.

Der Exil-Kubaner, dessen Unternehmen seinen Sitz in Miami hat, ist praktisch mit dem Tabak aufgewachsen. Sein Großvater, San-tiago mit Vornamen, verließ während der Zeit des Ersten Welt-kriegs seine Heimat Asturien, um sich in Kuba niederzulassen und dort als Tabakpflanzer und Rohtabakhändler zu arbeiten. Dessen Sohn, Carlos mit Vornamen (die gleichnamige Marke trägt ihm zu Ehren seinen Namen), trat recht bald in die Fußstapfen seines Vaters, ehe er Mitte der 60er Jahre Kuba Richtung Connecticut verließ, um sich schließlich in der Dominikanischen Republik nie-derzulassen. Dort begann er bald, mit kubanischem Saatgut Deck-blätter zu züchten – und zählt somit zu den Pionieren des Tabak-anbaus in der Dominikanischen Republik. Zwar kann der Karibik-Staat auf eine lange Tradition im Tabakanbau zurückblicken, doch es waren vornehmlich jene Exil-Kubaner, die nach der Castro-Revolution ihre Heimat verließen, um sich in anderen Ländern Lateinamerikas niederzulassen, in denen sie aufgrund ihres Wissens um Zucht, Anbau und Verarbeitung von Tabak sowie ihrer Kenntnis der Zigarrenherstellung einen neuen Abschnitt in diesem Industrie-zweig einläuteten. Die Zeit der »Premium-Ära« hatte damit in die-sen Ländern begonnen. So auch in der Dominikanischen Republik, in der zwar seit etlichen Jahrzehnten Zigarren gefertigt wurden, doch haftete ihnen nicht jenes Qualitätsmerkmal an, wodurch sich heute Zigarrenmarken dominikanischer Herkunft auszeichnen.

Was macht nun ein Toraño, dessen Großvater wie dessen Vater eine so enge Verbundenheit mit dem Tabak eingegangen waren? Er kann gar nicht anders, als der Tradition zu gehorchen und sich auf diesem Terrain zu bewegen. Das tat dann Carlos Toraño auch – und er ging einen Schritt weiter. Heute stellt er nicht mehr Zigarren selbst her, sondern er läßt herstellen. Dabei stützt er sich nicht allein auf erstklassige Produzenten. So besitzt er in Mittelamerika nicht nur mehrere Tabakfabriken, sondern nennt auch Tabakfarmen sein eigen. Und so versorgt er heute mit seiner »Central America Tobacco« sowie dem Schwesterunternehmen »Toraño Cigars« den Weltmarkt – vornehmlich die Vereinigten Staaten, aber auch zunehmend Europa – mit Premium-Zigarren.

Das Markensortiment des Carlos Toraño kann sich sehen lassen. So werden beispielsweise in der Dominikanischen Republik die Marken »Bermudez«, »Carlos Toraño«, »Dominico«, »Hoyo de Santiago«, »Villa Dominicana« und »Vueltabajo« gefertigt, wird in Honduras die »Virtuoso« hergestellt, werden in Nicaragua »Casa de Nicaraguas«, »Gran Nicas« und »Micubanos« gerollt – allesamt wirklich gute Zigarren, die während der einzelnen Produktionsschritte durch die *Tabaqueros* von »Central America Tobacco« einer ständigen Kontrolle unterzogen werden.

CERVANTE

Ob die Namensgebung für dieses Havanna-Format eine Reverenz an den großen spanischen Dichter ist, ist zwar nicht überliefert, jedoch durchaus denkbar, denn auch seine Werke brachten Vorleser den *Torcedores* während ihrer Arbeit zu Gehör.

Die Länge dieses sehr häufig anzutreffenden Formats weist 6 1/2 Inches (≈ 165 mm) sowie ein Ringmaß von 42 auf, was einem Durchmesser von ca. 16,7 Millimetern entspricht – und somit exakt dieselben Maße hat wie das klassische »Lonsdale«-Format. Zigarren des Formats »Cervante« sind von Hand gemacht.

CERVANTES

Bis vor nicht allzu langer Zeit wurden die »Cervantes« in Honduras hergestellt, wobei es sich um *Puros* handelte, also um Zigarren, für die ausschließlich auf Tabake aus einheimischem Anbau zurückgegriffen wird.

Neuerdings ist die Heimat dieser handgemachten Longfiller die Dominikanische Republik. Dadurch hat sich auch ihr Körper verändert. War er vorher mittelstark zu nennen, so ist er nun als mild zu bezeichnen – ein Umstand, der besonders denjenigen *Aficionado* anspricht, der gerade einmal mit dem Rauchen von Zigarren begonnen hat.

Sollte seine Wahl auf die wirklich gut gemachten »Cervantes« fallen, so wird er wohl kaum enttäuscht sein, denn trotz der Milde warten sie mit interessanten Aromen auf. Dafür sorgen *Piloto-Cubano*- und *Dominican-Olor*-Tabake in der Einlage, die beide im fruchtbaren Valle del Cibao gezogen werden, sowie ein Umblatt, das ebenfalls in der Dominikanischen Republik wächst. Schließlich trägt noch ein Connecticut-Shade-Deckblatt in Colorado Claro zum weichen, runden Geschmack der »Cervantes« bei.

Formate der in der Dominikanischen Republik hergestellten Marke »Cervantes«

Handelsname und (in Klammern) Formatzuordnung	Länge in Inches (mm)		Ringmaß bzw. Durchmesser (mm)	
Corona				
(Corona)	5 1/2	(140)	42	(16,7)
Grand Corona				
(Grand Corona)	6 3/4	(171)	45	(17,9)
Lonsdale				
(Lonsdale)	6 1/2	(165)	42	(16,7)
Toro				
(Toro)	6	(152)	48	(19,1)

CHAMBRAIR

Die Klimaschränke waren zuerst da, jedoch nicht für Zigarren, sondern für Wein. Seit gut eineinhalb Jahrzehnten beliefert »Chambrair« gehobene Gastronomiebetriebe mit Klimaschränken für erlesene Weine. Da Wein und Zigarren durchaus geeignet sind, eine erlebnisreiche Geschmackssymbiose einzugehen, geschah es fast zwangsläufig: Von einer seiner Reisen als Chief Steward auf einem Luxussegelschiff brachte Arne Butenschön, heute einer der Geschäftsführer von »Chambrair«, Zigarren aus Santo Domingo mit. In der Fabrikationsstätte eines erfahrenen Zigarrenmachers, eines Exil-Kubaners, gefertigt, sicherte sich Butenschön den Vertrieb der handgemachten Longfiller und bietet sie seit Beginn der 90er Jahre als »Gourmet Cigare de Chambrair« in mehreren Formaten exklusiv der Gastronomie an.

Seit Ende 1996 gibt es die »Chambrairs« auch im Handel zu kaufen – allerdings nicht jene, die in der Gastronomie angeboten werden. Unter dem Namen »Cigare de Chambrair Privée« kann der *Aficionado* zwischen vier Formaten auswählen. Sie sind allesamt aus dominikanischen Tabaken für Einlage und Umblatt sowie einem Connecticut-Shade-Deckblatt in einem meist dunklen Colorado gefertigt. Die hervorragend gemachten Longfiller eignen sich durch ihr mildes bis mittelstarkes Aroma durchaus für den *Aficionado*, der mit dem Zigarrerauchen schon etwas Erfahrung hat.

Dann, 1998, kreierten – ebenfalls für den Handel – der Weinsammler und Zigarrenliebhaber Hardy Rodenstock sowie »Cham-

»Hast Du Probleme? Die Zigarre wird sie lösen. Erleidest Du Schmerzen? Die Zigarre wird Dich von ihnen befreien. Bist Du ohnmächtig vor Hunger? Eine Zigarre wird Deine Begierden befriedigen. Hast Du eine schöne Erinnerung … so wird die Zigarre Deine Gedanken verstärken.«

Le Duc de La Rochefoucauld-Liancourt,
französischer Offizier und Schriftsteller, ca. 1790

brair« eine »Churchill« und eine »Robusto« unter dem Namen »HR«. Die relativ milden, dennoch würzigen Longfiller sind in Einlage und Umblatt aus drei verschiedenen *Santo Domingo*-Tabaken komponiert, welche mindestens sieben Jahre gereift sind, versehen mit einem ausgezeichneten Connecticut-Shade-Deckblatt.

Formate der in der Dominikanischen Republik hergestellten deutschen Marke »Cigare de Chambrair Privée«

Handelsname und (in Klammern) Formatzuordnung	Länge in Inches (mm)		Ringmaß bzw. Durchmesser (mm)	
Élégance				
(Lonsdale)	6 1/2	(165)	45	(17,5)
Faible				
(Petit Corona)	5 1/8	(130)	43	(16,7)
Finesse				
(Small Panatela)	5	(127)	30	(11,9)
Plaisir				
(Slim Panatela)	6 1/2	(165)	32	(12,7)

CHARLES FAIRMORN

Viele Zigarren aus der Karibik und den mittelamerikanischen Ländern sowie aus den Niederlanden, die in Deutschland zu haben sind, werden von »Charles Fairmorn« vertrieben. Doch das Unternehmen stellt auch eigene Produkte her, von denen die meisten in der mittleren bis gehobenen Preisklasse angesiedelt sind. Diese Zigarren sind ihr Geld durchaus wert, egal, ob es sich um Zigarren holländischen Stils handelt oder um solche, bei denen karibische bzw. kubanische Tabake den jeweiligen Formaten ihren Stempel aufdrücken.

Das Unternehmen »Charles Fairmorn« blickt auf eine rund 20jährige Erfahrung im Tabakgeschäft zurück. 1978 in der Hansestadt Hamburg gegründet, verlegte die Handelsgesellschaft 1996 ihren Firmensitz ins thüringische Dingelstädt. Das geschah nicht ohne guten Grund, werden doch im »Tabak-Haus Dingelstädt« seit 1912 Zigarren hergestellt.

Neben den beiden Flaggschiffen des Unternehmens, den Serien »Charles Fairmorn Belmore« und »Charles Fairmorn Tradition«, sind da noch die Serien »Charles Fairmorn Caribbean Colours«, »Charles Fairmorn Da Ponte« und »Particulares« zu nennen. Während die »Belmore« und die »Particulares« in der Dominikanischen Republik hergestellt werden, läßt man die übrigen in Honduras fertigen. Bei allen Formaten der jeweiligen Serien handelt es sich um ausgezeichnete Longfiller-Zigarren, die von Hand gemacht werden.

Aber es sind nicht nur Zigarrenmacher in der Karibik für »Charles Fairmorn« tätig, sondern, wie schon angedeutet, auch in Deutschland, genauer gesagt in Dingelstädt. Hier werden nämlich Produkte des Unternehmens hergestellt, so etwa die Zigarren der Serie »Charles Fairmorn Connshade«. Wie sich aus dem Namen ableiten läßt, wird für das Deckblatt Connecticut Shade verwendet, das mit einem Java-Besuki-Umblatt sowie einer Einlage, in der Santo-Domingo-Tabak vorherrscht, eine harmonische Verbindung eingeht. Schließlich wird im »Tabak-Haus Dingelstädt« noch eine Serie gefertigt, deren Formate nahezu allesamt von Hand gefertigt werden: »Charles Fairmorn Capital«.

In diesem Zusammenhang muß noch etwas näher auf das »Tabak-Haus Dingelstädt« eingegangen werden. Dort wird eine Zigarrenserie hergestellt, die den Namen »Erhard« trägt. Sie ist, wie vielleicht naheliegend vermutet, keine Reverenz an den ehemaligen deutschen Wirtschaftsminister und Bundeskanzler, sondern weist auf einen Namensvetter des »Wirtschaftswundervaters« hin. Hans Erhard heißt er, und er zeichnet für die Linie, welche seinen Namen trägt, verantwortlich. Das Verbindende der beiden ist die Liebe zur Zigarre, doch während der Ludwig aus Fürth sie rauchte, stellt der Erhard aus Heidelberg sie her (und raucht sie natürlich auch) – und das seit mehr als 70 Jahren. Hans Erhard, Jahrgang 1904, ist noch täglich mit der Fertigung von Zigarren beschäftigt.

Formate der in der Dominikanischen Republik hergestellten Serie »Belmore« der deutschen Marke »Charles Fairmorn«

Handelsname und (in Klammern) Formatzuordnung	Länge in Inches (mm)		Ringmaß bzw. Durch- messer (mm)	
Caribe				
(Double Corona)	7 1/2	(191)	50	(19,8)
Jaragua				
(Long Panatela)	7	(178)	36	(14,3)
Siboney				
(Lonsdale)	7	(178)	43	(17,1)
Tainos				
(Panatela)	5 1/2	(140)	38	(15,1)

Zurück zu den »Charles Fairmorn«-Zigarren. Im Gegensatz zu den Zigarren der Serie »Charles Fairmorn Tradition«, die, wie der Name andeutet, länger auf dem Markt sind als die »Belmores«, werden die letzteren nicht in Honduras, sondern in der Dominikanischen Republik hergestellt. Auch in der Farbe des Deckblatts unterscheiden sich die beiden Serien, da die »Belmores« allesamt eines in Colorado Claro haben und somit erheblich heller sind.

Das tut der Qualität der dominikanischen »Schwesternzigarren« beileibe keinen Abbruch, zumal bei der Fertigung auf ausgesuchte einheimische Tabake für die Einlage und das Umblatt zurückgegriffen und beim Deckblatt auf Connecticut vertraut wird. Die in Santiago de Los Caballeros von Hand gemachten »Charles Fairmorn Belmores« eignen sich mit ihrem ausgewogenen Aroma für den Raucher, der milde Zigarren bevorzugt.

Bei einer weiteren Serie des Unternehmens handelt es sich um eine echte Rarität. Der Umstand, daß die »Charles Fairmorn Capitals« in Deutschland hergestellt werden, reicht für diesen Hinweis wohl kaum aus. Doch die Tatsache, daß alle Zigarren dieser Serie – das Format »Cigarillo« ausgenommen – ausschließlich von Hand gemacht werden, ist wahrlich nicht alltäglich.

**Formate der in Honduras hergestellten Serie »Tradition« der
deutschen Marke »Charles Fairmorn«**

Handelsname und (in Klammern) Formatzuordnung	Länge in Inches (mm)		Ringmaß bzw. Durchmesser (mm)	
Churchill				
(Double Corona)	6 7/8	(175)	49	(19,5)
Classic				
(Corona)	5 3/4	(146)	44	(17,5)
Corona				
(Long Corona)	6 1/4	(159)	44	(17,5)
Elegante				
(Panatela)	6 3/4	(172)	38	(15,1)
Robusto				
(Robusto)	5	(127)	50	(19,8)
Super Fino				
(Small Panatela)	4 1/2	(114)	32	(12,7)

Bei den im »Tabak-Haus Dingelstädt« gefertigten »Capitals« handelt es sich nicht um Longfiller, aber auch nicht um klassische Shortfiller. Vielmehr besteht die Einlage aus Tabakstücken, die um einiges größer sind als die, welche normalerweise für eine Kurzblatt-Einlage verwendet werden. So ist einerseits die Einlage leichter von Hand zu rollen, läßt jedoch andererseits jene breitgefächerte Mischung zu, wie sie bei einer traditionellen, maschinengefertigten Shortfiller üblich ist.

Die Einlage der »Capitals« besteht aus Havanna und Domingo sowie aus Tabaken indonesischen und brasilianischen Ursprungs. Hinzu kommt ein Java-Besuki-Umblatt, ehe die Zigarren durch ein Havanna-Deckblatt ihre endgültige Form erhalten. So entsteht eine wirklich interessante Zigarre.

Interessant sind auch die Zigarren der Serie »Charles Fairmorn Tradition«, die in Honduras hergestellt werden. Diese Serie – sie hieß zu anfangs schlicht und einfach »Charles Fairmorn« – begründete den heutigen Ruf der Handelsgesellschaft, stets mit Zigarrenmachern zusammenzuarbeiten, die ihr Handwerk verstehen. So auch geschehen bei ebenjener »Charles Fairmorn Tradition«. Die Zigarren dieser Serie entwickeln ein kräftiges Aroma, wobei der geübte Raucher bei den in Honduras hergestellten »Traditions« eine »Handschrift« erkennt, die an eine Havanna erinnert – und das zu Recht, denn schließlich war es ein Exil-Kubaner, der die »Charles Fairmorn Tradition« anfangs der 80er Jahre kreierte.

Bei den »Traditions« handelt es sich um *Puros* – und da der kundige *Aficionado* um den kraftvollen Zigarrentabak weiß, der in Honduras angebaut wird, wird er nicht überrascht sein, in den »Charles Fairmorn Traditions« gehaltvolle Zigarren zu finden – Zigarren also, die für jemanden geeignet sind, der auf eine gewisse Erfahrung bei Gebrauch und Genuß aromareicher karibischer Zigarren zurückblicken kann.

Insgesamt bietet also »Charles Fairmorn« eine breite Palette von Long- und Shortfillern im Premium-Bereich an, und jedes gut sortierte Fachgeschäft hält wenigstens einige dieser Marken für den *Aficionado* bereit.

DIE RICHTIGE ZIGARRE
ZUM RICHTIGEN ZEITPUNKT

Zino Davidoff, der große Zigarrenkenner, hat stets zu bestimmten Formaten bei folgenden Gegebenheiten bzw. Anlässen geraten, dabei natürlich auch die zur Verfügung stehende Zeit berücksichtigt …

Cigarillo, Panatela:	die Viertelstunde einer Kaffeepause
Petit Corona, Corona:	die Verlängerung eines Mittagessens
Gran Corona:	eine Stunde des Müßiggangs
Double Corona:	die Krönung eines Abendessens
Giant Double Corona:	außergewöhnlich, für den besonderen Augenblick

CHICOS

Dieses recht häufig vorkommende kleine Havanna-Format hat eine Länge von 4 1/6 Inches (≈ 106 mm) sowie ein Ringmaß von 29 (≈ 11,5 mm Durchmesser) und entspricht somit dem Format eines »Cigarillo«. Zigarren des Formats »Chicos« sind von Hand gemacht.

CHURCHILL

Er ist in der internationalen Zigarrenwelt tagtäglich präsent, der Name des bedeutenden britischen Staatsmannes – zunächst und vor allem, wenn es um eines der wirklich großen Formate geht. Eine »Churchill« – das ist für viele *Connaisseurs* genau das richtige Format, um abends in einer stillen Stunde, begleitet von einer großvolumigen Zigarre, den Tag Revue passieren zu lassen.

Eine »Churchill« ist ideal für einen ausgedehnten »Smoke«. Die klassischen Maße dieses international gebräuchlichen Formats betragen in der Länge 7 Inches (in), was ca. 178 Millimetern (mm) entspricht, und 47 Inches im Ringmaß, was einem Durchmesser von ca. 18,7 Millimetern gleichzusetzen ist.

Man spricht immer noch von einer »Churchill«, wenn die Länge mindestens 6 3/4 Inches sowie höchstens 7 7/8 Inches beträgt und gleichzeitig das Ringmaß zwischen 46 und 48 liegt. In metrischen Maßen ausgedrückt: Die Länge bewegt sich zwischen ca. 171 und ca. 200 Millimetern, während die Spannbreite beim Durchmesser von ca. 18,3 bis ca. 19,1 Millimetern reicht. Bewegen sich also beide Maßangaben innerhalb dieser Grenzen – Beispiel: 7 1/2 in × 48 (≈ 191 × ≈ 19,1 mm) –, so handelt es sich um das Format »Churchill«. Der Name »Churchill« steht zunächst einmal für Genuß, steht aber auch für Tatkraft und Durchsetzungsvermögen – und er wird, besonders in der Welt des Tabaks, stets mit einer respektablen Zigarre in Verbindung gebracht.

Was liegt da näher, dachten sich wohl die Verantwortlichen der »Dannemann«-Vertriebsgesellschaft »Cigar Society«, als eine Marke zu kreieren, die Namen und – auf den Bauchbinden – Konterfei des großen Briten trägt? Und so präsentiert sich seit geraumer Zeit die Marke »Churchill« als Shortfiller zu 100 Prozent Tabak mit einem Format in den drei Geschmacksrichtungen »Brasil«, »Havanna« und Sumatra« sowie der Linie »Morning«, deren Zigarren etwas leichter sind als die der Stammlinie. Während alle »Churchills« eine Einlage aus indonesischen und südamerikanischen Tabaken haben, weisen sie, je nach Geschmacksrichtung, entweder ein Brasil-, ein Havanna- oder ein Sumatra-Deckblatt auf. Außerdem gibt es noch eine Kiste mit 30 Zigarren, die unter der Bezeichnung »Churchill four o'clock Assortment« angeboten wird, in der sich jeweils zehn Zigarren der verschiedenen Geschmacksrichtungen befinden, alle jedoch in einem kleineren Format.

CHURCHILL

»Dannemann«, deren Verantwortliche schon seit längerem mit dem Gedanken spielten, auch Longfiller-Produkte in ihre Angebotspalette aufzunehmen, stellte schließlich 1997 über die »Cigar

Formate der in Nicaragua hergestellten Marke »Churchill«

Handelsname und (in Klammern) Formatzuordnung	Länge in Inches (mm)		Ringmaß bzw. Durch- messer (mm)	
No. 1 Grand Corona				
(Lonsdale)	6 3/4	(171)	43	(17,1)
No. 2 Panatela				
(Panatela)	6 1/4	(159)	35	(13,9)
No. 3 Corona				
(Corona)	5 5/8	(143)	44	(17,5)
No. 4 Robusto				
(Robusto)	4 3/4	(121)	50	(19,8)
No. 5 Señorita				
(Small Panatela)	4 1/4	(108)	30	(11,9)

Society« die langersehnten Longfiller vor: Zigarren, handgefertigt im nicaraguanischen Estelí, mit brasilianischen und nicaraguanischen Tabaken für die Einlage und mit einem Umblatt aus Nicaragua. Das Deckblatt stammt aus Ecuador, wo es aus Sumatra-Samen gezogen wird. Bei der Herstellung der Longfiller hat sich »Dannemann« die Dienste eines der Größten der karibischen Zigarrenmacher gesichert: Nestor Plasencia zeichnet für Anbau und Produktion verantwortlich.

CIFUENTES

Seit mehr als einem Jahrhundert hat der Name Cifuentes einen guten Klang in der Welt der Zigarre. Legendär ist inzwischen der Ruf des »Stammvaters« der Dynastie, Don Ramón Cifuentes, der zu Beginn der zweiten Hälfte des 19. Jahrhunderts erstmals die im Herzen von Havanna gelegene »Partagás«-Fabrik betrat, um dann in den 70er Jahren die Produktion der »Partagás«-Zigarren zu leiten – bis weit in das 20. Jahrhundert hinein.

1876 kam dann die erste »Cifuentes« auf den Markt, lanciert von Don Jaime Partagás, dem Begründer jener altehrwürdigen Marke, die seinen Namen trägt. Schon nach kurzer Zeit gehörte die »Cifuentes« zu den Havannas, die von den damaligen *Aficionados* ständig nachgefragt wurde.

Ramóns Sohn, ebenfalls Ramón geheißen, setzte dann bei »Partagás« die Arbeit seines Vaters fort, der für ihn auch zugleich Vorbild war, schließlich zählte der ältere Ramón zu den absolut besten Zigarrenrollern seiner Zeit. Bald erwarb sich auch der Sohn einen hervorragenden Ruf als Zigarrenmacher. Und nachdem sich der Ältere langsam zur Ruhe setzte, stand schon der Jüngere bereit, die Arbeit seines Vaters fortzusetzen und somit die große Tradition der Cifuentes aufrechtzuerhalten.

Nachdem Castro die Macht übernommen hatte, bot der *Máximo Líder* dem jüngeren Ramón an, ihm die Verantwortung für die gesamte Zigarrenproduktion des Landes anzuvertrauen, doch der Mann, der sich zuallererst über die Herstellung erstklassiger Havannas identifizierte, mochte sich nicht mit der neuen gesellschaftlichen Situation auf Kuba anfreunden – er verließ seine Heimat und ging in die Dominikanische Republik. Hier überwacht er noch heute die von der US-Firma »General Cigar Company« vertriebene dominikanische »Partagás«, deren Rechte er – wie die der Markennamen »Cifuentes« und »Ramón Allones« – Anfang der 70er Jahre an das US-Unternehmen verkauft hatte.

Die kubanische »Cifuentes« gibt es immer noch, wenn auch nur sehr begrenzt, da ihre Produktion bei »Partagás« sehr stark zurückgefahren worden ist. Wer das Glück hat, eine »Cifuentes« erwerben zu können, der sollte es tun, ist sie doch für den Liebhaber klassischer Havannas durchaus einen Versuch wert.

Es ist schon betrüblich zu sehen, wie eine so große Marke aufgrund politischer Wirrnisse und veränderter Angebotspolitik mehr und mehr aus den Regalen verschwindet.

CIGAR AFICIONADO

Das weltweit wohl führende »Sprachrohr« in Sachen Zigarren. Von dem Verleger Marvin Shanken im September 1972 erstmals auf den Markt gebracht, trug das US-Magazin wesentlich dazu bei, daß in den Vereinigten Staaten ein regelrechter Run auf Premium-Zigarren einsetzte, der dann auch, zeitlich verzögert, nach Europa überschwappte.

Unter diesem US-Run hatten die europäischen Zigarrenliebhaber eine Zeitlang sehr zu leiden, da das Angebot vor allem an nichtkubanischen Kariben die Nachfrage nur selten decken konnte (was inzwischen bei weitem nicht mehr so dramatisch ist).

CIGARILLO

Die klassischen Maße dieses kleinsten der international gebräuchlichen Formate betragen in der Länge 4 Inches (in), was ca. 102 Millimetern (mm) entspricht, und 26 im Ringmaß, was wiederum mit einem Durchmesser von ca. 10,3 Millimetern gleichzusetzen ist.

Man spricht immer noch von einem »Cigarillo«, wenn die Länge 6 Inches nicht überschreitet und gleichzeitig das Ringmaß höchstens 29 beträgt. In metrischen Maßen ausgedrückt: Die Länge endet spätestens bei 152 Millimetern, während der Durchmesser nicht größer als ca. 11,5 Millimeter ist.

Endet also die Längenangabe bei 6 Inches und ist das Ringmaß mit höchstens 29 angegeben – Beispiel: 5 1/2 in × 28 (≈ 140 × 11,1 mm) –, so handelt es sich um das Format »Cigarillo«.

CLEAR HAVANA

»Reine Havannas«, also Zigarren, für die ausschließlich kubanische Tabake Verwendung finden, werden heute wie ehedem hergestellt, so etwa auch in Deutschland, doch »Clear Havanas« gibt es so gut wie nicht mehr. Damit sind nämlich jene Zigarren gemeint, die seit Ende des 19. Jahrhunderts von Exil-Kubanern in Florida hergestellt wurden.

Zu dieser Zeit – die 1895 begonnene Erhebung der Kubaner gegen die Nachfahren der *Conquistadores* führte 1898 zum Krieg zwischen Spanien und den Vereinigten Staaten –, zu dieser Zeit also verließen viele Zigarrenmacher aufgrund der schlechten wirtschaftlichen und der unsicheren politischen Lage auf der Tabak- und Zuckerrohrinsel ihre Heimat und ließen sich vor allem in und um Key West und Tampa sowie in Ybor City nieder. Gerade in letzterer Gemeinde, heute ein Teil von West-Tampa, damals ein Ort vor den Toren der Stadt, verging kaum ein Monat, in dem nicht eine neue Zigarrenmanufaktur ihre Pforten öffnete. Mehr als 500 Firmen dieser Art gab es gegen Ende des 19. Jahrhunderts allein in diesen drei Gemeinden bzw. in ihrer nächsten Umgebung. Florida war, in bezug auf die Zigarrenherstellung, ein kleines Kuba geworden – mit der »Hauptstadt« Ybor City. Der Ort war 1885 von einem Exil-Kubaner gegründet worden, einem gewissen Vincente Martinez Ybor. Vor diesem Hintergrund ist es nicht verwunderlich, warum Ybor City zur damaligen Zeit die weltweit dichteste Konzentration von Zigarrenmanufakturen aufwies und hier, auf die Fläche bezogen, mehr Zigarrenroller ihrer Arbeit nachgingen als selbst in Havanna.

Einen zweiten Boom erlebten die »Clear Havanas« nach der Revolution Castros, als viele Zigarrenmacher den Inselstaat verließen und in Florida die Arbeit aufnahmen, die sie zuvor in ihrem Heimatland ausgeübt hatten. Damals orderten die Zigarrenfabriken in dem südlichsten US-Bundesstaat nahezu jeden Ballen Kuba-Tabak, der zu ordern war, denn zu dieser Zeit machte schon die Rede von einem bevorstehenden US-Embargo gegenüber Kuba die Runde. Die Folge: Als das angekündigte Embargo nun wirklich in Kraft getreten war, quollen die Lagerstätten der US-Zigarrenfabriken, insbesondere jene, die in Florida ihren Sitz hatten, vor Tabakballen kubanischer Herkunft nahezu über.

Aber jeder Vorrat geht einmal zu Ende – und so gibt es auch so gut wie keine »Clear Havanas« mehr.

C. MENDOZA

Das »C« steht für »Cardenal«, das »Mendoza« für sich, und hinter dem Namenszug »C. Mendoza« verbirgt sich die Spitzenmarke aus dem Hause »August Schuster« im ostwestfälischen Bünde.

Mit der »C. Mendoza Petit Cedros«, einem Zigarillo, umfaßt diese Marke, deren Zigarren, traditionell hergestellte Shortfiller, die entweder ein Mata-Fina-Brasil- oder ein Sumatra-Sandblatt-Deckblatt aufweisen, insgesamt sieben Formate. Zu dem Deckblatt gesellen sich ein Java-Umblatt sowie eine Einlage, die aus erstklassigen Brasil- und Havanna-Tabaken besteht. Sehr ausgewogen aufeinander abgestimmt, ergibt diese Komposition eine äußerst harmonische Einheit.

Michel Ney, französischer Marschall deutscher Herkunft und glühender Anhänger Napoleons, zündete sich sorgfältig eine Zigarre an, bevor er dem anwesenden Kommando den Feuerbefehl zur Exekution des wegen Hochverrats verurteilten Delinquenten gab. Es war … seine eigene Hinrichtung.

Das ist sie, »die« Havanna schlechthin, demnach auch die Zigarrenmarke, welche von vielen Experten als die beste eingestuft wird, die derzeit auf dem Weltmarkt angeboten wird.

Ob die »Cohiba« nun wirklich die beste ist, hängt vom Geschmack – und von den Vorlieben – eines jeden einzelnen *Aficionados* ab, doch unzweifelhaft umgibt diese Zigarren eine Aura, die wohl nur noch einzelnen Formaten anderer Havanna-Marken beschieden ist.

Obwohl erst vor 30 Jahren kreiert, hat die »Cohiba« mittlerweile einen wahren Kultstatus erlangt. Davon zeugen nicht wenige Geschichten von ihrer Entstehung, die in vielen Zigarrenliebhaberkreisen immer wieder mal kolportiert werden – so soll beispielsweise auch Che Guevara an ihrer Entstehung beteiligt gewesen sein. Wer nun die erste »Cohiba« wirklich ins Leben gerufen hat – das wird vielleicht für immer ein Geheimnis bleiben, obwohl kein Geringerer als Fidel Castro anläßlich der Galaveranstaltung zum 30jährigen Geburtstag der kubanischen Vorzeige-Zigarre Auskunft darüber gab, wie sie entstanden ist. Jedenfalls bemühte sich der *Máximo Líder,* Licht in die ganze Sache zu bringen, als er meinte, über die Entstehungsgeschichte der »Cohiba« folgendes erklären zu müssen: »Ich werde jetzt etwas über die ›Cohiba‹ erzählen. Irgendwann bemerkte ich, daß einer meiner Leibwächter stets eine sehr aromatische nette Zigarre rauchte. Er erzählte mir, es sei keine spezielle Marke – er habe sie von einem Freund, der Zigarren mache und ihm immer welche gebe. Ich probierte die Zigarre und fand sie so gut, daß ich sagte: ›Laß uns zu deinem Freund gehen.‹ Wir trafen und fragten ihn, wie er diese Zigarre herstelle. Dann errichteten wir eine Werkstatt in ›El Laguito‹, und er erläuterte uns seine Tabakmischung. So erzählte er uns, welche Blätter von welchen Plantagen er verwendete, welche Deckblätter und so weiter. Wir fanden ein paar Zigarrenmacher, gaben ihnen das nötige Material, und so wurde die Fabrikation aufgenommen. – Ich wollte auch Arbeitsplätze für Frauen schaffen, und so wird heute die Fabrik vor allem von ihnen betrieben. Mittlerweile ist die ›Cohiba‹ in aller Welt bekannt … Das liegt dreißig Jahre zurück.«

War dieser Freund des Leibwächters der bis dahin wenig bekannte Zigarrenmacher Eduardo Ribera, der nach seiner »Entdeckung« zunächst die drei Formate »Laguito No. 1«, »Laguito No. 2« und »Laguito No. 3« herstellte, die ausschließlich für den persönlichen Bedarf Castros bestimmt waren? Davon über- zeugt ist jedenfalls Emilia Tamayo, die seit 1994 die »El Laguito«-Fabrik leitet, die nahe Miramar steht, einem Vorort Havannas, in dem so manches Gebäude zu finden ist, das, im Kolonialstil errichtet, an vergangene Zeiten

erinnert, als sich Grafen und Fürsten, Bohemiens und Abenteurer Abend für Abend trafen, um im Dunst wohlriechender Rauch- schwaden ihrem bevorzugten Zeitvertreib zu frönen: dem Spiel und den Frauen.

Die festgehaltenen Ausführungen des *Commandante* enthalten be- stimmt viel Wahres, doch da jeder Mensch nur subjektive Wahr- heiten in sich trägt, werden wohl auch in diesem Fall einige offene Fragen im Raum bleiben, denn Avelino Lara, schon zu Lebzeiten als Zigarrenmacher eine Legende und als »Vater« der Serie »Siglo« sowie weiterer Formate der »Cohiba« in *Aficionado*-Kreisen welt- weit verehrt, meinte während derselben Veranstaltung bescheiden: »Ich war dabei und habe mitgewirkt, als die ›Cohiba‹ geschaffen wurde – das ist mehr als genug.«

Zu dieser Galaveranstaltung – sie fand am 28. Februar 1997 in Havanna statt, genauer gesagt im weltberühmten »Cabaret Tropi- cana« – waren 600 Persönlichkeiten der Tabakwelt gekommen. Geladen waren noch weit mehr, doch die erwarteten Gäste aus den Vereinigten Staaten, an ihrer Spitze Arnold Schwarzenegger und Robert de Niro, zogen es vor, die schon gebuchten Flüge gen Havanna zu stornieren, da die Regierung in Washington eingedenk des Kuba-Embargos jedem US-Bürger, der es wagen sollte, der Ein- ladung Folge zu leisten und kommunistischen Inselboden zu betre- ten, mit Sanktionen gedroht hatte. Bedauernswerter Chauvinismus, läßt sich dazu nur sagen.

Den notgedrungen Daheimgebliebenen entging einiges, so etwa die Versteigerung einer Luxuskassette, signiert unter anderem vom

Staatspräsidenten höchstpersönlich. Für 130 000 US-Dollar wechselte die Kassette nebst Inhalt und Namenszügen den Besitzer. Wie hoch dabei der Wertanteil des Inhalts – immerhin 90 »Cohibas« – anzusetzen war, ist nicht bekannt.

Zurück zur Marke selbst. Mehr als 20 Jahre gab es nur jene drei oben genannten Formate, zu deren *Vitola de galeras* sich bald *Vitola de salidas* gesellten: »Corona Especial« (No. 2), »Lancero« (No. 1) und »Panetela« (No. 3). Zwar bedeutet der Ausdruck *Vitola de salida* nichts anderes als »Handelsname«, doch es dauerte nahezu 15 Jahre, ehe die »Cohibas« auch von Normalsterblichen gekauft werden konnten – und natürlich geraucht werden durften. Zuvor war es nur Staatsgästen vorbehalten, jene exquisiten Exemplare kubanischer Zigarrenkunst zu verkosten – und natürlich Castro selbst.

Zu Beginn der 80er Jahre wurde jedenfalls der Traum vieler *Aficionados* Wirklichkeit: Sie konnten die »Cohiba« kaufen und rauchen – und das jederzeit, denn seit der Markteinführung der kubanischen Parademarke waren die Verantwortlichen darauf bedacht, deren Produktionsziffer auf einem gleich hohen Level zu halten. Dann, gegen Ende besagten Jahrzehnts, schlugen die Herzen der *Aficionados* erneut höher, denn es waren noch mehr »Cohibas« zu kaufen. Zum einen wurden die Formate »Esplendido«, »Exquisito« und »Robusto« auf den Markt gebracht, zum anderen hatte Fidel Castro auf Anraten seiner Ärzte mit dem Rauchen aufgehört. Später kam dann noch die »Corona« hinzu, womit vorläufig die Palette der Serie »Clasica«, welche die Standardformate umfaßt, abgeschlossen wurde.

Warum die »Cohiba« – der Name ist übrigens der Sprache der Taino-Indianer, der Ureinwohner Kubas, entlehnt und bedeutet, so die neueste Erkenntnis kubanischer Sprachforscher, schlicht und einfach »Zigarre« –, warum also die »Cohiba« von so vielen Zigarrenexperten so hochgelobt wird, mag an der besonderen Auswahl der Tabakblätter und deren Weiterverarbeitung liegen. Avelino Lara, welcher der »El Laguito«-Fabrik von 1968 bis 1994 vorstand, verriet einmal die wichtigsten Vorgaben, die beim Entstehen einer »Cohiba« von allen Beteiligten strikt eingehalten werden …

Formate der Serie »Clasica« der kubanischen Marke »Cohiba«

Handelsname und (in Klammern) Produktionsname	Länge in Inches (mm)	Ringmaß bzw. Durch- messer (mm)
Corona		
(Corona)	5 7/12 (142)	42 (16,7)
Corona Especial		
(Laguito No. 2)	6 (152)	38 (15,1)
Esplendido		
(Julieta No. 2)	7 (178)	47 (18,7)
Exquisito		
(Seoane)	4 11/12 (125)	36 (14,3)
Lancero		
(Laguito No. 1)	7 9/16 (192)	38 (15,1)
Panetela		
(Laguito No. 3)	4 13/24 (115)	26 (10,3)
Robusto		
(Robusto)	4 7/8 (124)	50 (19,8)

Zunächst einmal kommen nur die zehn besten *Vegas*, Plantagen, in der Vuelta Abajo für die Blätter der »Cohibas« in Betracht. Zu gegebener Zeit werden die Pflanzen jener *Vegas* genauestens begutachtet, um zu bestimmen, welche Anbauflächen für welche Blattsorten die geeignetsten sind. Am Ende ernten die *Vegueros* auf den ersten zwei Plantagen ausschließlich Deckblätter, auf den nächsten zwei ausschließlich Umblätter und auf den jeweils folgenden zwei ausschließlich *Ligero-*, *Seco-* bzw. *Volado*-Blätter. Außerdem werden die *Ligero-* und *Seco*-Blätter einer zusätzlichen dritten Fermentation unterzogen, wodurch die Ausgewogenheit des Tabaks noch mehr gefördert wird, als dies bei den üblichen zwei Umwandlungsphasen geschieht. Schließlich ist es nur den besten *Torcedores* Kubas vorbehalten, die »Cohibas« in ihre endgültige Form zu bringen. Bei »El Laguito« sind das überwiegend Frauen, während in den Fabriken »H. Upmann« und »Partagás«, in denen ebenfalls »Cohibas« ge-

Formate der Serie »Siglo« der kubanischen Marke »Cohiba«

Handelsname und (in Klammern) Produktionsname	Länge in Inches (mm)		Ringmaß bzw. Durch- messer (mm)	
Siglo I				
(Perla)	4	(102)	40	(15,9)
Siglo II				
(Mareva)	5 1/12	(129)	42	(16,7)
Siglo III				
(Corona Grande)	6 1/12	(155)	42	(16,7)
Siglo IV				
(Corona Gorda)	5 5/8	(143)	46	(18,3)
Siglo V				
(Dalia)	6 11/16	(170)	43	(17,1)

fertigt werden, diese Auszeichnung hauptsächlich Männern zuteil wird.

Im Jahre 1992 erfuhr die kubanische Vorzeigemarke eine erneute Erweiterung, diesmal jedoch in Form einer Serie, die fünf Formate umfaßt. »Linea 1492« heißt diese Serie, »Siglo« ein jedes Format, wobei beide Wörter auf die Entdeckung des amerikanischen Kontinents durch Columbus – und damit auch auf die der Zigarre – verweisen, bedeutet »Siglo« doch nichts anderes als »Jahrhundert«, während jedes der fünf Formate für jeweils ein Jahrhundert steht und somit den Kreis zum Jahr 1492 schließt. Ihre internationale Taufe erhielten die »Cohibas« der »Linea 1492« dann ein Jahr darauf, als sie während einer Galaveranstaltung im Londoner »Claridge's Hotel« offiziell vorgestellt wurden.

Erinnern die Zigarren der Serie »Clasica« mit ihrer Würzigkeit und ihrem recht ausgeprägten Aroma an den traditionellen kubanischen Stil, also an klassische Havannas, ergibt die Mischung der neuen Serie eindeutig mildere Zigarren, deren Körper aber immer noch mittelstark sind.

Zu erwähnen bleibt noch, daß die Zigarren beider Serien allesamt von Hand gemacht sind – aber das versteht sich bei dieser Marke von selbst.

Sollte ein *Aficionado* während eines Aufenthalts in den Vereinigten Staaten eine Kiste »Cohibas« entdecken, so wird er – falls es sich um legale Ware handelt – bestimmt mit jener Marke konfrontiert, welche die »General Cigar Company« in der Dominikanischen Republik herstellen läßt. Das US-Unternehmen hat nämlich den Handelsnamen »Cohiba« 1980 in den USA eintragen lassen und versorgt den einheimischen Markt mit Zigarren, die zwar so heißen wie ihre Vorbilder, die aber ganz anders schmecken als die Originale.

Zwar sind die dominikanischen »Cohibas« ebenfalls von Hand gemacht, doch wer die Wahl hat zwischen den Havannas und den Dominicans, der sollte diese Wahl nicht zur Qual werden lassen und sich – und jetzt folgt der einzige wertvergleichende Hinweis in diesem Buch – für das Produkt entscheiden, dessen Entstehung auf den zehn besten *Vegas* der Vuelta Abajo seinen Anfang nimmt.

CONCHITA

Relativ gebräuchlich ist dieses Havanna-Format, das eine Länge von 5 Inches (= 127 mm) sowie ein Ringmaß von 35 (≈ 13,9 mm Durchmesser) aufweist, was dem international gebräuchlichen Format einer »Short Panatela« gleichkommt. Zigarren des Formats »Conchita« sind maschinengefertigt.

CONDAL

Bei diesen Zigarren handelt es sich um Longfiller von den Kanarischen Inseln. Die »Condals«, deren Palette fünf Formate umfaßt, warten mit einem Connecticut-Deckblatt in Colorado Claro, einem Mexiko-Umblatt sowie einer Einlage auf, die aus Brasil-, Havanna- und Santo-Domingo-Tabaken besteht.

Diese harmonisch aufeinander abgestimmte Mischung läßt sehr aromatische Zigarren entstehen, welche allesamt von Hand gefertigt werden, und zwar unter der Leitung von José Lorenzo

Gonzales, einem kubanischen Zigarrenmacher, der sich, nachdem er sein Heimatland verlassen hatte, 1931 auf den Kanarischen Inseln niederließ.

Formate der auf den Kanarischen Inseln hergestellten Marke »Condal«

Handelsname und (in Klammern) Formatzuordnung	Länge in Inches (mm)		Ringmaß bzw. Durch- messer (mm)	
Churchill				
(Double Corona)	7 1/2	(191)	50	(19,8)
Inmenso				
(Lonsdale)	7 1/4	(184)	42	(16,7)
No. 1				
(Lonsdale)	6 5/8	(168)	42	(16,7)
No. 3				
(Corona)	5 5/8	(143)	42	(16,7)
No. 4				
(Corona)	51/4	(133)	42	(16,7)
No. 5				
(Corona)	6	(152)	42	(16,7)
No. 6				
(Panatela)	6 1/4	(159)	35	(13,9)
No. 10				
(Churchill)	7	(178)	46	(18,3)
Robusto				
(Robusto)	5 1/2	(140)	50	(19,8)

»Ein wahrer Connaisseur liebt Zigarren in der gleichen Weise wie Musik, Wein und das Leben.«

Dr. Ernst Schneider, Schweizer Zigarrenkenner par excellence, Präsident und Delegierter des Verwaltungsrats der »Oettinger-Davidoff«-Gruppe

CONNAISSEUR

Laut »Fremdwörterbuch« des »Dudens« ist ein *Connaisseur* ein Kenner bzw. Sachverständiger, aber auch ein Feinschmecker. Letztere Spezies ist noch am ehesten gemeint, wenn in diesem Buch von einem *Connaisseur* die Rede ist – obwohl: Der Ausdruck »Feinschmecker« greift in diesem Zusammenhang zu kurz, und zwar in gleichem Maße, wie die Typisierung »Hedonist« zu übertrieben wäre, ist das doch ein Mensch, dessen höchstes ethisches Prinzip das Streben nach Sinneslust ist. Da paßt die Entsprechung »Genußmensch« schon eher, wenn jemand von sich behauptet, ein *Connaisseur* zu sein.

Der große *Aficionado* Zino Davidoff hat einmal vor Jahren zu einer Journalistin, die ihn interviewte, folgendes gesagt: »Mir machen Menschen, die ich lieb hab', Hunger.« Dieser Ausspruch ist ein Ausspruch eines Genußmenschen – und das im wahrsten Sinne des Wortes: Er genießt die Anwesenheit interessanter Menschen, genießt die ansprechende Unterhaltung mit ihnen, am besten an einer ansprechend gedeckten Tafel (denn auch das Auge genießt), freut sich auf einen guten Schluck Wein, bevor all das mit einem ausgereiften Cognac und einer – und in diesem Fall kommt der *Aficionado*, jene durchaus denkbare Seite eines *Connaisseurs*, zum Vorschein – exzellenten Zigarre eine genußvolle Abrundung erfährt.

Es gibt zwar noch bedeutend mehr Genußarten als die zuletzt beschriebenen, doch mögen diese genügen, um sich dem Ausdruck *Connaisseur*, wie er in diesem Buch verstanden werden soll, soweit wie möglich anzunähern.

CONNECTICUT

Sieht man einmal von Rhode Island und Delaware ab, so ist Connecticut der kleinste Bundesstaat der USA, gehört jedoch in vielerlei Hinsicht zu den bedeutendsten. Mit Beginn des 17. Jahrhunderts von Niederländern besiedelt, dann zunehmend von englischen Einwanderern, war Connecticut, 1635 gegründet, der fünfte Staat, der die Verfassung der USA billigte.

Heute wird die Wirtschaft in Connecticut durch Werften, mehr noch durch Raumfahrt- und Rüstungsunternehmen bestimmt, doch auch die Agrarindustrie spielt in dem Neuengland-Staat eine nicht unwesentliche Rolle. Ist die Milchviehhaltung, die Geflügelzucht sowie der Anbau von Obst und Gemüse in erster Linie auf die Versorgung der nahe gelegenen Großstädte ausgerichtet und hat demnach eher regionale Bedeutung, so ist einem anderen Agrarzweig eindeutig die Rolle zugedacht, zahlreiche Hersteller inner- und vor allem außerhalb der Vereinigten Staaten mit einem wirklich hervorragenden Rohprodukt zu versorgen.

Gemeint sind jene Tabakblätter für die Zigarrenherstellung, die einen hohen Stellenwert einnehmen: Deckblätter. In der Tat gehören jene aus dem Neuengland-Staat weltweit zu den besten ihrer Art. Dabei waren die ersten Versuche in Connecticut, Deckblätter zu ziehen, die sich mit denen aus Kuba und Sumatra messen konnten, so gar nicht von Erfolg gekrönt. Gegen Ende des 19. Jahrhunderts brachten jedenfalls die Anstrengungen etlicher Tabakbauern, im fruchtbaren Tal des Connecticut River aus Sumatra-Saaten Deckblätter zu ziehen, nicht annähernd den Erfolg, den man sich versprochen hatte.

Einige Jahre später versuchte man es erneut – und diesmal zeigten sich die Ergebnisse von der besseren Seite. Anscheinend war der sandige Lehmboden, der sich im bis zu 30 Kilometer breiten Tal des Connecticut River nördlich der Hauptstadt Hartford erstreckt, genau das richtige für die kubanischen Saaten, die man diesesmal verwendet hatte. Darauf ließ sich aufbauen, und mit der Zeit verbesserten die Tabakfarmer sowohl Aufzucht als auch Anbau ihrer Pflanzen kontinuierlich.

Mittlerweile ist Connecticut Shade, dieser im Schatten gezogene Tabak, Synonym für eines der besten Deckblätter, die weltweit produziert werden. Eigentlich dürfte es nicht »im Schatten«, sondern müßte es, um genau zu sein, »im durch Kunststoffabdeckungen hervorgerufenen Schatten« lauten, da in Connecticut weder tropische Feuchtigkeit noch tiefhängende Wolken für natürlichen Sonnenschutz sorgen.

Hilft man in Connecticut der Natur nicht nach, läßt also die Kunststoffabdeckungen weg und die Pflanzen ungehindert von der Sonne bescheinen, so erhält man Connecticut Broadleaf, jene dunklen Deckblätter, welche den Skalaabschnitt bei den Deckblatt-Farben abdecken, der bei Maduro beginnt und bei Oscuro endet.

Doch einerlei, ob es sich um Shade oder Broadleaf handelt: Der Connecticut-Tabak gehört zu den weltweit begehrtesten Deckblättern überhaupt – und somit auch zu den teuersten. Kostete etwa der Connecticut Shade im Jahre 1996 pro Kilogramm 28 US-Dollar, so mußten im Jahr darauf für dieselbe Menge stolze 145 Dollar gezahlt werden – eine Steigerung, die mit über 500 Prozent als exorbitant zu bezeichnen ist. Das US-Unternehmen »General Cigar Company« wird sich gefreut haben, kontrolliert es doch über die Tochtergesellschaft »Culbro« rund zwei Drittel des Tabakanbaus im Tal des Connecticut River.

CONSERVA

»Conserva« heißt soviel wie »Konservierung«. Dahinter verbirgt sich ein relativ gebräuchliches Havanna-Format, dessen Länge 5 17/24 Inches (≈ 145 mm) mißt und dessen Ringmaß 44 (≈ 17,5 mm Durchmesser) beträgt. Obwohl der Formatname das Gegenteil suggerieren mag – eine »Conserva« kann durchaus direkt nach dem käuflichen Erwerb genossen werden. Das Format – die jeweiligen Zigarren sind maschinengefertigt – entspricht in etwa dem international gebräuchlichen »Corona«-Format.

CONSOLIDATED CIGAR

Dreimal hat das Unternehmen mit Hauptsitz in Florida den dritten Buchstaben des Alphabets in ihr Signet aufgenommen, denn zu »Consolidated Cigar« gesellt sich noch »Corporation«. »CCC« ist heute das US-Unternehmen, das mit seinen Tabakprodukten, die in Pennsylvania und Virginia, in der Dominikanischen Republik, Honduras, Jamaika, Mexiko und Puerto Rico hergestellt werden, den US-amerikanischen Markt zwar nicht beherrscht, jedoch maßgeblich mitbestimmt – und auch weltweit sehr aktiv ist. Das mögen einige Zahlen belegen: Von den 270 Millionen Premium-Zigarren, die im Land der unbegrenzten Möglichkeiten 1996 verkauft wurden, waren allein 65 Millionen, die unter dem Dach von »CCC« ihre Heimat gefunden hatten. Das bedeutet für dieses Segment immerhin einen Marktanteil von einem knappen Viertel. Hinzu kamen in besagtem Jahr noch rund eine Milliarde verkaufter maschinengefertigter Zigarren.

Von solch einer beherrschenden Marktposition konnte ein gewisser Julius Lichtenstein nur träumen, als er sich in seiner Funktion als Präsident von »American Sumatra Tobacco«, einem Unternehmen, das mit Rohtabak handelte, mit sechs unabhängigen Zigarrenherstellern zusammentat. Das war 1918, und schon 1921 war aus diesem Verbund die »Consolidated Cigar Corporation« entstanden. In den Folgejahrzehnten kaufte die Firma gezielt weitere Tabakfabriken und Zigarrenhersteller auf, so daß sich mittlerweile mit »CCC« ein Unternehmen präsentiert, für welches der Begriff »Tabakimperium« zutreffender nicht sein kann.

Heute engagieren sich die Verantwortlichen der »Consolidated Cigar« besonders im Bereich der Premium-Zigarren. Die Verantwortlichen – das sind Theo Folz und Richard (»Dick«) DiMeola, die als Präsident und Vizepräsident das in Fort Lauderdale ansässige Unternehmen führen, welches im Besitz von Ronald Perelman ist, einem der reichsten Männer der Vereinigten Staaten. Er weiß sein Imperium mit den rund 4000 Angestellten in guten Händen, ist doch Theo Folz auf dem Gebiet der Unternehmensführung eine ebenso anerkannte Kapazität, wie es Dick DiMeola ist, wenn Fragen auftauchen, die das Produkt Zigarre betreffen. So ist DiMeola nahezu ständig auf der Suche nach großen Zigarrenmarken, um deren Produktion für die »CCC« zu erwerben. Und so zeichnete beispielsweise Folz für den Kauf der »American Cigar Company« verantwortlich, wodurch immerhin so gutgehende Marken wie »Antonio & Cleopatra« und »La Corona« erworben werden konnten. Auch so bekannte Firmen wie »Te-Amo«, welche die gleichnamigen Zigarren fertigt, und »Royal Jamaica Cigars« sind mittlerweile Teil des Branchenriesen.

Die Übernahme der »American Cigar Company« geschah Mitte

der 80er Jahre. Gut eineinhalb Dekaden zuvor, also gegen Ende der 60er Jahre, war schon der Einstieg in das Geschäft mit Premium-Zigarren erfolgt. Zu dieser Zeit tat man sich mit Pepe Garcia und Benjamín Menéndez zusammen, beides Exil-Kubaner, deren Familien vor der kubanischen Revolution die »H. Upmann« und später dann auch die »Montecristo« herstellten. Die Zusammenarbeit mit den beiden anerkannten Zigarrenmachern sollte reichlich Früchte tragen … Man gründete auf den Kanarischen Inseln die Firma »Cuban Cigars Brands«, und wenig später kreierten Garcia und Menéndez eine Premium-Zigarre, die nach ihrer Einführung internationale Anerkennung erfuhr: »Montecruz«. Dann kam das Jahr 1975 – und die Früchte konnten erstmals reichlich eingefahren werden. In diesem Jahr kaufte die »Consolidated Cigar« unter anderem die Rechte an den Marken »H. Upmann«, »Montecristo« und »Por Larrañaga«, nachdem zuvor ein US-Gericht entschieden hatte, daß Pepe Garcia als rechtmäßiger Eigentümer dieser Marken anzusehen sei. Damit tut sich eine Parallele auf zur Ehe zwischen Cifuentes und »General Cigar«. Schon längst sind die Marken »Cifuentes« und »Partagás« in den Besitz von »General Cigar« übergegangen, nachdem das zweite große US-Tabakimperium die Markenrechte von Ramón Cifuentes, ebenfalls ein Exil-Kubaner und ebenfalls einer der Großen unter den Zigarrenmachern, gekauft hatte.

So gibt es denn seit dieser Zeit ein Kuriosum auf dem internationalen Markt der Premium-Zigarren: Neben kubanischen Zigarrenmarken existieren jene US-Duplikate, die unter anderem von »Consolidated Cigar« größtenteils in der Dominikanischen Republik hergestellt werden. Hier, in La Romana, sind es neben weiteren die Marken »H. Upmann«, »Montecristo« und »Por Larrañaga«, die jedoch nur in den Vereinigten Staaten angeboten werden, obwohl die erstere auch in Europa zu haben ist, allerdings unter dem Namen »La Vega Real«.

Doch es sind auch »Originale« von »Consolidated Cigar« zu haben, und zwar weit mehr als besagte »Pendant-Zigarren«. So sind da, um nur einige aufzuführen, neben den schon erwähnten »La Coronas«, »La Vega Reals«, »Montecruz« und »Te-Amos« noch folgende

Marken zu nennen: »Don Diego«, »Henry Clay«, »Hoyo de la Romana«, »Las Cabrillas«, »Royal Jamaica«, »Tresado« und »Santa Damiana« sowie die maschinengefertigten »Dutch Masters«, die sich in den Vereinigten Staaten großer Beliebtheit erfreuen – nicht zu vergessen die »Dunhill Aged Cigars«, die exklusiv von »CCC« für die Londoner Nobelfirma gefertigt werden. Zu diesen und anderen Zigarren gesellen sich noch etliche Pfeifentabake, die das breite Angebot der »Consolidated Cigar Corporation« komplettieren.

CORONA

»Corona« heißt »Krone«, und nicht nur deshalb ist eine beachtliche Zahl von Zigarrenliebhabern der Überzeugung, diesem Format gebühre jene Bezeichnung zu Recht, da es über ideale Maße verfüge. So weise es zum einen genügend Länge auf (5 1/2 in ≈ 140 mm) und habe zum anderen ein respektables Ringmaß (42 ≈ 16,7 mm Durchmesser), um somit den Aromen die Möglichkeit zu geben, sich voll zu entfalten. Dadurch komme ein Rauchgenuß auf, der sich zwar nicht über Stunden hinziehe, der aber ausreichend für einen guten *Smoke* sei.

Bei der Wahl des Formats verhält es sich freilich wie bei der Wahl der Zigarrenmarke: Es bleibt dem einzelnen *Aficionado* überlassen, die für ihn passenden Formate selbst herauszufinden. Unbenommen ist jedoch: Das traditionelle »Corona«-Format zählt zu den klassischen Zigarrenformaten und ist nach wie vor eines der gebräuchlichsten.

Allerdings werden viele Zigarren unter diesem Format angeboten, deren Maße von den ursprünglichen (siehe oben) etwas abweichen, wenn auch meist nur geringfügig. Selbst die Maße des Havanna-Formats entsprechen den klassischen nicht ganz: Während das Ringmaß wie bei dem international gebräuchlichen Format ebenfalls 42 beträgt, nimmt die kubanische Version bei der Länge einige wenige Millimeter mehr für sich in Anspruch. Und noch etwas ist zu der kubanischen »Corona« zu sagen: Zigarren dieses Formats sind von Hand gemacht.

CORONA EXTRA

Die klassischen Maße dieses international gebräuchlichen Formats betragen in der Länge 5 1/2 Inches (in), was ca. 140 Millimetern (mm) entspricht, und 46 im Ringmaß, was wiederum mit einem Durchmesser von ca. 18,3 Millimetern gleichzusetzen ist.

Man spricht immer noch von einer »Corona Extra«, wenn die Länge mindestens 4 1/2 Inches sowie höchstens besagte 5 1/2 Inches beträgt und gleichzeitig das Ringmaß zwischen 45 und 47 liegt. In metrischen Maßen ausgedrückt: Die Länge hat eine Spanne, die bei ca. 114 Millimetern beginnt und bei ca. 140 Millimetern endet, während die Spannbreite beim Durchmesser von ca. 17,9 bis ca. 18,7 Millimetern reicht.

Bewegen sich also beide Maßangaben innerhalb der zwei Spannbreiten – Beispiel: 5 1/4 in × 46 (≈ 133 × ≈ 18,3 mm) –, so handelt es sich um das Format »Corona Extra«.

CORONA GORDA

Das recht häufig anzutreffende Havanna-Format »Corona Gorda« unterscheidet sich von dem Format der kubanischen »Corona« lediglich im Ringmaß. Das leuchtet ein, denn der Zusatz »Gorda« weist auf die Dicke hin. So präsentiert sich denn auch eine »Corona Gorda« mit ihrem Ringmaß von 46 im Durchmesser um ca. 1,6 Millimeter stärker als eine »Corona«, derweil die Länge mit der ihrer Namenscousine identisch ist.

Vergleicht man die Format-Bezeichnung »Corona Gorda« mit der international gebräuchlichen, so ist man auf den ersten Blick geneigt, etwas zu stutzen, denn die zutreffende Format-Bezeichnung »Grand Corona« läßt zunächst einmal auf das Havanna-Format »Corona Grande« schließen. Letzteres findet seine internationale Entsprechung jedoch in der »Long Corona«. Manchmal geht es bei den Formatbezeichnungen eben ziemlich verwirrend zu – weshalb ein vergleichender Blick auf die Tabellen der verschiedenen Formate bzw. Havanna-Formate mitunter recht lohnend sein kann (Seiten 190 f. und 192).

CORONA GRANDE

»Grande« heißt soviel wie »bedeutend«, und so ist das Havanna-Format »Corona Grande« mit seinen 6 1/12 Inches ($\approx$ 155 mm) folgerichtig um einiges länger als das der kubanischen »Corona«, und zwar um ca. 13 Millimeter. Mit ihrem Ringmaß von 42 ($\approx$ 16,7 mm Durchmesser) ist das gern benutzte Format »Corona Grande« (dessen Zigarren von Hand gemacht sind) in seinen Maßen nahezu identisch mit dem international gebräuchlichen Format der »Long Corona«.

Eine »Corona Grande« ist nicht mit einer »Gran Corona« zu verwechseln, denn letzteres (kubanisches) Format ist das größte überhaupt, das auf der Tabak- und Zuckerrohrinsel gefertigt wird.

CORONITA

Wie alle kubanischen »Coronas« erfreut sich auch das relativ häufig vorkommende Havanna-Format »Coronita« einer gewissen Beliebtheit. Das »Krönchen« hat eine Länge von 4 5/8 Inches ($\approx$ 117 mm) sowie ein Ringmaß von 40 ($\approx$ 15,9 mm Durchmesser) und ist mit dem internationalen Format der »Petit Corona« gleichzusetzen. Zigarren des Formats »Coronita« sind von Hand gemacht.

CORPS DIPLOMATIQUE

Die von »Stanwell« in Bremen vertriebene Marke umfaßt insgesamt acht Formate, von denen allerdings die »Auteuil«, die »Deauville«, die »International«, die »Orleans Mild« und die »Orsay« unter das international gebräuchliche Format »Cigarillo« einzuordnen sind. So bleiben noch drei Formate, deren Einlage jeweils aus Brasil-, Havanna- und Java-Tabaken besteht, ein Java-Umblatt sowie ein Sumatra-Deckblatt haben. Bei den zu 100 Prozent aus Tabak gefertigten Zigarren herrscht ein fein- bis mildaromatischer Körper vor – lediglich die »After Dinner« mit ihrem größeren Havanna-Anteil in der Einlage hebt sich mit ihrer würzigen Komponente von den übrigen Formaten ab.

Gefertigt werden die »Corps Diplomatiques« übrigens in Belgien, und zwar von der Traditionsfabrik »Vander Elst Frères«, die auf eine über 100jährige Erfahrung auf dem Gebiet der Herstellung klassischer europäischer Shortfiller zurückblicken kann und für ihre qualitativ hochwertige Arbeit bekannt ist.

Formate der in Belgien hergestellten deutschen Marke »Corps Diplomatique«

Handelsname und (in Klammern) Formatzuordnung	Länge in Milli- meter (in)		Durchmesser in Milli- meter (Ringmaß)
After Dinner			
(Short Panatela)	129	(5 1/12)	15,0 (38)
Consul			
(Slim Panatela)	135	(5 1/3)	11,8 (30)
Gouverneur			
(Small Panatela)	111	(4 3/8)	12,0 (30)

COSACO

Ein Havanna-Format, das recht gebräuchlich ist und eine Länge von 5 5/16 Inches (≈ 135 mm) sowie ein Ringmaß von 42 (≈ 16,7 mm Durchmesser) hat. Es ist durchaus dem international gebräuchlichen »Corona«-Format vergleichbar. Zigarren des Formats »Cosaco« sind maschinengefertigt.

COSTA RICA

Das nur gut 50 000 Quadratkilometer große mittelamerikanische Land, zwischen Nicaragua im Norden und Panama im Südwesten gelegen, spielt auf dem Gebiet des Tabakanbaus sowie der Zigarrenherstellung nur eine unbedeutende Rolle.

Der wenige Zigarrentabak, der hier angebaut wird, findet hauptsächlich als Einlagetabak Verwendung, und die einzige Zigarrenmarke, die Erwähnung finden sollte, ist die »Bahia«, ein von Hand gemachter Longfiller.

*C*REMA

Ob dieses gern benutzte Havanna-Format für ihn die »Crème de la crème« darstellt, mag jeder *Aficionado* für sich entscheiden. Mit einer Länge von 5 1/2 Inches (≈ 140 mm) und einem Ringmaß von 40 (≈ 15,9 mm Durchmesser) sind die Maße der »Crema« nahezu identisch mit denen der klassischen »Corona«, womit sie sich in die gern gerauchten Formate einreiht.

Auf eine Besonderheit – von denen es ja bei den Havanna-Formaten einige gibt – muß noch hingewiesen werden: Die Maße der »Crema« und die der »Nacionales« sind absolut identisch; lediglich im Gewicht unterscheiden sie sich voneinander. Obwohl – aus gutem Grund – in diesem Buch auf Gewichtsangaben verzichtet wird, sei hier die Ausnahme von der Regel einmal gestattet: Mit ihren 7,64 Gramm ist eine »Crema« um 0,64 Gramm leichter als eine »Nacionales«. Ist das der eine Unterschied, so wiegt der andere, wenn auch nicht meßbare, doch etwas schwerer: Zigarren des Formats »Crema« sind, im Gegensatz zu den »Nacionales«, maschinell gefertigt.

*C*RISTAL

Das »Kristall« gibt nur noch wenig Leuchtkraft ab, denn Zigarren dieses Havanna-Formats sind heute nur noch äußerst selten zu finden. Dabei entsprechen seine Maße – Länge: 5 7/8 (≈ 149 mm); Ringmaß: 41 (≈ 16,3 mm Durchmesser) – dem durchaus gängigen Format einer »Long Corona«. Zigarren des Formats »Cristal« sind maschinengefertigt.

»Ich halte Kuba immer in meinem Mund.«

Winston Churchill, englischer Politiker und Schriftsteller

*C*UABA

Rund 30 Jahre nach Erscheinen der »Cohiba« kam mit der 1996 vorgestellten »Cuaba« erst die zweite Havanna-Marke heraus, die unter Castro kreiert wurde. Wohl um zu verdeutlichen, daß es sich auch bei den »Cuabas« um Zigarren handelt, die von der hohen Kunst der kubanischen *Torcedores* Zeugnis geben, wurde wie bei der internationalen Einführung der »Cohiba«-Serie »Linea 1492« ebenfalls London als Ort gewählt, den passenden Rahmen zu geben, um während einer Galaveranstaltung internationalen *Aficionados* die »Cuabas« schmackhaft zu machen. Damit nicht genug, erhielt die

Formate der kubanischen Marke »Cuaba«*

Handelsname und (in Klammern) Formatzuordnung	Länge in Inches (mm)		Ringmaß bzw. Durch- messer (mm)	
Divino				
(Petit Corona)	4	(102)	42	(16,7)
Exclusivo				
(Grand Corona)	5 17/24	(145)	47	(18,7)
Generoso				
(Corona Extra)	5 3/16	(132)	46	(18,3)
Traditional				
(Petit Corona)	4 3/4	(121)	42	(16,7)

* Da es sich bei allen Formaten um »Perfectos« handelt, sind die Ring- maßangaben lediglich als Annäherung eines Durchmessers zu verste- hen, der zwischen dem größten und dem kleinsten Ringmaß liegt, bevor sich die Zigarren nach beiden Seiten hin verjüngen. Außerdem wird nicht, wie bei den kubanischen Formaten sonst üblich, auf den Produktionsnamen verwiesen, sondern auf die internationale Format- zuordnung. Das ist zwar nicht ganz korrekt, doch so ist wenigstens annähernd zu erkennen, wie das jeweilige Format nach Länge und Größe in etwa einzuschätzen ist.

neue Marke, ebenso wie die »Cohiba«, einen Namen, welcher der Sprache der Taino-Indiander, jener Ureinwohner Kubas, entlehnt ist. »Cuaba« verweist auf einen Busch, der auf der Insel wächst und dessen Holz hervorragend brennt. Er soll besagten Tainos zum Entfachen der »Cohiba«, dem Taino-Wort für Zigarre, gedient haben, so die Überlieferung.

Bei den »Cuabas«, die in der »Romeo y Julieta«-Fabrik gefertigt werden, handelt es sich allesamt um »Figurados«, genauer gesagt um »Perfectos«. Damit ist jedoch nicht das kubanische Format »Perfecto« mit seinen genau festgelegten Maßen von 5 × 44 gemeint, sondern die Form jenes »Figurado«-Formats. Die »Perfectos« der »Cuaba« sind Zigarren, die einen zylindrischen Körper aufweisen, der sich sowohl zum spitzen Brandende als auch zum halbspitzen Kopf hin verjüngt, wobei das Brandende offen und der Kopf geschlossen ist.

Da die wenigen »Perfectos«, die auf Kuba in dem klassischen Format hergestellt werden, nahezu ausschließlich maschinengefertigt sind, mußten die Verantwortlichen zunächst einmal 15 erfahrene *Torcedores* die vier verschiedenen Größen der »Cuaba« fertigen lassen, wobei jedoch der »Chefroller« von »Romeo y Julieta«, Señor Gonzalez, unterstützende Hilfe gab, zumal es für die einzelnen Formate keine Vorlagen gab.

So sind die »Cuabas« auch eine Reminiszenz an die Zeit um die letzte Jahrhundertwende. Als damals die Havannas ihren weltweiten Siegeszug antraten, gehörten solche »Perfectos« zu den beliebtesten Formaten. Mit Beginn der 30er Jahre verschwanden dann jene »Figurados« mehr und mehr aus den Regalen, weil sie immer weniger nachgefragt wurden.

Waren die »Cuabas«, deren aromatische Körper ebenfalls an klassische Havannas erinnern, in der ersten Zeit nur in wenigen europäischen Ländern zu kaufen, hierzulande allenfalls in den *Casa del Habanos*, so sind sie seit 1998 auch in den Fachgeschäften der deutschsprachigen Länder zu haben – leider zu selten, wie nicht wenige *Aficionados* beklagen. Offenbar kann hier das Angebot nicht mit der Nachfrage Schritt halten ... und offenbar haben die »Cuabas« schon eine feste Anhängerschaft gefunden.

CUESTA-REY

Ihre Heimat ist Santiago de Los Caballeros, doch ihr Geburtsort ist Tampa in Florida, jenes Tampa des ausgehenden 19. Jahrhunderts, als im Südosten der Vereinigten Staaten ein Produkt hergestellt wurde, das bei Zigarrenliebhabern in hohem Ansehen stand: »Clear Havana«. Auch die »Cuesta-Rey«, 1884 erstmals gefertigt, war mit diesem (unsichtbaren) Qualitätsstempel versehen, denn der Mann, der sie aus der Taufe hob, Angel LaMadrid Cuesta, betrieb zu der Zeit mit seinem Teilhaber Peregrino Rey eine Zigarrenfabrik, die ausschließlich »Clear Havanas« herstellte. Mittlerweile ist die Heimat der »Cuesta-Rey« die Dominikanische Republik, genauer gesagt seit 1990, da in diesem Jahr die Herstellung von Ybor City in das Land der zahlreichen Zigarrenmanufakturen verlegt worden war, und zwar in die Fabrik, in der die Fuentes das Sagen haben.

Allein schon der Name Fuente ist ein Synonym für Qualitätsarbeit, und das merkt man den sorgfältig gerollten Zigarren sofort an,

Formate der Serie »Cabinet Selection« der in der Domini-kanischen Republik hergestellten US-Marke »Cuesta-Rey«

Handelsname und (in Klammern) Formatzuordnung	Länge in Inches (mm)		Ringmaß bzw. Durch-messer (mm)	
No. 1				
(Giant)	8 1/2	(216)	52	(20,6)
No. 2				
(Long Panatela)	7	(178)	36	(14,3)
No. 95				
(Long Corona)	6 1/4	(159)	42	(15,9)
No. 898				
(Double Corona)	7	(178)	49	(19,5)
No. 1884				
(Grand Corona)	6 3/4	(172)	45	(17,5)

obwohl es sich bei der Herstellung der »Cuesta-Reys« um eine Auftragsarbeit handelt. Die Rechte an der Marke liegen nämlich bei der US-Firma »M & N Cigars«, eines der letzten großen Zigarrenhäuser in Tampa. Das in Familienbesitz befindliche Unternehmen, das 1895 gegründet wurde und somit auf eine über 100jährige

Tradition verweisen kann, erwarb die Markenrechte an der »Cuesta-Rey« gegen Ende der 50er Jahre von Cuestas Sohn Carl und stellte die Zigarren bis Ende der 80er Jahre selbst her, ehe es die Fertigung den Fuentes übertrug.

Insgesamt umfaßt die »Cuesta-Rey« vier Serien: Neben der Standardserie, die nach wie vor in Tampa (maschinell) hergestellt wird, sind da noch die Serien »Cabinet Selection«, »Centennial Collection« und »No. 95«, wobei letztere auf das Gründungsjahr der Zigarrenfabrik »Newman« verweist, aus der dann schließlich das Unternehmen »M & N Cigars« hervorging. Diese Serie ist hauptsächlich für den US-amerikanischen Markt bestimmt, während die beiden ersteren weltweit vertrieben werden.

Bei den Formaten der Serie »Cabinet Selection« handelt es sich um relativ milde Zigarren, während die »Centennials« über einen volleren Körper verfügen. Bei beiden Serien kommt das Umblatt aus der Dominikanischen Republik, und auch für die Einlage wird auf einheimische Tabake zurückgegriffen – allerdings nur bei der Einlage für die »Cabinets«, da die der »Centennials« zusätzlich Brasil-Tabake aufweist. Auch beim Deckblatt gilt es zu unterschei-

---

EIN MAYA-WORT KOMMT IN MODE

Der Begriff »Ciquar« stammt von den Maya. Hieraus wurde bald das Wort »Cigar«, später dann »Cigarre«. Umfassend – und dabei sehr weit ausholend – übersetzten Europäer seinerzeit den Begriff folgendermaßen: »Etwas Brennbares, das gut schmeckt und gut riecht.«

den. Sind die Zigarren der Serie »Cabinet Selection« mit einem Deckblatt aus Kamerun in Colorado Claro versehen, so wird für die Zigarren der Serie »Centennial Collection« ein Maduro-Deckblatt aus Connecticut Broadleaf verwendet.

Formate der Serie »Centennial Collection« der in der Dominikanischen Republik hergestellten Marke »Cuesta-Rey«

Handelsname und (in Klammern) Formatzuordnung	Länge in Inches (mm)		Ringmaß bzw. Durchmesser (mm)	
Aristocrat				
(Churchill)	7 1/4	(184)	48	(19,1)
Cameo				
(Small Panatela)	4 1/4	(108)	32	(12,7)
Captiva				
(Long Corona)	6 1/8	(156)	42	(16,7)
Dominican No. 1				
(Giant)	8 1/2	(215)	52	(20,6)
Dominican No. 2				
(Churchill)	7 1/4	(184)	48	(19,1)
Dominican No. 3				
(Long Panatela)	7	(177)	36	(14,3)
Dominican No. 4				
(Lonsdale)	6 1/2	(165)	42	(16,7)
Dominican No. 5				
(Corona)	5 1/2	(140)	43	(17,1)
Dominican No. 7				
(Robusto)	4 1/2	(114)	50	(19,8)
Dominican No. 60				
(Toro)	6	(153)	50	(19,8)
Individual				
(Giant)	8 1/2	(216)	52	(20,6)
Rivera				
(Long Panatela)	7	(178)	35	(13,9)

»Culebra« ist das spanische Wort für »Schlange« – und so präsentieren sich denn auch meist drei gewundene »Ringelnattern«, um dennoch, weil miteinander verschlungen und gemeinsam mit einem Seidenband zusammengehalten, eine Einheit zu bilden. Obwohl es verschiedene »Figurado«-Formate gibt, ist die »Culebra« das wohl außergewöhnlichste Havanna-Format, das noch, wenn auch relativ selten, von den _Torcedores_ per Hand gerollt wird.

Dabei hat dieses Format eine lange Tradition. Gegen Mitte des 19. Jahrhunderts kamen jene Zigarren in spanischen Fabriken auf. Als Dreiergebinde zusammengeflochten, entsprachen sie der Tagesration eines _Torcedors_. Man wählte dieses ausgefallene kleine Bündel, um dem Zigarrenroller den Weiterverkauf zu erschweren. Diese und ähnliche Maßnahmen gibt es mittlerweile nicht mehr, aber die Kunst, solche Zigarren zu rollen, die hat sich über die Jahrzehnte erhalten.

Freilich ist »Culebra« nicht gleich »Culebra«. So gibt es beispielsweise von der Zigarrenmarke »La Flor del Caney« eine »Culebra«, die nichts Gewundenes und Geschlängeltes aufweist – sie wird unter dem Handelsnamen »Especial« angeboten, weist zwar dieselben Maße wie die einer »Culebra« auf, hat aber mit der typischen Schlangenform nichts zu tun. Typisch sind dagegen, wie gesagt, drei »Culebras«, die miteinander verschlungen sind – wobei sich jede praktisch um die eigene Achse dreht – und die sich als kleines Bündel präsentieren. Eine jede »Culebra« hat eine Länge von 5 3/4 Inches (≈ 146 mm) und ein Ringmaß von 39 (≈ 15,5 mm Durchmesser) – und eine jede »Culebra« ist, wie schon angedeutet, von Hand gemacht.

Mitte 1997 hat auch die Firma »Davidoff« diese Zigarrenform wiederaufleben lassen und führt sie seit jener Zeit unter dem Handelsnamen »Special ›C‹« in ihrem Sortiment, wobei das ›C‹ eindeutig auf »Culebra« verweist. Allerdings unterscheidet sie sich von ihren kubanischen Gegenstücken in ihren Maßen. So weist eine jede »Special ›C‹« bei einem Durchmesser von 13,1 Millimetern die respektable Länge von 165 Millimetern auf.

DALIA

Das durchaus gebräuchliche Havanna-Format, dessen Zigarren von Hand gemacht sind, hat eine Länge von 6 11/16 Inches (≈ 170 mm) bei einem Ringmaß von 43 (≈ 17,1 mm Durchmesser) und ist somit dem Format einer »Lonsdale« vergleichbar.

DANNEMANN

Im Jahre 1851 in Bremen geboren, wurde er auf den Namen Gerhard getauft, und diesen Namen behielt er bei, bis er 1872 nach Brasilien auswanderte. Von da an nannte er sich Geraldo. Seinen Familiennamen trug er jedoch weiterhin mit Stolz: Dannemann.

Schon ein Jahr nach seiner Ankunft im größten Land Südamerikas gründete er in São Félix, einem Flecken am Rio Paraguaçu in der Region Recôncavo, im Nordosten Brasiliens gelegen, seine erste Zigarrenfabrik. Hier, im Bundesstaat Cidade Bahia, nicht weit entfernt von Salvador, ehemals Brasiliens Hauptstadt, deren voller Name »São Salvador da Bahia de Todos os Santos« bei nicht wenigen die Assoziation von Samba-Klängen und kaffeebraunen Tänzerinnen aufkommen läßt … hier also fand der Auswanderer das vor, nach dem er suchte: einen fruchtbaren Boden mit hohem Sandgehalt, ein Klima, das für den Tabakanbau wie geschaffen war, und nicht zuletzt ebenjenes Salvador, das über einen Hafen verfügte, den auch Schiffe ansteuerten, die den Atlantischen Ozean überquerten, denn dort lag die Alte Welt, lag vor allem Europa, das in jener Zeit einen Zigarrenboom erlebte.

Besagte erste Zigarrenfabrik beschäftigte mit der Aufnahme ihrer Produktion ganze sechs Arbeiterinnen – und doch war dies praktisch die Urzelle jenes Tabakimperiums, das Geraldo Dannemann bei seinem Tode im Jahr 1921 seinen Nachfolgern hinterließ. Doch bis dahin sollte noch viel Wasser den Rio Paraguaçu hinunterfließen …

Dannemann wuchs in Bremen zu einer Zeit auf, die geprägt war von einem starken Wirtschaftswachstum. Zurückzuführen war das nicht zuletzt auf die im Jahre 1848 erfolgte Aufhebung eines bis dahin bestehenden Rauchverbots. Die Stadt an der Weser wurde recht bald der führende Umschlagplatz für Rohtabak aus aller Welt (und ist es für Europa noch heute) – und der kam neben Kuba und Sumatra vor allem aus Brasilien. Es verging in jenen Jahren fast keine Woche, in der in Bremen nicht eine Zigarrenfabrik gegründet wurde – zu zählen waren sie schließlich in Hunderten. In dieser Zeit lebte rund jeder zehnte Bürger der Hansestadt vom Tabakhandel und der Zigarrenherstellung.

Im Deutsch-Französischen Krieg von 1870/71 verwundet, lebte Gerhard Dannemann nach seiner Genesung für einige Zeit in Freiburg im Breisgau. Dort hatte er bald wieder mit dem Rohstoff zu tun, von dem er schon in Bremen so fasziniert gewesen war: Tabak. Zwar erweiterte er in Freiburg, damals eines der Zentren des Tabakanbaus in Deutschland, seine Kenntnisse auf dem Gebiet der Zigarrenherstellung, doch er erkannte auch bald etwas Wesentliches, etwas, das für ihn zum Grundsätzlichen wurde, zum Schlüssel seines beruflichen Aufstiegs: Nur eine gleichbleibend hohe Qualität garantiert den Erfolg, und nur derjenige, der vor Ort tätig ist, kann die angestrebte Qualität erreichen – und vor allem sicherstellen.

Nach dieser Maxime richtete Geraldo Dannemann seine Arbeit von Anfang an aus. Bald waren aus den sechs Frauen 60 Angestellte geworden, bald 600 – das Unternehmen »Dannemann« wuchs ständig. Eine erste Anerkennung erfuhr es im Jahre 1893, als der damalige Kaiser Brasiliens, Dom Pedro II., São Félix besuchte und ihm den Titel »Imperial Cigar Factory Dannemann« verlieh.

Auch in den folgenden Jahren erlebte die »Kaiserliche Cigarrenfabrik Dannemann« eine geradezu explosionsartige Entwicklung. Über die gesamte Region Recôncavo erstreckten sich Fabrikationsstätten, Lagerhäuser und Kontore, die den Namen des Bremer Firmeninhabers trugen. Gut 20 Jahre nach der Gründung seiner ersten Zigarrenmanufaktur galt Geraldo Dannemann als der größte Unternehmer im Bundesstaat Bahia. Einige wenige Zahlen mögen das belegen: Im Jahre 1895 produzierten vier große und etwa 300 kleine Unternehmen 70 Millionen Zigarren – allein für den brasilianischen Markt. Wenn dann 90 Prozent der Produktion ausschließlich in die Alte Welt exportiert wurden – die übrigen Absatzmärkte nicht mitgerechnet –, dann ist leicht zu erahnen, welche für damalige Zeiten gigantischen Produktionsziffern Jahr für Jahr in den Dannemannschen Fabrikationsstätten erzielt wurden. Jedenfalls war die Zigarre von »Dannemann« die erste Handelsmarke Brasiliens, welche sich auf dem europäischen Markt durchsetzen konnte. Dieser Erfolg war nicht zuletzt auf den Kontakt mit Europa zurückzuführen, den der gebürtige Bremer wie später auch seine leitenden Angestellten seit den Anfängen pflegten und ständig ausbauten.

Hinter all dem steckte harte Arbeit, nicht nur für Geraldo Dannemann und seinen Teilhaber, den Tabakhändler Ludwig Kruder, der dem Unternehmensgründer seit 1885 zur Seite stand, nicht nur für die Mitglieder des Führungszirkels, sondern auch für die zahlreichen Tabakpflanzer sowie die vielen Beschäftigten, die bei »Dannemann« in Lohn standen.

Geraldo Dannemann hatte etwas, was nicht wenige Großunternehmer auch in der Alten Welt auszeichnete: soziale Verantwortung. Wie die Industriebarone im Ruhrgebiet, wie auch die Textilunternehmer am Niederrhein setzte sich Dannemann für öffentliche Belange ein – im Brasilien seiner Zeit wahrlich eine Ausnahme. So ließ er Gebäude erstellen, die der Öffentlichkeit zugänglich waren, sorgte er für soziale Einrichtungen, förderte auch die Infrastruktur der Region, indem er Straßen pflastern ließ und den Ausbau der Kanalisation vorantrieb, ja, sogar für die erste Straßenbeleuchtung und das erste Telephon in São Félix zeichnete er verantwortlich.

Begonnen hatte dieses Engagement mit der Errichtung einer Eisenbahnbrücke, die noch heute den Rio Paraguaçu überquert und die beiden Städte São Félix und Cachoeira miteinander verbindet und die auf seine Initiative hin 1885 dem Verkehr übergeben werden konnte. Es geschah dies – in der Alten Welt wie in nicht wenigen Kolonialstaaten – in der Ära der Gründerzeit, und es waren die Unternehmer, die als Großindustrielle nicht nur darauf bedacht waren, ihren eigenen Wohlstand zu mehren, sondern die sich auch als Gründerväter ihrer sozialen Verantwortung stellten, indem sie das Wohl der Region, in der sie tätig waren, zu ihrer eigenen Sache machten. Wie hoch beispielsweise das Ansehen Geraldo Dannemanns war, zeigte sich im Jahre 1889, als er, nachdem Brasilien zur Republik ausgerufen worden war, zum ersten Bürgermeister von São Félix gewählt wurde. Der einstige Flecken hatte sich mittlerweile zu einer respektablen Gemeinde entwickelt und vor der Bürgermeisterwahl – ebenfalls auf Initiative Geraldo Dannemanns – die Stadtrechte verliehen bekommen.

Bei all diesem Engagement verlor der Großindustrielle jedoch nicht die Zukunft seines Imperiums aus den Augen. Nachdem keines seiner Kinder – seine Frau hatte ihm immerhin 13 geboren – großes Interesse zeigte, die Passion des Vaters in dem Maße zu teilen, in dem er sich das wünschte, stieß kurz vor Ende des 19. Jahrhunderts Adolf Jonas zu dem Unternehmen. Der Tabakexperte identifizierte sich voll und ganz mit der Philosophie des Gründers, die sich nach wie vor an seinem einstmals definierten Qualitätsgrundsatz orientierte. In dem Bewußtsein, die Zukunft seines Unternehmens gesichert zu wissen, kehrte Geraldo Dannemann schließlich nach Deutschland zurück. Das war kurz vor Ausbruch des Ersten Weltkriegs.

Nachdem endlich die Waffen schwiegen, begab sich der mittlerweile fast Siebzigjährige wieder nach Brasilien – und mußte feststellen, daß in den vergangenen Jahren eine starke Konkurrenz herangewachsen war, erkannte aber auch bald, daß weniger der Zigarren- als vielmehr der Tabakexport die besten Wachstumsraten versprach. Geraldo Dannemann stellte daraufhin mit seiner letzten großen unternehmerischen Entscheidung die Weichen für die Zukunft des Unternehmens. Er leitete eine Kapitalerhöhung ein, nachdem er mit dem Unternehmen »Stender & Co« die Gründung einer Aktiengesellschaft vereinbart hatte. Schließlich wurde die »Companhia de Charutos Dannemann«, bis heute die Muttergesellschaft

»Noble Cigarren sind wie große Weine. Ihr Reichtum muß reifen.«
Geraldo Dannemann, in Bremen geborener Zigarrenkenner

der »Dannemann«-Gruppe, im Jahre 1922 ins Leben gerufen – ein Jahr nach dem Tod des Mannes, der wie nur wenig andere die Welt der Zigarre mitgeprägt hat, vor allem die der würzig-milden »Brasil«, welche insbesondere in Deutschland äußerst beliebt ist.

Heute hat »Dannemann« seinen Sitz im westlich von Osnabrück gelegenen Lübbecke, einer Kleinstadt am nördlichen Rande des Wiehengebirges. Mittlerweile im Besitz der Schweizer »Burger Söhne AG«, ist »Dannemann« über eigene Firmen weiter eng mit Brasilien verbunden, ist ebenfalls in Indonesien präsent, unterhält Zigarrenfabriken im thüringischen Treffurt und im niederländischen Veenendaal – und bietet in über 50 Ländern der Welt ein breites Portfolio von Marken an, auf deren Verpackungen immer noch das Portrait des Firmengründers zu sehen ist. Apropos Verpackungen: Die Firma »Dannemann« war es auch, die eine Klimaverpackung aus Aluminiumpapier ins Leben rief, »Humidorpack« genannt. Dieses Papier umhüllt jede einzelne Zigarre und bewahrt nicht nur das Aroma der tropenfrischen Tabake bis zum Öffnen, sondern schützt auch die Zigarre vor Beschädigungen und Umwelteinflüssen.

»Dannemanns« breites Sortiment wird unter anderem durch die vielen Zigarillomarken geprägt. Zu nennen ist hier insbesondere die »Moods«, deren Einführung einer Revolution im Segment der aromatisierten Zigarillos gleichkam. In kürzester Zeit zum uneingeschränkten Marktführer in diesem Bereich geworden, gibt es die »Moods« jetzt auch als »Moods Tubos«. Dahinter verbirgt sich eine Zigarre in einem kurzen »Panatela«-Format, wobei jede Zigarre einzeln in einer Aluminiumhülse steckt.

Aus Lübbecke kommen aber auch »normale« Zigarren. So etwa die »Dannemann Tubes«, die entweder mit einem feinwürzigen Brasil- bzw. einem hellen Sumatra-Deckblatt oder als Havanna-Shortfiller erhältlich sind – alle im klassischen »Corona«-Format und alle zu 100 Prozent aus Tabak.

Das sind auch die Longfiller aus dem Hause »Dannemann«, die im nicaraguanischen Estelí unter dem Namen »Artist Line« von Hand gemacht werden. Bei der Fertigung dieser Premium-Zigarren wird eine Herstellungsweise angewandt, von der man zwar schon gehört hatte, die aber schon lange nicht mehr praktiziert wurde – und somit als »verschüttet« galt. Gemeint ist die HBPR-Methode, wobei das Kürzel für »hand bunched pressed rolled« steht. Hierbei wird auf den ansonsten bei der Longfiller-Produktion üblichen Preßstock verzichtet. So sind es denn auch besonders ausgebildete *Torcedores*, welche die Zigarren der »Dannemann Artist Line« fertigen.

Es wäre zu platzraubend, alle Marken aufzuzählen, die unter dem Dach von »Dannemann« hergestellt und vertrieben werden, doch es ist schon bemerkenswert, wie sich eine Firma, die vor weit über 100 Jahren ihren Ursprung in einem kleinen Flecken des heutigen brasilianischen Bundesstaates Bahia fand, nicht auf ihren (wohlverdienten) Lorbeeren ausruht, sondern ständig nach neuen Wegen sucht. »Stillstand ist Rückschritt« hat ein kluger Kopf einmal formuliert – der Satz könnte von Geraldo Dannemann stammen.

*D*AVIDOFF

Genf, jene Stadt an dem See, der sich nach ihr benennt, hat seit seiner Gründung, einmal bedingt durch die hier vorherrschende liberale Gesinnung, zum anderen durch seine Lage, später dann auch aufgrund des großzügigen Asylrechts, das in der Schweiz bis Anfang der 40er Jahre unseres Jahrhunderts herrschte … diese Stadt hat stets Menschen angezogen, welche hier ihre Ideen und Überzeugungen zu verwirklichen suchten – so etwa Jean Cauvin, der als Johannes Calvin 1536 damit begann, Genf zur Hochburg der Reformation zu machen, so etwa auch etliche Emigranten, die seit Mitte des 19. Jahrhunderts mit zunehmendem Maße die Stadt als Ziel wählten.

Es waren jedenfalls nicht wenige, die in der Alpenrepublik Asyl suchten, weil sie in ihrem Heimatland von der dortigen Obrigkeit verfolgt wurden, auch solche, die aufgrund kriegerischer oder politischer Wirren ihre Existenz gefährdet oder ihre Zukunft verbaut sahen. Darunter war auch ein gewisser Henri Davidoff, der 1911 seine Heimatstadt Kiew verlassen hatte, um nicht den Pogromen des Zaren ausgesetzt zu sein. Eine beschwerliche, drei Monate dauernde Odyssee führte den gebürtigen Ukrainer mit seiner Familie schließlich nach Genf. Hier eröffnete Henri Davidoff am Boulevard des Philosophes ein Geschäft und tat das, was er schon in Kiew getan hatte: Bestand dort seine Arbeit, vielmehr die der gesamten Familie, im Auswählen, Zuschneiden und Mischen edler Tabake ausgesuchter Orient-Provenienzen, um dann die verschiedenen Tabakkompositionen zu Zigaretten zu verarbeiten, deren Mundstück – außergewöhnlich genug für die damalige Zeit – goldfarben war, so kreierte er auch hier Tabakmischungen, jedoch nicht nur für Zigaretten, sondern auch für Pfeifen. Schon bald lehrte Henri Davidoff auch seinen Sohn Zino, der bei der Ankunft in Genf ganze fünf Jahre gezählt hatte, spezielle Mischungen zusammenzustellen. Dann, 1924, zog es den jungen Zino Davidoff nach Schulende in die großen tabakproduzierenden und zigarrenherstellenden Länder Lateinamerikas. Über Argentinien gelangte er in die Mata Fina, dem Herz des brasilianischen Tabakanbaus, um sich schließlich auf Kuba umzusehen, dem »Mutterland der Zigarre«. In den fünf Jahren, die Zino Davidoff in Übersee verbrachte, lernte er nicht nur die Geheimnisse und das Wesen des Tabaks von Grund auf kennen,

VOR DER REVOLUTION DER GENUSS ...

Zu seinen Lebzeiten hat es Zino Davidoff versäumt, in einem bestimmten Fall Schulden einzufordern. Dazu hätte er sich allerdings an den russischen Staat bzw. die Sowjetunion wenden müssen ...

In den ersten Jahren nach der Eröffnung des Davidoffschen Tabakgeschäfts in Genf suchten des öfteren auch russische Emigranten den kleinen Laden auf. Das war durchaus verständlich. Darunter war auch jemand, der einen großen Eindruck auf den jungen Zino machte: Magergesichtig, mit brennenden Augen, sprach er zu anderen Emigranten stets mit lauter Stimme. Er versorgte sich auch immer mit Zigarren. Das war ebenfalls verständlich. Bezahlt hat er sie jedoch nie. Sein Name: Wladimir Iljitsch Uljanow (da hieß er noch nicht Lenin).

indem er sowohl das kleine und große Einmaleins des Anbaus, des Trocknens und des Fermentierens wie das des Mischens und Degustierens studierte, sondern auch die hohe Kunst der Zigarrenherstellung, indem er etwa den *Torcedores* – vor allem jenen in der Fabrik »Hoyo de Monterrey« – bei ihrer Arbeit über die Schultern schaute.

Im Jahre 1929 in die Schweiz zurückgekehrt, eröffnete er im väterlichen Geschäft – es befand sich jetzt in der Rue de la Confédération – eine spezielle Zigarrenabteilung, zu der auch ein Feuchtekeller zur fachgerechten Lagerung der Zigarren gehörte. Es war der erste dieser Art auf dem europäischen Kontinent.

Mit dem Tag seiner Rückkehr unterhielt Zino Davidoff einen regen Kontakt zu Kuba, und der Jungunternehmer aus Genf begann bald damit, Havannas zu importieren. Je mehr sich nun in den Folgejahren dieser Kontakt verfestigte, desto höher wurden auch die Einfuhrraten. Und als der Zweite Weltkrieg ausgebrochen war und unzählige Havannas in den Freihäfen Europas lagerten, war es der umtriebige Ukrainer, der auf Wunsch Kubas den Vertrieb dieser begehrten Produkte hochstehender Zigarrenrollkunst übernahm. So kam es schließlich, daß mit Beginn des Jahres 1940 der Davidoffsche Laden – er befand sich jetzt in der Rue du Marché – weltweit der einzige war, der bis zum Ende des Zweiten Weltkriegs Havannas auf Lager hatte. Es dauerte dann nicht mehr lange, und die Stadt im Schatten des Mont-Blanc-Massivs wurde zum Mekka von Zigarrenfreunden aus aller Welt. Und als der Kosmopolit ukrainischer Herkunft im Jahre 1946 in Anlehnung an die Serie »Cabinet« seiner geliebten »Hoyo de Monterreys« die Zigarrenserie »Château« für die kubanische Traditionsmarke ins Leben rief, deren Formate er nach einigen der gesuchtesten »Grand Crus« aus dem Bordelais benannte, wurde der Name Davidoff, der bis dato lediglich unter *Aficionados* zur festen Größe geworden war, auch in anderen Kreisen ein Begriff.

Noch heute trauern ältere Havanna-Liebhaber jener Serie »Château« nach, deren Formate mit den Zusatzbezeichnungen »Haut Brion«, »Lafite«, »Latour«, »Margaux« und »Yquem«, der späteren »Château Mouton-Rothschild«, das Nonplusultra dessen darstellten, was die Stätten kubanischer Zigarrenfabrikation verließ – allein schon beim Erwähnen der Namen wurden nicht wenige *Aficionados* unruhig und verdrehten vor Wonne die Augen, erst recht, wenn sie sich eine »Château« anzünden konnten. Später kam noch die »Dom Pérignon« hinzu, eine »Double Corona«, für deren Herstellung Jahr für Jahr ausgesuchte Tabakblätter aus sechs verschiedenen Erntezeiten verwendet wurden – nach Meinung vieler Tabakexperten die beste Zigarre, die jemals zu erwerben war (und nicht nur deshalb schon heute eine Legende ist).

Gut 20 Jahre nach der Geburt besagter großer Serie unterbreitete »Cubatabaco«, jene staatliche Gesellschaft, die seit 1966 für die gesamte Tabakindustrie Kubas verantwortlich zeichnete, im Jahre 1968 dem gebürtigen Ukrainer den Vorschlag, eine Havanna-Marke unter seinem Namen zu gründen. Davidoff galt zu der Zeit nicht nur als der weltweit größte Havanna-Händler, sondern auch als »der« Zigarrenkenner überhaupt. Der Anstoß zu diesem nicht alltäglich zu nennenden Angebot implizierte wohl Anerkennung wie Dankbarkeit, denn es war Zino Davidoff, der den Kubanern stets die Treue gehalten und sich über die Jahre mit all seiner Persönlichkeit für die Havanna eingesetzt hatte – insbesondere in der Zeit, in der Produktion und Absatz jener »Königin der Zigarren« ständig abnahm, nachdem die Ankündigung Castros, mit der »Siboney« nur noch eine einzige Marke herzustellen, bei den in Kuba verbliebenen *Tabaqueros* einen regelrechten Schock ausgelöst hatte, der schließlich zu einem Trauma geworden war. Gott sei Dank hatte jenes Trauma nicht lange angehalten, denn der damalige Ratschlag Davidoffs, die alten Marken zu bewahren, sich deren Aura, ja deren Magie zu bedienen – Attribute, die mit Namen wie »Romeo y Julieta«, »Partagás« und »Hoyo de Monterrey« verbunden waren … dieser Ratschlag hatte bei den seinerzeit Verantwortlichen einen allmählichen Sinneswandel hervorgerufen. Schließlich war das Thema »Siboney« zu den Akten gelegt worden. Das Trauma wich, und Träume kamen auf – die *Tabaqueros* hofften wieder auf eine bessere Zukunft.

Ob nun jene angesprochene Dankbarkeit schließlich zu dem besagten Angebot geführt hatte, kann heute nicht mit letzter Sicherheit gesagt werden. Das ist auch nicht von elementarer Bedeutung. Wichtig ist, daß dieses Angebot auf dem Tisch lag, und Fakt ist, daß Zino Davidoff es annahm. In welchem Maße nun der große *Connaisseur* Einfluß nahm auf die Auswahl der einzelnen Blätter, auf deren Fermentation und Weiterverarbeitung bis hin zur Zusammenstellung der jeweiligen Mischungen, ja bis hin zur ständigen Qualitätskontrolle – darüber gibt es wieder die unterschiedlichsten Aussagen. Heißt es auf der einen Seite, Davidoff habe auf jeden Arbeitsschritt Einfluß genommen, so heißt es dann wiederum, zwar habe Davidoff seine Vorstellungen äußern dürfen, doch sei das auch schon alles gewesen. Es ist müßig, diesem Aspekt näher auf den Grund zu gehen, denn interessant ist letztendlich nur das, was die Ehe zwischen den kommunistischen Genossen und dem kapitalistischen Epikureer hervorgebracht hat.

Es konnte sich jedenfalls mehr als sehen lassen, was an Havannas unter dem Namen »Davidoff« – gefertigt übrigens in der berühmten Fabrik »El Laguito« – bald auf den Markt kam. Da waren es zunächst die beiden Formate »Davidoff No. 1« und »Davidoff No. 2« sowie die »Ambassadrice«, ein »Cigarillo«, die für Furore sorgten, zu denen sich dann noch die Formate der Serie »Thousand« gesellten. Wer von den Liebhabern edler Havanna-Zigarren zu diesem Zeitpunkt noch nichts von »Davidoff« gehört hatte, dem war wohl nicht mehr zu helfen, vor allem dann nicht,

»Als ich zwanzig war, verliebte ich mich in die weiten Tabakplantagen auf Kuba. Diese große Jugendliebe ist niemals erloschen. Aus heutiger Sicht kann ich sagen: Mein ganzes Leben hat im Dienste all jener – jung und alt – gestanden, die der Zigarre treu ergeben waren. Ja, wirklich, der Zigarre gehörte mein Leben. Ihr verdanke ich alles – Freud und Leid, den Spaß an der Arbeit und die vergnüglichen Stunden der Freizeit, die sie einem verschaffen kann, und ihr verdanke ich eine ganze Reihe philosophischer Betrachtungsweisen, zu denen ich im Laufe meines Lebens gelangt bin.«

Zino Davidoff, Zigarrenliebhaber durch und durch,
in einer Retrospektive

Standardformate der in der Dominikanischen Republik hergestellten Schweizer Marke »Davidoff«

Handelsname und (in Klammern) Formatzuordnung	Länge in Inches (mm)		Ringmaß bzw. Durchmesser (mm)	
No. 1				
(Long Panatela)	7 9/16	(192)	38	(15,1)
No. 2**				
(Panatela)	6	(152)	38	(15,1)
No. 3				
(Slim Panatela)	5 1/8	(130)	30	(11,9)

nachdem »Davidoff«, ausgehend von seinem nunmehrigen Stammsitz in der Genfer Rue de Rive, dazu überging, in den Metropolen der Welt eigene Geschäfte zu eröffnen.

Diese Expansion ist in erster Linie auf einen Mann zurückzuführen. Sein Name: Dr. Ernst Schneider. Der langjährige Freund und Vertraute Zino Davidoffs, damals wie heute Leiter der »Oettinger-Gruppe«, übernahm 1970 das Davidoffsche Geschäft in Genf. Es war eine ideale Hochzeit, welche die beiden *Aficionados* da eingegangen waren – wie die darauf einsetzende Hoch-Zeit der »Davidoff«-Produkte eindrucksvoll belegt ...

»Oettinger« konnte zu dieser Zeit auf eine fast 100jährige Tradition im Tabakgeschäft zurückblicken. 1875 in Basel von Max Oettinger gegründet, hatte sich das Unternehmen – sein Stammsitz ist noch heute in der Stadt am Dreiländereck zwischen der Schweiz, Frankreich und Deutschland zu finden – in erster Linie auf den Import, den Vertrieb und den Verkauf (auch in eigenen Geschäften) von Zigarren, Zigarillos, Zigaretten, Rauch- und Schnupftabak konzentriert, bot außerdem Raucherbedarfsartikel an, vor allem Pfeifen und Feuerzeuge.

Wie schon angedeutet, begann mit der geschäftlichen Ehe der beiden Unternehmen nicht nur eine neue Ära des Hauses »Davidoff«, sondern auch eine sehr erfolgreiche. Der Name »Davidoff«, Syn-

Formate der in der Dominikanischen Republik hergestellten Serie »Aniversario« der Schweizer Marke »Davidoff«

Handelsname und (in Klammern) Formatzuordnung	Länge in Inches (mm)		Ringmaß bzw. Durchmesser (mm)	
Aniversario No. 1				
(Giant)	8 2/3	(220)	48	(19,1)
Aniversario No. 2				
(Churchill)	7	(178)	48	(19,1)

onym für erstklassige Havanna-Zigarren, stand bald auch für Luxusartikel im Bereich der Kosmetik und der Mode (um nur zwei Felder zu nennen, welche die Schweizer bearbeiteten). Das alles war nicht nur im Genfer Hauptgeschäft zu bekommen, sondern mit der Zeit auch in weiteren Geschäften, die unter der Regie Ernst Schneiders unter anderem in Amsterdam, Berlin, London und Moskau sowie in Hongkong, New York, Singapur, Tokio, ja selbst in Peking ihre Pforten öffneten, um für ein erlesenes Publikum erlesene Produkte bereitzuhalten.

Bei all dem kam die Liebe zur Zigarre jedoch nicht zu kurz. So erblickte im Jahre 1977 die Marke »Zino« das Licht der Welt (siehe auch unter dem Stichwort »Zino«). In Honduras gefertigt, waren die Zigarren nicht zuletzt mit Blick auf den US-amerikanischen Markt kreiert worden, denn – Ironie der Weltläufte – in den US-Geschäften von »Davidoff« konnten aufgrund des unseligen US-Embargos gegenüber kubanischen Produkten keine Havannas verkauft werden, auch nicht die, auf deren Bauchbinden der Name »Davidoff« zu lesen war.

Mittlerweile sind auch in den Vereinigten Staaten all jene »Davidoffs« zu kaufen, die in Europa sowie in den anderen Teilen der Welt zu haben sind. Das liegt nicht etwa an der zwischenzeitlichen oder beschränkten Aufhebung des US-Embargos gegenüber einem Teil der kubanischen Erzeugnisse, denn diese Wirtschaftssanktion, Relikt aus der Zeit des Kalten Krieges, besteht nach wie vor – nein,

das liegt schlicht und einfach in einem anderen, nahezu banalen Umstand begründet: Es gibt keine »Davidoffs« mehr, die in Havanna gefertigt werden.

Im Jahre 1988 war es nämlich zum endgültigen Bruch von »Cuba-tabaco« und »Davidoff« gekommen, als im September der Vertrag zwischen beiden Seiten nicht mehr erneuert bzw. von »Davidoff« aufgekündigt wurde. Natürlich schoben sich beide Seiten die Schuld zu, für das Ende der Zusammenarbeit verantwortlich zu sein. Es ist müßig, an dieser Stelle den Ursachen für jene Trennung auf den Grund zu gehen, um dann am Ende zu konstatieren, welche Seite denn nun die größere Schuld treffe. Sehr diplomatisch verhielt sich jedenfalls Zino Davidoff selbst im Hinblick auf diese für überzeug-

Formate der in der Dominikanischen Republik hergestellten Serie »Grand Cru« der Schweizer Marke »Davidoff«

Handelsname und (in Klammern) Formatzuordnung	Länge in Inches (mm)		Ringmaß bzw. Durch- messer (mm)	
Grand Cru No. 1				
(Long Corona)	6 1/12	(155)	43	(17,1)
Grand Cru No. 2				
(Corona)	5 7/12	(142)	43	(17,1)
Grand Cru No. 3				
(Corona)	5 1/12	(129)	43	(17,1)
Grand Cru No. 4				
(Petit Corona)	4 7/12	(116)	41	(16,7)
Grand Cru No. 5				
(Petit Corona)	4	(102)	41	(16,7)

te Havanna-Anhänger wenig erfreuliche Entwicklung. Auf die Frage, warum denn der Bruch zustande gekommen war, antwortete er mit der Weisheit eines Mannes, der in seinem langen Leben schon so manchen Sturm überstanden hat: »Ich hatte eine gute Ehe mit Kuba. Sie dauerte viele Jahre. Aber nun war es Zeit für eine Veränderung. Ich fand eine jüngere, schlankere Lady – also habe ich mich neu verheiratet.«

Zurück zu den Fakten, zu Nachvollziehbarem, zu etwas, das nicht auf Sand gebaut ist. Fakt Nummer 1 in diesem Fall: 1991 erfolgte die weltweite Einführung einer neuen Generation von jenen Zigarren, die den Namen »Davidoff« tragen, hergestellt in der Dominikanischen Republik unter der fachkundigen Aufsicht Hendrik Kelners, des Leiters von »Tabacos Dominicanos S. A.«, kurz »Tabadom« genannt. Fakt Nummer 2: Die dominikanischen »Davidoffs« waren und sind nicht mit denen zu vergleichen, die in Havanna hergestellt wurden. Da die Santo-Domingo-Tabake – aus ihnen wird der Wickel der »Davidoffs« geformt – im Durchschnitt bedeutend milder sind als die kubanischen, weisen auch die hieraus gemachten Zigarren bei weitem nicht die Stärke auf, die den überwiegenden Teil der Havannas kennzeichnet. Hieraus jedoch einen Qualitätsunterschied ableiten zu wollen, ist äußerst problematisch. Zigarren aus Kuba sind einfach nur anders als etwa Zigarren aus der Dominikanischen Republik oder aus Honduras oder aus Nicaragua. Es käme ja auch niemand auf die Idee, einen fruchtig-spritzigen Riesling von der Mittelmosel mit einem körperreichen, wenig Säure aufweisenden Ruländer aus dem Badischen zu vergleichen. Fakt Nummer 3: Von der Qualität her gehören die dominikanischen »Davidoffs« zum absolut Besten, was auf dem Zigarrenmarkt angeboten wird. Das äußert sich vor allem im hervorragenden Brand- und Zugverhalten – was auf eine tadellose Arbeit der *Torcedores* schließen läßt – sowie in der Entwicklung der feinwürzigen Aromen, die während des Rauchens freigegeben werden. Und das wiederum weist auf die zuvor getroffene sorgfältige Aufzucht und Auswahl der Tabakblätter sowie der dann vorgenommenen Komposition der verschiedenen Blätter hin. Letztendlich kann ein *Torcedor* noch so gut sein – wenn er mindere Qualität verarbeiten muß, wird das daraus resultierende Produkt später wohl kaum im Premium-Bereich anzu-siedeln sein. Es ist also vor allem eines, was die »Davidoffs« aus-zeichnet: Sie sind von einer erlesenen Qualität, wobei diese Qualität – und das ist vielleicht noch wichtiger – stets gleichbleibend ist. Den hohen Standard bei der Davidoffschen Qualitätskontrolle mag des-halb die folgende Aussage eines Verantwortlichen bei »Tabadom« unterstreichen: »›Davidoff‹ ist die wohl einzige Firma, die mehr Zigarren zurückweist, als sie annimmt.«

Als »Davidoff« 1991 mit seinen dominikanischen Zigarren auf den Markt kam, waren es, wie gesagt, andere Zigarren – Zigarren, an die sich so mancher, der bisher »Davidoff«, also Havannas, geraucht hatte, zuerst gewöhnen mußte. Bekannt dagegen waren einige For-mate der »Neuen«: Die »Davidoff No. 1«, die »Davidoff No. 2« und die »Ambassadrice« behielten ihre bisherigen Maße wie Bezeichnungen bei und wurden ergänzt durch die »Davidoff No. 3« und die »Tubos«. Auch die »Châteaux« blieben erhalten, mutierten jedoch zu »Grand Crus«, während die Formate der Serie »Mille«, bis 1977 unter dem Namen »Thousand« bekannt, ebenfalls ihre

Formate der in der Dominikanischen Republik hergestellten Serie »Mille« der Schweizer Marke »Davidoff«

Handelsname und (in Klammern) Formatzuordnung	Länge in Inches (mm)		Ringmaß bzw. Durch-messer (mm)	
1000				
(Small Panatela)	4 5/8	(117)	34	(13,4)
2000**				
(Corona)	5 1/12	(129)	43	(17,1)
3000				
(Slim Panatela)	7	(178)	33	(13,1)
4000				
(Long Corona)	6 1/12	(155)	43	(17,1)
5000				
(Grand Corona)	5 5/8	(143)	46	(18,3)

Größen beibehielten. Mit der Zeit gesellten sich dann noch die Serien »Aniversario« und »Special« hinzu, wobei letztere eine Referenz an die Ära der Belle Époque sind, als »Robustos« und »Torpedos« en vogue waren. Komplettiert wird die »Special«-Reihe – und damit die Angebotspalette der »Davidoff« – durch die »Special ›C‹«, eine »Culebra«, die bekanntlich aus drei in sich gedrehten »Panatelas« besteht.

Davidoff wäre nicht Davidoff gewesen, wenn er nicht bei der damaligen Auswahl der Anbaugebiete in der Dominikanischen Republik ein gewichtiges Wort mitgeredet hätte. Auf diesen Flächen werden die Tabakpflanzen für die »Davidoffs« auch heute noch angebaut, und auch die geernteten und fermentierten Blätter lagern die *Tabaqueros* nach wie vor drei bis sieben Jahre, ehe für die Herstellung der Zigarren verschiedene Ernten herangezogen und begutachtet werden, um dann die jeweiligen Kompositionen für die fünf Serien vorzunehmen (die wiederum auf insgesamt vier Mischungen basieren). All dies garantiert die Beständigkeit von Aroma und Geschmack sowie ein optimales Brandverhalten der »Davidoffs«.

Formate der in der Dominikanischen Republik hergestellten Serie »Special« der Schweizer Marke »Davidoff«

Handelsname und (in Klammern) Formatzuordnung	Länge in Inches (mm)		Ringmaß bzw. Durchmesser (mm)	
Double »R«				
(Double Corona)	7 15/32	(190)	50	(19,8)
Short »T«				
(Robusto)	4 7/8	(124)	50	(19,8)
Special »C«				
(Slim Panatela)	6 1/2	(165)	33	(13,1)
Special »R«				
(Robusto)	4 7/8	(124)	50	(19,8)
Special »T«				
(Torpedo)	6	(152)	52	(20,6)

Die Aromabreite der »Davidoffs« reicht von mild bis mittelstark, wobei die Zigarren der Standardserie die mildesten sind, gefolgt von den jeweils etwas stärkeren der »Mille«- sowie der »Aniversario«-Serie, während die gehaltvollen »Grand Crus« eine Fülle von Geschmack und Aroma freigeben. Die »Specials« wiederum haben Tabakmischungen, die auf Komponenten der Serie »Grand Cru« basieren. Bliebe noch zu erwähnen, daß jede einzelne »Davidoff« mit einem sehr ansprechenden Colorado-Claro-Deckblatt aus Connecticut Shade aufwartet.

Was in Genf mit dem Zusammenstellen von Tabakmischungen für Zigaretten und Pfeifen in einem Hinterzimmer eines kleinen Ladens am Boulevard des Philosophes begann, hat sich mittlerweile zu einem Unternehmen entwickelt, das mit seinen gut 25 Niederlassungen und rund 40 Geschäften weltweit präsent ist, über 2500 Mitarbeiter beschäftigt (wovon mehr als 1500 allein in der Dominikanischen Republik tätig sind) sowie über knapp 500 Depositäre seine Produkte anbietet. Das sind nicht nur jene Premium-Zigarren, deren Qualität von Experten wie Genießern hochgelobt wird, nicht nur Zigaretten, sondern auch Erzeugnisse wie Cognac, ferner Artikel wie Gürtel, Hemden und Krawatten nebst den dazu passenden Accessoires, auch Produkte wie Brillen, zu denen sich noch verschiedene Kosmetikartikel sowie eine Lederkollektion gesellen, wobei sämtliche Produkte durch das Etikett »Davidoff« auf der Ebene des Exklusiven angesiedelt sind.

Das ist ganz im Sinne des 1994 im 88. Lebensjahr verstorbenen Zino Davidoff, der stets das *Savoir-vivre* predigte und auch als dessen Apologet wie kein zweiter diese (feine) Lebensart verkörperte. Und hier schließt sich der Kreis zu seiner zweiten Heimatstadt, zu Genf. Wie einst Calvin in dieser Stadt eine Epoche gestaltete – den Aufbau eines vollkommen reformatorisch durchgestalteten Stadtwesens – und durch seine Tätigkeit, seine Lehre und seine Schriften Einfluß auf die Entwicklung neuer demokratischer Strukturen nahm, eine Entwicklung, die bis in unsere Zeit geht, so war auch Davidoff entscheidend daran beteiligt, den Weg für ein neues Zeitalter zu bereiten – das des Lebensgenusses, der Eleganz, des Luxus. Damit sollen der Reformator Calvin und der Epikureer Davidoff nicht auf eine Stufe gestellt, gar miteinander verglichen werden, handelt es sich doch hier um zwei Welten, deren Ansätze und Ansprüche grundverschieden sind.

Man mag die Entwicklung, zu der Zino Davidoff maßgeblich beigetragen hat, begrüßen, man mag diese Entwicklung für schädlich halten, man mag sie ignorieren – leugnen kann man sie nicht. Und ist für viele *Connaisseurs* eine Zigarre von »Davidoff« nach wie vor Synonym für gehobene Lebensart, stellt zum Beispiel der Genuß einer »Double ›R‹« die Krönung eines opulenten Mahls dar – und warum sollte dieser Genuß nicht jemandem gegönnt sein, der sich eine »Davidoff« anzündet, auch wenn ein Zeitalter der Toleranz noch nicht in Sicht ist?

*D*ECKBLATT

Wie der Name schon sagt, handelt es sich hier um ein Blatt, welches deckt, genauer gesagt abdeckt (und zwar Einlage und Umblatt). Es umschließt den Wickel, ist sozusagen der Wickel um den Wickel, wie das halbfertige Produkt aus Einlage und Umblatt auch genannt wird. Zwar hat das Deckblatt, das sich spiralförmig vom Brandende zum Kopf hin winden sollte, auf den Geschmack einer jeden Zigarre einen nicht zu unterschätzenden Einfluß, doch wird dieser Einfluß oft überschätzt.

Viel wichtiger sind beim Deckblatt bzw. bei der *Capa*, so der spanische Ausdruck, Aussehen und Struktur sowie Konsistenz und Feinädrigkeit, vergleichbar etwa der Maserung beim Holz, denn es ist ja das Deckblatt, das sich den kritischen Augen des *Escogedors*, also des Farbsortierers, dann des Zigarrenhändlers und letztendlich des *Aficionados*, also des Zigarrenliebhabers, zu unterziehen hat (um nur einige zu nennen, die mehr als nur einen flüchtigen Blick für das fertige Produkt übrighaben).

Als das »Gesicht« der Zigarre hat das Deckblatt eine hohe Gleichmäßigkeit in Struktur und Farbe aufzuweisen, denn wohl kaum ein *Aficionado* wird sich mit einer Zigarre anfreunden, deren Aussehen nicht dazu angetan ist, Vertrauen aufzubauen – Vertrauen vor allem für das, was sich den Blicken entzieht, also für Einlage und Umblatt.

Dieser verborgene Wickel sollte deshalb halten, was das Deckblatt verspricht. Letzteres kann noch so hervorragend sein – wenn Einlage und Umblatt mit dem Deckblatt keine Einheit bilden bzw. (um es etwas prosaischer auszudrücken) keine gelungene Symbiose eingehen, dann kann dieses noch so hervorragende Deckblatt die Zigarre nicht »retten«. Es wäre also der Tod einer Marke, wenn für deren Zigarren ein Deckblatt lediglich als Schein für ein miserables Sein – sprich: einen schlechten Wickel – herhalten müßte. Solch ein Deckblatt würde nicht nur trügen, sondern betrügen.

Andererseits: Ist ein Deckblatt von minderer Qualität, hilft auch die beste Puppe nichts (wie der Wickel auch genannt wird). Das heißt in der Konsequenz: Die gute Puppe muß durch ein gutes Deckblatt ein annehmbares Gesicht erhalten.

Das gute Deckblatt: Es sollte nicht nur ein ansprechendes Äußeres haben, sondern vor allem der vorrangige Geschmacks- und Aromenträger sein. So kann ein Deckblatt mehr als die Hälfte der gesamten Aromen einer Zigarre in sich tragen – und muß darüber hinaus imstande sein, auch den großen Rest der Aromenfülle zu transportieren, also jene Aromen freizugeben, welche Umblatt und Einlage aufweisen. Ferner sollte ein Deckblatt zum einen biegsam, dazu relativ dünn sein, damit es den Wickel fest umschließen kann, zum anderen stark genug in der Konsistenz, damit es sich ohne große Probleme weiterverarbeiten läßt. Später, beim Rauchen, wirken sich diese Eigenschaften – und hier vor allem die geringe Dicke – positiv auf den Abbrand aus.

Wie es nicht die »beste Zigarre« gibt, so gibt es auch nicht das »beste Deckblatt«. Auf Kuba gedeihen jedenfalls hervorragende *Capas*, ebenso im Tal des Connecticut River, aber auch in Honduras, Mexiko und Nicaragua, also in jenen Ländern, in denen die *Tabaqueros*, Kuba einmal ausgenommen, recht viele *Puros* fertigen, werden erstklassige *Capas* geerntet, ebenso in Brasilien, Ecuador, Indonesien und Kamerun.

Bei der Verwendung der Deckblätter ist es, wie schon angedeutet, äußerst wichtig, wie gut die *Capa* mit der *Capote* (dem Umblatt) und der *Tripa* (der Einlage) harmoniert. So bilden zum Beispiel in der Dominikanischen Republik sehr oft einheimische Tabake den

Wickel, zu dem sich dann ein Connecticut-Shade-Deckblatt gesellt. Diese Kombination kann nicht die schlechteste sein, werden doch gerade im westlichen Teil der Insel Hispaniola sehr viele Premium-Zigarren hergestellt, die ebenjene Blattzusammenstellung aufweisen.

Wie bei vielem, so kommt es auch hier auf die richtige Mischung an – in diesem Falle auf die richtige »Dreierbeziehung«.

Ein Kapitel für sich sind beim Deckblatt die Farben. Wahrhaft scharfsichtige Zeitgenossen sollen schon über 140 Deckblatt-Farben ausgemacht haben, doch scheint das reichlich übertrieben. Dies ist nämlich in etwa das Doppelte von den Farbnuancen, die ein *Escogedor* voneinander unterscheidet, also der *Tabacalero*, der in einer kubanischen *Fábrica* Tag für Tag nichts anderes macht, als die fertigen Zigarren eines Formats nach (geringfügigen) Farbunterschieden zu sortieren. Mancher *Escogedor*, der nach jahrelanger Tätigkeit seine Augen einem Adler leihen könnte, schafft es vielleicht, etwa 80 Farbunterschiede bei den *Capas* festzustellen. Das ist schon mehr als genug, denn schließlich reicht einem *Aficionado* in der Regel jene Klassifizierung, welche sich auf die sieben Farbkategorien beschränkt, die weiter unten aufgeführt und näher erläutert sind.

Die Farbe des Deckblatts ist zwar nicht bestimmend für den Geschmack einer Zigarre, läßt aber Hinweise darauf zu, ebenso auf Stärke und Aromenreichtum. Allerdings kann es sich hier nur um recht allgemeine Regeln handeln, die zwar auf Erfahrungswerten beruhen, die aber Spezifika unberücksichtigt lassen (müssen). Wesentlich stärker sind Geschmack und Qualität von anderen Faktoren abhängig. So stellt sich beim Deckblatt beispielsweise die Frage, ob es sich etwa um ein *Semi corona*- oder um ein *Centro fino*-Blatt handelt, dann die, wann das Blatt geerntet wurde (also wie lange es der Sonne ausgesetzt war), schließlich auch die nach der Fermentation. Je mehr zum Beispiel ein Deckblatt einen »Platz an der Sonne« hat, desto mehr Öl und Zucker entwickelt es – und desto süßlicher wird später die Zigarre schmecken, besonders während des ersten Drittels, wenn der Geschmack überwiegend vom Deckblatt bestimmt wird.

Läßt man nun die Ausnahmen, die ja bekanntlich jeder Regel innewohnen, einmal außer acht, so läßt sich in bezug auf die Deckblatt-Farbe sagen: Je dunkler das Deckblatt einer Zigarre ist, um so intensiver und süßlicher ist ihr Geschmack. Die folgende kurze Übersicht fängt daher bei der hellsten Farbkategorie an, um schließlich mit der dunkelsten zu enden …

Claro Claro. Hierunter fallen all jene Deckblätter, deren Farbskala von Gelbgrün über Olivgrün – dann wird auch schon mal von »Clarissimo« und »Jade« gesprochen – bis zu einem stark grünlichen Braun reicht. Zurückzuführen sind diese Farbschattierungen, die mitunter auch an ein dunkles Blond erinnern, in erster Linie auf die frühe Ernte des Blattes, die vorgenommen wird, ehe es voll ausgereift ist, sowie auf die anschließende kurze Trocknungsphase, welche nicht selten durch Hitzezufuhr vonstatten geht (wobei die Blätter meist über Holzkohlenglut gehalten werden). Weitere zulässige Begriffe für die Bezeichnung »Claro Claro« sind »Doble Claro« bzw. »Double Claro«, »Candela« sowie »AMS«, Abkürzung für »American Market Selection« und Hinweis auf die (frühere) Beliebtheit dieser Farbe im nordamerikanischen Raum. Zigarren mit Claro-Claro-Deckblättern sind in der Regel sehr leicht im Geschmack und entwickeln relativ wenig Aromen.

Claro. Die nach Claro Claro hellste Deckblatt-Farbe ist in etwa mit einem blassen Braun zu vergleichen, das häufig auch einen Stich ins Gelbliche hat. Viele Deckblätter, die im Schatten gezogen werden, weisen diesen Farbton auf, so beispielsweise jene (aber nicht alle), die in Connecticut wachsen und durch den Zusatz »Shade« gekennzeichnet sind. Meist werden Claro-Deckblätter kurz vor Ende der Reife geerntet und dann luftgetrocknet. Claro-Deckblätter – auch »Natural« genannt – weisen fast ausnahmslos auf milde Zigarren hin und sind vor allem bei den Herstellern in der Dominikanischen Republik beliebt.

Colorado Claro. Auch Deckblätter in Colorado Claro sind bei Zigarren aus der Dominikanischen Republik häufig anzutreffen. Die hell- bis goldbraunen Blätter stammen von Pflanzen, die sowohl im Schatten als auch in der Sonne gezogen worden sein können, denn die jeweiligen Farben hängen bekanntlich nicht nur von

Boden und Klima sowie davon ab, ob und – wenn ja – wie lange sie der Sonne ausgesetzt gewesen sind, sondern auch von der Art der Weiterbehandlung (und hier vor allem der Fermentierung). Insgesamt haben die Blätter jedoch mehr Sonnenbestrahlung mitbekommen als die Blätter, deren Farben schon oben beschrieben worden sind. Als natürliche Colorado Claros finden häufig in der Sonne gezogene Deckblätter aus Kamerun Verwendung. In der Regel kann der Raucher bei einer Colorado-Claro-Zigarre einen mittelvollen Geschmack mit einer ausgewogenen Aromenfülle erwarten.

Colorado. So werden jene – insgesamt recht oft vorkommende – Deckblätter genannt, deren Farbskala bei Mittelbraun beginnt, wobei dessen Schattierungen sehr oft ins Rötliche gehen. Colorados sind in Aroma und Geschmack meist recht ausgeprägt. In früheren wie heutigen Zeiten in Großbritannien beliebt, wird auch die Bezeichnung »EMS« (»English Market Selection«) für diese Deckblatt-Farbe herangezogen.

Colorado Maduro. Mit dieser Bezeichnung beginnt der Skalateil der dunkleren Deckblatt-Farben. Colorado Maduro – das ist ein sattes Braun, das in der Regel solche Zigarren aufweisen, die durch einen aromenreichen, voll ausgeprägten Geschmack überzeugen, was nicht zuletzt auf die Erntezeit zurückzuführen ist: Das Blatt wird erst dann gepflückt, wenn es voll ausgereift ist. Nicht wenige Zigarren aus Honduras weisen ein solches Deckblatt auf.

Maduro. Ölig und süßlich – zwei Komponenten, die ein ausgereiftes Maduro-Deckblatt ebenso kennzeichnen wie ein dunkles Braun. Eine Zigarre mit solch einem »fettigen« Deckblatt ist in der Regel sehr geschmacksintensiv, weist jedoch mitunter nicht jene überaus breite Aromenfülle auf, die eine mit Colorado Maduro oft auszeichnet (wobei die Beschränkung auf »breit« abzielt). Fast immer stammt ein Maduro-Deckblatt vom obersten Teil der Tabakpflanze und ist recht lange der Sonne ausgesetzt gewesen. Recht häufig ist diese Farbe bei jenen Havannas auszumachen, die den traditionellen Stil verkörpern, also reich an Geschmack sind und sich durch ihre ausgeprägte Stärke Respekt verschaffen. Da solche Zigarren in Spanien recht beliebt sind, wird für die Bezeichnung »Maduro«

auch schon mal der Begriff »SMS« verwendet, der für »Spanish Market Selection« steht.

Oscuro. Die Skala endet mit einer Farbe, die mitunter regelrecht ins »Schwarze« trifft, soll heißen: Oscuro-Deckblätter fangen bei einem tiefen Braun an und enden bei Schwarz, weshalb auch der mitunter verwendete Begriff »Negro« zu erklären ist. Weist eine Zigarre ein solches meist sehr öliges Deckblatt auf, so ist fast stets ein starker Geschmack ohne eine voll ausgeprägte Aromenbreite zu erwarten (wobei die Betonung auf »voll« abzielt). Die Blätter, die »Oscuros« hervorbringen, sind ausnahmslos in der Sonne gezogen, worauf etwa beim Connecticut-Deckblatt der Zusatz »Broadleaf« hinweist. Außer in Connecticut pflegt man vornehmlich noch in Brasilien, Mexiko und Nicaragua die Oscuro-Produktion.

Anti-Raucher-Kampagnen, wie sie seit einiger Zeit in den Vereinigten Staaten zu beobachten sind, gab es in der ein oder anderen Form praktisch seit der Zeit, in der das Zigarre-rauchen in Mode kam. Queen Victoria beispielsweise, Königin von England, haßte Zigarren geradezu. Die puritanische Regentin verbat sich jedenfalls das Rauchen von Zigarren in ihrer Gegenwart, ja in ihrer Umgebung. Edward hingegen, ihr Sohn und als Prince of Wales immerhin ihr Thronfolger, liebte Zigarren über alles – und frönte seiner Leidenschaft, wo er nur konnte.

Ähnlich wie die Queen dachte ein strenger Herr zweieinhalb Jahrhunderte zuvor. Der 1568 in Florenz geborene Maffeo Barberini, der als Papst Urban VIII. von 1623 bis 1644 auf dem Stuhl Petri saß, verbot seinen Priestern in Spanien das Paffen von Zigarren. Dieses Verbot schien ihm enorm wichtig, denn er erließ es per Bulle, also mit jenem höchstpäpstlichen Siegel, mit dem ansonsten wichtige Rechtsakte der römischen Kurie beur-kundet wurden. Was zeigt: Die katholische Kirche tat sich mit-unter schwer mit den Strömungen des Zeitgeistes.

DE HEEREN VAN RUYSDAEL

In bester holländischer Tradition präsentieren sich die Zigarren der Marke »De Heeren van Ruysdael«. Die Shortfiller aus 100 Prozent Tabak mit ihrem Java-Umblatt sowie ausgewählten Sumatra-Deckblättern vereinen brasilianische, indonesische und kubanische Tabake in ihrer Einlage. Hervorragend in der Komposition, erwarten den *Aficionado* mildwürzige, im Aroma abgerundete Zigarren, von denen beispielsweise die »Coronas Invincible Grandes XO« in einer Zedernholzkiste angeboten werden, in die ein kleiner Humidor integriert ist.

Formate der in den Niederlanden hergestellten Marke »De Heeren van Ruysdael«

Handelsname und (in Klammern) Formatzuordnung	Länge in Milli- meter (in)		Durchmesser in Milli- meter (RM)
Coronas Invincible Grandes XO			
(Small Panatela)	120	(4 17/24)	13,5 (34)
Panatellas Magistraat			
(Small Panatela)	120	(4 17/24)	11,9 (30)
Señoritas Regent			
(Small Panatela)	103	(4 1/16)	11,9 (30)
Tuitknak Procureur			
(Small Panatela)	106	(4 1/6)	11,9 (30)

DELICADO

Mit einer Länge von 7 7/24 Inches (≈ 185 mm) ist die »Delicado« nicht ganz so lang wie die »Delicado Extra«, wirkt aber durch ihr geringeres Ringmaß von 36 (≈ 14,3 mm Durchmesser) ein wenig schlanker als ihre Namenscousine. Das äußerst seltene Havanna-Format, dessen Zigarren von Hand gemacht sind, ist wie die »Delicado Extra« dem Format einer »Long Panatela« vergleichbar.

DELICADO EXTRA

»Delicado« ist mit »fein«, »zart« zu übersetzen. Letzteres trifft auf dieses relativ seltene Havanna-Format nicht ganz zu. Dagegen spricht nämlich die beachtliche Länge von 7 9/16 Inches (≈ 192 mm). Da paßt das Attribut »fein« schon eher, denn mit einem Ringmaß von 38 (≈ 15,1 mm Durchmesser) weist eine »Delicado« einen schlanken Körper auf – und ist darüber hinaus für den, der »Long Panatelas« bevorzugt, bestimmt eine feine Sache. Zigarren des Formats »Delicado Extra« sind von Hand gemacht.

DELICIOSO

Dieses recht selten vorkommende Havanna-Format mißt in der Länge 6 1/4 Inches (≈ 159 mm) bei einem Ringmaß von 35 (≈ 13,9 mm Durchmesser). Wie der spanische Name verrät, handelt es sich hier um ein durchaus »angenehmes« Format, das dem einer »Panatela« entspricht. Ob dann die Zigarre auch wahrhaft »köstlich« schmeckt – denn dieses Attribut läßt der Name ebenfalls zu –, mag jeder *Aficionado* selbst entscheiden. Zigarren des Formats »Delicioso« sind von Hand gemacht.

DEMI TASSE

Ein relativ seltenes Havanna-Format, das eine Länge von 3 15/16 Inches (≈ 100 mm) aufweist und ein Ringmaß von 32 hat, was einem Durchmesser von exakt 12,7 Millimetern entspricht – und somit zur Kategorie »Cigarillo« gehört. Zigarren des Formats »Demi Tasse« sind maschinengefertigt.

DEMI TIP

Wie die »Demi Tasse« gehört auch die »Demi Tip« zu den sehr seltenen Havanna-Formaten. Noch etwas schmaler im Ringmaß bzw. im Durchmesser (29 ≈ 11,5 mm) als ihre Namenscousine, ist die »Demi Tip« mit ihren 4 11/12 Inches (≈ 125 mm) ein ganzes Inch länger, ist aber wie die »Demi Tasse« dennoch den »Cigarillos« zuzuordnen. Außerdem sind »Demi Tips« ebenfalls maschinenge-fertigt.

*D*IPLOMÁTICOS

Leider sind die Zigarren dieser Havanna-Marke im deutschsprachi-gen Raum nicht erhältlich. Das ist eigentlich schade, denn die »Diplomáticos« mit ihrem mittleren bis vollen Körper, der ein aus-geprägtes Aroma entwickelt, sprechen gewiß all jene *Aficionados* an, die sich dem traditionellen kubanischen Stil verschrieben haben. Die Erinnerung an den traditionellen Stil wird noch verstärkt durch die Farben des Deckblatts, die von Colorado Maduro bis Oscuro reichen.

Darüber hinaus sind diese Havannas, deren Bauchbinde eine

Formate der kubanischen Marke »Diplomáticos«

Handelsname und (in Klammern) Produktionsname	Länge in Inches (mm)		Ringmaß bzw. Durch-messer (mm)	
No. 1				
(Cervantes)	6 1/2	(165)	42	(16,7)
No. 2				
(Piramide)	6 1/8	(156)	52	(20,6)
No. 3				
(Corona)	5 7/12	(142)	42	(16,7)
No. 4				
(Mareva)	5 1/12	(129)	42	(16,7)
No. 5				
(Perla)	4	(102)	40	(15,9)
No. 6				
(Numero 1)	7 9/16	(192)	38	(15,1)
No. 7				
(Numero 2)	6	(152)	38	(15,1)

Hochzeitskutsche ziert, hervorragend verarbeitet, wobei – äußerst selten für eine kubanische Marke – alle Formate der »Diplomáticos« ausnahmslos von Hand gefertigt sind. Wer also in einer *Casa del Habano* bzw. einem Duty-free-Shop diese Marke entdeckt, der sollte nicht zögern, die eine oder andere Kiste zu erwerben, zumal diese Marke zu den preiswerteren Havannas gehört.

$\mathcal{D}$OMINIKANISCHE REPUBLIK

Die Dominikanische Republik, als República Dominicana seit 1865 unabhängig, ist einer der beiden Staaten, welche sich die Insel Hispaniola teilen. Der andere Staat, Haiti, erstreckt sich im Westen, während die Dominikanische Republik im Osten den größten Teil der Insel einnimmt – beträgt der Anteil Haitis an der Gesamtfläche Hispaniolas 36,4 Prozent, so vereinigt die Dominikanische Republik den beachtlichen Rest auf sich.

Obwohl beide Staaten über sieben Millionen Einwohner zählen, ist in den letzten Jahrzehnten die Schere hinsichtlich ihrer jeweiligen wirtschaftlichen Entwicklung zwar nicht erheblich, doch spürbar auseinandergegangen – zuungunsten des westlichen Staates. Betrug dort das Bruttosozialprodukt im Jahre 1983 noch 320 US-Dollar je Einwohner, so belief es sich im Jahre 1995 gerade einmal auf 250 US-Dollar. Im selben Zeitraum stieg das Bruttosozialprodukt eines jeden Dominikaners von 1380 auf 1460 US-Dollar.

Dieser bescheidene Zuwachs, den die Dominikanische Republik aufweist, ist vor allem auf die jeweilige politische Entwicklung beider Staaten zurückzuführen. Im mittelamerikanischen Raum, den eine politische Instabilität kennzeichnet, der fast schon wieder eine gewisse Kontinuität innewohnt, ist in den letzten Jahren vor allem Haiti in die internationalen Schlagzeilen geraten, weil das Land ständig mit inneren Unruhen zu kämpfen, ja sogar bürgerkriegsähnliche Zustände zu bekämpfen hatte. Anders dagegen die Dominikanische Republik, deren politische Gegebenheiten seit Mitte der 70er Jahre als mehr oder weniger stabil zu bezeichnen sind.

In einem Land, in dem sich der gesellschaftliche Alltag relativ ruhig gestaltet, läßt sich natürlich verhältnismäßig angenehm arbeiten – und so ist auch das (bescheidene) Wachstum zu erklären, das die Dominikanische Republik in besagtem Zeitraum genommen hat. Zu diesem Wachstum hat vor allem die Zigarrenindustrie beigetragen, denn gerade sie kann von allen Wirtschaftszweigen auf die größten Zuwachsraten in den letzten Jahren verweisen, die in dem Karibik-Staat zu verzeichnen sind.

Wenn man in diesem Zusammenhang das etwas nüchtern wirkende Wort »Zuwachsrate« durch den neudeutschen Ausdruck »Boom« ersetzt, dann verdeutlicht das, welch enormen Aufschwung die Tabakindustrie, vor allem jedoch der Zweig der Zigarrenfabrikation, während der letzten Jahrzehnte in der Dominikanischen Republik genommen hat. Und so hat mancher Besucher des Karibik-Staates den Eindruck, als habe dieser Boom so manchen Dominikaner ebenso erfaßt wie seinerzeit so manchen US-Amerikaner, der sich vom Osten auf den Weg zum Westen machte, um einem Rausch zu erliegen, der von einem Metall ausging: Gold. War es dort ehedem das »gelbe Gold«, was die Hoffnung auf Reichtum nährte, so ist es hier das »braune Gold«, was den Traum vom Wohlstand fördert. Kurzum: Die Verarbeitung ebenjenes Goldes – sprich: die Herstellung von Zigarren – gehört mittlerweile in der Dominikanischen Republik zu den wenigen Erwerbstätigkeiten, welche als lukrativ gelten.

Da die Vereinigten Staaten nach wie vor am Embargo gegenüber Kuba festhalten, in dem Land der unbegrenzten Möglichkeiten die Nachfrage nach Premium-Zigarren in den letzten Jahren jedoch nahezu schwindelerregende Ausmaße angenommen hat, sind es in erster Linie die nichtkubanischen Kariben, auf die in den USA zurückgegriffen wird: Zigarren von höchster Qualität, die den Premium-Normen entsprechen und Erinnerungen an die gute alte Havanna aufkommen lassen. Da sind vor allem die Hersteller in der Dominikanischen Republik gefordert, dem Land, in dem die meisten Premium-Marken gefertigt werden und das die meisten Premium-Zigarren exportiert. Weil diese Nachfrage ungebrochen ist – außer dem nordamerikanischen gibt es ja noch den europäischen als bedeutenden Markt –, befindet sich nahezu in jedem Hinterhof jener Regionen, in denen Tabakanbau betrieben wird oder die von der Zigarrenherstellung geprägt sind, eine Manufaktur, die »Premium-Zigarren« herstellt. Das ist natürlich übertrieben, doch es zeigt, welchen Aufschwung die Zigarrenindustrie in der Dominikanischen Republik genommen hat – und warum nicht jede neue Marke, die dort als Premium-Marke angeboten wird, auch Premium-Normen entspricht.

Die Exporteure und die Hersteller – nordamerikanische wie europäische – wissen jedoch schnell zwischen guter und weniger guter Qualität zu unterscheiden, und so gelangen in die Zigarrenläden der Neuen wie der Alten Welt in der Regel jene Premium-Zigarren, die diesem Namen gerecht werden, und natürlich jene, die das Ansehen der dominikanischen Zigarren begründet haben.

Dabei kann die dominikanische Zigarrenherstellung auf gar keine so lange Tradition zurückblicken. Zwar baut man hier schon seit einigen Ewigkeiten Tabak an, der sich hervorragend für die Zigarrenfertigung eignet, doch werden in dem Karibik-Staat erst mit Beginn dieses Jahrhunderts Zigarren auch hergestellt. Die Fertigung von Premium-Zigarren, welche diesen Namen auch verdienen, sollte dagegen noch etwas auf sich warten lassen.

Es waren vorrangig Exil-Kubaner, die nach der Machtübernahme Castros ihre Heimatfelder verlassen hatten, um sich anderswo eine Existenz aufzubauen, welche für diesen Boom verantwortlich zeichneten. Meist über einige Zwischenstationen gelangten sie schließlich in die Dominikanische Republik, um sich hier endgültig niederzulassen und das zu tun, was sie schon immer getan hatten: Zigarren machen. Es waren Leute wie Fuente, Garcia, Menéndez, Quesada und Toraño, die hier ideale Voraussetzungen fanden, um wirklich gute Zigarren herzustellen – schließlich wuchs einer der besten Einlage-Tabake der Welt, der *Olor Dominicano*, sozusagen um die Ecke. Dazu gesellte sich bald der *Piloto Cubano* – Tabak, der aus kubanischen Saaten gezogen wurde (und wird), den die Einwanderer im Gepäck hatten, als sie ihre Heimatinsel verließen. Die anderen Blätter waren dagegen zu exportieren. Zunächst wurden für die Umlage Tabake aus Brasilien, Ecuador, Honduras und

127

Mexiko verwendet, ehe auch einheimischer Tabak hierfür herangezogen wurde, während man bei den Deckblättern meist auf Connecticut- und Kamerun-Tabake vertraute, da sich diese hervorragend mit den einheimischen Einlage-Tabaken komponieren ließen. Mittlerweile ist es den Fuentes und auch Hendrik Kelner von »Tabadom« gelungen, ein Deckblatt zu züchten, das höchsten Ansprüchen gerecht wird.

Versuche, ein qualitativ hochwertiges Deckblatt in der Dominikanischen Republik zu züchten, gab es schon seit geraumer Zeit, da Hispaniola vergleichbare klimatische Bedingungen aufweist wie ihre große Nachbarinsel Kuba. Durch die Windward-Passage sind der äußerste Osten der größten sowie der Nordwesten der zweitgrößten Antillen-Insel zwar nur gut 40 Kilometer voneinander getrennt, doch während Kuba nördlich des 20. Grades nördlicher Breite liegt, erstreckt sich Hispaniola südlich dieses Breitengrades. Womöglich liegt es daran, daß in der Dominikanischen Republik nicht ein solch ergiebiger Boden wie der in der Vuelta Abajo zu finden ist.

Doch da der Vuelta-Abajo-Boden unvergleichlich ist, gehören die Felder in der Dominikanischen Republik, auf denen die Zigarrentabakpflanzen gedeihen, mit zu den besten, welche auf dieser Welt anzutreffen sind. Besagte Felder liegen bevorzugt im Valle del Cibao, wie die fruchtbare Gegend entlang des Flusses Yaque del Norte im Nordwesten der Dominikanischen Republik genannt wird. Etwas weiter westlich, in dem Gebiet um Moca, sowie südlich von Moca, um La Vega und Bonao, befinden sich ebenfalls bedeutende Anbaugebiete. In diesen Regionen wächst inzwischen nicht nur Zigarrentabak, der für die Einlage bestimmt ist, sondern gedeihen auch jene Pflanzen, deren Blätter für Umlage und Decke vorgesehen sind. Und hier stehen auch einige große *Fábricas*, in denen Jahr für Jahr Millionen von Premium-Zigarren die Tische der *Torcedores* verlassen. Zentren der Zigarrenproduktion sind jedoch die Provinzhauptstadt Santiago de Los Caballeros sowie das im Südwesten der Insel gelegene La Romana.

Wie schon gesagt, ist die Dominikanische Republik der weltweit größte Produzent von Premium-Zigarren. Über 400 Marken, welche in diesem Karibik-Staat beheimatet sind, dürfen sich mit jenem Etikett schmücken, das eine Zigarre in den Adelsstand erhebt. Dominikanische Zigarren sind in der Regel mild bis mittelstark im Geschmack, dabei äußerst aromatisch. Vor allem derjenige, der mit dem Zigarrenrauchen beginnt, ist beispielsweise mit einer milden »Dominico« meist gut bedient.

Noch ein Hinweis zum Schluß: Wenn schon einmal von »Santo-Domingo«- bzw. »Domingo«-Tabaken die Rede ist, so handelt es sich stets um ein und denselben Zigarrentabak – nämlich um den, der im östlichen Teil der Insel Hispaniola angebaut wird, eben um dominikanischen Tabak.

DON CABAÑAS

Vielleicht läßt der Name dieser Havanna-Marke bald nur noch Erinnerungen wach werden, wie sie schon lange der ähnlich klingende Name »Cabañas y Carbajal« hervorruft, denn diese »Don Cabañas« sind, wenn überhaupt, wohl nur noch in den *Casa del Habanos* zu finden, womöglich auch in einem versteckten Humidor eines *Aficionados*, dessen vornehmstes Tun sich im Sammeln von Havanna-Raritäten ausdrückt – und der sie natürlich nicht hergäbe, diese Zigarren, deren Machart an den alten kubanischen Stil mit seinen überwiegend aromastarken Körpern erinnert.

DON DIEGO

Eine der bekanntesten Marken des US-Unternehmens »Consolidated Cigar Corporation« ist hierzulande die »Don Diego«. »Vater« dieser Zigarren ist kein Geringerer als Pepe Garcia, der als einer der bekanntesten und besten kubanischen Zigarrenmacher auch einer der ersten aus jener erlesenen Gilde war, die nach der Machtübernahme Castros ihre Heimat verließen. Aus diesem Grund gibt es die recht milden, sehr aromatischen dominikanischen Zigarren auch schon seit Mitte der 60er Jahre. Einlage und Umblatt sind aus Domingo-Tabaken komponiert, während bei den Deckblättern auf Connecticut Shade vertraut wird, deren Farben sich überwiegend im Colorado-Claro-Bereich bewegen.

Seit Ende 1996 gibt es von »Don Diego« neben der Standard- eine zweite Serie. Ihr Name: »Playboy«. Der »Lifestyle-Name« soll anscheinend dem derzeit herrschenden Zeitgeist huldigen, genauer wohl dem, wie er von den Machern des »Playboy« interpretiert wird. Ob damit nun das Magazin oder die Zigarre gemeint ist, mag wiederum jeder für sich ausmachen.

Wie dem auch sei: Die mild-würzigen »Playboys« – damit sind die Zigarren gemeint – weisen wie die »Don Diegos« einen Wickel aus dominikanischen Tabaken auf, wozu sich ein helles Connecticut-Shade-Deckblatt gesellt.

Standardformate der in der Dominikanischen Republik hergestellten US-Marke »Don Diego«

Handelsname und (in Klammern) Formatzuordnung	Länge in Inches (mm)		Ringmaß bzw. Durchmesser (mm)	
Amigo				
(Panatela)	6 5/12	(163)	36	(14,3)
Corona				
(Corona)	5 5/8	(143)	42	(16,7)
Corona Major Tubes				
(Petit Corona)	5	(127)	42	(16,7)
Grande				
(Toro)	6	(152)	50	(19,8)
Greco				
(Panatela)	6 1/2	(165)	38	(15,1)
Lonsdale				
(Lonsdale)	6 2/3	(169)	42	(16,7)
Monarch Tubes				
(Churchill)	7 1/4	(184)	46	(18,3)
Petit Corona				
(Corona)	5 1/8	(130)	42	(16,7)
Royal Palma Tubes				
(Panatela)	6 1/8	(156)	36	(14,3)

Formate der Serie »Playboy« der in der Dominikanischen Republik hergestellten US-Marke »Don Diego«

Handelsname und (in Klammern) Formatzuordnung	Länge in Inches (mm)		Ringmaß bzw. Durchmesser (mm)	
Curchill				
(Double Corona)	7 2/3	(195)	50	(19,8)
Double Corona				
(Toro)	6	(152)	52	(20,6)
Gran Corona				
(Churchill)	6 3/4	(171)	48	(19,1)
Lonsdale				
(Lonsdale)	7 1/3	(186)	42	(16,7)
Robusto				
(Robusto)	5	(127)	50	(19,8)

*D*ON STEFANO

Angefangen hat alles im Jahre 1994, doch die Ursprünge reichen zurück bis ins ausgehende 19. Jahrhundert. Zu dieser Zeit begann der 1870 geborene Großvater Steffen Rinns (»Stefano« steht demnach für Steffen) in einem kleinen Ort in der Nähe von Gießen eine Lehre als Zigarrenfachmann. Nach beendeter Ausbildung glaubte er so viel vom Geschäft mit Tabak und Zigarren zu verstehen, daß er zu der Überzeugung gelangt war, mit einer eigenen Zigarrenmanufaktur berechtigte Aussichten zu haben, sich und seine Familie nicht nur zu ernähren, sondern ein Leben bieten zu können, welches von etwas Wohlstand geprägt sein würde. Außerdem reizte es ihn, seine Vorstellungen vom Zigarrenmachen eigenverantwortlich umzusetzen. Doch zur Gründung eines selbst kleinen Betriebes brauchte es Kapital. Das erhielt er von einem wohlhabenden Kommerzienrat, der als Teilhaber die nötigen Geldmittel bereitstellte, ansonsten jedoch dem nunmehrigen Unternehmer Ludwig Rinn freie Hand ließ. Da der Kommerzienrat Cloos hieß, war auch bald der Firmenname gefunden: »Rinn & Cloos«. Man schrieb das Jahr 1895.

Seinerzeit befand sich im Herzen Hessens eines der Zentren der damaligen deutschen Zigarrenindustrie. Das hing mit dem Deutschen Zollverein zusammen. Dieser handelspolitische Zusammenschluß deutscher Bundesstaaten mit dem Ziel einer wirtschaftlichen Einigung war 1834 in Kraft getreten. Doch weder Bremen noch Hamburg gehörten dem Zollverein an. Die beiden führenden deutschen Hansestädte sahen bei einem Eintritt ihre Eigenständigkeit gefährdet. Das war nicht gerade eine glückliche Entscheidung, denn mitunter ergaben sich durch die nunmehrige Konstellation Schwierigkeiten. So auch in der Zigarrenindustrie. Hamburg und (noch mehr) Bremen waren damals die Zentren der deutschen Tabakindustrie. Da ihre Erzeugnisse bei der Ausfuhr in andere Bundesländer nunmehr mit erheblichen Zöllen belegt wurden, kam die Warenausfuhr ins Stocken. Die Unternehmer machten nun aus der Not eine Tugend: Sie suchten sich Gegenden aus, die wenig industrialisiert waren – und somit auch Arbeitskräfte »bereithielten«, deren Lohn auf der unteren Skala anzusiedeln war (»Flucht in Billiglohnländer« hieße das heute). In diese Regionen verlegten sie einen Großteil ihrer Produktion, und das war vor allem die Zigarrenfertigung. So entstanden mit der Zeit in mehreren Gebieten Deutschlands regelrechte Zentren der Zigarrenindustrie. Eines dieser Zentren war Hessen.

Heute erinnert nur noch wenig an diese Zeit, als etliche Heimarbeiter, Frauen wie Männer, für die zahlreichen Zigarrenfabriken arbeiteten, die hier entstanden waren. Es war nahezu die einzige Möglichkeit, eine Familie zu ernähren, denn um die alte Universitätsstadt Gießen bot die wirtschaftliche Situation ein ähnliches Bild wie in zahlreichen anderen Landstrichen Deutschlands: Nahezu jede Region war geprägt durch einen vorherrschenden Industriezweig. In Mittelhessen war es die Zigarrenindustrie, die vornehmlich für Lohn und Brot sorgte.

Zurück zu »Rinn & Cloos«. Schon bald hatte sich das junge Unternehmen einen Namen gemacht. Das lag vor allem an den qualitativ hochwertigen Zigarren, die aus Wettenberg kamen. Jedenfalls

Don Stefano

prosperierte die Firma so sehr, daß Ludwig Rinn zu Beginn der 20er Jahre seinen Teilhaber auszahlen konnte.

Seine Stellung als eines der führenden Zigarrenunternehmen Deutschlands konnte »Rinn & Cloos« auch nach dem Zweiten Weltkrieg behaupten. Das mögen zwei Zahlen belegen: Gegen Ende der 50er Jahre beschäftigte die Zigarrenmanufaktur rund 6000 Mitarbeiter, und in der »Abteilung Schreinerei« wurden 200 000 Zigarrenkisten gefertigt – im Monat! Zu diesem Zeitpunkt war der Sohn des Firmengründers, Hans Rinn, schon rund 30 Jahre in dem Unternehmen tätig und auch seit kurzem (1958) dessen Leiter.

1967 stieß dann sein Sohn Steffen dazu. Zusammen mit seinem Bruder Klaus übernahm er mehr und mehr Verantwortung, ehe sie schließlich 1972 in den Vorstand der nunmehrigen Aktiengesellschaft aufstiegen. Während Klaus den Vertrieb leitete, war Steffen Rinn neben seiner Stellung als Produktionsleiter noch für den Rohtabakeinkauf zuständig.

Das ist er auch noch heute, allerdings nicht mehr bei »Rinn & Cloos«, sondern bei »Don Stefano«. Diese Zigarrenmanufaktur hat er 1994 gegründet, nachdem »Rinn & Cloos« Anfang 1991 geschlossen worden war. Da gehörte das Unternehmen schon seit geraumer Zeit zur schweizerischen »Burger-Gruppe«, genauer gesagt seit 1975. Bei der Schließung waren noch 250 Mitarbeiter bei »Rinn & Cloos« beschäftigt, eine durchaus beträchtliche Zahl für die damalige Zeit. Mit Beginn der 60er Jahre war es nämlich mit der deutschen Zigarrenindustrie rapide bergab gegangen. Die Gründe hierfür: Nachdem schon 1951 das von den Nationalsozialisten eingeführte Maschinenverbot in geringen Bereichen gelockert worden war, erfolgte 1958 die totale Aufhebung des Gesetzes (wodurch die gesamte manuelle Zigarrenfertigung nach und nach auf wenige Handgriffe reduziert wurde); außerdem erlebte die Zigarette einen rasanten Aufschwung (der mit der Einführung der Filterzigaretten noch zunahm); schließlich haftete der Zigarre ein regelrechtes »Opa-Image« an.

Mit Beginn der 90er Jahre wandelte sich dieses Image. Heute ist es wieder chic, Zigarre zu rauchen. Deshalb wagte auch Steffen Rinn, wie ehedem sein Großvater – und hier schließt sich der Kreis – den Sprung in die Selbständigkeit. Der Schritt hat sich anscheinend gelohnt, denn die Produkte aus dem nordwestlich von Gießen gelegenen Wettenberg werden von Zigarrenliebhabern, die klassische Shortfiller bevorzugen, immer mehr nachgefragt.

In der Zigarrenmanufaktur »Don Stefano« – Mitte 1999 waren dort rund 20 Mitarbeiter tätig – wird nur hochwertiges Rohmaterial verarbeitet, wobei die Einlage-Tabake vorwiegend aus Brasilien (Mata Fina), aus Java und Kuba (Vuelta Abajo), die Umblätter aus Java und Sumatra stammen, während für die so wichtigen Deckblätter hauptsächlich Mata-Fina-Brasil und Sumatra-Sandblatt verwendet werden. Es gibt aber auch Ausnahmen. So erhält etwa die »Don Stefano Corona Tubos leicht« ihr überaus leichtes Aroma nicht zuletzt durch die Verarbeitung deutschen Tabaks (des Geudertheimers, der vornehmlich in der Pfalz und im Badischen angebaut wird), der, selbst wenn sein Anteil in der Einlage nur gering ist, durch seine Milde das Aroma der Zigarre entscheidend mitprägt. Grund für die Aromareiche der »Don Stefano Robusto« ist die ausschließliche Verwendung kubanischen Tabaks – sowohl Einlage, Umblatt als auch Deckblatt stammen aus der Vuelta Abajo.

Doch einerlei, für welche Zigarre aus dem Hause »Don Stefano« man sich entscheidet – jede zeichnet sich durch eine wohlausgewogene Komposition aus. Das wird wohl auch in Zukunft so sein, denn die Tradition der »Zigarrenfamilie« Rinn ist auch in der vierten Generation gesichert: Sohn Matthias gehört mittlerweile ebenfalls zum Team von »Don Stefano«.

»Eine Zigarre genießen hat mit Lebenskultur, mit Savoir-vivre zu tun.«

Zino Davidoff, Vater mancher Zigarrenlegende

DOUBLE CORONA

Die klassischen Maße dieses international gebräuchlichen Formats betragen in der Länge 7 3/4 Inches (in), was ca. 197 Millimetern (mm) entspricht, und 49 im Ringmaß, was wiederum mit einem Durchmesser von ca. 16,7 Millimetern gleichzusetzen ist.

Man spricht immer noch von einer »Double Corona«, wenn die Länge mindestens 6 3/4 Inches sowie höchstens besagte 7 3/4 Inches beträgt und gleichzeitig das Ringmaß zwischen 49 und 54 liegt. In metrischen Maßen ausgedrückt: Die Länge hat eine Spanne, die bei ca. 171 Millimetern beginnt und bei ca. 197 Millimetern endet, während die Spannbreite beim Durchmesser von ca. 19,5 bis ca. 21,4 Millimetern reicht.

Bewegen sich also beide Maßangaben innerhalb der zwei Spannbreiten – Beispiel: 7 in × 52 (≈ 178 × ≈ 20,6 mm) –, so handelt es sich um das Format »Double Corona«.

DUNHILL

Der Name »Dunhill« steht für Rauchen schlechthin. Ob Accessoires, Pfeifentabak, Zigaretten, ob Zigarren und Zigarillos – »Dunhill« hat den gepflegten Umgang mit dem blauen Dunst entscheidend mitgeprägt.

Das trifft natürlich auch für den Bereich der Zigarre zu. Nachdem Alfred H. Dunhill schon gegen Ende des 19. Jahrhunderts Zigarren anbot, fing der eigentliche Aufschwung in diesem Bereich jedoch erst 1907 an, als er in der Londoner Duke Street sein Zigarrenlager einrichtete. Zwar gab es dort keine begehbaren Humidore, dafür aber Räume, die mit Zedernholz ausgekleidet waren und auf Zigarren vor allem aus Kuba warteten, die nach ihrer Ankunft aus Übersee für etwa ein Jahr hier reifen konnten, bevor sie angeboten wurden. Qualität, so erkannte der *Connaisseur* in Sachen Tabak, war die beste Grundlage für ein Geschäft, das eine erlesene Kundschaft zu bedienen hatte. Von dieser Maxime ließ sich auch ein Winston Churchill beeindrucken, der bald zum bekanntesten (und wohl auch besten) Kunden des Dunhillschen Ladens in der Duke Street wurde.

Da Alfred Dunhill praktisch mit Beginn unseres Jahrhunderts die begehrten Havannas in immer größeren Stückzahlen orderte, nahm es nicht wunder, daß »Cubatabaco«, jene staatliche kubanische Tabakgesellschaft, auch ihm vorschlug, Havannas unter seinem Namen herstellen zu lassen, nachdem die Kubaner dieses Angebot einige Wochen zuvor schon Zino Davidoff unterbreitet hatten. Wie der Schweizer, so reagierte auch der Engländer auf jene Offerte positiv, und so gab es 1968 die ersten Havannas zu kaufen, auf deren Bauchbinden »Dunhill« zu lesen war, gefertigt zum größten Teil in der »Romeo y Julieta«-Fabrik.

Gut 20 Jahre funktionierte die Ehe zwischen den Kubanern und denjenigen beiden Europäern, die längst zum Synonym für kultiviertes Rauchen geworden waren. Doch dann kam es erneut zur Duplizität der Ereignisse: Nahezu zeitgleich verschlechterten sich die Beziehungen zwischen »Cubatabaco« und »Davidoff« wie »Dunhill«, und nahezu zeitgleich hörten beider Geschäftsbeziehungen mit den Kubanern auf zu existieren. Wie »Davidoff« nahm auch »Dunhill« die Ausmusterung des Havanna-Sortiments vor.

Nun ist ein Unternehmen wie »Dunhill« ohne Zigarren, welche die Bauchbinde des weltweit präsenten Markennamens tragen, einfach nicht denkbar, und so gibt es natürlich wie ehedem Zigarren zu kaufen, die unter dem Namen »Dunhill« angeboten werden. Die Spitzenprodukte der Engländer sind dabei die »Dunhill Aged Cigars«, die unter dem Dach der »Consolidated Cigar Corporation« in jener Zigarrenfabrik gefertigt werden, welche das US-Unternehmen im dominikanischen La Romana unterhält.

Für die Einlage dieser Zigarren werden *Piloto Cubano* und *Olor Dominicano*, also beides Tabake, die in der Dominikanischen Republik gezogen werden, sowie, was recht selten ist, ein Brasil-Tabak verwendet, der ebenfalls im östlichen Teil Hispaniolas kultiviert wird. Dazu gesellen sich ein dominikanisches Umblatt sowie ein Claro-Deckblatt aus Connecticut Shade. Das alles ergibt Zigarren, die ein mittleres bis volles Aroma aufweisen – und die darüber hinaus in ihrer Machart höchsten Ansprüchen genügen.

Sind die »Dunhill Aged Cigars« gerollt, werden sie – und damit schließt sich der Kreis – in dunklen, mit Zedernholz getäfelten

Räumen gelagert, in denen sie mindestens 90 Tage ruhen und reifen. Dabei trägt das Zedernholz zu einer feinen Harmonie von angenehmer Feuchtigkeit, aromenreichem Duft und ausgereiftem Geschmack bei, was sich auf das Rauchen wohltuend auswirkt.

Zunehmend werden diese Zigarren aus der Dominikanischen Republik als »Vintage«-, also als Jahrgangs-Ausgaben angeboten, wobei diese »Vintages« ausschließlich Tabake vereinen, die in ein und demselben Jahr geerntet worden sind.

Vor nicht allzu langer Zeit hat die »Dunhill Tobacco of London« im honduranischen Estelí eine Tabakmanufaktur errichten lassen, um

Formate der in der Dominikanischen Republik gefertigten Serie »Dunhill Aged Cigars« der britischen Marke »Dunhill«

Handelsname und (in Klammern) Formatzuordnung	Länge in Inches (mm)		Ringmaß bzw. Durchmesser (mm)	
Altamiras Tubed				
(Robusto)	5	(127)	48	(19,1)
Bavaros				
(Cigarillo)	4 1/2	(114)	28	(11,1)
Cabreras Tubed				
(Churchill)	7	(178)	48	(19,1)
Caletas				
(Petit Corona)	4	(102)	42	(16,7)
Centenas				
(Toro)	6 1/8	(156)	50	(19,1)
Condados				
(Toro)	6	(152)	48	(19,1)
Diamantes				
(Lonsdale)	6 3/5	(168)	42	(16,7)
Fantinos				
(Slim Panatela)	7	(178)	28	(11,1)
Peravias				
(Double Corona)	7	(178)	50	(19,8)

→

Romanas				
(Robusto)	4 1/2	(114)	50	(19,8)
Samanas				
(Panatela)	6 1/2	(165)	38	(15,1)
Tabaras Tubed				
(Corona)	5 9/16	(141)	42	(16,7)
Valverdes				
(Corona)	5 9/16	(141)	42	(16,7)

dort unter dem Namen »Dunhill Honduran Selection« eine neue Longfiller-Serie zu produzieren. Mit einer Mischung aus dominikanischem *Piloto Cubano*, mexikanischem *San Andrés* und ausgesuchten Brasil-Tabaken für die Einlage, einem mexikanischen Umblatt und einem hervorragenden Sumatra-Deckblatt fertigen erfahrene *Torcedores* in vorerst fünf Formaten Zigarren, deren ausgewogener Geschmack, versehen mit einer würzigen Note, den erfahrenen *Aficionado* ansprechen.

Seit Ende des 19. Jahrhunderts steht der Name »Dunhill« für Qualität und gehobenen Rauchgenuß, wozu neben den weltberühmten Pfeifen schon seit jeher auch die Zigarren gehören. Für manche

**Formate der in Honduras gefertigten Serie
»Honduran Selection« der britischen Marke »Dunhill«**

Handelsname und (in Klammern) Formatzuordnung	Länge in Inches (mm)		Ringmaß bzw. Durchmesser (mm)	
Churchill				
(Churchill)	7	(178)	48	(19,1)
Corona*				
(Corona)	5 1/2	(140)	41	(16,3)
Lonsdale				
(Lonsdale)	6 1/2	(165)	42	(16,7)
Robusto				
(Robusto)	4 1/2	(114)	50	(19,8)

liegt es deshalb nahe, eine »Dunhill Aged Cigar« einem »Dunhill«-Humidor zu entnehmen, sich mit einer Guillotine von »Dunhill« die Zigarre anzuschneiden, um schließlich, nach getaner »Arbeit«, den Rest der Zigarre in einem noblen Aschenbecher abzulegen – der natürlich auch aus dem Hause »Dunhill« stammt.

DUPLIKATE

Um es vorweg zu sagen: Bei Duplikaten handelt es sich nicht um Fälschungen. Ein Beispiel mag das verdeutlichen: Wenn ein *Aficionado* in New York einen Zigarrenladen betritt und eine Kiste »Cohiba« verlangt, so wird ihm die (sofern der Laden einigermaßen gut sortiert ist) ohne Probleme ausgehändigt (sofern er sie natürlich bezahlen kann).

Solch ein Vorgang ist ganz legal, denn der *Aficionado* ist hier keiner Fälschung aufgesessen, sondern hat »Cohibas« erhalten, die das US-Unternehmen »General Cigar Company« (»GCC«) in der Dominikanischen Republik hat herstellen lassen. »General Cigar« darf diese »Cohibas« vertreiben, denn das US-Unternehmen hat die Rechte auf diesen Markennamen.

Diese etwas verworrene Sache geht auf ein Mitte der 70er Jahre gefälltes Urteil des Internationalen Gerichtshofes in Den Haag zurück. Seinerzeit hatten Exil-Kubaner daraufhin geklagt, den Zigarren, die sie nun in der Dominikanischen Republik oder in Honduras herstellten, den Namen geben zu dürfen, den jene Zigarren erhalten hatten, welche unter ihrer Leitung auf Kuba gefertigt worden waren. Darunter fielen auch jene Marken, deren Rechte bei einer Einzelperson bzw. einer Familie lagen.

Wo ein Recht besteht, gibt es nicht selten auch Rechtsunsicherheit. Die scheint im Falle der doppelten Markennamen bei kubanischen und nichtkubanischen Zigarren wohl gegeben – und die machten sich beispielsweise einige US-Unternehmen zunutze.

Die »Cohiba« etwa war nie im Besitz einer Person bzw. einer Familie. Dennoch darf die »General Cigar Company« unter diesem Namen Zigarren herstellen und verbreiten. Irgendwann hat sie wohl von irgend jemandem die Namensrechte käuflich erworben.

Von Fidel Castro bestimmt nicht. Vielleicht von einem ehemaligen Mitarbeiter der Fabrik »El Laguito«, der in diesem »Tempel der Havanna« vor Jahren einmal eine leitende (nicht unbedingt eine führende) Position innehatte? Genaues ist nicht zu rekonstruieren, doch einiges ist denkbar.

Wie dem auch sei: Ein Kuriosum ist zum Realen geworden. Und so ist die pikante Situation gegenwärtig, daß es zwei Zigarrenmarken gibt, die unter dem Namen »Romeo y Julieta« angeboten werden, zwei mit Namen »Partagás« und auch zwei »Montecristos«, um nur einige zu nennen. Deshalb sind in diesem Buch auch alle Duplikate aufgeführt, die zur Zeit auf dem Markt sind – damit der *Aficionado*, falls er beispielsweise einmal vor die schwierige Wahl gestellt wird, zwischen zwei »Bolivars« entscheiden zu müssen, nicht die Orientierung verliert.

Vor solch einer Wahl dürfte er eigentlich nur in einem Duty-free-Shop stehen, denn in einem Land, in dem etwa eine kubanische »Partagás« angeboten wird, darf es die in der Dominikanischen Republik hergestellte »Partagás« gar nicht geben. Dafür sorgen Marktabsprachen zwischen »Habanos S. A.« und den jeweiligen »Zweitbesitzern« – meist handelt es sich um US-Firmen – der betreffenden Marken.

Diese pikante Situation kann einmal zu einer prekären mutieren – dann nämlich, wenn die US-Regierung das Embargo gegenüber allen bzw. bestimmten kubanischen Waren aufheben sollte …

*E*CUADOR

Seit einiger Zeit baut man in dem südamerikanischen Land zwischen Kolumbien und Peru Tabakpflanzen an, die erstklassige Deckblätter für Zigarren hervorbringen, welche größtenteils im Premium-Bereich angesiedelt sind. Da das Land, dessen Dach von den beiden Anden-Riesen Chimborazo und Cotopaxi geprägt wird, durch den Regenwald im Tiefland, dem bis zu einer Höhe von 3500 Metern wachsenden Berg- und Nebelwald der Kordilleren sowie dem vorherrschenden tropischen Klima ideale Voraussetzungen für den Tabakanbau bietet, ging man vor einigen Jahren daran, sowohl aus Connecticut- als auch aus Sumatra-Saaten Pflanzen zu ziehen, die speziell dafür vorgesehen waren, Deckblätter von guter Qualität zu liefern.

Die Endresultate können sich mittlerweile sehen lassen. Während die Sumatra-Saaten eine sehr zufriedenstellende Qualität erbrachten, war das Ergebnis bei den Deckblättern, die aus Connecticut-Saaten gezogen worden waren, noch erfreulicher. Und so sind heute Deckblätter aus Ecuador, die aufgrund des dortigen ständig bedeckten Himmels praktisch unter einem natürlichen »Schattenschleier« wachsen, sehr gefragt, zumal sie in puncto Qualität den Vergleich mit den »Originalen« (zumindest aus Connecticut) absolut nicht zu scheuen brauchen. Es sind vor allem Zigarrenhersteller in der Dominikanischen Republik, die zunehmend auf das Produkt aus der República del Ecuador zurückgreifen – auch nicht zuletzt deshalb, weil es verhältnismäßig preiswert zu haben ist.

EINLAGE

Die Einlage ist das Herz einer jeden Zigarre. Und so bestimmt auch sie hauptsächlich den Geschmack der Zigarre sowie die jeweilige Entfaltung der Aromen, die während des Rauchens freigesetzt werden.

Da das »Gesicht« einer Zigarre den *Aficionado* für sich »einnehmen« muß, sobald er sie in Augenschein nimmt, wird dem Deckblatt stets große Beachtung geschenkt. Weil das so ist, wird die Bedeutung der Einlage meist nicht genügend gewürdigt.

Dabei wäre das angebracht, denn schließlich ist es die Einlage, die den Charakter einer Zigarre entscheidend prägt, und zwar zu wenigstens zwei Dritteln. Vor diesem Hintergrund ist es auch leicht

»Ein paar helle Flecken, manchmal hervorgerufen durch Morgentau, der auf dem heranwachsenden Blatt in der Sonne trocknete, hat keinerlei Einfluß auf den Geschmack.«

Alfred H. Dunhill, großer Zigarrenkenner und Schöpfer einer Nobelmarke, zum Wesen des Deckblatts   **141** zu verstehen, warum die Mischung der Einlage von vielen Zigarrenmachern wie ein Staatsgeheimnis gehütet wird. Gewiß, meist ist es bekannt, welche Tabake aus welchen Provenienzen für eine Einlage verwendet werden, doch wie das Mischungsverhältnis der einzelnen Tabake aussieht, das wird so gut wie nicht verraten.

Das Mischen der Einlage gleicht einer Komposition. Die Noten, die auf einer Tonleiter vorhanden sind, sind ebenso bekannt wie die vielen Tabake, welche für die Zigarrenherstellung Verwendung finden. Doch erst das Setzen der Noten entscheidet darüber, ob ein Musikstück harmonisch oder disharmonisch klingt. Ein Meisterwerk zeichnet sich demnach dadurch aus, wie die einzelnen Noten in der Gesamtheit wirken.

Beim Mischen einer Einlage für eine Spitzenzigarre verhält es sich ähnlich: Da jeder einzelne Tabak eine besondere Note hat, ergibt erst die harmonische Verbindung der einzelnen Noten jene Einheit, die beim Rauchen der Zigarre zum Tragen kommt – und dem *Aficionado* ein vollendetes Geschmackserlebnis beschert.

Ob die Komposition der Tabake für eine Kurzblatt- oder für eine Langblatt-Einlage vorgenommen wird, ist eher zweitrangig. Zwar läßt die Mischung für eine Shortfiller-Zigarre mehr Möglichkeiten zu, doch kommt es letztlich immer darauf an, wirklich gute Tabake zu verwenden und sie in das richtige Verhältnis zueinander zu setzen. Jeder große Zigarrenmacher weiß um diese Kunst – und hat deshalb auch seine ganz speziellen Geheimnisse.

*E*L REY DEL MUNDO

Zigarrenmacher sind meist bescheidene Zeitgenossen. Sie wissen um ihre Kunst, und das genügt ihnen. Natürlich gibt es keine Regel ohne eine Ausnahme. Eine dieser Ausnahmen war die Namensgebung für eine Havanna.

Die Verantwortlichen der Firma »Antonio Allones« waren wohl von der Qualität der Zigarre, die sie 1882 erstmals auf den Markt brachten, absolut überzeugt, und so gaben sie ihr ohne jede Bescheidenheit den Namen »König der Welt«. Und in der Tat: Schon bald gehörte die »El Rey del Mundo« zu den begehrtesten Havannas des späten 19. Jahrhunderts. Rund 7000, manchmal gar 8000 »Weltkönige« verließen tagtäglich die Fabrik, die sich bald nach der Marke nannte, deren Zigarre sie überwiegend herstellte: »Fábrica de Tabacos Rey del Mundo Cigar«. Heute werden die »El Rey del Mundos«, die zunehmend auch in den deutschsprachigen Ländern in den Regalen der Tabakgeschäfte zu finden sind, in der Fabrik »Romeo y Julieta«

gefertigt. Nach wie vor gehören diese Zigarren mit ihren glatten, recht öligen Deckblättern zu den leichteren Vertretern ihrer Spezies, weshalb sie sich besonders für jene Raucher anbieten, welche die Welt der Havannas betreten wollen.

Formate der kubanischen Marke »El Rey del Mundo«

Handelsname und (in Klammern) Produktionsname	Länge in Inches (mm)		Ringmaß bzw. Durchmesser (mm)	
Choix Supreme				
(Hermoso No. 4)	5	(127)	48	(19,1)
Coronas de Luxe				
(Corona)	5 7/12	(142)	42	(16,7)
Demi Tasse				
(Entreacto)	3 15/16	(100)	30	(11,9)
Elegantes				
(Panetela Larga)	6 7/8	(175)	28	(11,1)
Fox Selection No. 47				
(Hermoso No. 4)	5	(127)	48	(19,1)
Gran Corona				
(Corona Gorda)	5 5/8	(143)	46	(18,3)
Grandes de España				
(Delicado)	7 7/24	(185)	36	(14,3)
Isabel				
(Carlota)	5 5/8	(143)	35	(13,9)

→ **143**

Lonsdale

| (Cervante) | 6 1/2 | (165) | 42 | (16,7) |

Lunch Club

| (Franciscano) | 4 7/12 | (116) | 40 | (15,9) |

Panetela Larga

| (Panetela Larga) | 6 7/8 | (175) | 28 | (11,1) |

Petit Corona

| (Mareva) | 5 1/12 | (129) | 42 | (16,7) |

Petit Lonsdale

| (Mareva) | 5 1/12 | (129) | 42 | (16,7) |

Señorita

| (Numero 3) | 4 13/24 | (115) | 26 | (10,3) |

Tainos

| (Julieta No. 2) | 7 | (178) | 47 | (18,7) |

Tubo No. 1

| (Corona) | 5 7/12 | (142) | 42 | (16,7) |

Tubo No. 2

| (Mareva) | 5 1/12 | (129) | 42 | (16,7) |

Tubo No. 3

| (Franciscano) | 4 9/16 | (116) | 40 | (15,9) |

Variedales

| (Chicos) | 4 1/6 | (106) | 29 | (11,5) |

Es war in den Jahren 1298 und 1299, als ein venezianischer Reisender und Abenteurer als genuesischer Gefangener einem Mithäftling jene Eindrücke diktierte, die er auf seinen Reisen nach Zentralasien und Nordchina (1271–75) sowie seinen Missionen für den Mongolen-Herrscher Khubilai (1275–92) erlebt und erfahren hatte. Mit diesem erzählenden Bericht weckte Marco Polo (1254–1324) das Interesse der Alten Welt an Asien – was letztendlich zur Entdeckung Amerikas (und des Tabaks) führte.

Auch im honduranischen Cofradia werden »El Rey del Mundos« hergestellt. Sie sind stärker als ihre kubanischen Namensvettern, was nicht zuletzt an den Tabaken liegt, welche für die wirklich gut gemachten, meist voluminösen Longfiller verwendet werden. Sowohl für die Einlage als auch für das Umblatt wird auf einheimische Blätter zurückgegriffen, umhüllt von einem Colorado-Maduro-Deckblatt, das in Ecuador aus Sumatra-Saaten gezogen wird. Einige Formate – »Robusto«, »Robusto Larga«, »Robusto Suprema« – weisen sogar ein noch dunkleres Deckblatt auf (Maduro), wohingegen der weitaus überwiegende Teil der kleineren (und auch wesentlich leichteren) Zigarren aus dominikanischem (Einlage) und honduranischem (Umblatt) Tabak gefertigt sind, wozu sich noch ein Colorado-Claro-Deckblatt aus Connecticut gesellt.

Letztere Formate sind nicht aufgeführt, ebenso wie einige der Standardserie. Grund dafür ist die ständige Erweiterung der Produktpalette, wobei als Ziel rund 50 Formate angestrebt werden. Da eine heute aufgestellte Format-Tabelle schon morgen nicht mehr vollständig sein kann, werden deshalb nur die Zigarren angegeben, welche schon seit geraumer Zeit auf dem Markt sind und einen festen Abnehmerkreis gefunden haben.

Standardformate der in Honduras hergestellten US-Marke »El Rey del Mundo«

Handelsname und (in Klammern) Formatzuordnung	Länge in Inches (mm)		Ringmaß bzw. Durchmesser (mm)	
Cedar				
(Lonsdale)	7	(178)	43	(17,1)
Choix Supreme				
(Toro)	6 1/8	(156)	49	(19,5)
Corona				
(Grand Corona)	5 5/8	(143)	45	(17,9)
Corona Inmensa				
(Churchill)	7 1/4	(184)	47	(18,7)

→   **145**

Coronation

(Giant)	8 1/2	(216)	52	(19,8)

Double Corona

(Double Corona)	7	(178)	49	(19,5)

Flor de Llaneza

(Toro)	6 1/4	(159)	54	(21,4)

Flor de LaVonda

(Pyramid)	6 1/4	(159)	52	(20,6)

Flor del Mundo

(Double Corona)	7 1/4	(184)	54	(21,4)

Petit Lonsdale

(Petit Corona)	4 5/8	(117)	43	(17,1)

Robusto

(Robusto)	5	(127)	54	(21,4)

Robusto Larga

(Toro)	6	(152)	54	(21,4)

Robusto Suprema

(Double Corona)	7 1/4	(184)	54	(21,4)

Robusto Zavalla

(Robusto)	5	(127)	54	(21,4)

Rothschild

(Robusto)	5	(127)	50	(19,8)

Rectangulares

(Grand Corona)	5 5/8	(143)	45	(17,9)

Tino

(Panatela)	5 1/2	(140)	38	(15,1)

Als Franz Liszt, der große ungarische Pianist und Komponist, an seinem Lebensabend in ein Kloster eintrat, bat er darum, nach Belieben seine Zigarre rauchen zu dürfen, solange er noch lebe. Die Bitte wurde ihm gewährt.

EMINENTE

»Herausragend« mag dieses Havanna-Format für den einen oder anderen *Aficionado* schon sein, doch »hervorragend«, wie es die Bezeichnung ebenfalls suggeriert, ist die »Eminente«, bezogen auf ihre Präsenz, bei weitem nicht, gehört sie doch zu den Formaten, die zwar durchaus gebräuchlich, jedoch nicht zu denjenigen zählen, die recht häufig anzutreffen sind.

Mit ihrer Länge von 5 3/16 Inches (≈ 132 mm) und ihrem Ringmaß von 44 (≈ 17,5 mm Durchmesser) ist sie jedoch dem beliebten, international gebräuchlichen Format einer »Corona« zuzuordnen. Zigarren des Formats »Eminente« sind von Hand gemacht.

ENTREACTO

Ein relativ gebräuchliches Havanna-Format, das eine Länge von 3 15/16 Inches (≈ 100 mm) hat und ein Ringmaß von 30 (≈ 11,9 mm Durchmesser), womit die »Entreacto« mit der »Demi Tasse« vergleichbar ist und wie dieses Format dem eines »Cigarillo« entspricht. Allerdings unterscheidet sich die »Entreacto« in einem wesentlichen Punkt von der »Demi Tasse«: »Entreactos« sind von Hand gemacht.

EPICURE

Das relativ selten anzutreffende Havanna-Format (dessen Zigarren von Hand gemacht sind) mit seiner Länge von 4 1/3 Inches (≈ 110 mm) und seinem Ringmaß von 35 (≈ 13,9 mm Durchmesser) ist dem Format einer »Short Panatela« gleichzusetzen.

ERMURI

Hinter diesem Namen verbirgt sich ein Einkaufsverband, der Zigarren und Accessoires rund um das Rauchen bei den jeweiligen Herstellern ordert und diese Produkte, teils unter anderem Namen, über seine Vertragspartner im Tabakwareneinzelhandel anbietet.

Der in Detmold ansässige Verband hält in seinem Sortiment die unterschiedlichsten Produkte bereit, so etwa die Zigarrenmarken »Ambiente«, »Brazilian Cigars«, »Classic Corona«, »Ermuri Riesen Zigarren«, »Honduran Cigars« und »Orient Express« – in der Regel Erzeugnisse, die in ihren jeweiligen Preiskategorien Vergleiche mit ähnlichen Angeboten nicht zu scheuen brauchen.

E SPECIAL

Etwas »Besonderes«, so die Übersetzung, muß dieses Havanna-Format sein, denn es ist nur noch äußerst selten anzutreffen. Es weist eine Länge von 5 1/4 Inches (≈ 133 mm) sowie ein Ringmaß von 45 (≈ 17,9 mm Durchmesser) auf und ist damit dem klassischen Format der »Corona Extra« vergleichbar. Zigarren des Formats »Especial« sind maschinengefertigt.

F ÄLSCHUNGEN

O ja, es gibt sie, die Imitate, welche vor allem dazu bestimmt sind, dem gutgläubigen *Aficionado* falsche Havannas »unterzujubeln«, damit er den Preis für die echten entrichte.

Für geübte Fälscher ist es ein leichtes, all die Erkennungsmerkmale, die zum Beispiel auf einer Havanna-Kiste in Form von Aufklebern, Banderolen, Prägestempeln etc. angebracht sind und die Kiste somit als Behältnis von echten Havannas ausweisen, täuschend gut nachzumachen. Zwar verfügen die Fachleute von »Habanos S.A.« anhand von weit über 150 Erkennungskriterien über die entsprechenden Möglichkeiten, unechte von echter Ware zu unterscheiden, indem sie beispielsweise Position und Druck von Bauchbinden und Prägestempeln oder Farbe und Konsistenz der Deckblätter einer genauen Überprüfung unterziehen, doch gehören die meisten jener Qualitätshinweise nicht zum Kenntnisschatz eines Zigarrenliebhabers. Gleichwohl gibt es einige prägnante Erkennungszeichen, worauf der Zigarrenliebhaber ein besonderes Augenmerk werfen sollte. Während bei den Kisten der echten *Habanos* eine gleichmäßig glatte Lackierung auffällt, ist die Lackierung bei gefälschten Kisten oftmals ungleichmäßig; zusätzlich verwendet »Habanos S.A.« ausschließlich Scharniere und Verschlüsse aus Messing, was bei Fälschungen nicht immer der Fall ist; dann sind auf der einen Seite die Aufdrucke durch ein Spezialverfahren relativ klar, wohingegen sie bei Fälschungen nicht selten verschwommen sind (hinsichtlich der Aufdrucke sei auch auf das Stichwort »Havanna-Codes« verwiesen); des weiteren plazieren bei »Habanos S.A.« die *Escogedores* – also diejenigen *Tabacaleros*, welche die fertig gerollten Zigarren nach den Farbnuancen der Deckblätter sortieren – die Zigarren nach einem bestimmten Prinzip in die Kiste, indem die hellste immer ganz rechts zu liegen kommt, danach die zweithellste, bis die dunkelste ganz links zu sehen ist (während die Zigarren bei Fälschungen häufig unregelmäßig sortiert sind); schließlich befinden sich bei den echten *Habanos* die Bauchbinden exakt auf einer Höhe und sind nahezu unverschiebbar, während die *Anillos* bei gefälschten meist recht locker angebracht sind und außerdem selten eine Linie halten.

Darüber hinaus werden seit September 1999 alle Havanna-Kisten, die der offizielle Alleinimporteur von *Habanos* für die Bundesrepublik Deutschland an den Handel weitergibt, mit einem Garantiesiegel versehen. Darauf steht in Großbuchstaben zu lesen: »Habanos garantizados y directamente importados de Cuba. 5th Avenue Products. Offizieller Alleinimporteur von Habanos. Postfach 201166. 79751 Waldshut-Tiengen. Garantierte, direkt aus Cuba importierte Original-Habanos«. Schließlich sind darunter noch die Umrisse der Insel Kuba abgebildet.

Weist nun eine Havanna-Kiste dieses Garantiesiegel nicht auf, dann kann es sich dennoch um echte *Habanos* handeln, etwa dann, wenn es sich um Importe aus Ländern der Europäischen Gemeinschaft handelt, beispielsweise aus Spanien. Damit scheint die Verwirrung komplett. Und deshalb der Rat, der in diesem Buch auch an anderen Stellen steht (und immer wieder angebracht ist): Die beste Garantie ist der seriöse Fachhändler.

Sieht man einmal von den Fälschungen bei den Havannas ab, besteht für den *Aficionado* in mittel- und westeuropäischen Breiten gleichwohl kein allzu großer Grund zu tiefer Besorgnis …

Zunächst einmal: Fälschungen lohnen sich nur bei hochpreisigen Zigarren. Niemand verfiele auf die absurde Idee, eine 3-Franken-, 4-Mark- bzw. 20-Schilling-Zigarre nachzumachen, da in solch einem Fall der zu erwartende Gewinn nicht annähernd den Aufwand rechtfertigte, weshalb sich der Blick des Fälschers, von wenigen Ausnahmen abgesehen, hauptsächlich auf »Davidoffs«, vor allem jedoch, wie bereits gesagt, auf Havannas richtet.

Dann: Plagiate werden vorwiegend in den USA angeboten, weil dort aufgrund des Embargos gegenüber Kuba – und des gleichzeitigen Runs auf Premium-Zigarren – wohl jedem *Aficionado* die Augen übergehen, sobald er einer Kiste Havannas ansichtig wird und sie käuflich erwerben kann, auch wenn das illegal ist.

Des weiteren: Auf Kuba blüht neben den Tabakpflanzen auch der Zigarren-Schwarzmarkt, winken doch hier für die Fälscher erkleckliche Gewinne, dazu noch in US-Dollars, die bei den meisten Touristen während ihres Urlaubs ohnehin lockerer sitzen als zu Hause Franken, Mark oder Schilling. Selbst wenn der zigarrerauchende Tourist eine Kiste Havannas erwirbt, um auf deren Inhalt lediglich während seines Urlaubsaufenthalts zurückzugreifen (und sie nicht durch den Zoll schmuggeln zu müssen), wird er meist enttäuscht sein. Der Grund: Nur rund zehn Prozent der illegal angebotenen Zigarren sind gestohlen, also Originalware, während der große Rest in irgendwelchen Hinterhöfen aus irgendwelchem Ramschmaterial gefertigt worden ist. Zigarren solch dubioser Machart werden meist auch in den Vereinigten Staaten angeboten.

In Europa sieht das Ganze lange nicht so besorgniserregend aus. Hier hat der Zigarrenliebhaber wenig Chancen, beim Zigarrenhändler seines Vertrauens eine Kiste zu erwerben, deren Inhalt echte Havannas verspricht, die jedoch ausnahmslos mit Plagiaten bestückt ist. Meist sind es Touristen und Diplomaten, die besagte Fälschungen im Gepäck haben, und meist wenden sie sich mit ihrer »heißen Ware« direkt an den Handel, um sie loszuwerden. Selbst wenn der Gewinn noch so verlockend wäre – ein seriöser Zigarrenhändler ließe sich auf solch ein Geschäft niemals ein, denn ein *Aficionado* schätzt seine Havanna sehr hoch (und kann sie auch mit der Zeit einschätzen).

Dennoch kann auch in Europa ein *Aficionado* Opfer von Fälschungen sein. Das geschieht etwa dann, wenn ihm ein Freund oder eine Freundin bei der Rückkehr aus dem Karibik-Urlaub freudestrahlend eine Kiste »echter« Havannas überreicht.

Deshalb immer wieder der Rat: Die beste Garantie beim Zigarrenkauf bietet ein seriöses, solide geführtes Tabakgeschäft, das seinem guten Ruf tagtäglich gerecht werden will (und muß).

FEHLFARBEN

Zwar ist es in erster Linie der Gaumen, der das sinnliche Erleben eines Geschmacks in das Nervensystem des Menschen transportiert, aber beim Geschmack spielt noch ein anderes Sinnesorgan eine nicht unwesentliche Rolle: das Auge. Es ist sozusagen hauptverantwortlich für die Vorfreude des zu erwartenden Genußerlebnisses und läßt den sprichwörtlichen Vorgeschmack dessen aufkommen, was »Augen«blicke später realiter empfunden werden wird. Das Auge ißt mit, es schmeckt mit – und so raucht es auch mit.

In den kubanischen Zigarrenfabriken gibt es den *Rezagador*. Er erfüllt für die Weiterverarbeitung eine überaus wichtige Funktion, denn er sortiert die Deckblätter nicht nur nach Größe, sondern auch nach Farbe. Verläßt eine Zigarre den Arbeitsplatz des *Torcedors*, geht sie zunächst durch vier weitere kontrollierende Hände, bevor sie von den kritischen Augen des *Escogedors* genauestens betrachtet wird. Die Arbeit des Letztgenannten: Er sortiert die Zigarren des jeweiligen Formats nach Farbnuancen. Der *Escogedor* muß schon über ein wirklich ausgeprägtes Farbempfinden verfügen, denn die Deckblätter der Havannas weisen bedeutend mehr Farbschattierungen auf, als es jene sieben Deckblatt-Farbkategorien, die auf den Seiten 119 bis 121 aufgeführt sind, suggerieren mögen.

Die Tätigkeit eines *Escogedors* ist für den späteren Verkauf einer Kiste Havannas also nicht unwichtig, denn die Gleichmäßigkeit der Zigarren, welche sich in einer Kiste dem Betrachter präsentieren, hängt nicht zuletzt von dem übereinstimmenden Farbton ab, der dazu beiträgt, auch nur die geringste Unruhe innerhalb einer Zigarrenreihe erst gar nicht aufkommen zu lassen. Das muß einfach

151

so sein – denn: Das Auge raucht mit. Und: Nur wenig läßt das Herz eines *Aficionados* höher schlagen als eine Kiste voller Zigarren, die in Machart, Form und Farbton nahezu identisch sind.

Ein übereinstimmender Farbton, mit dem sich die Zigarren einer Kiste dem Betrachter präsentieren, erfreut nicht nur den *Connaisseur*, sondern ist auch ein wichtiger Verkaufsfaktor.

Ein anderer wichtiger Verkaufsfaktor wird mit dem Wort »Fehlfarben« umschrieben. Ein Paradoxon? Keineswegs. Schließlich sind verschiedene Farbnuancen innerhalb eines Formats selbst bei den Havannas gang und gäbe – sonst hätte die Arbeit eines *Escogedors* ja wenig Sinn. Vor dessen »augen«scheinlicher Tätigkeit kommt zunächst – und das im wahrsten Sinne des Wortes – der *Tasador* zum Zuge. Das ist derjenige, der einzelne fertige Zigarren eines Formats verkostet, um deren Qualität zu überprüfen. Dann ist da noch der *Controlador*, der sich vergewissert, ob die Zigarren gut gerollt sind und den bestehenden Qualitätsnormen entsprechen.

Unterschiedliche Farbnuancen bei Zigarren, die in einer Kiste nebeneinanderliegen, lassen also nicht auf ihre Qualität schließen. Die ist die gleiche wie bei jenen Exemplaren, die sich im Farbton so sehr gleichen. Deshalb ist der Begriff »Fehlfarben« ein durchaus wichtiger Verkaufsfaktor. Dieser Faktor zielt stets auf den Preis ab. Hierbei lautet die Formel: Zwar stimmen nicht die Farbtöne miteinander überein, dafür stimmt aber die Qualität – und der Preis. Der ist in diesem Fall günstig – eben deshalb, weil das Auge bekanntlich mitraucht (und in diesem Fall nicht ganz auf seine »Kosten« kommt).

*F*ELIPE GREGORIO

Die »Felipe Gregorios« aus Honduras vereinen mehrere markante Merkmale auf sich: Zum einen sind es *Puros*, zum anderen sind alle Tabake, die sich in den Zigarren vereinen, aus kubanischen Saaten gezogen, und zum dritten handelt es sich – bis auf die »Nino« – durchweg um Formate, die zu den größeren zu zählen sind.

Mit ihren Colorado-Maduro-Deckblättern sind die »Felipe Gregorios« Zigarren, die etwas überraschen. Zwar verfügen sie über einen vollen Körper, sind also für Anfänger weniger geeignet, verbreiten jedoch andererseits recht süßliche Aromen – eine Symbiose, die, wie gesagt, etwas außergewöhnlich ist, die aber gerade deswegen interessant erscheint.

Formate der in Honduras hergestellten Marke »Felipe Gregorio«

Handelsname und (in Klammern) Formatzuordnung	Länge in Inches (mm)		Ringmaß bzw. Durchmesser (mm)	
Belicoso				
(Torpedo)	6	(152)	54	(21,4)
Glorioso				
(Double Corona)	7 3/4	(197)	50	(19,8)
Nino				
(Petit Corona)	4 1/4	(108)	44	(17,5)
Robusto				
(Robusto)	5	(127)	52	(20,6)
Sereno				
(Corona)	5 3/4	(146)	42	(16,7)
Suntouso				
(Churchill)	7	(178)	48	(19,1)

FIGURADO

Normalerweise präsentiert sich eine Zigarre mit einem gerundeten Kopf, an den sich bis zum Brandende ein meist runder Zylinder anschließt, bei dem die gedachten Seiten parallel zueinander verlaufen. Zigarrenformate, die von der Standardform abweichen, werden »Figurados« genannt. Dazu zählen beispielsweise die »Belicoso«, die »Culebra«, die »Pyramide« und die »Torpedo«.

Für die Fertigung solcher Formate bedarf es erfahrener *Torcedores*, die ihr Handwerk beherrschen.

FLOR DE JUAN LOPEZ

Nur noch wenige Formate – und die auch nur in begrenzter Menge – werden von dieser altehrwürdigen Havanna-Marke vertrieben. Dennoch lassen sich die »Juan Lopez« im deutschsprachigen Raum in guten Fachgeschäften finden. Es handelt sich um relativ milde Zigarren, die überwiegend ein Deckblatt aufweisen, das in die Kategorie »Colorado Maduro« gehört. Wer den unverwechselbaren Duft einer Havanna liebt, jedoch relativ milden Zigarren den Vorzug gibt, der kann mit einer »Flor de Juan Lopez« eigentlich nichts falsch machen.

Formate der kubanischen Marke »Flor de Juan Lopez«

Handelsname und (in Klammern) Produktionsname	Länge in Inches (mm)	Ringmaß bzw. Durchmesser (mm)
Corona		
(Corona)	5 7/12 (142)	42 (16,7)
Panetela Superba		
(Placera)	4 11/12 (125)	34 (13,5)
Patricias		
(Franciscano)	4 7/12 (116)	40 (15,9)
Petit Coronas		
(Mareva)	5 1/12 (129)	42 (16,7)
Seleccion No. 1		
(Corona Gorda)	5 5/8 (143)	46 (18,3)
Seleccion No. 2		
(Robusto)	4 7/8 (124)	50 (19,8)

»Auch der sinnloseste und unglückseligste Tag scheint am Ende gut verbracht, wenn man durch den blauen, wohlriechenden Rauch einer Havanna auf ihn zurückschaut.«

Evelyn Waugh, englischer Schriftsteller

FLOR DE RAFAEL GONZALEZ

Diese Havanna-Marke, 1928 von George Samuel und Frank Warwick speziell für den britischen Markt kreiert, wird auch heute noch produziert – und erfreut sich vor allem bei den Zigarren-rauchern einer gewissen Beliebtheit, die gerade erst angefangen haben, in die Welt der Havanna einzutreten, warten doch diese Zigarren mit einem angenehmen, leichten Aroma und einem ausge-wogenen Geschmack auf.

Die »Blumen des Rafael Gonzalez«, die heute in der »Romeo y Julieta«-Fabrik hergestellt werden, zeugen von der hohen Kunst der kubanischen *Torcedores*, denn alle Formate sind hervorragend in ihrer Machart und brauchen somit den Vergleich mit Formaten anderer herausragender Havanna-Marken nicht zu scheuen.

Obwohl diese Marke auf eine nicht so lange Tradition zurückblicken kann wie die ältesten Havannas, hat sie dennoch Zigarrengeschichte geschrieben. Denn es war kein Geringerer als der Earl of Lonsdale, der in den 30er Jahren kistenweise »Rafael Gonzalez« bestellte, wobei er auf ein Format bestand, das es bis dato noch gar nicht gab. Da der englische Adlige der beste Kunde der *Fábrica* war, war dieser Wunsch gleichzeitig auch Befehl – und so entstand das heute noch sehr beliebte Format »Lonsdale«.

Schon zu dieser Zeit konnte man auf jeder Kiste »Rafael Gonzalez«, die den Hafen Havannas verließ, folgenden Ratschlag lesen: »Die Zigarren sollten innerhalb eines Monats nach Verschiffung ge-raucht werden oder aber ein Jahr lang reifen.« Angeblich war es ein englischer Importeur gewesen, der diese Zeilen erstmals in den 30er Jahren auf einer »Rafael Gonzalez«-Kiste handschriftlich vermerk-te. Auch heute noch findet sich jener (durchaus berechtigte) Rat-schlag auf jeder Kiste dieser Marke. Da alle Havannas während der Lagerung einem weiteren Fermentationsprozeß unterliegen, son-dern sie, meist im Spätsommer, natürliche Öle ab. Deshalb sollten sie entweder binnen kürzester Zeit oder aber erst wirklich ein Jahr nach Fertigstellung geraucht werden, denn dann haben sie den er-wähnten Fermentationsprozeß hinter sich gebracht.

155

Formate der kubanischen Marke »Flor de Rafael Gonzalez«

Handelsname und (in Klammern) Produktionsname	Länge in Inches (mm)		Ringmaß bzw. Durch- messer (mm)	
Cigarrito				
(Numero 3)	4 13/24	(115)	26	(10,3)
Corona Extra				
(Corona Gorda)	5 5/8	(143)	46	(18,3)
Demi-Tasse				
(Entreacto)	3 15/16	(100)	30	(11,9)
Lonsdale				
(Cervante)	6 1/2	(165)	42	(16,7)
Panetela				
(Panetela)	4 5/8	(117)	34	(13,5)
Panetela Extra				
(Veguerito)	5	(127)	37	(14,7)
Petit Corona				
(Mareva)	5 1/12	(129)	42	(16,7)
Petit Lonsdale				
(Mareva)	5 1/12	(129)	42	(16,7)
Slenderella				
(Panetela Larga)	6 7/8	(175)	28	(11,1)
Tres Petit Lonsdale				
(Franciscano)	4 7/12	(116)	40	(15,9)

*F*LOR DE SELVA

Erst seit wenigen Jahren auf dem Markt, sind die »Flor de Selvas« im nicht selten unüberschaubaren Zigarrenmarkt zu einer festen Größe geworden – jedenfalls gibt es so manchen *Aficionado*, der das eine oder andere Format dieser Premium-Marke in seinem Humidor aufbewahrt.

Unter Leitung von Nestor Plasencia werden die Zigarren in dessen Fabrik »Tabacos de Oriente« unter Verwendung von honduranischen Tabaken für die Einlage, einem Umblatt aus Nicaragua sowie einem Connecticut-Shade-Deckblatt hergestellt.

Kreiert hat diese Marke eine Frau: Señora Maria-Pia Selva. Mit ihren »Blumen« hat sie so manch einem altgedienten Zigarren- macher die Schamesröte ins Gesicht getrieben, gehören doch die »Flor de Selvas« der Honduranerin mit zum Besten, was an Premium-Zigarren aus dem mittelamerikanischen Land exportiert wird.

Formate der in Honduras hergestellten Marke »Flor de Selva«

Handelsname und (in Klammern) Formatzuordnung	Länge in Inches (mm)		Ringmaß bzw. Durch- messer (mm)	
Churchill				
(Double Corona)	7	(178)	49	(19,5)
Corona				
(Robusto)	5 1/2	(140)	48	(19,1)
Double Corona				
(Double Corona)	7 1/2	(191)	52	(20,6)
Fino				
(Long Corona)	6	(152)	44	(17,5)
Panetela				
(Small Panatela)	4 1/2	(114)	30	(11,9)
Robusto				
(Robusto)	4 3/4	(121)	50	(19,8)

ℱONSECA

Die nach ihrem Gründer benannte Havanna-Marke wurde zu Anfang der 90er Jahre des 19. Jahrhunderts ins Leben gerufen. Heute umfaßt sie lediglich fünf Formate – doch die fallen direkt ins Auge. Der Grund: Ähnlich den honduranischen »El Rey del Mun- dos« wird jede einzelne »Fonseca« von Hand in ein dünnes Blatt weißen Seidenpapiers gewickelt, das von der Bauchbinde gehalten wird – eine Reminiszenz an die Liebe zum Detail, wie sie vor allem zur Zeit der Belle Époque gepflegt wurde.

In den deutschsprachigen Ländern mehr und mehr zu finden, erfreuen sich die »Fonsecas« hauptsächlich in Spanien großer Beliebtheit. Besonders in der europäischen Metropole der Zigarrenraucher, in Barcelona, schwört eine beachtliche Zahl von *Aficionados* auf die recht mild schmeckenden »Fonsecas«.

Übrigens sind die »Fonseca«-Kisten mit Abbildungen von dem in Havanna gelegenen Morro-Schloß sowie von der New Yorker Freiheitsstatue verziert – und erinnern somit an Zeiten, als die Beziehungen zwischen Kuba und den Vereinigten Staaten noch nicht durch das unselige US-Embargo getrübt waren.

Formate der kubanischen Marke »Fonseca«

Handelsname und (in Klammern) Produktionsname	Länge in Inches (mm)		Ringmaß bzw. Durch- messer (mm)	
Cosaco				
(Cosaco)	5 1/3	(135)	42	(16,7)
Delicia				
(Standard)	4 13/16	(122)	40	(15,9)
Invicto				
(Especial)	5 1/4	(133)	45	(17,9)
K.D.T. Cadete				
(Cadete)	4 1/2	(114)	36	(14,3)
No. 1				
(Cazador)	6 3/8	(162)	44	(17,5)

Seit mehr als 30 Jahren werden in der Dominikanischen Republik ebenfalls »Fonsecas« hergestellt, die sich, das sei zunächst angemerkt, nicht hinter ihren kubanischen Gegenstücken zu verstecken brauchen (und darüber hinaus noch milder sind).

Während die Einlage aus dominikanischen Tabaken besteht, die im Valle del Cibao gezogen werden, verwenden die Zigarrenmacher

Formate der in der Dominikanischen Republik hergestellten Marke »Fonseca«

Handelsname und (in Klammern) Formatzuordnung	Länge in Inches (mm)		Ringmaß bzw. Durch- messer (mm)	
# 2-2				
(Petit Corona)	4 1/4	(108)	40	(15,9)
# 5-50				
(Robusto)	5	(127)	50	(19,8)
# 7-9-9				
(Grand Corona)	6 1/2	(165)	46	(18,3)
# 8-9-8				
(Long Corona)	6	(152)	43	(17,1)
# 10-10				
(Double Corona)	7	(178)	50	(19,8)
Triangular				
(Pyramid)	5 1/2	(140)	56	(22,2)

ein mexikanisches Umblatt. Für die Deckblätter greifen sie auf Connecticut Shade zurück. Weisen die »Long Corona« und die »Pyramid« als Deckblatt-Farbe ein Colorado auf, kommen die übrigen Formate als Colorado Maduro etwas dunkler daher.

Hin und wieder finden sich, wie auch bei dieser Marke, Formatbezeichnungen, denen ein »Doppelkreuz« (#) vorangestellt ist. Das ist ein gern verwendetes Kürzel für die Bezeichnungen »No.« bzw. »Numero«.

FORMATE

Eigentlich müßte das Stichwort »International gebräuchliche Formate« heißen, denn um die geht es hier. Obwohl in den Tabellen auf den Seiten 161 und 162 nur jeweils deren 18 aufgeführt sind, reichen diese (fast) aus, um die gesamte Bandbreite der Formate abzudecken, die weltweit auf dem Markt sind.

Eines vorab: Nicht aufgenommen sind die Maße der »Figurados«, da hier sowohl hinsichtlich der Ring- als auch der Längenmaße zu viele Besonderheiten berücksichtigt werden müßten.

So kann beispielsweise eine Zigarre, die durch das Format »Pyramid(e)« auffällt, am Kopf das Ringmaß 36 haben, aber auch erst mit dem Ringmaß 40 beginnen, während das Brandende das Ringmaß 50, jedoch auch eines aufweisen kann, das stolze 54 für sich in Anspruch nimmt. Ähnlich verhält es sich mit der Länge einer »Pyramid(e)«. So gäbe eine von 5 Inches, also 127 Millimetern, wenig Sinn, da dies nicht für die Entfaltung des Körpers ausreichte. Dagegen sind Längen von 6 1/2 bis 7 1/2 Inches (165 bis 191 mm) sehr häufig anzutreffen.

Bei einer »Torpedo« verhält es sich ähnlich. Hier kann das Ringmaß an der dicksten Stelle 44, aber auch 54 betragen, während eine Länge, die 6 Inches (152 mm) mißt, ebenso vorstellbar ist wie eine von 7 Inches (178 mm).

Wenn in den einzelnen Format-Tabellen der jeweiligen Marken bei den entsprechenden »Figurados« dennoch Angaben zum Ringmaß gemacht werden, so handelt es sich hier, falls nicht anders angegeben, jeweils um die dickste Stelle der betreffenden Zigarre.

Läßt man die »Figurados« einmal außer Betracht, so gibt es immer noch genug Formate, die Anwendung finden. Wie gesagt, kann eine Tabelle nicht alle Formatgrößen berücksichtigen, die vorstellbar sind (und auch mitunter existieren). So ist es durchaus denkbar, daß eine Zigarre mit Ringmaß 48 eine Länge von 9 Inches aufweist. Diese Maße ermöglichen es beispielsweise nicht, solch eine Zigarre einem der aufgeführten Formate direkt zuzuordnen. Hier bleibt nichts anderes übrig, als diejenige Maßangabe heranzuziehen, die den zwei möglichen Formattypen am ehesten entspräche. In diesem Fall wäre das gewiß nicht das Format »Robusto«, auch nicht das Format »Toro«, sondern wohl eher das Format »Giant«.

Die vorliegende Tabelle soll vor allem als Orientierungshilfe dienen, denn was die Formatangaben betrifft, so finden sich hier regelrechte Auswüchse. In diesem Zusammenhang das Wort »Dschungel« zu verwenden ist durchaus angebracht. Hat der *Aficionado* schnell begriffen, daß Formatbezeichnungen wie »Diplomat« oder

International gebräuchliche Formate (Angaben in Inches)

Produktionsname	Klassische Maße	Bandbreite der Längen- maße	Bandbreite der Ringmaße
Giant	9 × 52	8 + >8	50 + >50
Double Corona	7 3/4 × 49	6 3/4–7 3/4	49–54
Giant Corona	7 1/2 × 46	7 1/2 + >7 1/2	42–45
Long Panatela	7 1/2 × 38	7 + >7	35–39
Churchill	7 × 47	6 3/4–7 7/8	46–48
Grand Corona	6 1/2 × 46	5 5/8–6 5/8	45–47
Lonsdale	6 1/2 × 42	6 1/2–7 1/4	40–44
Toro	6 × 50	5 5/8–6 5/8	48–54
Long Corona	6 × 42	5 7/8–6 3/8	40–44
Panatela	6 × 38	5 1/2–6 7/8	35–39
Slim Panatela	6 × 34	5 + >5	30–34
Corona Extra	5 1/2 × 46	4 1/2–5 1/2	45–47
Corona	5 1/2 × 42	5 1/4–5 3/4	40–44
Robusto	5 × 50	4 1/2–5 1/2	48–54
Petit Corona	5 × 42	4–5	40–44
Short Panatela	5 × 38	4–5 3/8	35–39
Small Panatela	5 × 33	4–5	30–34
Cigarillo	4 × 26	6 + <6	29 + <29

»Ministerin« lediglich *Vitola de salidas*, also Handelsnamen sind, so kann eine »Corona« sowohl Handelsname als auch Produktions- name sein. Letzterer, die *Vitola de galera*, macht es dem *Aficionado* auf jeden Fall leichter, in dem Gestrüpp der Formatbezeichnungen zurechtzukommen. So muß etwa eine »Lonsdale«, die unter diesem Namen angeboten wird, noch lange nicht dem international gebräuchlichen Format einer »Lonsdale« entsprechen. Selbst der denkbare Hinweis »25 Coronas«, der auf einer Zigarrenkiste als Produktionsname unter dem Handelsnamen plaziert ist, muß nicht identisch sein mit dem Format, das international gebräuchlich ist. Ist die entsprechende Zigarre bei einem gedachten Ringmaß von 42

International gebräuchliche Formate
(Circa-Angaben in Millimeter)

Produktionsname	Klassische Maße	Bandbreite der Längen- maße	Bandbreite der Ringmaße
Giant	229 × 20,6	203 + >203	19,8 + >19,8
Double Corona	197 × 19,5	171–197	19,5–21,4
Giant Corona	191 × 18,3	191 + >191	16,7–17,9
Long Panatela	191 × 15,1	178 + >178	13,9–15,5
Churchill	178 × 18,7	171–200	18,3–19,1
Grand Corona	165 × 18,3	143–168	17,9–18,7
Lonsdale	165 × 16,7	165–184	15,9–17,5
Toro	152 × 19,8	143–168	19,1–21,4
Long Corona	152 × 16,7	149–162	15,9–17,5
Panatela	152 × 15,1	140–175	13,9–15,5
Slim Panatela	152 × 13,5	127 + >127	11,9–13,5
Corona Extra	140 × 18,3	114–140	17,9–18,7
Corona	140 × 16,7	133–146	15,9–17,5
Robusto	127 × 19,8	114–140	19,1–21,4
Petit Corona	127 × 16,7	102–127	15,9–17,5
Short Panatela	127 × 15,1	102–137	13,9–15,5
Small Panatela	127 × 13,1	102–127	11,9–13,5
Cigarillo	102 × 10,3	152 + <152	11,5 + <11,5

etwa 6 Inches (152 mm) lang, so handelt es sich weder um eine »Corona« noch um eine »Lonsdale«, sondern um eine »Long Corona«. Noch Fragen?

Gewiß, doch werden die Tabellen helfen, immer wieder auftauchende Irritationen zu minimieren. Sie sollen – wie auch alle einzelnen Stichwörter, die jedes »Normformat« ausführlich behandeln – vor allem dazu dienen, dem Interessierten die entsprechenden Hilfen bei der Auswahl der Formate zu geben, die er bevorzugt. So muß ja etwa eine Zigarre, die während einer Tee- oder Kaffeepause geraucht werden soll, nicht gleich das Format einer »Churchill«

aufweisen, ja kann sogar eine »Long Panatela« fehl am Platze sein, während eine »Small Panatela« wie auch eine nicht zu lange »Short Panatela« genau das Richtige für diesen Fall sein könnte.

Die schon mehrfach angesprochenen Tabellen beziehen sich nicht auf die Havanna-Formate. Jene werden, da es ihrer so viele gibt, gesondert behandelt (siehe Seiten 190 bis 192). Die Tabellen auf den Seiten 161 und 162 sind dagegen für all die Zigarren gedacht, welche nichtkubanischen Ursprungs sind. Um nicht den ohnehin schon vorhandenen Dschungel, der bei den zahlreichen Formatbezeichnungen vorherrscht, noch dichter zu machen, beschränken sich hier die Inch-Angaben auf Bruchziffern, die eine 2, 4 oder 8 im Nenner haben. In den einzelnen Tabellen, welche die Formate der jeweiligen Marken aufführen, wird dagegen auch auf höhere Nennziffern zurückgegriffen, um hier möglichst genaue Angaben bezüglich der Länge zu unterbreiten.

In den Tabellen finden sich sowohl Inch- als auch Millimeter-Angaben – einfach deshalb, weil viele Hersteller in Übersee entweder mit Inches oder mit Millimetern als Maßeinheit arbeiten. Doch auch bei diesen Tabellen gibt es eine Regelung: Bei Formaten von Zigarren, die in Europa hergestellt werden, stehen die Maßangaben zunächst in Millimeter, während die Formatmaße von Zigarren, die in Übersee gefertigt werden, zunächst in Inch angegeben sind.

Daß sich beim Umrechnen von einer Maßeinheit in die andere minimale Abweichungen ergeben haben, liegt am Umrechnungsverfahren selbst. Diese Abweichungen sind aber lediglich in Zehntel- bzw. Hundertstelmillimeter zu beziffern.

Das macht das Ganze dann wieder erträglich, denn wichtig ist vor allem eines: auf viele Orientierungshilfen zurückgreifen zu können, um so in dem verästelten »Format-Dschungel« zurechtzukommen.

Die Format-Bezeichnung »Half Corona«, hin und wieder noch anzutreffen bzw. benützt, ist in etwa einer »Petit Corona« gleichzusetzen.

$\mathcal{F}$RANCISCANO

Ein recht häufig vorkommendes Havanna-Format, das mit einer Länge von 4 7/12 Inches (≈ 116 mm) und einem Ringmaß von 40 (≈ 15,9 mm Durchmesser) dem international gebräuchlichen Format einer »Petit Corona« entspricht. Zigarren des Formats »Franciscano« sind maschinengefertigt.

$\mathcal{F}$RANCISCO

Das Havanna-Format »Francisco«, dessen Zigarren von Hand gemacht sind, hat mit seinem Namensvetter »Franciscano« wenig gemein, und zwar sowohl in seinen Maßen – 5 5/8 Inches lang (≈ 143 mm), bei einem Ringmaß von 44 (≈ 17,5 mm Durchmesser) – als auch in der Präsenz, denn die »Francisco« ist ein Format, das nur sehr selten anzutreffen ist, obwohl es dem klassischen Format der »Corona« recht nahe kommt.

$\mathcal{F}$RIEDRICH SCHOLLE

Zu Beginn der 20er Jahre gab es noch die Bezeichnung »Zigarrenobermeister«. Diesen Berufstitel trug auch Friedrich Scholle, als er 1922 eine Firma gründete, die noch heute besteht und seinen Namen trägt – und die zu den letzten Zigarrenfabriken in Deutschland gehört, welche sich noch in Privatbesitz befinden.

Da zum Glück meist auch Können und Geschick gehört, kann es nicht Zufall sein, daß die Zigarrenfabrik »Friedrich Scholle« im ostwestfälischen Löhne wie ehedem Zigarren und Zigarillos herstellt (sowie einige Marken aus Übersee importiert).

Das angesprochene Können muß schon eine Rolle gespielt haben, warum die Firma bis heute überlebt hat. Allein schon das Gründungsjahr fiel in eine Zeit, als es der Wirtschaft im Deutschen Reich alles andere als rosig ging. Da war es schon mutig, etwas aufzubauen in einer Welt, die noch mit den Folgen des verlorenen Ersten Weltkriegs zu tun hatte. Und als nach überstandener Inflation und allmählichem Wirtschaftsaufschwung, der Mitte der 20er Jahre einsetzte, die Umsätze der Unternehmen versprachen, Gewinne abzuwerfen, leitete der Schwarze Freitag vom Oktober 1929 die bis dahin tiefste Weltwirtschaftskrise ein.

Was danach im Deutschen Reich folgte, ist bekannt. Weniger bekannt ist, daß die Nationalsozialisten noch im Jahr ihrer Machtübernahme ein Gesetz erließen, nach dem den Zigarrenfabriken verboten war, Maschinen für die Herstellung ihrer Produkte einzusetzen. Grund war die Massenarbeitslosigkeit, und die neuen Machthaber suchten landauf, landab nach allen nur erdenklichen Möglichkeiten, diesem Problem Herr zu werden – auch und vor allem im eigenen Interesse.

Dem Verbot hatte sich auch die Firma »Friedrich Scholle« zu fügen. Nachdem 1930 endlich ein Fabrikgebäude errichtet und mit den ersten kleineren Maschinen eingerichtet worden war, verlagerte sich nach Inkrafttreten des Gesetzes die Produktion in viele Wohnungen in und um Löhne – Zigarren und Zigarillos wurden seitdem von Heimarbeitern per Hand hergestellt. Dann, während des Zweiten Weltkriegs, konnte nur unter erschwerten Bedingungen gearbeitet werden, die sich erst besserten, als nach der 1948 erfolgten Währungsreform an einen Neuaufbau gedacht werden konnte.

1958 mußte die Firmenleitung erneut umdenken, wenn auch im positiven Sinne. Denn in diesem Jahr wurde das 1933 erlassene Maschinenverbot endlich aufgehoben. Jetzt erst begann für die Fabrik in Löhne das »Zeitalter der Industrialisierung«.

Dieses Zeitalter besteht auch heute noch. Bei »Friedrich Scholle« werden alle Zigarren maschinengefertigt. Dabei haben die Konsumprodukte neben einer Einlage-Mischung aus verschiedenen Anbaugebieten ein Naturdeckblatt aus Sumatra bzw. Java oder aus Brasilien, während für das Umblatt Bandtabak Verwendung findet. Zu diesen Konsumprodukten zählen die Marke »Reife Ernte« – hier handelt es sich um Sumatra-Fehlfarben – und die Brasil-Zigarren »Bremer Fehlfarben«, wobei die Formate beider Marken sowohl eine Länge von 126 Millimetern bei einem respektablen Durchmesser von 18,9 Millimetern als auch eine von 133 Millimetern (19,5 mm Durchmesser) aufweisen.

Bei den Zigarren, die zu 100 Prozent aus Tabak bestehen, sind die Marken »Auerhahn«, »Safari«, »Stadtgespräch« und »Van Dyck« erwähnenswert. Alle Zigarren dieser Marken haben eine Einlage aus Brasil-, Domingo-, Java-, Sumatra- und kolumbianischen »Carmen«-Tabaken sowie ein Umblatt aus Java. Als Deckblätter werden sowohl Tabake aus Brasilien als auch aus Sumatra verwendet.

Die Zigarrenfabrik »Friedrich Scholle« ist zwar nicht mit Premium-Marken in den Einzelhandelsgeschäften präsent, hat aber im Konsumbereich eine Anhängerschaft unter den Zigarrenrauchern, von der so manche Firma, die ausschließlich den Bereich der höherpreisigen Produkte abdeckt, hinsichtlich des Absatzes weit entfernt ist.

FUNDADORES

Aus Jamaika und Mexiko kommen die Tabake für die Einlage, das Umblatt ist ein mexikanisches, und beim Deckblatt vertrauen die Zigarrenmacher auf bewährtes Connecticut. Gefertigt werden die

Formate der auf Jamaika hergestellten US-Marke »Fundadores«

Handelsname und (in Klammern) Formatzuordnung	Länge in Inches (mm)		Ringmaß bzw. Durchmesser (mm)	
Churchill				
(Double Corona)	7 1/2	(191)	49	(19,5)
Corona				
(Corona)	5 1/2	(140)	42	(16,7)
Lonsdale				
(Lonsdale)	6 1/2	(165)	42	(16,7)
Petit Robusto				
(Robusto)	4	(102)	50	(19,8)
Robusto Gorda				
(Toro)	6	(152)	50	(19,8)

mittelkräftigen Longfiller auf Jamaika, und zwar in der Fabrik, in der auch die berühmten »Macanudos« hergestellt werden.

Da in Kingston *Tabaqueros* arbeiten, die ihr Handwerk verstehen, brauchen sich die »Fundadores« nicht hinter anderen Marken zu verstecken. Die handgemachten Zigarren, deren Deckblätter mit einem etwas dunklen Colorado aufwarten, sind ob ihrer interessanten Gewürznoten durchaus einen Versuch wert.

Eines der Formate fällt besonders auf, obwohl es – von der Länge her – das kleinste ist. Gemeint ist die »Petit Robusto«, die zwar vom Ringmaß her einer gebräuchlichen »Robusto« entspricht, jedoch nicht ganz an die »normale« Mindestlänge heranreicht – eine Einladung zum kurzen, intensiven Smoke für zwischendurch.

GEBRÜDER BERENS

Die Tabak- und Zigarrenfabrik im sauerländischen Lennestadt vertreibt die gesamte Produktpalette der schwedischen Zigarillofabrik »Nobel«, hat aber auch mit der Longfiller-Marke »Old Selection«, deren Zigarren in Brasilien von Hand gemacht werden, ein Produkt im Angebot, das sich sehen lassen kann. Die zu 100 Prozent aus Tabak gerollten Zigarren gibt es sowohl mit Brasil- als auch mit Sumatra-Deckblatt.

GÉRARD PÈRE ET FILS

Nach wie vor ist es jene Stadt, die an den Ufern des nach ihr benannten Sees liegt – nach wie vor ist Genf das Mekka für Havanna-Liebhaber aus aller Welt. Doch betreten die meisten nicht mehr das Geschäft von »Davidoff« in der Rue de Rive, obwohl hier wie ehedem Havannas angeboten werden, sondern suchen das Hotel »Noga Hilton« auf. Hier, in der Empfangshalle, haben die Gérards auf rund 500 Quadratmetern ein wahres Zigarrenparadies entstehen lassen. In den Verkaufsräumen, die vollständig in kubanischem Zedernholz ausgestattet sind, werden dem Besucher nur allerbeste Havannas unterbreitet.

Seit dem Tod des Vaters leitet der Junior das Familienunter-

167

nehmen – und bürgt weiterhin für Qualität. Mehrere Male im Jahr besucht er Kuba, um dort Produktions- und Lagerungsstätten in Augenschein zu nehmen. Erst dann ordert er »seine« Havannas – es sind stets nur die besten. Darüber hinaus werden von kubanischen Meisterrollern Zigarren hergestellt, die nach den Vorstellungen Gérards gefertigt werden. Das alles wird dann später jedem Havanna-Süchtigen in der noblen Atmosphäre offeriert, die in besagten Räumlichkeiten des Genfer Hotels vorherrscht.

GESCHMACK

Über Geschmack läßt sich bekanntlich nicht streiten, und deshalb finden sich in diesem Buch auch keine Geschmacksbeurteilungen bzw. -bewertungen. Lediglich vereinzelte Hinweise über das Brandverhalten und die Stärke einzelner Zigarren sollen dem »Einsteiger« etwas Orientierung bei der Suche nach »seinen« Marken bzw. Formaten geben, aber auch dem *Connaisseur* helfen, die eine oder andere Marke zu entdecken, die ihm bis dato unbekannt war. Es kann gar nicht oft genug gesagt werden: Da in jedem Zigarrenraucher ein Individualist steckt, wird auch ein jeder seinen eigenen Zigarrengeschmack entwickeln – falls er ihn nicht schon gefunden hat.

GIANT

Der Name ist Programm: Wirklich »gigantische« Ausmaße haben Zigarren dieses Formats. Die klassischen Maße des international gebräuchlichen Formats betragen in der Länge 9 Inches (in), was ca. 229 Millimetern (mm) entspricht, und 52 im Ringmaß, was wiederum mit einem beträchtlichen Durchmesser von ca. 20,6 Millimetern gleichzusetzen ist.

Man spricht immer noch von einer »Giant«, wenn die Mindestlänge 8 Inches mißt – nach oben gibt es keine Grenze – und gleichzeitig das Ringmaß wenigstens 50 beträgt – auch hier ist nach oben keine Grenze gesetzt. In metrischen Maßen ausgedrückt: Die Mindestlänge beginnt bei ca. 203 Millimetern, während der Durchmesser bei ca. 19,8 Millimetern beginnt. Mißt also die Länge wenigstens 8 Inches und fängt das Ringmaß bei 50 an – Beispiel: 9 1/2 in × 60 (≈ 241 × ≈ 23,8 mm) –, so handelt es sich um das Format »Giant«.

GIANT CORONA

Die klassischen Maße dieses international gebräuchlichen Formats betragen in der Länge 7 1/2 Inches (in), was ca. 191 Millimetern (mm) entspricht, und 44 im Ringmaß, was wiederum mit einem Durchmesser von ca. 17,5 Millimetern gleichzusetzen ist.

Man spricht immer noch von einer »Giant Corona«, wenn die Länge mindestens besagte 7 1/2 Inches beträgt – nach oben gibt es keine Grenze – und gleichzeitig das Ringmaß zwischen 42 und 45 liegt. In metrischen Maßen ausgedrückt: Die Mindestlänge beginnt bei ca. 191 Millimetern, während die Spannbreite beim Durchmesser von ca. 16,7 bis ca. 17,9 Millimetern reicht.

Beginnt also die Längenangabe bei 7 1/2 Inches und bewegt sich die Angabe des Ringmaßes innerhalb der genannten Spannbreite – Beispiel: 8 1/2 in × 43 (≈ 216 × ≈ 17,1 mm) –, so handelt es sich um das Format »Giant Corona«.

GISPERT

Ihren Ursprung hatte diese klassische alte Marke in der Provinz Pinar del Rio, und sie gehörte zu den kubanischen Zigarren des ausgehenden 19. Jahrhunderts, welche halfen, die Havannas in aller Welt berühmt zu machen. Heute gibt es von der in Europa nahezu unbekannten »Gispert« nur noch zwei handgemachte Formate zu kaufen: »Corona« und »Petit Corona de Luxe« – falls sie überhaupt angeboten werden, denn die sehr milden Zigarren machen sich zunehmend rarer (und sind vielleicht in einigen Jahren lediglich in jenen Humidoren zu finden, die im Besitz von Zigarrenkennern sind und Sammlerstücke beherbergen).

Eine »Gispert« wird mittlerweile auch in dem Inselstaat Jamaika hergestellt, und zwar als *Puro*, wird hier aber nur der Vollständigkeit halber erwähnt.

Formate der kubanischen Marke »Gispert«

Handelsname und (in Klammern) Produktionsname	Länge in Inches (mm)	Ringmaß bzw. Durchmesser (mm)
Corona		
(Corona)	5 7/12 (142)	42 (16,7)
Habanera No. 2		
(Sport)	4 5/8 (117)	35 (13,9)
Petit Corona de Luxe		
(Mareva)	5 1/12 (129)	42 (16,7)

*G*RAN CORONA

Die »große Krone« hat wahrlich Ausmaße, die beeindrucken: Bei einem Ringmaß von 47 (≈ 18,7 mm Durchmesser) hat dieses Havanna-Format eine stattliche Länge von 9 1/4 Inches (≈ 235 mm). Da Zigarren solchen Kalibers nicht jedermanns Sache sind, wird auf das Format »Gran Corona« auch nicht übermäßig oft zurückgegriffen. Auf jeden Fall ist es außergewöhnlich, denn es entspricht weder dem einer »Giant« – weil es ein erheblich kleineres Ringmaß hat; noch dem einer »Churchill« – weil es um einiges länger, ja, das längste Havanna-Format überhaupt ist. Schon gar nicht ist es, wie ob der Namensähnlichkeit zu vermuten, mit dem international ausgerichteten Format der »Grand Corona« vergleichbar, denn das kann zwar dasselbe Ringmaß haben, ist aber in der Länge beträchtlich kürzer als das der »Gran Corona« (deren Zigarren übrigens von Hand gemacht sind).

*G*RAND CORONA

Die klassischen Maße dieses international gebräuchlichen Formats betragen in der Länge 6 1/2 Inches (in), was ca. 165 Millimetern (mm) entspricht, und 46 im Ringmaß, was wiederum mit einem Durchmesser von ca. 18,3 Millimetern gleichzusetzen ist. Man spricht immer noch von einer »Grand Corona«, wenn die Länge mindestens 5 5/8 Inches sowie höchstens 6 5/8 Inches beträgt und gleichzeitig das Ringmaß zwischen 45 und 47 liegt. In metrischen Maßen ausgedrückt: Die Länge hat eine Spanne, die bei ca. 143 Millimetern beginnt und bei ca. 168 Millimetern endet, während die Spannbreite beim Durchmesser von ca. 17,9 bis ca. 18,7 Millimetern reicht. Bewegen sich also beide Maßangaben innerhalb der zwei Spannbreiten – Beispiel: 6 in × 46 ($\approx 152 \times \approx 18,3$ mm) –, so handelt es sich um das Format »Grand Corona«.

$\mathcal{H}$ACIENDA

Daß Longfiller von den Kanarischen Inseln ihren guten Ruf von einst wiedererlangt haben, nachdem es einige Zeit recht still um sie geworden war, liegt an der hervorragenden Qualität, mit der einige Marken aufwarten – sehr zur Freude zahlreicher *Aficionados*, die

---

WENN DIE GÖTTER FEUER MACHEN …

Wann genau die erste Zigarre geformt und geraucht wurde, ist nicht belegt. Fest steht nur: Lange vor Columbus kannten Maya und Azteken die *Ciquar*, wie die Maya jenes Gebilde nannten, das als der »Vorfahr« der heute bekannten Zigarre gilt. Fest steht auch: Die älteste Art, den Rauch des Tabaks zu inhalieren, ist das Zigarrerauchen.

Jenes Rauchen der *Ciquar* war in erster Linie den vorkolumbischen Priestern vorbehalten, die sich durch den Rauch in Trance versetzten und so ihren Göttern näher waren – und auch mit dem Jenseits in Verbindung traten. Für den Ursprung der *Ciquar* hatten die Maya folgende Erklärung: »Die Zigarre haben die Götter erfunden, um sich selbst den ganz besonderen Genuß am Tabakgeschmack zu schenken. Jedesmal, wenn es blitzt und donnert, schlagen die Götter Feuer, um sich eine Zigarre anzuzünden.«

Zigarren mit dem Zusatz »Hecho a mano en las Islas Canarias« zunehmend zu schätzen wissen.

Zu dieser Entwicklung hat auch die »Hacienda« beigetragen, ein absolutes Spitzenprodukt kanarischer Zigarrenmacher. Bei »Tabacos Vargas« in Santa Cruz, gelegen auf der Insel La Palma, werden ausgesuchte Tabake aus einheimischem, kubanischem und javanischem Anbau für die Einlage, ein Umblatt, das ebenfalls aus Java stammt, sowie ein Connecticut-Shade-Deckblatt in Colorado Claro verwendet.

Obwohl es sich bei den handgemachten »Haciendas« um Zigarren handelt, die relativ mild schmecken, geben sie während des Rauchens eine angenehme Würze frei.

Formate der auf den Kanarischen Inseln hergestellten Marke »Hacienda«

Handelsname und (in Klammern) Formatzuordnung	Länge in Millimeter (in)		Durchmesser in Millimeter (RM)
Churchill			
(Double Corona)	185	(7 1/4)	19,8 (50)
Crema			
(Petit Corona)	120	(4 3/4)	16,3 (41)
Lonsdale Tubos			
(Lonsdale)	163	(6 2/5)	16,7 (42)
Panatela			
(Panatela)	150	(5 11/12)	15,1 (38)
Presidente			
(Churchill)	172	(6 3/4)	18,3 (46)
Robusto			
(Robusto)	122	(4 4/5)	19,8 (50)
Senador Tubos			
(Grand Corona)	142	(5 3/5)	18,3 (46)
Toro			
(Toro)	153	(6)	19,8 (50)

HANDELSGOLD

Wohl die bekannteste deutsche Zigarrenmarke. Ihre große Zeit hatte die »Handelsgold« in den 50er und 60er Jahren, als es den Begriff »Premium-Zigarre« noch gar nicht gab und das Wissen um Zigarren karibischer Provenienz in der breiten Schicht der Zigarrenraucher gegen Null tendierte – und eine Havanna gar der Kategorie »Purer Luxus« zugeordnet wurde.

HAUSMARKE

Nahezu jedes Zigarrengeschäft, das etwas auf sich hält, hat sie im Angebot. Gemeint ist die Hausmarke. Hierbei handelt es sich durchweg um recht gute Zigarren, die in verschiedenen Formaten zu haben sind. Bei den Zigarren kann es sich um Brasil- oder Sumatra-Zigarren europäischer Produktion handeln, aber auch um solche, die etwa in der Dominikanischen Republik oder in Honduras gefertigt werden.

Im allgemeinen sind die Zigarren einer Hausmarke in einer Preiskategorie angesiedelt, die durchaus akzeptabel ist, will heißen: Das Preis-Leistungs-Verhältnis kann sich gewöhnlich mehr als sehen lassen. Da für solch ein Produkt wie eine Hausmarke keine Kosten im Bereich Marketing anfallen, dazu häufig noch wenig Aufwand bei der Präsentation betrieben wird, erhält der interessierte Kunde ein durchweg gutes Qualitätsprodukt zu einem meist recht günstigen Preis – schließlich hat ein gut und solide geführtes Tabakwarengeschäft einen Ruf zu verteidigen und wird daher wohl kaum etwas als Hausmarke anbieten, das in der Kategorie »Nicht rauchbar« anzusiedeln ist.

Seit einigen Jahren führen auch umsatzstarke Zigarrenhändler Direktimporte aus karibischen Ländern (Kuba ausgenommen) und von den Kanaren. Hierbei handelt es sich um durchweg gute Zigarren, die unter dem Namen, unter dem sie angeboten werden, ausschließlich bei dem jeweiligen Händler zu kaufen sind. Zwar geschieht dies in der Regel über einen Importeur, doch ist der nur für die Abwicklung des Transports (Zollformalitäten etc.) sowie für die Zwischenlagerung zuständig – die Exklusivität der Marke wird also gewahrt. Meist handelt es sich um handgemachte Longfiller aus der Dominikanischen Republik, aber auch solche aus Honduras, von den Kanaren und aus Nicaragua werden importiert. »Wilh. Bader« (München), »Peter Heinrichs« (Köln, Leipzig, Niederaußem), »Pfeifen-Center Linzbach« (Düsseldorf), das »Zigarrenhaus P. Weinig« (Bamberg), um nur einige zu nennen, halten besagte Direktimporte für den interessierten *Aficionado* bereit.

$\mathcal{H}$AVANNA(S)

La Habana, Hauptstadt der República de Cuba sowie der gleichnamigen Provinz, als Stadtprovinz Ciudad de la Habana genannt, verfügt über einen natürlichen Hafen an einer Bucht des Golfs von Mexiko, zählt etwas mehr als zwei Millionen Einwohner und erstreckt sich über 727 Quadratkilometer. Das sind einige nackte Tatsachen über eine Stadt, bei deren Nennung nicht wenige Zeitgenossen, sofern sie keine eingefleischten *Aficionados* sind, erst einmal an die langen nackten Beine jener Kubanerinnen denken, die im weltberühmten »Cabaret Tropicana« als Tänzerinnen nicht nur viel Bein zeigen. Obwohl: Auch viele *Aficionados* denken bei dem Namen Havanna vorab an nackte Haut. Doch gehört die nicht besagten Tänzerinnen, sondern jenen kaffeebraunen Schönheiten, die in großen Hallen Tag für Tag Hunderte von Zigarren auf ihren nackten Oberschenkeln rollen. Wie so vieles, das mit dieser Karibik-Metropole in Zusammenhang gebracht wird, gehört auch das in den Bereich der Legende.

San Cristóbal de la Habana – allein schon der eigentliche Name von Kubas Kapitale läßt das flirrende Treiben in dieser Stadt lebendig werden. Hier klingt die Musik des Salsa mit, jenes Tanzes, der Elemente des afrokubanischen Jazz, der mexikanischen Ranchera, der Rumba, des Bossa Nova wie des Latin Rock und der puertoricanischen Jibaro-Musik in sich vereint, die wiederum auf die volkstümliche kubanische Tanzmusik der 30er und 40er Jahre zurückgeht. Da werden Erinnerungen wach an jene Zeit, als die Stadt zahlreiche Glücksritter, Lebemänner, Potentaten, Spieler und solche, denen

Vergnügen über alles ging, wie ein Magnet anzog. Die Vereinigten Staaten waren nicht weit, und was in Miami verboten war, das war es in Havanna noch lange nicht – und wenn doch, so ließ sich durch ein Bündel Dollarnoten Illegales in Legales umwandeln. Die Stadt quoll über von Bars und Bordellen, Cafés und Casinos, von Lokalen und Tanzschuppen, und die altehrwürdigen kolonialen Bauten der Altstadt lieferten dazu eine Silhouette, die so gar nicht paßte zu dem Treiben auf den Straßen, den Höfen und Hinterhöfen. Wer etwas auf sich hielt – und das taten sehr viele –, der stellte seinen Reichtum zur Schau, etwa, indem er sich mit einer jungen Kubanerin im Arm, einer Flasche Hochprozentigem auf dem Tisch und einer Havanna im Mund exhibitionierte.

Ja, die Havanna, sie war zu dieser Zeit schon längst eines der Symbole von Reichtum und Macht. Diejenigen, die es sich leisten konnten, eine Havanna nach der anderen zu rauchen, taten damit jedem kund, daß sie es »geschafft« hatten. Gleichwohl auch zum Synonym für feine Lebensart geworden, bewegte sich die Havanna sozusagen in »besseren Kreisen«, einerlei, ob den jeweiligen Kreisen Bankleute und Großindustrielle oder Generäle und Minister oder Honoratioren und Würdenträger oder Bildhauer, Komponisten, Maler, Musiker und Schriftsteller angehörten.

Angefangen hatte das alles rund eineinhalb Jahrhunderte zuvor. Man schrieb das Jahr 1810. In diesem Jahr nahm nicht nur die erste Zigarrenmanufaktur auf nordamerikanischem Boden, und zwar in Hartford im Staate Connecticut, ihre Arbeit auf, sondern in diesem Jahr erschien auch ein gewisser Bernardino Rencurrel auf dem Registerbüro für Warenzeichen in Havanna, um dort seinen Namen eintragen zu lassen, welcher zugleich auch der seines Produkts war: eine Zigarre. Die erste Havanna-Marke war geboren!

Wie viele Zigarren Señor Rencurrel, seines Zeichens Tabakpflanzer und Zigarrenmacher, jemals produzierte und wie lange er jene Zigarren verkaufte, die seinen Namen trugen, ist nicht überliefert. Ein anderer Zigarrenmacher, der gleichfalls in ebendiesem Jahr den Namen seiner Zigarre als Warenzeichen registrieren ließ, war dagegen erwiesenermaßen sehr erfolgreich. Seine Marke gehörte bis weit ins 20. Jahrhundert zu den besten und bekanntesten Havannas, die auf dem Markt zu haben waren – erst die Entscheidung Castros, mit der »Siboney« nur noch eine einzige Zigarrenserie mit lediglich vier Formaten herstellen zu lassen, bedeutete das Ende dieser Marke. Ihr Name: »Cabañas y Carbajal«. Auch als der *Máximo Líder* seinen Fehler korrigierte, fehlte ihr Name auf der Liste jener alteingeführten Havanna-Marken, die wieder produziert werden durften.

Zu erwähnter Zeit, also um 1810, gab es schon etliche Zigarrenmanufakturen auf Kuba, insbesondere in Havanna, doch waren die Señores Rencurrel und Cabañas die ersten, die ihre Zigarren als Marken eingetragen wissen wollten. Die »H de Cabañas y Carbajal«, so die vollständige Bezeichnung, war auch Namensgeber der *Fábrica*, in der sie hergestellt wurde. Das belegt ein Eintrag, der diesmal im Handelsregister Havannas zu finden ist und der die Zulassung einer Fabrik mit angrenzendem Verkaufsladen festhält. In diesem Eintrag von 1810 – wahrlich ein geschichtsträchtiges Jahr – ist unter anderem zu lesen: »Francisco Cabañas, geboren in Havanna, ledig, hat in der Jesus del Monte Avenida einen Laden eröffnet, der sich zuvor in der Calle Jesus Maria befand.«

Der nächste Eintrag im Warenzeichenregister von Havanna, der eine Zigarre betraf, erfolgte erst gut 20 Jahre später: »Por Larrañaga« ist dort 1834 festgehalten worden, womit diese Marke die älteste Havanna ist, die heute noch hergestellt wird. Danach geschehen die Eintragungen in immer kürzerer Folge. Von den vielen Marken, die registriert wurden, seien jedoch nur die genannt, die bis in unsere Zeit überlebt haben: »Ramón Allones« (1837), »Punch« (1840), »H. Upmann« (1844), »La Corona« (1845), »El Rey del Mundo« (1848), »Romeo y Julieta« (1850), »Hoyo de Monterrey« (1865).

Warum die kubanische Zigarrenindustrie gerade in dieser Zeit einen so rapiden Aufschwung nahm, hatte mehrere Gründe …

Seit Mitte des 17. Jahrhunderts wurde nahezu der gesamte Rohtabak, der auf Kuba geerntet worden war, zur Iberischen Halbinsel verschifft, um dort, vornehmlich in Sevilla, zu Zigarren verarbeitet zu werden. Rund ein Jahrhundert später waren die Nachkommen der ersten spanischen Kolonisten auf Kuba dazu übergegangen, vermehrt selbst Zigarren herzustellen, nachdem sie den Anbau der

Tabakpflanzen weiterentwickelt hatten. Als dann irgendwann zu Beginn der zweiten Hälfte des 18. Jahrhunderts Zigarrenmacher der Königlichen Zigarrenmanufakturen von Sevilla bei irgendeiner Exportsendung feststellten, daß die aus Kuba importierten Blätter die Überseereise zwar nach wie vor überstanden, daß sie sich jedoch mit den in hervorragendem Zustand befindlichen fertigen Zigarren aus Havanna, die, in kleiner Zahl, ebenfalls die betreffende Reise angetreten hatten, absolut nicht messen konnten, mochten sie sich mit der Sekundärqualität immer weniger zufriedengeben. Als Folge ging die Zigarrenproduktion in Spanien allmählich zurück, während die auf Kuba in gleichem Maße anstieg. Um die Jahrhundertwende wurde dann der Niedergang der spanischen Manufakturen endgültig eingeläutet.

In der Folgezeit kehrten dann viele derjenigen Spanier, welche die Kunst der Zigarrenherstellung beherrschten, ihrem Heimatland den Rücken und ließen sich auf Kuba nieder, um dort der Tätigkeit nachzugehen, die sie beherrschten wie wenig andere: Sie machten Zigarren. Der eigentliche Aufschwung jedoch, den die Havannas im 19. Jahrhundert nahmen, ist in erster Linie auf ein Dekret König Ferdinands VII. von Spanien zurückzuführen, das im Jahre 1821 in Kraft trat. Hierin gewährte er der immer noch unter spanischer Herrschaft stehenden Insel Kuba freien Handel. Als dann noch gegen Mitte des 19. Jahrhunderts die Produktionstechniken in den *Fábricas* erheblich verbessert werden konnten und dadurch die Qualität der Zigarre kontinuierlich stieg, setzte ein wahrer Havanna-Boom ein.

Einer der steinernen Zeugen dieser ersten großen Blütezeit hat die Jahre des Aufschwungs mitgeprägt, hat die des zeitweiligen Niedergangs der Havanna überstanden und ist heute wieder einer der Pfeiler der kubanischen Zigarrenproduktion. Gemeint ist die von Don Jaime Partagás gegründete Fabrik, die 1845 (einige Quellen geben 1827, andere 1843 an) ihre Arbeit aufnahm und die seit dieser Zeit die »Partagás« herstellt, eine der Havannas, die auf eine lange Geschichte zurückblicken können und die stets zu den Aushängeschildern kubanischer Zigarrenkunst gehörten – auch heute noch.

»Flor de Tabacos de Partagás y Compaña« lautet die Bezeichnung des Firmennamens, vervollständigt durch den Zusatz »Fábrica de Cigarros Puros«, und auf der Frontseite des Gebäudes, noch heute Symbol der wechselvollen Geschichte der Havanna, läßt nach wie vor die in übergroßen Lettern zu sehende Aufschrift »Real Fábrica de Tabacos« etwas von dem Stolz erahnen, den der Besitzer gehabt haben muß, als die Manufaktur, gelegen in der Calle de la Industria No. 520 in einem Außenbezirk der Stadt, ihre Pforten öffnete.

Heute heißt die Fabrik »Francisco Pérez Germán« – eine der Auswirkungen der kubanischen Revolution, die für so viele Änderungen auf dem Wirtschaftssektor der Tabak- und Zuckerrohrinsel sorgte. Der neue Name erinnert an einen kubanischen Freiheitskämpfer, ebenso wie die Namen fünf anderer Fabriken in Havanna, in denen Zigarren hergestellt werden, die für den Export bestimmt sind. So trägt heute die frühere »El Rey del Mundo«-Fabrik den Namen »Carlos Baliño«, ist der Firmenschriftzug »H. Upmann« durch »José Martí« ersetzt worden, hat sich die »José L. Piedra«- zur »Héroes del Moncada«-Fabrik gewandelt, firmiert die damalige Produktionsstätte »La Corona« nun unter »Miguel Fernández Roig« und heißt eine der ehedem bekanntesten Fabriken nicht mehr »Romeo y Julieta«, sondern »Briones Montoto«. Lediglich die Fertigungsstätte »El Laguito« ist nicht nach einem kubanischen Heroen benannt, doch fällt ihr Entstehungsdatum ja erst mit der Aufnahme der »Cohiba«-Produktion zusammen.

Die neuen Firmierungen der altehrwürdigen Fabriken wollen einem überzeugten Havanna-Liebhaber so gar nicht über die Lippen kommen. Die ehemaligen Bezeichnungen gehören, zumal größtenteils identisch mit den entsprechenden Markennamen, wie ehedem zum Sprachgebrauch fast aller *Aficionados* – und so ist es auch in diesem Buch gehalten. Wenn von den Zigarrenfabriken Havannas, die überwiegend in der Altstadt (von der Unesco übrigens zum Kulturerbe der Menschheit erklärt) zu finden sind, wenn also von diesen Industriegebäuden die Rede ist, dann wird stets den historischen Bezeichnungen die Referenz erwiesen.

Abkürzungen der einzelnen Zigarrenfabriken sind auf den Havanna-Kisten angebracht, in denen das »Gold Kubas« angeboten wird, und zwar als Teil eines Codes, der nicht nur die betreffende Fabrikationsstätte wiedergibt, sondern der es auch ermöglicht, den jeweiligen Monat zu entziffern, in dem die Zigarren verpackt worden sind (siehe hierzu das Stichwort »Havanna-Codes«).

Dieser Code ist jedoch nicht das einzige Merkmal, das eine Havanna-Kiste auch als solche ausweist. Daneben gibt es noch drei Prägestempel, die ebenfalls auf der Unterseite der Kiste zu finden sind: »Habanos S. A.« steht für die staatliche kubanische Organisation, welche alle Aktivitäten der heimischen Zigarrenindustrie koordiniert und für den Export verantwortlich zeichnet; Kisten mit dem Aufdruck »Cubatabaco« stammen übrigens aus der Zeit vor 1994, denn bis dahin oblag es dieser staatlichen Gesellschaft, die Interessen der kubanischen Tabakindustrie zu fördern und zu vertreten. Schon seit 1960 existiert dagegen der Prägestempel »Hecho en Cuba«, der in Großlettern auf das Herstellungsland verweist; er ersetzte ebenfalls einen anderen Aufdruck, denn vor der Machtergreifung Castros bezeugte der englischsprachige Hinweis »Made in Cuba« noch die Abhängigkeit der Tabak- und Zuckerrohrinsel von den Vereinigten Staaten; die gehören ja bekanntlich nicht gerade zu den Ländern, welche auf der Beliebtheitsskala des *Máximo Líder* ganz oben angesiedelt sind. Im Jahre 1989 sahen sich dann die Kubaner genötigt, auf der Unterseite einer jeden Havanna-Kiste mit dem Schriftzug »Totalmente a mano« einen dritten Prägedruck anzubringen; zuvor nämlich hatte die Agrarkommission der Europäischen Union in ihrem hinlänglich bekannten Regulierungswahn bestimmt, daß Zigarren, die nur teilweise von Hand gemacht werden, mit der Bezeichnung »hand made« versehen werden durften; damit entfiel praktisch der Hinweis »hand rolled«, der erkennen ließ, daß lediglich das Deckblatt per Hand um den zuvor maschinell gefertigten Wickel gerollt worden war; die Bürokraten in Brüssel waren durch diesen Beschluß ihrer Politik des kleinsten gemeinsamen Nenners treu geblieben und hatten so wieder einmal dem Qualitätsanspruch, den viele Hersteller eines bestimmten Wirtschaftsbereiches an ihr Produkt stellen, einen Bärendienst erwiesen.

179

Zu den Aufdrucken und Prägestempeln gesellen sich noch zwei Aufkleber, welche den »Hinweiskatalog«, der die Echtheit des Produkts dokumentiert, von staatlicher Seite her komplettieren. Da ist zum einen das erstmals 1912 verwendete Garantiesiegel der kubanischen Regierung, das einer US-Dollar-Note ähnelt, und da ist zum anderen der Aufkleber »Habanos«, der nichts anderes heißt als »Havannas« und der seit 1994, angebracht meist an eine der beiden oberen Ecken des Deckels, eine jede Havanna-Kiste ziert.

Den staatlichen bzw. halbstaatlichen Güte- und Garantiesiegeln auf den Havanna-Kisten, die durch Aufdrucke, Prägestempel und Aufkleber dokumentiert werden, stehen noch weitere Insignien kubanischer Lithographiekunst gegenüber. So springt dem Betrachter einer Havanna-Kiste zunächst einmal die *Cubierta* ins Auge, jene Abbildung, die als Signet der Herstellerfirma bzw. des Markennamens die Mitte des Deckels ziert. Rein praktischer Natur, doch deswegen nicht weniger farbenprächtig, sind die langen schmalen Papierstreifen, *Filetes* genannt, welche über die Ecken und Kanten der Kiste ragen und sie gleichwohl versiegeln, damit das Aroma erhalten bleibt. Der *Tapaclavo* ist der (ovale oder rechteckige) Aufkleber, der über dem Nagel oder Schnappverschluß angebracht wird, meist Hinweise auf die Herstellerfirma aufweist und ebenfalls der Versiegelung dient. Neben anderen Etiketten seien noch die zwei großformatigen Verzierungen erwähnt, die sich im Inneren der Kiste befinden. Da ist zum einen die *Vista*, welche auf der Rückseite des Deckels angebracht ist, und da ist zum anderen der *Bofetón*, jener Druck auf dem Stück Papier, das, mit dem Bodenpapier eine Einheit bildend, als Schutz der Havannas dient und das nach vorne aufzuklappen ist, bevor eine Zigarre entnommen werden kann. Bei beiden Abbildungen handelt es sich meist um äußerst farbenfrohe Lithographien, die, oftmals romantisch verklärt, besondere Begebenheiten in der Geschichte der Marke wiedergeben. Bleibt schließlich noch die Bauchbinde *(Anillo)* zu erwähnen, welche eine jede Zigarre unverwechselbar macht.

Bevor eine Havanna den Weg in solch eine Kiste findet, hat sie eine lange Reise hinter sich gebracht. Als Pflanze ist sie von vielen *Vegueros* auf den Feldern gepflegt worden, war Wind und Wetter ausgesetzt, kam nach der Ernte als Blatt in die Trockenschuppen, mußte sich mehreren Fermentationen unterziehen, wurde gedreht, gewendet, schließlich mit anderen Blättern vom *Torcedor* zur Zigarre geformt, wobei sie durch zahlreiche Hände ging, ehe sie für würdig befunden wurde, in solch einer Kiste ihren Platz als Havanna einzunehmen.

Bevor die Setzlinge in die Erde gelangen, muß zunächst einmal der Boden vorbereitet werden. Das geschieht in den Monaten Juli und August. Weil die Wurzeln der Tabakpflanze sehr zart sind, benötigen sie, um richtig zu gedeihen, einen äußerst lockeren Boden. Der *Veguero* ist deshalb genötigt, die Felder mehrere Male zu pflügen, wodurch auch die vorhandenen Wildkräuter zu natür-  lichen Nährstoffen für den Boden werden. Bei den Pflugarbeiten wird der *Veguero* lediglich von Zugtieren unterstützt, damit so die einzelnen Bodenschichten so pfleglich wie möglich behandelt werden. Ein Traktor würde hier zuviel zerstören – also spannt der *Veguero* einen bzw. zwei Ochsen vor den Karren (sprich Pflug).

Ein Wort noch zu den Nährstoffen. Ihr ausgeglichener Haushalt ist enorm wichtig für die Qualität der späteren Tabakblätter – und somit für die der späteren Zigarren. Chlor, Kalium, Kalzium, Magnesium, Phosphor, Stickstoff sind beim Tabakanbau die wichtigsten Nährstoffe. Ist zum Beispiel ein Zuviel an Kalzium vorhanden, werden die Blätter sowohl blaß als auch brüchig und wellig, wodurch das Wachstum gehemmt wird. Späte Folge: Gelangen solche

Blätter zur Verarbeitung, werden die Zigarren ein unbefriedigendes Brandverhalten haben.

Ende August, Anfang September wird das Saatgut eingepflanzt. Dann, nach ziemlich genau 45 Tagen, wenn die Setzlinge eine Höhe von 15 bis 20 Zentimetern erreicht haben, werden sie umgesetzt. Nach dem Verpflanzen, das stufenweise durchgeführt wird, benötigen die Tabakpflanzen erneut 45 Tage, manche auch bis zu 50 Tage, ehe sie die volle Reife erzielt haben. Während dieser Zeit sind intensive Pflege und regelmäßige Kontrolle oberstes Gebot für die *Vegueros*. Da gilt es zunächst einmal, ständig Keime und Seitentriebe der Pflanze zu entfernen, um so das Wachstum zu fördern. Darüber hinaus ist das Unkraut zu jäten und auf Schädlinge zu achten. Gerade die Bekämpfung von Schädlingen ist unerläßlich, denn wenn die sich einmal festgesetzt haben, kann es schnell zu erheblichen Schäden an den Tabakpflanzen kommen, was wiederum zu spürbarem Ernte- und Produktionsausfall führt. 1980 beispielsweise war so ein schicksalsträchtiges Jahr, als nahezu alle Tabakpflanzen von Blauschimmel befallen waren und bei der Ernte nur noch wenige Prozent der vorgesehenen Menge gerettet werden konnten. Es dauerte seinerzeit einige Jahre, bis sich die kubanische Zigarrenindustrie davon erholt hatte.

Einer dieser Schädlinge führt den harmlosen Namen »Tabakkäfer«. Jener *Lasioderma*, so die lateinische Bezeichnung, heißt im Spanischen sinnigerweise *Perforador del Tobaco*. Nomen est omen, kann man da nur sagen, denn der *Lasioderma*, dieses recht miese Geschöpf, »perforiert« förmlich jedes Tabakblatt, dessen er habhaft werden kann. Als Ei in das Tabakblatt gelegt, entwickelt sich die Larve in etwas mehr als 20 Tagen zu einem Wurm, dessen einziges Streben darin besteht, ohne Unterlaß winzige Löcher und Gänge in das Tabakblatt zu fressen, um sich letztendlich, sobald er die entsprechende Größe erreicht hat, in einen Käfer zu verwandeln und davonzufliegen. Faszinierend, gewiß, doch zurück bleibt ein Tabakblatt, das als solches nicht mehr zu bezeichnen ist.

Zurück zur Pflege der Tabakpflanzen. Sobald sie ihre volle Höhe erreicht haben, entfernen die *Vegueros* die Blüten. Auf diese Weise wird die Wachstumskraft der Pflanzen auf die Blätter konzentriert, die dadurch einen letzten dynamischen »Schub« erhalten, um sich voll zu entfalten. Gilt das für alle Pflanzen, so muß an dieser Stelle die Zeit etwas zurückgedreht werden, um auf zwei unterschiedliche »Pflegeprogramme« hinzuweisen …

Da ist zunächst die Corojo-Pflanze. Sie sorgt für die so wichtigen Deckblätter. Damit diese später ein ebenmäßiges, glattes seidiges Aussehen haben, dürfen sie nicht der direkten Sonneneinstrahlung ausgesetzt werden. Deshalb überspannen die *Vegueros* schon kurz nach dem Setzen der Pflanzen die weiten Flächen der Tabakfelder mit Gazetüchern, um sie so gegen die Sonne zu schüzen.

Im Gegensatz dazu werden die Criollo-Pflanzen bewußt der Sonne ausgesetzt. Dadurch erzielen die *Vegueros* eine größere Bandbreite von Geschmacksrichtungen. Diese Bandbreite ist für die verschiedenen Tabakmischungen, welche für die jeweiligen Havanna-Marken erforderlich sind, einfach unerläßlich.

50 Tage nach dem Verpflanzen beginnt dann das Einbringen der Ernte, wobei jedes einzelne Blatt von Hand gepflückt wird.

Da sich auf der Corojo-Pflanze acht bis neun Blattpaare befinden, welche jeweils unterschiedliche Reifezeiten haben, werden nach und nach auch nur die Blätter gepflückt, die reif sind. Weil dies in Intervallen von sechs bis sieben Tagen vor sich geht, werden rund 40 Tage benötigt, bevor eine einzelne Corojo-Pflanze abgeerntet ist. Bei dieser Pflanze unterscheiden die *Vegueros* zwischen folgenden Blättern (von unten nach oben): *Libre de pie, Uno y medio, Centro ligero, Centro fino, Centro gordo, Corona*.

Criollo-Pflanzen tragen dagegen sechs bis sieben Blattpaare, die in *Ligero, Seco, Volado* und *Capote* unterschieden werden. Die Blätter, die sich unten an der Pflanze befinden, weisen das geringste Aroma auf, da sie den meisten Schatten abbekommen haben. Demzufolge verfügen die oberen Blätter, welche am meisten der Sonne ausgesetzt waren, über ein ausgeprägteres Aroma.

Sowohl die Corojo- als auch die Criollo-Blätter werden nach der Ernte in die *Casa del tobacos* gebracht, in die Tabakhäuser, damit sie an der Luft natürlich trocknen. Diese Trocknungsphase ist ein aufwendiger Prozeß, denn die an langen Holzstangen *(Cujes)* befestigten Blätter werden einer ständigen Kontrolle unterzogen, wobei durch Umhängen der Stangen – sie befinden sich zunächst in Bodennähe, um dann immer höher gehängt zu werden – die gleichmäßige Temperatur und Feuchtigkeit der Blätter gewährleistet wird. Diese Trocknungsphase erfolgt über eine Dauer von etwa 50 Tagen. Während dieser Zeit werden die Blätter zunächst gelb, um dann, aufgrund natürlicher Oxidation, jene goldbraune Farbe anzunehmen, welche die Havannas auszeichnet. Nun kann die erste Fermentation beginnen …

Zunächst jedoch packt man die Blätter in Bündeln *(Gavillas)* zusammen. Im Fermentationshaus angelangt, schichtet man sie nun zu Stapeln *(Pilones)* auf, die mehr als 60 Zentimeter hoch sind.

Diese erste Fermentationsphase erstreckt sich bis zu 30 Tage. Dabei werden die Stapel ständig kontrolliert. Übersteigt die Temperatur eines Ballens 35° Celsius, löst man ihn auf, damit die Blätter abkühlen, bevor man sie wieder übereinanderschichtet. Diese Phase ist notwendig, damit der Harzgehalt der Blätter eine spürbare Reduzierung erfährt (wodurch sie biegsamer werden und sich später besser verarbeiten lassen). Außerdem nehmen die Blätter während dieses Prozesses eine gleichmäßigere Farbe an.

Bevor nun die zweite Fermentation beginnt, werden die Blätter zunächst befeuchtet, um so eine Verfärbung zu vermeiden. Danach läßt man die Corojo-Blätter, also die Decker, nach einem ersten Aussortieren erst einmal ruhen, während man von den Criollo-Blättern, die ja für Einlage und Umblatt vorgesehen sind, die Hauptrippen entfernt. Anschließend werden sie nach Größe, Farbe, Beschaffenheit und Art des Blattes sortiert.

Für die zweite Fermentationsphase werden die Blätter erneut zu Bündeln zusammengefaßt und abermals zu Stapeln geschichtet, diesmal jedoch zu viel größeren Stapeln *(Burros)*. Da die Blätter noch Feuchtigkeit aufweisen, wird somit, unterstützt durch die Größe der *Burros*, eine noch stärkere Fermentation ausgelöst. Hierbei durchläuft der Tabak eine chemische Veränderung, wodurch die Entwicklung seiner Aromen sowie der Abbau der restlichen Fremdstoffe gefördert wird. Während dieser Phase darf die Temperatur die 42°-Celsius-Grenze nicht überschreiten.

184 Ausruhen ist jetzt angesagt. Das geschieht, indem man die Blätter auf Belüftungsgestelle legt. Gleichzeitig verlieren sie so ihre letzte überschüssige Feuchtigkeit. Ist die Ruhephase beendet, werden die Blätter wiederum verpackt, diesmal jedoch in vorgefertigte Ballen, *Tercios* geheißen. Diese *Tercios* stellt man übrigens aus der Rinde der Königspalme Yagua her. So will es die Tradition.

Nun verbleiben die *Tercios* in den Lagerhäusern, bis sie von den jeweiligen Zigarrenfabriken angefordert werden. Diese Verweildauer beträgt nicht selten einige Monate, kann sich aber auch über einen Zeitraum erstrecken, der in Jahren zu zählen ist. Das beeinträchtigt die Qualität des Tabaks nicht im geringsten – im Gegenteil: Während dieser Zeit durchlaufen die Blätter einen Ablagerungsprozeß, der die Entwicklung ihres Aromas nochmals fördert. So zeigt es die Erfahrung.

Nach der Ankunft der *Tercios* in den Zigarrenfabriken werden die einzelnen Blattarten wieder unterschiedlich behandelt …

Zunächst einmal erfordert die äußerst empfindliche Beschaffenheit der Deckblätter besondere Aufmerksamkeit. Schließlich sollen sie ja wieder ihre Geschmeidigkeit und ihren seidigen Glanz erhalten. Das geschieht durch einen speziellen Befeuchtungsprozeß, der nur in den ersten Morgenstunden, wenn es noch kühl ist, vorgenommen werden kann. Die Entfernung des dabei anfallenden überschüssigen Wassers wird durch Schütteln der Blätter sowie dadurch erzielt, daß man sie über Nacht aufhängt. Die noch vorhandene Feuchtigkeit kann sich so gleichmäßig über das gesamte Blatt verteilen.

Der nächste Morgen gehört den *Despilladoras*, den Entripperinnen, welche die Mittelrippe der Deckblätter entfernen, indem sie jedes einzelne Blatt halbieren. Nun beginnt die Arbeit der *Rezagadoras*. Ihnen obliegt es, die Blätter nach Farbe, Größe und Struktur zu sortieren. Jetzt sind die Deckblätter zur weiteren Verarbeitung bereit.

Ganz anders dagegen verläuft die Behandlung der vier weiteren Blattarten. Im Gegensatz zu den Deckblättern benötigen sie keine Befeuchtung. Dafür ist die Zeit ihrer Ablagerung enorm wichtig. Während die *Capotes* und *Volados* ungefähr ein Jahr Reifezeit benötigen, brauchen die *Secos* schon etwas länger, während bei den vollaromatischen *Ligeros* wenigstens zwei Jahre für ihre endgültige Reife anzusetzen sind.

185

Die Überwachung dieses Prozesses obliegt dem Mischmeister. Für diese Arbeit greift man auf erfahrene *Tabaqueros* zurück, denn sie haben letztlich zu entscheiden, wann ein jedes einzelne Blatt einer jeden einzelnen Blattsorte zur Mischabteilung »zugelassen« wird.

Setzt man für die Überwachung des Reifeprozesses auf einen erfahrenen Mischmeister, so braucht man für das Mischen der Einlage einen verschwiegenen, unterliegt doch eine jede Rezeptur für die Einlage-Mischung einer jeden Havanna-Marke absoluter Geheimhaltung. Bekannt ist dagegen: Enthält eine Einlage mehr *Seco*- und *Volado*- als *Ligero*-Blätter, so wird die fertige Zigarre mild im Geschmack sein (wie es etwa bei einer »H. Upmann« der Fall ist), während ein hoher *Ligero*-Anteil für einen starken Körper sorgt (wie etwa bei einer »Partagás«). Nach besagter »geheimnisumwitterter« Tätigkeit werden den *Torcedores* schließlich Mischungen ausgehändigt, welche für die Herstellung von 50 Zigarren vorgesehen sind.

Nun erhält die Zigarre ihre Form – die Arbeit des *Torcedors* beginnt. Für seine Tätigkeit benötigt er lediglich einen Tisch, eine scharfe Klinge, *Chaveta* genannt, eine Guillotine, einen Topf mit pflanzlichem Klebstoff sowie die *Tabla*, ein rechteckiges Holzbrett, das ihm als Arbeitsunterlage dient. Zunächst rollt der *Torcedor* die Einlage *(Tripa)* in das Umblatt *(Capote)* und bildet so den Wickel bzw. die Puppe *(Bonche)*. Danach schneidet er das Deckblatt mit der *Chaveta* auf die benötigte Größe zu, um es dann langsam über den Wickel zu rollen. Nun nimmt er ein kleines Stück Deckblatt und bildet damit die Kappe am Kopf der Zigarre. Schließlich nimmt er die Guillotine zu Hilfe, um das Brandende auf die vorgesehene Größe zu beschneiden.

Bevor nun eine Havanna den Weg in ihre Zigarrenkiste – und damit endlich Ruhe – findet, muß sie zunächst noch einige Stationen durchlaufen. Sie dienen vor allem der Kontrolle und der (späteren) Präsentation.

Nicht alle, aber einzelne Bündel, die der *Torcedor* fertiggestellt hat, gelangen zunächst auf den Tisch des *Tasadors*. Das ist der »Verkoster«, der die für einen *Aficionado* wohl schönste Tätigkeit ausübt, die es auf dieser Welt gibt: Er entnimmt einem Bündel die eine oder andere Zigarre und überprüft deren Qualität – und das kann er nur, indem er sie raucht. Anschließend leitet er das Bündel an den *Controllador* weiter. Dessen Aufgabe ist es, einzelne Zigarren des Bündels auf Form, Länge, Umfang und Gewicht in Augenschein zu nehmen. Stellt nun ersterer eine mangelnde Qualität und letzterer Überschreitungen der vorgegebenen Toleranzgrenzen fest, so werden die entsprechenden Zigarren nicht freigegeben.

Nun kommt die fertige Zigarre zunächst einmal zur Ruhe. Die folgende Station ist nämlich der Klimaraum. In diesem Raum, der mit hohen Regalen aus Zedernholz ausgestattet ist, werden die Zigarren für mindestens drei Wochen, bisweilen auch für mehrere Monate unter idealen Bedingungen eingelagert. Das bedeutet: Die Temperatur liegt hier zwischen 16° und 18° Celsius bei einer relativen Luftfeuchtigkeit zwischen 65 und 70 Prozent. Der Aufenthalt dient darüber hinaus noch einem sehr nützlichen Zweck: Die Zigarren geben hier noch einmal Feuchtigkeit ab, und zwar die, die sie während der Herstellung aufgenommen haben.

Es folgen jetzt noch das Sortieren der einzelnen Zigarren nach Farbnuancen sowie das Anbringen der Bauchbinden, bevor eine jede einzelne Havanna ihren Platz in einer der farbenfrohen Kisten einnimmt. Nachdem dann die Kiste mit den einzelnen Garantiesiegeln versehen worden ist, kann sie nun endlich die Reise in ein fernes Land antreten, in dem sie schließlich von einem *Aficionado* erworben wird, der den Inhalt – hoffentlich! – zu schätzen weiß.

Zuviel Aufwand für etwas, das sich später in Rauch auflöst? Wohl kaum. Es ist der Aufwand, der einer Königin gebührt.

HAVANNA-CODES

Bis Ende 1998 war alles ganz einfach: Da gab es hauptsächlich sieben Kürzel für die sieben in Havanna angesiedelten Zigarrenfabriken, wozu sich noch der Code für das Datum der Verpackung einer jeden Havanna-Kiste gesellte. Das Ganze wurde dann auf die Rückseite einer solchen Kiste gedruckt, und ohne allzu großen Aufwand konnte der interessierte Havanna-Liebhaber nachvollziehen, wann die Kiste seiner Begierde wo abgepackt worden war.

Das ist immer noch möglich, doch die Sache ist komplizierter geworden ...

Ein Beispiel: Wenn vor 1999 auf einer Kiste »Montecristos« die Kürzel-Kombination »JM SANN« abgedruckt war, dann bedeutete das: Die »Montecristos« sind in der Fabrik »José Martí«, der ehemaligen *Fábrica* »H. Upmann«, im November 1996 abgepackt worden. Denn: Logischerweise stand »JM« für »José Martí«, und als Liebhaber von Havannas weiß man aus den verschiedensten Publikationen, in welcher *Fábrica* seine »Montecristos« hergestellt werden. Bliebe noch das Datum. Da seinerzeit das »N« für »1« stand, verriet das Kürzel »NN« die Zahl »11«, und da bekanntlich der November der elfte Monat im Jahr ist, fehlte jetzt nur noch die Jahreszahl. Weil auch der Buchstaben-Zahlen-Schlüssel aus diversen Publikationen bekannt war, brauchte es nur noch einen Blick in den notierten Code-Schlüssel: S = 9, A = 6. So offenbarte schließlich die Kürzel-Kombination »JM SANN« die Richtigkeit der oben gemachten Aussage.

Da »Habanos S. A.« die jährliche Havanna-Produktion ab dem Jahr 2000 auf rund 200 Millionen Zigarren steigern will, reichen natürlich die Kapazitäten der *Fábricas*, die in der Hauptstadt liegen, bei weitem nicht aus. Mittlerweile werden *Habanos* in rund 60 Manufakturen hergestellt, von denen der Großteil in den Provinzen liegt. Für jede dieser *Fábricas* gibt es nunmehr ein dreistelliges Kürzel, auch für die in Havanna selbst. Außerdem sind die bis 1998 bestehenden Abkürzungen durch neue ersetzt worden. So verweisen jetzt beispielsweise anstatt des alten Kürzels »JM« die drei Buchstaben »ECA« auf die Fabrik »José Martí«. Und auch der Datumscode ist ein anderer geworden: »NETAGIDOCU« heißt nun das Zauberwort, das der Ziffernfolge von 1 bis 0 entspricht. Steht bei-

Artur Rubinstein, der große amerikanische Pianist polnischer Herkunft, besaß bis zur Revolution Castros eine eigene Plantage auf Kuba. Viele Zigarren, deren Bauchbinden sein Portrait trugen, verschenkte er an Freunde.

spielsweise auf der Bodenseite einer Kiste die Kombination »ECA CCNN«, so kommt sie aus der Fabrik »José Martí«, wo sie im November (NN) 1999 (CC) abgepackt worden ist.

Hier alle Abkürzungen der rund 60 Fabriken aufzulisten, wäre zu platzraubend und zu verwirrend, auch deshalb, weil es wohl kaum bei der Zahl der Fabriken bleiben wird und somit neue Kürzel hinzukommen werden. Deshalb sei auf den jeweiligen Zigarrenhändler des Vertrauens verwiesen, der für seine Kunden Kisten mit echten *Habanos* bereithält, versehen mit der entsprechenden Kombination.

HAVANNA-FORMATE

Es gibt bedeutend mehr Havanna-Formate als jene, die international gebräuchlich sind – und doch sind sie bei weitem überschaubarer. Dieser Widerspruch ist leicht zu erklären: Zwar sind in den Tabellen auf den Seiten 161 und 162, welche die nichtkubanischen Formate behandeln, nur deren 18 aufgeführt, doch da nahezu jede Fabrik, die Zigarren herstellt, bei ihren Formaten die Maße verwendet, die sie als angebracht für ihre jeweiligen Zigarren hält, existiert natürlich eine Vielzahl von Formaten innerhalb der jeweiligen Maßgrenzen, die in besagten Tabellen aufgeführt sind. Ein Beispiel mag das verdeutlichen …

Die klassischen Maße des Formats »Panatela« sind 6 Inches in der Länge bei einem Ringmaß von 38. Bezogen auf die Länge, ergeben die Inches 152 Millimeter. Nun gilt eine Zigarre noch dann als »Panatela«, wenn sich ihre Länge zwischen 5 1/2 und 6 7/8 Inches bewegt, also zwischen 140 und 175 Millimetern, während das Ringmaß bei 35 beginnen und bei 39 enden darf. Das heißt, bezogen auf Millimeter (der Einfachheit halber): Wenn jeder Millimeter auf der Skala von 140 bis 175 belegt werden würde – und das ist durchaus vorstellbar –, gibt es schon mal, und zwar nur in bezug auf die Länge, 36 »Panatela«-Formate. Multipliziert man diese Zahl mit der erlaubten Anzahl der Ringmaße, also mit 5, dann ergeben sich 180 denkbare Formatvarianten allein bei der »Panatela«.

Da sich nicht jeder Zigarrenproduzent außerhalb Kubas an die Vorgaben beim Ringmaß hält – so mag beispielsweise der Durch-

Die Havanna-Formate, die von Hand gefertigt werden

Produktionsname	Länge in Inches (mm)		Ringmaß bzw. Durchmesser	
Gran Corona	9 1/4	(≈ 235)	47	(≈ 18,7 mm)
Prominente	7 5/8	(≈ 194)	49	(≈ 19,5 mm)
Delicado Extra	7 9/16	(≈ 192)	38	(≈ 15,1 mm)
Numero 1	7 9/16	(≈ 192)	38	(≈ 15,1 mm)
Delicado	7 7/24	(≈ 185)	36	(≈ 14,3 mm)
Julieta No. 2	7	(≈ 178)	47	(≈ 18,7 mm)
Ninfas	7	(≈ 178)	33	(≈ 13,1 mm)
Panetela Larga	6 7/8	(≈ 175)	28	(≈ 11,1 mm)
Dalia	6 11/16	(≈ 170)	43	(≈ 17,1 mm)
Parejo	6 13/24	(≈ 166)	38	(≈ 15,1 mm)
Cervante	6 1/2	(≈ 165)	42	(≈ 16,7 mm)
Cazador	6 3/8	(≈ 162)	44	(≈ 17,5 mm)
Toppers	6 5/16	(≈ 160)	39	(≈ 15,5 mm)
Delicioso	6 1/4	(≈ 159)	35	(≈ 13,9 mm)
Piramide	6 1/8	(≈ 156)	52	(≈ 20,6 mm)
Corona Grande	6 1/12	(≈ 155)	42	(≈ 16,7 mm)
Naturales	6 1/12	(≈ 155)	37	(≈ 14,7 mm)
Numero 2	6	(≈ 152)	38	(≈ 15,1 mm)
Palmita	6	(≈ 152)	32	(= 12,7 mm)
Culebra	5 3/4	(≈ 146)	39	(≈ 15,5 mm)
Corona Gorda	5 5/8	(≈ 143)	46	(≈ 18,3 mm)
Francisco	5 5/8	(≈ 143)	44	(≈ 17,5 mm)
Carlota	5 5/8	(≈ 143)	35	(≈ 13,9 mm)
Corona	5 7/12	(≈ 142)	42	(≈ 16,7 mm)
Campana	5 1/2	(≈ 140)	52	(≈ 20,6 mm)
Nacionales	5 1/2	(≈ 140)	40	(≈ 15,9 mm)
Eminente	5 3/16	(≈ 132)	44	(≈ 17,5 mm)
Mareva	5 1/12	(≈ 129)	42	(≈ 16,7 mm)
Petit Cetro	5 1/12	(≈ 129)	40	(≈ 15,9 mm)
Hermoso No. 4	5	(= 127)	48	(≈ 19,1 mm)
Veguerito	5	(= 127)	37	(≈ 14,7 mm) →

Belvederes	4 11/12 (≈ 125)	39	(≈ 15,5 mm)
Seoane	4 11/12 (≈ 125)	36	(≈ 14,3 mm)
Robusto	4 7/8 (≈ 124)	50	(≈ 19,8 mm)
Carolina	4 3/4 (≈ 121)	26	(≈ 10,3 mm)
Coronita	4 5/8 (≈ 117)	40	(≈ 15,9 mm)
Panetela	4 5/8 (≈ 117)	34	(≈ 13,5 mm)
Numero 3	4 13/24 (≈ 115)	26	(≈ 10,3 mm)
Epicure	4 1/3 (≈ 110)	35	(≈ 13,9 mm)
Petit	4 1/4 (≈ 108)	31	(≈ 12,3 mm)
Chicos	4 1/6 (≈ 106)	29	(≈ 11,5 mm)
Perla	4 (≈ 102)	40	(≈ 15,9 mm)
Entreacto	3 15/16 (≈ 100)	30	(≈ 11,9 mm)
Infante	3 7/8 (≈ 98)	37	(≈ 14,7 mm)

messer bei seiner »Panatela« exakt 13,7 Millimeter betragen, womit er genau zwischen den Ringmaßen 34 und 35 liegt –, da sich also nicht jeder an die Vorgaben hält, liegen die denkbaren Formatvarianten noch um etliches höher. Berücksichtigt man jetzt noch die anderen Formate und läßt die »Figurados« nicht außer acht, so kann man sich leicht ausmalen, daß die denkbaren Formatvarianten so gut wie nicht mehr denkbar sind.

Da machen es einem die Kubaner doch bedeutend leichter. Es gibt circa 70 Havanna-Formate, und die sind allesamt millimetergenau festgelegt. Dabei wird noch unterschieden, welches Format von Hand gefertigt ist und welches maschinell. So finden sich auch mehrere Formatpaare, die exakt dieselben Maße aufweisen, die sich aber dadurch unterscheiden, daß das eine von Hand gemacht, das andere jedoch maschinell hergestellt wird. Eines dieser Paare sind die Formate »Mareva« und »Petit Corona«. Sie unterscheiden sich weder in der Länge noch beim Ringmaß, sondern nur dadurch, daß eine »Mareva« von Hand gemacht und eine »Petit Corona« maschinell hergestellt wird.

Doch auch bei den kubanischen Formaten läßt die Praxis genügend Spielraum für Irritationen. So ist zum Beispiel folgende Situation durchaus denkbar: Auf einer Havanna-Kiste ist neben dem Markennamen »Petit Corona« zu lesen, wozu sich noch der Hinweis »25

Die Havanna-Formate, die maschinell gefertigt werden

Produktionsname	Länge in Inches (mm)	Ringmaß bzw. Durchmesser
Palma	6 11/16 (≈ 170)	33 (≈ 13,1 mm)
Taco	6 1/4 (≈ 159)	47 (≈ 18,7 mm)
Cristal	5 7/8 (≈ 149)	41 (≈ 16,3 mm)
Superior	5 3/4 (≈ 146)	40 (≈ 15,9 mm)
Conserva	5 17/24 (≈ 145)	44 (≈ 17,5 mm)
Crema	5 1/2 (≈ 140)	40 (≈ 15,9 mm)
Britanica	5 3/8 (≈ 137)	46 (≈ 18,3 mm)
Cosaco	5 1/3 (≈ 135)	42 (≈ 16,7 mm)
Especial	5 1/4 (≈ 133)	45 (≈ 17,9 mm)
Universal	5 1/4 (≈ 133)	38 (≈ 15,1 mm)
Almuerzo	5 1/8 (≈ 130)	40 (≈ 15,9 mm)
Petit Corona	5 1/12 (≈ 129)	42 (≈ 16,7 mm)
Perfecto	5 (= 127)	44 (≈ 17,5 mm)
Preferido	5 (= 127)	38 (≈ 15,1 mm)
Conchita	5 (= 127)	35 (≈ 13,9 mm)
Londres	4 11/12 (≈ 125)	40 (≈ 15,9 mm)
Placera	4 11/12 (≈ 125)	34 (≈ 13,5 mm)
Demi Tip	4 11/12 (≈ 125)	29 (≈ 11,5 mm)
Standard	4 5/6 (≈ 123)	40 (≈ 15,9 mm)
Sport	4 5/8 (≈ 117)	35 (≈ 13,9 mm)
Franciscano	4 7/12 (≈ 116)	40 (≈ 15,9 mm)
Cadete	4 1/2 (≈ 114)	36 (≈ 14,3 mm)
Minuto	4 1/3 (≈ 110)	42 (≈ 16,7 mm)
Trabuco	4 1/3 (≈ 110)	38 (≈ 15,1 mm)
Demi Tasse	3 15/16 (≈ 100)	32 (= 12,7 mm)

Marevas« gesellt. Das heißt: Die Herstellungsfirma gibt ihren Zigarren in jenem Fall den Handelsnamen »Petit Corona«, im Spanischen *Vitola de salida* geheißen. Dabei handelt es sich bei diesen Zigarren um das Format »Mareva«. Der zweite Hinweis bezieht sich demnach auf die *Vitola de galera*. Das ist die Bezeichnung für den Produktionsnamen. Jene Produktionsnamen wiederum sind in allen *Fábricas* gleich, in denen Havannas hergestellt werden.

In den Tabellen auf den Seiten 190 f. und 192 sind daher zur besseren Unterscheidung die *Vitola de galeras*, welche von Hand gemacht, und die, welche maschinengefertigt sind, getrennt aufgeführt. Außerdem findet sich jedes einzelne Havanna-Format nochmals als Stichwort, unter dem es dann ausführlich beschrieben und wobei auch auf eventuelle Besonderheiten eingegangen wird.

Ein weiteres Unterscheidungsmerkmal bei den Formaten ist das Gewicht einer jeden einzelnen Zigarre. Jene Angaben fehlen in diesem Buch. Zum einen, weil zuviel Information nicht selten verwirrend ist, zum anderen, weil sich gerade bei den karibischen Zigarren das Gewicht minimal verändern kann – je nachdem, wie sie gelagert werden. Da das Gewicht bis auf hundertstel Gramm angegeben ist, kann sich in diesem Bereich schon mal die eine oder andere geringfügige Veränderung ergeben. Und außerdem: Welcher *Aficionado* nimmt schon eine Waage, die hundertstel Gramm anzeigt, beim Zigarrenkauf mit auf den Weg?

Da reicht es schon aus, wenn man weiß, was es mit den Formatangaben auf sich hat – und sich dann nicht an den *Vitola de salidas*, sondern an den *Vitola de galeras* zu orientieren, um später einigermaßen sicher zu sein, eine Havanna erworben zu haben, die von Hand gemacht worden ist.

Da keine Regel ohne Ausnahme ist, muß auf einen Umstand hingewiesen werden. Wenn es in einer kubanischen *Galera*, so die Bezeichnung für die Werkstatt der *Torcedores*, einmal Engpässe bei der Bereitstellung der Tabakmischungen gibt – was hin und wieder vorkommt –, dann sitzen die Zigarrenroller nicht tatenlos herum, sondern stellen Zigarren, die aufgrund ihres Formats eigentlich von der Maschine gefertigt werden sollten, per Hand her. Das wiederum kann einem *Aficionado* nur recht sein.

»Sollte ich die Wahl haben zwischen einer Frau und einer Zigarre, werde ich immer die Zigarre wählen.«
Groucho Marx, US-amerikanischer Slapstick-Filmschauspieler **193**

H ENRY CLAY

Der Name dieser Zigarrenmarke mit ihrer bewegten Geschichte geht auf den US-amerikanischen Politiker gleichen Namens (1777 bis 1852) zurück, der als Republikaner 1811 in das Repräsentantenhaus gewählt wurde, dessen Sprecher er, wenn auch mit Unterbrechungen, über Jahre war, ehe er seine politische Laufbahn mit der Übernahme des »U.S. Secretary of State« krönte. Der US-Außenminister der Jahre 1825 bis 1829 war ein begeisterter Zigarrenraucher, und so nahm es nicht wunder, als noch im 19. Jahrhundert eine ins Leben gerufene Zigarrenmarke auf den Namen »Henry Clay« getauft wurde.

Da in Havanna zu der Zeit – wie übrigens andernorts auch – Marken- und Fabrikname meist eine Einheit bildeten, also identisch waren, produzierte alsbald die Fabrik »Henry Clay« die Zigarrenmarke »Henry Clay«, welche sich rasch auf dem Markt etablierte, und nach nicht allzu langer Zeit wurde sie zu den großen Havannas gezählt. In den 30er Jahren unseres Jahrhunderts nahmen Fabrik und Name dann Abschied von der Hauptstadt Kubas, als die Produktion in den US-Staat New Jersey verlegt wurde.

In die heutige Zeit haben sich drei Formate gerettet, welche die Marke »Henry Clay« hochhalten. Ihr Produktionsort liegt allerdings nicht mehr in den USA, sondern in der Dominikanischen Republik. Die von Hand gemachten Zigarren haben eine Einlage, die aus Tabaken einheimischen Anbaus besteht, und auch das Umblatt ist dominikanisch, während für das Maduro-Deckblatt auf Connecticut Broadleaf zurückgegriffen wird.

Ihren Ursprung läßt die dominikanische »Henry Clay« nicht ganz vergessen, denn mit ihrem mittelstarken bis vollen Aroma reicht sie, entgegen etlichen anderen dominikanischen Marken, an die Stärke

»Mit einer gut gewählten Zigarre ist man jederzeit gewappnet gegen die Unbill des Lebens. Ein bißchen blauer Dunst beseitigt auf geheimnisvolle Weise alle Sorgen.«

Zino Davidoff, kosmopolitischer Zigarrenkenner

von vielen Zigarren kubanischer Machart heran. Und noch etwas erinnert an ihre Herkunft: Öffnet man die Zigarrenkiste, sieht man auf der Innenseite des Deckels eine *Vista*, welche die ehemalige »Henry Clay«-Fabrik in Havanna wiedergibt.

HERMOSO NO. 4

Ob dieses relativ gebräuchliche Havanna-Format »hübsch«, gar »schön« ist, wird wohl Ansichtssache eines jeden Betrachters sein. Auch die dritte Möglichkeit, welche die spanische Bezeichnung in der Übersetzung erlaubt, trifft wohl kaum zu, jedenfalls nicht auf seine Länge, allenfalls auf sein Ringmaß. Das ist nämlich mit 48 ($\approx$ 19,1 mm Durchmesser) ohne weiteres »großartig« zu nennen, während die Länge mit 5 Inches (= 127 mm) eine durchaus gängige ist. Damit ist das Format der »Hermoso No. 4«, deren Zigarren von Hand gemacht sind, mit dem international gebräuchlichen einer »Robusto« vergleichbar.

HOLLÄNDISCHER TYP

Manches Mal ist auch von »trockenem Typ« die Rede, wenn es um Zigarren geht, die als Shortfiller maschinell hergestellt werden. Der Ausdruck »trocken« trifft die Sache nicht ganz (eher schon die Bezeichnung »europäisch«), weil es durchaus Shortfiller gibt, für welche die Aufbewahrung in einem Humidor nützlich sein kann, etwa dann, wenn brasilianische und karibische Tabake den Körper einer Zigarre prägen. Lediglich jene Zigarren, bei denen Tabake indonesischer Provenienz dominieren, die also beispielsweise neben Sumatra-Tabaken, welche unter anderem in der Einlage vorkommen, ein Umblatt aus Java und dazu ein Sumatra-Sandblatt als Decker haben, benötigen für die Aufbewahrung, auch über einen längeren Zeitraum, keinen Humidor, sind demnach in diesem Punkt unproblematischer. Hierzu gehören viele Zigarren europäischer Hersteller, besonders solcher, deren Produktionsstätten in Belgien, Dänemark, Deutschland, den Niederlanden, Österreich und der Schweiz liegen.

Die europäische Zigarrenindustrie kann auf eine lange Tradition zurückblicken, oftmals sogar auf eine längere als die einiger karibischer Staaten, etwa der Dominikanischen Republik, also des Landes, in dem heute die meisten Premium-Zigarren hergestellt werden. Besagte Tradition schließt natürlich in Ländern, in denen frühzeitig die Industrialisierung einsetzte, den Einsatz von Maschinen mit ein, und zwar in den Bereichen, in denen es angebracht erschien. So entwickelte sich gerade in den mittel- und auch nordeuropäischen Ländern in den Zigarrenfabriken die Herstellung von jenen Zigarren, bei deren Fertigung der Einsatz von Maschinen bald gang und gäbe war. Diese Maschinen erlaubten jedoch nur die Verarbeitung einer Einlage, die aus kurzen Tabakstücken bestand. Jene Tabakstücke waren (und sind) jedoch nicht mit minderwertigem »Tabakabfall« zu vergleichen, sondern hier handelt es sich um Tabakstücke, die einige Zentimeter lang sind, wobei – vom Rohmaterial für einige Konsumzigarren, die im untersten Preissegment angesiedelt sind, einmal abgesehen – in der Regel auf qualitativ hochwertige Tabake zurückgegriffen wurde (und wird). Zigarren solcher Machart, die ja auch einen größeren Spielraum bei der Komposition der Einlage zuläßt, kamen bei den Rauchern hierzulande durchaus an, ja waren sogar äußerst beliebt – und sind es bei vielen europäischen *Aficionados* auch heute noch.

Die Bezeichnungen »holländischer Typ« bzw. »europäischer Typ« lassen also zunächst einmal keinen Hinweis auf die Qualität einer Zigarre zu. Überhaupt ist es sehr problematisch, Zigarren europäischer Herkunft mit denen etwa karibischer Provenienz zu vergleichen – Äpfel und Birnen lassen grüßen.

Etwas problematischer wird es, wenn »HTL« ins Spiel kommt. Dieses Kürzel steht für »homogenized tobacco leaf«. Hierbei handelt es sich um Bandtabak, der als Umblatt für die meisten maschinell hergestellten Zigarren dient. Dazu werden feingemahlener Tabak und Bindemittel zu einem Tabakersatz verarbeitet, wobei überwiegend auf ein Mischungsverhältnis von 85 Prozent Tabak und 15 Prozent Bindemittel vertraut wird.

Zwar kann ein Umblatt aus gutem Bandtabak immer noch besser sein als ein miserables aus 100prozentigem Tabak, doch in der Regel ist der Hinweis »100% Tabak« ein Qualitätsmerkmal, auf das geachtet werden sollte.

Inzwischen gibt es viele Zigarren aus 100 Prozent Tabak, die angeboten werden – und die in der Qualität hervorragend sind. Sie werden von meist europäischen Herstellern auf den Markt gebracht, welche auf die Summe vieler Erfahrungen zurückgreifen – Erfahrungen, die sich in der Tradition dieser Fertigungsart wiederfinden. Heraus kommen dabei Shortfiller von hoher Qualität, die einen ungetrübten Rauchgenuß versprechen.

Mit dem Anhängsel »holländischer Typ« weisen jene Zigarren auch auf den Umstand hin, daß die Zigarrenmacher in den Niederlanden stets zu den führenden in Europa zählten und nicht wenige Impulse aus dem Land der Tulpen und Windmühlen große Teile der europäischen Zigarrenwelt positiv beinflußt haben.

HOMMAGE 1492

Die Assoziation, die der Markenname weckt, weist auf Christoph Columbus und das Jahr hin, in dem er, eher zufällig, für die spanische Krone eine neue Welt entdeckte: Amerika.

Formate der in der Dominikanischen Republik hergestellten Marke »Hommage 1492«

Handelsname und (in Klammern) Formatzuordnung	Länge in Inches (mm)		Ringmaß bzw. Durchmesser (mm)	
Churchill				
(Lonsdale)	6 11/12	(176)	50	(19,8)
Corona				
(Petit Corona)	5 1/3	(136)	44	(17,5)
Long Corona				
(Small Panatela)	6 1/2	(164)	44	(17,5)
Robusto				
(Slim Panatela)	5	(126)	50	(19,8)

Die sich seit einiger Zeit auf dem Markt befindlichen »Hommages« hat bisher so mancher *Aficionado* dagegen für sich entdeckt – und sie für würdig befunden, ihnen Platz in seinem Humidor einzuräumen, handelt es sich hier doch um hervorragende Longfiller. Von Hand hergestellt in der Dominikanischen Republik, werden für die Einlage einheimische Tabake verwendet, außerdem für das Umblatt, wobei es sich hier um Tabak aus Havanna-Saaten handelt, während das Deckblatt aus dem Anbaugebiet Vorstenlanden auf der indonesischen Insel Java stammt.

Das ergibt einen insgesamt runden Geschmack, der mild bis mittelkräftig ausfällt.

*H*ONDURAS

Die heutige Situation der Zigarrenindustrie im mittelamerikanischen Raum, gekennzeichnet vor allem durch die Herstellung zahlreicher Premium-Zigarren, ist primär zurückzuführen auf drei Ereignisse, die jeweils einander bedingen: auf die Revolution in Kuba, die darauf stattfindende Verstaatlichung der dortigen Industrie und auf das anschließende US-Embargo. Als Folge all dieser Geschehnisse, welche auch die gesellschaftlichen Verhältnisse auf der Hauptinsel der Großen Antillen nachhaltig veränderten, verließen viele Kubaner ihre Heimat. Zu den Auswanderern zählten auch etliche Tabakmacher, die sich, manchmal nach einer wahren Odyssee, schließlich auf einer der Karibik-Inseln niederließen oder ihr Glück in einem der mittelamerikanischen Länder suchten. Bevorzugte Ziele waren dabei die Dominikanische Republik, Jamaika, Nicaragua – und Honduras.

Das überwiegend von Agrarwirtschaft geprägte Land zwischen Karibik und Pazifischem Ozean gehört zu den ärmsten Staaten Lateinamerikas – ganze 600 US-Dollar betrug das Bruttosozialprodukt im Jahre 1995 je Einwohner. Zwar werden hier, meist in kleinbäuerlichen Betrieben, Grundnahrungsmittel wie Bohnen, Hirse, Mais und Reis angebaut, ist auch die Viehwirtschaft nicht unbedeutend, doch der eindeutig größte Anteil an der Agrarwirtschaft entfällt auf die Bananenindustrie – und die befindet sich größtenteils im Besitz von US-Konzernen. Dabei ist Honduras reich an Bodenschätzen, aber die Vorkommen an Blei, Gold, Silber und Zink, um nur einige zu nennen, sind so gut wie nicht erschlossen. Auch die Aktivitäten in der Touristikindustrie gleichen einem Dornröschenschlaf – lediglich die im Westen des Landes an der Grenze zu Guatemala gelegene einstmalige Maya-Hochburg Copán, eine gewaltige Ruinenstadt, von der erst in den letzten 20 Jahren der größte Teil, dem tropischen Regenwald regelrecht abgerungen, freigelegt wurde, lockt Jahr für Jahr einige zehntausend Bildungsreisende an. In vielen Bereichen gleicht Honduras einem schlafenden Riesen.

Nicht so jedoch auf dem Gebiet der Zigarrenindustrie. Zwar erfolgten schon im 18. Jahrhundert erste Gründungen von Zigarrenfabriken in Honduras, aber erst mit der Ankunft zahlreicher Exil-Kubaner, die sich hier niederließen, begann der Aufschwung der honduranischen Zigarrenindustrie – deren Höhenflug bis heute andauert.

1962 war es der Exil-Kubaner Angel Oliva, einer der bedeutendsten Tabakbauer und Zigarrenmacher unseres Jahrhunderts, der auf »Santa Luz«, einer Finca in der Nähe Copáns, die ersten Tabakpflanzen zog, und zwar aus Samen, den er aus der Vuelta Abajo mitgebracht hatte. Oliva war von dem Erfolg seiner Bemühungen überzeugt, war er doch von dem Boden, den er hier vorfand, mehr als angetan. Er sollte recht behalten. Heute betreiben die Olivas – der große Angel war 1993 gestorben – eine Tabakfarm im Osten des Landes, unweit der Grenze zu Nicaragua gelegen.

Gut 150 Kilometer westlich der Maya-Stätte liegt eine kleine Stadt, die in ihrem Ortsnamen ebenfalls den Namen Copán trägt – Santa Rosa de Copán. Und in dieser Stadt befindet sich eine Zigarrenfabrik namens »Fábrica de Tabacos La Flor de Copán«. 1785 gegründet, kann sie zwar auf eine über 200 Jahre alte Tabaktradition zurückblicken, doch erst Mitte der 70er Jahre dieses Jahrhunderts begann ihr eigentlicher Aufstieg, der auch zu internationalem Ansehen führte. Da hatte sie nämlich das Glück, aus ihrem Dornröschenschlaf geweckt zu werden. Nachdem dies geschehen war, trug sie jedoch entscheidend zu dem Siegeszug bei, zu dem die hon-

199

duranischen Zigarren in den letzten Jahren angesetzt haben. Seit 1977 werden dort nämlich die Zigarren der Marke »Zino« hergestellt, mit der »Davidoff« endlich auf dem profitträchtigen US-Markt Fuß fassen konnte, was dem Unternehmen des findigen *Connaisseurs* mit seinen damaligen Havannas aufgrund des US-Embargos ja nicht möglich war. Geleitet wird »La Flor de Copán« von Jorge Portillo, und Präsident des Unternehmens ist Dr. Jorge Bueso Arias – beides Honduraner, also Einheimische, was ja in der Zigarrenwelt Mittelamerikas keinesfalls gang und gäbe ist. Arias hat sich sogar schon einmal für das Amt des Präsidenten seines Heimatlandes beworben. Doch das liegt lange zurück. 1971 war das, ein gutes Jahr nach dem unseligen »Fußballkrieg« zwischen Honduras und El Salvador. Er scheiterte damals nur knapp. Seit dieser Zeit widmet sich Dr. Bueso Arias vornehmlich dem Tabakanbau.

Ein weiterer Exil-Kubaner belebte bald nach dem Eintreffen Angel Olivas nachdrücklich die Tabak- und Zigarrenszene Honduras. Frank Llaneza, der mit Zigarrentabak aufgewachsen war und ihm bis heute verbunden geblieben ist, indem er neben anderem die Produktion zahlreicher Premium-Marken leitete, arbeitete damals für die US-Firma »Villazon«. Er erkannte recht bald die Möglichkeiten, die sich in Honduras eröffneten – und tat sich mit Oliva zusammen. Gemeinsam gründeten »Villazon« und »Honduras American Tobaco«, so der Name der Oliva-Gesellschaft, eine Fabrik in Cofradia, einem Ort unweit von San Pedro Sula, dem nach der Hauptstadt Tegucigalpa wichtigsten Industriezentrum Honduras, außerdem ebenfalls eines der Zentren der einheimischen Zigarrenherstellung.

Noch heute wird in Cofradia – neben anderen Premium-Marken – die »Hoyo de Monterrey Excalibur« hergestellt, kreiert seinerzeit von ebenjenem Frank Llaneza, der damit bewiesen hatte, daß ein exzellenter Geschäftsmann und ein hervorragender Zigarrenmacher sehr wohl in einer Person zu vereinen sind.

Notiz am Rande: Als die ersten »Hoyo de Monterrey Excaliburs« in den Vereinigten Staaten geraucht worden waren, brach ein Redakteur eines renommierten Fachmagazins ob der Qualität dieser Zigarren geradezu in Enthusiasmus aus: »Die ›Hoyo de

Monterrey Excalibur‹ ist die beste kräftige Zigarre, die in Amerika zu kaufen ist [...] Bei einem Geschmackstest erwies sie sich als die beste Zigarre überhaupt, besser noch, als es kubanische Zigarren je waren (und sind).« Unbestreitbar gehört die »Excalibur« zu den absoluten Premium-Marken überhaupt, doch der Chauvinismus so mancher US-Amerikaner ist bisweilen schon bedauerlich.

Bald nach der Arbeitsaufnahme in Cofradia gründete Llaneza für »Villazon« ein weiteres Werk – diesmal in Danlí, einer mittelgroßen Stadt, westlich von Tecucigalpa gelegen, unweit der Grenze zu Nicaragua. Das Werk in Danlí wird mittlerweile von Estelo Padrón geleitet, ebenfalls – wie könnte es anders sein – einem Exil-Kubaner. Und mittlerweile bekleidet auch Frank Llaneza einen anderen Posten – er ist heute Präsident von »Villazon & Co.«, der Firma, für die er einst in Honduras neue Märkte eröffnete.

Neben den genannten haben auch noch weitere Exil-Kubaner für belebende Elemente in der honduranischen Zigarrenindustrie gesorgt. Zwei von ihnen sind Ramón Martinez und Rolando Reyes. Sie seien hier stellvertretend für die vielen »Entwicklungshelfer« genannt, die einst ihre Heimat verlassen mußten und sich mittlerweile in Honduras fest etabliert haben.

Das zuvor schon erwähnte Danlí zählt heute ebenfalls zu den Zentren des Anbaus und der Verarbeitung von Zigarrentabak, ja hat sich inzwischen sogar zum Mittelpunkt einer Region entwickelt, die in Sachen Tabakanbau und Zigarrenherstellung stark expandiert. Dort ist auch Nestor Plasencia präsent, der mittlerweile von vielen als der Doyen der mittelamerikanischen Zigarrenwelt angesehen wird. Als Wanderer zwischen den Welten – sprich zwischen Honduras und Nicaragua – leitet er die Produktion zahlreicher Premium-Marken.

All diese Aktivitäten haben dazu geführt, daß in Honduras mittlerweile gut 200 Spitzenmarken produziert werden – Tendenz steigend – und dieses Land nach der Dominikanischen Republik die meisten Zigarren herstellt, die diesem Bereich zuzuordnen sind. Zu diesen Zigarren gehören auch etliche, die zur Gruppe der *Puros* zu zählen sind – was ebenfalls zeigt: Die Zigarrenindustrie in Honduras hat ihr Potential noch lange nicht ausgeschöpft.

HOYO DE MONTERREY

»Hoyo« heißt im Deutschen »Grube«, und »Monterrey« ist der Hinweis auf einen Ort. Demnach lautete die korrekte Wiedergabe dieser Zigarrenmarke, die zu den ganz großen Havannas gehört, »Grube von Monterrey«. Hinter diesem Namen verbirgt sich aber auch eine der bekanntesten *Vega fincas* auf Kuba – eine Plantage, auf der in der Sonne gezogene Tabaksorten produziert werden, die für absolut erstklassige Um- und Deckblätter Verwendung finden.

Begonnen hat das alles um die Mitte des 19. Jahrhunderts, wie folgender Hinweis verrät: »Hoyo de Monterrey: José Gener. 1860«. Der Hinweis ist in Form einer Inschrift an einem schmiedeeisernen Tor angebracht, zu dem man gelangt, wenn man über einen Platz schreitet, der zu dem Dorf gehört, das, so der vollständige Name, San Juan y Martínez Monterrey heißt und in der Vuelta Abajo liegt. Interessant an dem Namen ist weniger der Hinweis auf den Ort, denn bei einer solch exponierten Havanna-Marke ist das Anbaugebiet Vuelta Abajo in der Provinz Pinar del Río eher die Regel als die Ausnahme. Interessant ist vielmehr besagte Grube, da Felder, auf denen sich Bodensenken befinden, dem Tabakpflanzer entgegenkommen, weil hier überschüssiges Wasser auf natürliche Weise problemlos ablaufen kann – und Wasser gibt es hier reichlich, besonders im kubanischen Sommer, der oft üppige Niederschläge mit sich bringt.

Hier, in einem Provinznest, gelegen im Westen der größten Karibik-Insel, begann also die Karriere des José Gener (dessen Name übrigens noch heute auf jeder Kiste kubanischer »Hoyo de Monterreys« zu finden ist). Jene Karriere ging jedoch über die Grenzen seiner Felder hinaus, denn die Aktivitäten des José Gener erschöpften sich nicht in denen eines Tabakpflanzers, sondern erstreckten sich auch auf den kaufmännischen Bereich, fand er doch hier ein Betätigungsfeld vor, das lohnenswert erschien, sich auch in diesem Bereich zu engagieren.

Señor Gener baute die Fabrik »La Escepcíon«, in der bald unter seiner Leitung seine 1865 ins Leben gerufene Marke hergestellt wurde. Dann, 1867, gründete José mit seinem Onkel Miguel Jané y Gener, einem gebürtigen Katalanen, die Firma »José Gener y Miguel«, ehe er mit seinen Brüdern die Firma »José Gener y Cia« ins Leben rief, der schließlich die »José Gener y Batet« folgte, welche er allein leitete. Als der erfahrene Zigarrenmacher und erfolgreiche Geschäftsmann im Jahre 1900 starb, hinterließ er ein gut florierendes Unternehmen. Es wurde an die Señores Ramón Fernandez und Fernando Palicio verkauft, die ein Konsortium leiteten und den Generschen Alleinbetrieb als »Stammsitz« nutzten, zu dem sich dann weitere Herstellungsstätten gesellten.

Heute werden die »Monterreys« überwiegend in der Fabrik »Miguel Fernández Roig« hergestellt. Hinter diesem Namen verbirgt sich die altehrwürdige Manufaktur »La Corona«, die, wie nahezu alle großen Zigarrenfabriken Havannas, vor einiger Zeit umbenannt worden ist. Die Produktionsstätten, in deren Mauern schon so manche »Königin des braunen Goldes« kreiert worden ist, tragen jetzt »Heldennamen« – Namen von Männern, die sich etwa während der Revolution unter Castro und Guevara besonders hervorgetan haben.

Unter den Formaten der »Hoyo de Monterreys« ragt, so die einhellige Expertenmeinung, die »Double Corona« heraus, doch auch die »Epicure No. 1« und die »Epicure No. 2«, beides Bündelzigarren, die zu je 50 Exemplaren ohne Bauchbinden als »Cabinet Selection« angeboten werden, sollen höchsten Ansprüchen gerecht werden. Vorsicht ist dagegen geboten bei der »Petit Coronation« und der »Royal Coronation«, da beide Formate auch in maschinengefertigten Versionen angeboten werden, die darüber hinaus noch dieselben *Vitola de salidas* tragen. Es ist also unbedingt auf die *Vitola de galeras*, also die Produktionsnamen, zu achten. Lauten sie »Franciscano« (bei der »Petit Coronation«) bzw. »Conserva« (bei der »Royal Coronation«), so handelt es sich um maschinengefertigte Zigarren. Hinweis: Bei allen Formaten, die in der Tabelle, welche auf der nächsten Seite beginnt, aufgeführt sind, handelt es sich um handgemachte Zigarren.

Zurück zur Geschichte: Besagte »Cabinet Selection«-Zigarren waren es auch, die vor langer Zeit keinen Geringeren als Zino Davidoff zu den berühmten »Châteaus« inspirierten. Und die »Châteaus« wiederum dienten in den 70er Jahren den Zigarrenmachern von »La Corona« sozusagen als »Vorbilder« für die Serie »Le Hoyo«, deren Zigarren eine ausgeprägte Würze sowie ein volleres Aroma aufweisen als die der Standardserie und eine sinnvolle Ergänzung zu dem schon bestehenden Sortiment darstellen. Somit deckt »Hoyo de Monterrey« heute mit der Standard- sowie der »Le Hoyo«-Serie eine breite Formatpalette ab, in der sich verschiedenste Geschmacksvariationen und Aromastufen wiederfinden. Auch an dieser Stelle darf ein Hinweis nicht fehlen: Von den sieben »Le Hoyo«-Formaten sind drei maschinengefertigt – und deshalb in der Tabelle auf Seite 206 nicht berücksichtigt.

Nochmals ein Blick zurück – diesmal in die Zeit nach der kubanischen Revolution. Als 1960 das US-Embargo gegenüber Kuba in Kraft trat, war schon kurze Zeit später nicht mehr eine »Hoyo de Monterrey« in einem US-amerikanischen Zigarrenladen zu kaufen. Schnell ist man geneigt, dies mit den wirtschaftlichen Sanktionen gegenüber Kuba erklären zu wollen, doch war der wesentlichere Grund ein anderer. Nach der Machtübernahme Castros befand sich Kuba in einem inneren Umbruch, der natürlich auch die Tabakindustrie erfaßte. Alle Zigarrenfabriken wurden verstaatlicht, und eine Zeitlang geisterte gar des *Máximo Líders* Vorstellung über die Tabakfelder, für alle Zukunft nur noch eine einzige Zigarrenmarke auf Kuba herstellen zu wollen. Derartige Gedanken über die Zukunft eines bis dahin bedeutenden Wirtschaftszweiges regten die *Vegueros* bestimmt nicht dazu an, gerade in solch einer Situation frohen Mutes ihre Tabakfelder zu bestellen, waren auch für die *Torcedores* nicht dazu angetan, ihre ganze Kunst auf die Herstellung hervorragender Zigarren zu ver(sch)wenden. Derartige Gedanken lähmen. Die Folge: Kubas postrevolutionäre Zigarrenindustrie war nicht mehr dieselbe wie die prärevolutionäre.

Neben vielen anderen Zigarrenmarken waren also bald auch die

Formate der kubanischen Marke »Hoyo de Monterrey«

Handelsname und (in Klammern) Produktionsname	Länge in Inches (mm)		Ringmaß bzw. Durch- messer (mm)	
Churchill				
(Julieta No. 2)	7	(178)	47	(18,7)
Concorde				
(Julieta No. 2)	7	(178)	47	(18,7)
Coronation				
(Mareva)	5 1/12	(129)	42	(16,7)
Double Corona				
(Prominente)	7 5/8	(194)	49	(19,5)
Epicure No. 1				
(Corona Gorda)	5 5/8	(143)	46	(18,3)
Epicure No. 2				
(Robusto)	4 7/8	(124)	50	(19,8)
Exquisito				
(Petit Cetro)	5 1/12	(129)	40	(15,9)
Hoyo Corona				
(Corona)	5 7/12	(142)	42	(16,7)
Jeanne D'Arc				
(Carlota)	5 5/8	(143)	35	(13,9)
Longo				
(Ninfa)	7	(178)	33	(13,1)
Margarita				
(Carolina)	4 3/4	(121)	26	(10,3)
Odeon				
(Numero 2)	6	(152)	38	(15,1)
Opera				
(Corona)	5 7/12	(142)	42	(16,7)
Particular				
(Gran Corona)	9 1/4	(235)	47	(18,7)
Petit Coronation				
(Coronita)	4 5/8	(117)	40	(15,9)

→

Royal Coronation				
(Corona)	5 7/12	(142)	42	(16,7)
Short Hoyo Corona				
(Mareva)	5 1/12	(129)	42	(16,7)
Super Selection No. 1				
(Corona Grande)	6 1/12	(155)	42	(16,7)

»Hoyo de Monterreys« nicht mehr in den USA zu haben, da die verfügbaren Reserven – ohnehin nicht üppig zu nennen – bald vergriffen waren. Etwas aufatmen konnten die US-amerikanischen *Aficionados* erst 1963, denn in diesem Jahr sorgte eine neue »Hoyo de Monterrey« für Belebung in ihren Tabakläden. Hergestellt in Honduras, waren die Zigarren von erstaunlicher Qualität, waren sogar im Aroma voller als ihre kubanischen Schwestern – und bis zu Beginn der 70er Jahre erinnerten sie auch äußerlich an eine gute alte Havanna: »Made with real Havana leaf« war auf den Kisten der honduranischen »Hoyo de Monterreys« zu lesen. Das entsprach durchaus den Tatsachen, denn schon lange vor der kubanischen Revolution und noch länger vor dem Embargo waren horrende Mengen kubanischen Tabaks in den Vereinigten Staaten eingelagert

Formate der Serie »Le Hoyo« der kubanischen Marke »Hoyo de Monterrey«

Handelsname und (in Klammern) Produktionsname	**Länge** in Inches (mm)		**Ringmaß** bzw. Durch- messer (mm)	
Le Hoyo des Dieux				
(Corona Grande)	6 1/12	(155)	42	(16,7)
Le Hoyo du Dauphin				
(Numero 2)	6	(152)	38	(15,1)
Le Hoyo du Maire				
(Entreacto)	3 15/16	(100)	30	(11,9)
Le Hoyo du Roi				
(Corona)	5 7/12	(142)	42	(16,7)

worden (von wo aus der Tabak unter anderem nach Honduras gelangte).

Heute tragen die Kisten der honduranischen »Hoyo de Monterreys« natürlich nicht mehr besagte Aufschrift, doch die jetzigen
Zigarren sind ebenfalls von hervorragender Qualität und gehören
absolut zum Kreis der Premium-Produkte. Lange Zeit hergestellt
unter der Leitung Frank Llanezas von »Villazon«, vereint die honduranische »Hoyo de Monterrey« eine Einlage, die aus honduranischen und nicaraguanischen Tabaken sowie aus Blättern gemischt
wird, die im dominikanischen Valle del Cibao wachsen und aus
kubanischen Saaten gezogen werden, ferner ein ebenfalls aus kubanischen Saaten gezogenes (honduranisches) Umblatt, schließlich
ein – falls es sich um Colorado-Claro-Deckblätter handelt – aus
Sumatra-Saaten gezogenes Deckblatt aus Ecuador bzw. ein Connecticut Broadleaf in Maduro (wobei anzumerken ist, daß alle Formate mit beiden Deckblatt-Farben angeboten werden).

Damit jedoch nicht genug der »Hoyo de Monterreys«. Es gibt nämlich eine weitere Marke, die unter diesem Namen firmiert, allerdings einen Zusatz aufweist. Der heißt »Excalibur« – und dahinter
verbirgt sich wiederum, so die Meinung vieler Experten, eine

Formate der in Honduras hergestellten US-Marke
»Hoyo de Monterrey«

Handelsname und (in Klammern) Formatzuordnung	Länge in Inches (mm)		Ringmaß bzw. Durchmesser (mm)	
Ambassador				
(Long Corona)	6 1/4	(159)	44	(17,5)
Café Royal Tubed				
(Corona)	5 5/8	(143)	43	(17,1)
Churchill				
(Grand Corona)	6 1/4	(159)	45	(17,9)
Corona				
(Corona Extra)	5 5/8	(143)	46	(18,3)	→

Cuban Largo				
(Churchill)	7 1/4	(184)	47	(18,7)
Delight				
(Panatela)	6 1/4	(159)	37	(14,7)
Demi Tasse				
(Short Panatela)	4	(102)	39	(15,5)
Double Corona				
(Churchill)	6 3/4	(171)	48	(19,1)
Dream				
(Grand Corona)	5 3/4	(146)	46	(18,3)
Governor				
(Toro)	6 1/8	(156)	50	(19,8)
Largo Elegante				
(Slim Panatela)	7 1/4	(184)	34	(13,5)
Margarita				
(Cigarillo)	5 1/4	(133)	29	(11,5)
No. 1				
(Lonsdale)	6 1/2	(165)	43	(17,1)
No. 55				
(Corona)	5 1/4	(133)	43	(17,1)
Petit				
(Small Panatela)	4 3/4	(121)	31	(12,3)
Presidente				
(Giant)	8 1/2	(216)	52	(20,6)
Rothschild				
(Robusto)	4 1/2	(114)	50	(19,8)
Sabroso				
(Petit Corona)	5	(127)	40	(15,9)
Sultan				
(Double Corona)	7 1/4	(184)	54	(21,4)
Super Hoyo				
(Corona)	5 1/2	(140)	44	(17,5)

»Gentleman, Sie dürfen rauchen.«

Edward VII. nach seiner Krönung zum König von England

Marke, die zu den besten nichtkubanischen zu zählen ist. Hinweis: Während diese Zigarre in großen Teilen der Welt als »Hoyo de Monterrey Excalibur« zu haben ist, wird sie in Europa lediglich unter ihrem Zusatz, also »Excalibur«, angeboten.

Die gegen Ende der 70er Jahre kreierten »Excaliburs«, benannt nach dem berühmtesten Schwert der abendländischen Sagenwelt, werden ebenfalls von »Villazon« hergestellt, haben ebenfalls eine Mischung aus besagten dominikanischen, honduranischen und nicaraguanischen Tabaken in der Einlage, ebenfalls ein aus Kuba-Saaten gezogenes honduranisches Umblatt – nur das Deckblatt ist ein anderes: ein Connecticut Shade, das auch in Colorado Claro und – bis auf die »Banquet« – in Maduro zu haben ist.

Formate der in Honduras hergestellten US-Marke »Hoyo de Monterrey Excalibur«

Handelsname und (in Klammern) Formatzuordnung	Länge in Inches (mm)		Ringmaß bzw. Durch- messer (mm)	
Banquet Tubed				
(Churchill)	6 3/4	(171)	48	(19,1)
No. I				
(Double Corona)	7 1/4	(184)	54	(21,4)
No. II				
(Churchill)	6 3/4	(171)	47	(18,7)
No. III				
(Toro)	6 1/8	(156)	48	(19,1)
No. IV				
(Grand Corona)	5 5/8	(143)	45	(17,9)
No. V				
(Grand Corona)	6 1/4	(159)	44	(17,5)
No. VI				
(Panatela)	5 1/2	(140)	38	(15,1)
No. VII				
(Petit Corona)	5	(127)	43	(17,1)

ℋ. UPMANN

Wer relativ milde, ja geradezu sanfte Zigarren liebt und dabei nicht auf den typischen Geschmack einer Havanna verzichten möchte, der ist mit einer »H. Upmann« bestimmt gut bedient.

Das »H« des Markennamens steht für Hermann, und »Upmann« verweist auf eine europäische Bankdynastie. Hermann Upmann war ein Sproß dieser Dynastie, und wie es sich für Nachkommen einer solchen Familie gehört, gehorchte er der Tradition: Er schlug eine Karriere als Bankier ein. Ob er seinen Beruf mit Verve ausübte, ist nicht bekannt, wohl aber das Wissen um eine Leidenschaft, von der er nicht lassen konnte: Gute Zigarren liebte er über alles. Als nun im Jahre 1840 die Pläne seiner Bank, eine Zweigstelle in Havanna zu eröffnen, konkrete Formen annahmen, hatte auch unser *Connaisseur* genaue Vorstellungen von seiner weiteren Zukunft. Noch im selben Jahr suchte Hermann Upmann Tag für Tag seinen Schreibtisch in der neuen Bankfiliale auf, und nahezu Tag für Tag sah man ihn in irgendwelchen Zigarrenläden oder traf ihn auf Tabakplantagen oder beobachtete ihn, wie er sich mit Leuten unterhielt, die gleich ihm Zigarrenrauchen als Passion hatten.

Bei all seinen Aktivitäten vergaß der Liebhaber guter Havannas jedoch nicht seine Zigarrenfreunde in der Heimat. Kontinuierlich versorgte er sie mit den wohlschmeckendsten und wohlriechendsten Zigarrenprodukten, die er erwerben konnte.

Wenn eine Sache einmal in Gang gekommen ist und die daraus resultierende Spirale sich immer schneller dreht, dann setzt meist eine Entwicklung ein, die sich ihre eigenen Gesetze schafft. So auch in diesem Fall. Es kam, wie es kommen mußte: 1844 gründete der Bankier Upmann seine eigene Zigarrenfabrik, und schon bald erfreuten sich die »H. Upmanns« allgemeiner Beliebtheit.

Die Entstehung einer Zigarrenmarke, die auf eine lange Tradition zurückblicken kann, sowie das Auf und Ab der Personen und Fabriken, die mit der jeweiligen Marke in Verbindung gebracht werden, waren schon immer der Stoff für Geschichten und Legenden. So verhält es sich auch mit dem wechselvollen Werdegang der »H. Upmann«. Denn es ist nämlich keineswegs sicher, ob die oben erzählte Geschichte in allen Punkten der Wahrheit entspricht. Jedenfalls wird sie des öfteren so kolportiert. Das macht sie natürlich nicht »wahrer«, doch unzweifelhaft ist es eine sehr schöne Geschichte.

In einer anderen Version finden sich einige Besonderheiten, die mit bestimmten Merkmalen der ersten übereinstimmen, doch unterscheidet sich diese Version hinsichtlich der Gründer in einem wesentlichen Punkt von der obigen Geschichte. Danach soll es sich um ein deutsches Bruderpaar gehandelt haben, das nach einem längeren Kuba-Aufenthalt nichts anderes zu tun hatte, als in Havanna einen Zigarrenladen zu eröffnen, um bald darauf eine Zigarrenmarke ins Leben zu rufen, zu der natürlich auch eine Fabrikationsstätte gehörte – und so wurde bald auch die notwendige Fabrik gegründet. Ein Jahr später erhielten die Brüder Unterstützung in Gestalt eines neuen Gesellschafters, eines gewissen Enrique Claufsen, ebenfalls ein Deutscher.

Zigarre, Laden und Fabrik brauchten natürlich einen Namen. Und genauso natürlich bot es sich an, den Familiennamen des Bruderpaars heranzuziehen – die »H. Upmann« war geboren. Allerdings: Das »H« leitete sich nicht aus dem Vornamen eines der beiden Brüder ab, sondern war Teil des Nachnamens – und der lautete »Hupmann« (und nicht »Upmann«). Augustin und Hermann Hupmann wählten das »H« für *Hermanos*, den spanischen Ausdruck für »Brüder«, während sie beim »Nachnamen« der Marke auf das »H« verzichteten, das im Spanischen ja ohnehin nicht gesprochen wird. Hermann Hupmann hatte zwei Neffen, Alberto und Germán, und die wiederum waren erfolgreich im Bankgeschäft tätig. Als die beiden in Havanna die »Banco Comercial« gründeten, war es die Firma »H. Upmann«, die sich offiziell an diesem Geldinstitut beteiligte. Soweit zur Entstehungsgeschichte des Markennamens sowie der Verbindung der »Upmänner« zum Bankwesen.

Was danach folgte, wird im wesentlichen deckungsgleich überliefert. Die Geschäfte florierten, und zwar sowohl die des Bankhauses als auch die der (mittlerweile drei) Zigarrenfabriken. Wie hoch das Ansehen der Marke »H. Upmann« war, läßt sich allein schon mit den Ehrungen bezeugen, welche sie zwischen 1855 und 1893 erhielt: Allein sieben Goldmedaillen, von denen noch heute sechs auf den *Vistas* der »Upmann«-Kisten abgebildet sind, verliehen in Paris (zweimal) sowie in London, Porto, Moskau, Wien und, letztmalig, in Chicago, zeugen von dem Ansehen der Marke zur damaligen Zeit (und natürlich auch von der Kunst ihrer vielen Väter).

Bis Anfang der 20er Jahre unseres Jahrhunderts begleitete jene erfolgreiche Symbiose von Kunst und Kommerz die »H. Upmann«. Doch dann zogen mit Beginn einer Wirtschaftskrise dunkle Wolken über Kuba herauf. 1922 mußte zunächst das Bankhaus schließen, bevor auch kurz darauf die Fabrik, welche sich außerstande sah, für die Bankschulden aufzukommen, nicht mehr als überlebensfähig bezeichnet werden konnte. Es war die Londoner Firma »Frankau & Co.« (heute übrigens der größte britische Importeur von Havannas und Zigarren karibischer Herkunft), welche die alteingesessene Fabrik übernahm. Die Briten, zwar mit dem Handel, nicht jedoch mit der Herstellung von Zigarren vertraut, verpachteten das Unternehmen an eine deutsch-spanische Gesellschaft, welche die Firma weiterführte und die längst zu den großen Zigarrennamen zählende Marke hochhielt. Jene Pächter waren es auch, die eine Neuheit auf dem Gebiet der Verpackung einführten: die mit Zedernholz ausgelegte Aluminiumhülse.

Gleichwohl hielt besagte Ehe nur 14 Jahre, denn den Pächtern – hervorragende Fachleute auf dem Gebiet der Zigarrenherstellung – fehlte das notwendige Kapital, um eine reibungslose Produktion auf hohem Quantitätsniveau zu gewährleisten. Schließlich kündigte »Frankau & Co.« 1936 den bestehenden Pachtvertrag, und bald darauf übernahm die Firma »Menéndez y Garcia«, ehemals »Menéndez y Cia«, Fabrik und Name. Schon kurze Zeit später schrieb die Fabrik »H. Upmann« wieder schwarze Zahlen. Ein wesentlicher Grund lag in der Einführung einer neuen Marke, die nach ihrem Erscheinen zu einem wahren Höhenflug ansetzte – und die auch heute noch zu den ganz großen Havannas gezählt wird. Ihr Name: »Montecristo«.

Dann, 1944, also genau einhundert Jahre nach der Firmengründung durch die Upmanns oder Hupmanns, entstand in Alt-Havanna, genauer gesagt in der Calle Amistad, eine neue Fabrikationsstätte mit dem Namen »H. Upmann«, wodurch der immer stärker werdenden Nachfrage nach den verschiedenen Formaten der legendären Marke Rechnung getragen wurde. Bis zum heutigen Tag wird die »H. Upmann« dort hergestellt, und zwar unter der Leitung einer weiteren lebenden Legende im Dunstkreis der Zigarre: Kein Geringerer als Benito Molina zeichnet nach wie vor für die Qualität einer der besten (und mildesten) Havannas verantwortlich, die auf dem Markt angeboten werden.

Unter den über 50 *Vitola de salidas*, welche die breite Formatpalette der »H. Upmanns« bereithält, sind etliche maschinengefertigt (und nicht in der Tabelle auf den Seiten 214 ff. aufgeführt). Ganz besonders ist dabei auf die Formate »Aromatico«, »Corona Minor«, »Petit Upmann« und »Royal Corona« zu achten, da ein jedes von ihnen zweimal vorkommt – als handgemachtes und maschinengefertigtes. Anders verhält es sich dagegen mit der »Media Corona«. Sie gibt es ebenfalls zweimal als *Vitola de salida*, doch in beiden Fällen handelt es sich um eine handgemachte Zigarre – einmal um eine »Eminente«, zum anderen um eine »Mareva«, so die *Vitola de galera*.

In der Dominikanischen Republik werden von der »Consolidated Cigar Corporation« ebenfalls handgemachte Zigarren – mit dominikanischen Tabaken für die Einlage und das Umblatt sowie Colorado-Maduro-Deckblättern, die sowohl aus Kamerun als auch aus Sumatra stammen – unter dem Namen »H. Upmann« hergestellt. Neben der Standardserie wird noch eine Serie mit der Bezeichnung »Cabinet Selection« angeboten, die lediglich aus drei Formaten besteht. Doch diese drei Formate mit ihren großen Ringmaßen haben es in sich: Jede Zigarre besitzt einen vollen Körper, der eine Vielfalt von Aromen preisgibt – etwas also für den erfahrenen Raucher. Dagegen sind die Zigarren der Standardserie in ihrem Aroma eher mittelstark.

Die dominikanischen »H. Upmanns« werden nicht in Europa angeboten, da sich ihr Verkauf ausschließlich auf die Vereinigten Staaten beschränkt. Sollte ein interessierter *Aficionado* dennoch einmal die Qual der Wahl zwischen der dominikanischen und der kubanischen Version haben, etwa in einem Duty-free-Shop, so sollte er – so die einhellige Expertenmeinung – die kubanische vorziehen, obwohl die dominikanischen »Cabinet Selections« durchaus einen Versuch wert sind.

Zum Schluß noch ein nützlicher Hinweis: Neben anderen Merkmalen bezüglich der Herkunft sind die Havannas an dem Etikett »H. Upmann – Habana« zu erkennen – im Gegensatz zur dominikanischen Marke, welche die Aufschrift »H. Upmann – Established 1844« trägt.

Formate der kubanischen Marke »H. Upmann«

Handelsname und (in Klammern) Produktionsname	Länge in Inches (mm)		Ringmaß bzw. Durchmesser (mm)	
Aromatico				
(Coronita)	4 5/8	(117)	40	(15,9)
Belvederes				
(Belvederes)	4 11/12	(125)	39	(15,5)
Cinco Boca				
(Cervantes)	6 1/2	(165)	42	(16,7)
Corona				
(Corona)	5 7/12	(142)	42	(16,7)
Corona Major				
(Eminente)	5 3/16	(132)	44	(17,5)
Corona Mayor				
(Mareva)	5 1/12	(129)	42	(16,7)
Corona Minor				
(Coronita)	4 5/8	(117)	40	(15,9)
Culebra				
(Culebra)	5 3/4	(146)	39	(15,5)
El Prado				
(Delicioso)	6 1/4	(159)	35	(13,9)

→

Epicures					
(Epicure)	4 1/3	(110)	35	(13,9)	
Gloria					
(Epicure)	4 1/3	(110)	35	(13,9)	
Lonsdale					
(Cervante)	6 1/2	(165)	42	(16,7)	
Magnum 46					
(Corona Gorda)	5 5/8	(143)	46	(18,3)	
Media Corona					
(Eminente)	5 3/16	(132)	44	(17,5)	
Media Corona					
(Mareva)	5 1/12	(129)	42	(16,7)	
Monarca					
(Julieta No. 2)	7	(178)	47	(18,7)	
Naturales					
(Natural)	6 1/12	(155)	37	(14,7)	
Petit Corona					
(Mareva)	5 1/12	(129)	42	(16,7)	
Petit Upmann					
(Petit)	4 1/4	(108)	31	(12,3)	
Royal Corona					
(Corona)	5 7/12	(142)	42	(16,7)	
Seleccion 303					
(Corona)	5 7/12	(142)	42	(16,7)	
Seleccion Suprema No. 23					
(Ninfas)	7	(178)	33	(13,1)	
Seleccion Suprema No. 25					
(Mareva)	5 1/12	(129)	42	(16,7)	
Seleccion Suprema No. 30					
(Cervante)	6 1/2	(165)	42	(16,7)	
Singulare					
(Coronita)	4 5/8	(117)	40	(15,9)	
Sir Winston					
(Julieta No. 2)	7	(178)	47	(18,7)	
Super Corona					
(Corona Gorda)	5 5/8	(143)	46	(18,3)	→ **215**

Upmann No. 1				
(Cervante)	6 1/2	(165)	42	(16,7)
Upmann No. 2				
(Piramide)	6 1/8	(156)	52	(20,6)
Upmann No. 3				
(Corona)	5 7/12	(142)	42	(16,7)
Upmann No. 4				
(Mareva)	5 1/12	(129)	42	(16,7)
Upmann No. 5				
(Perla)	4	(102)	40	(15,9)

$\mathcal{H}.$ WÖRMANN

Seit 1963 geht es kontinuierlich bergauf mit dem Familienunternehmen »H. Wörmann«. Zu diesem Zeitpunkt trat Heinz-Dieter Wörmann in den Betrieb ein – und erkannte, daß in Deutschland mit Zigarren, die von Hand gemacht werden, noch dazu in geringen Mengen, nur mühsam schwarze Zahlen geschrieben werden können. Er schaffte Maschinen an, wodurch die Stückzahl der produzierten Zigarren erheblich anstieg: Wurden Anfang der 60er Jahre gerade einmal 10 000 Zigarren gefertigt, so waren es zu Beginn der 90er Jahre rund 300 000, die das im ostwestfälischen Bünde gelegene Werk verließen.

Das »H« im Firmennamen steht jedoch nicht für »Heinz-Dieter«, sondern für »Heinrich«. Denn Heinrich Wörmann war es, der 1890 in der »Zigarrenstadt« das Unternehmen gründete – zu einer Zeit, als die Zigarrenproduktion in Deutschland Jahr für Jahr zweistellige Zuwachsraten verzeichnen konnte.

Solche Zahlen sind heute natürlich nicht mehr gang und gäbe, obwohl das Traditionsunternehmen, dem seit April 1997 Peter Wörmann als Geschäftsführer vorsteht, in den letzten Jahren kontinuierlich gewachsen ist, und zwar sowohl in wirtschaftlicher Hinsicht als auch im Bereich der jährlich produzierten Stückzahlen: 1998 waren es immerhin knapp neun Millionen Zigarren, die den Betrieb in Rödinghausen-Ostkilver verließen.

Der Umzug in den nahe von Bünde gelegenen Ort war notwendig

geworden, weil der Stammbetrieb einfach zu klein geworden war. Die neue Fertigungsstätte ist so konzipiert worden, daß sie den Anforderungen, die eine moderne Zigarrenfabrik verlangt, absolut gerecht wird: Rohtabaklager, Wickelherstellung und Deckblattüberrollung sowie der Versand ermöglichen aufgrund ihrer Anordnung ein Arbeiten der kurzen Wege.

Spitzenprodukt der über 100 Jahre alten Firma ist die erst seit kurzem auf dem Markt angebotene »La Grandeza«, eine sich zum Brandende hin verjüngende »Panatela«, für die Havanna-, Brasil- und Domingo- (Einlage und Umblatt) sowie Mata-Fina- und Sumatra-Tabake (Deckblatt) Verwendung finden. Selbstverständlich sind die Zigarren zu 100 Prozent aus Tabak. Das sind auch die der Marken »Seefahrer« und »Stadtgespräch« sowie – bis auf die der Konsummarke »Gelbstreifen« – alle übrigen Erzeugnisse aus dem Traditionshaus »H. Wörmann«.

*I*NCH

Das in Großbritannien und den USA gebräuchliche Längenmaß »Inch« (in) leitet sich von dem lateinischen *uncia* ab, was soviel wie »zwölfter Teil eines Fußes« bedeutet. »Inch« bzw. »Zoll«, wie das Längenmaß hierzulande auch genannt werden darf, bezieht sich aber nicht auf irgendeinen Fuß, sondern auf »Foot« bzw. auf »Yard«. So ist 1 »Inch« 1/12 bzw. 1/36 so lang wie 1 »Foot« bzw. 1 »Yard«, woraus sich ableiten läßt, daß 1 »Inch« mit 25,4 »Millimetern« gleichzusetzen ist.

Die in den jeweiligen Formattabellen sowie unter den einzelnen Stichwörtern angegebenen Maße weisen überwiegend auch Inch-Angaben auf. Das rührt daher, daß in der Karibik und in Mittelamerika, dessen Staaten seit Ende des 19. Jahrhunderts stark unter dem Einfluß der Vereinigten Staaten stehen – daß dort also die Industrien, die mit US-Unternehmen entweder zusammenarbeiten oder von ihnen kontrolliert werden, sehr häufig die Maßangaben verwenden, die in den USA gebräuchlich sind.

Dieser starke Einfluß ist in vielen der mittelamerikanischen Staaten, in denen Zigarren produziert werden, noch heute gegeben. Dann kommt noch hinzu, daß in der zweiten Hälfte des vorigen Jahrhunderts, während der ersten großen Blütezeit der Havannas, Großbritannien das Hauptabnehmerland war. Somit ist zu erklären, warum in dieser Region die Maßangaben bei den Zigarrenformaten hinsichtlich Länge und Ringmaß in Inch angegeben sind.

Mittlerweile sind die Verantwortlichen von »Habanos S. A.«, der staatlichen kubanischen Gesellschaft, welche für die Belange der heimischen Zigarrenindustrie im In- und Ausland eintritt, jedoch dazu übergegangen, die Längen für die Formate in Millimeter anzugeben – jedenfalls geschieht das bei den Produkten, die auf dem europäischen Kontinent angeboten werden.

So erklärt sich auch, warum in diesem Buch bei den Maßangaben für die Länge der Formate manchmal recht abenteuerlich anmutende Bruchziffern verwendet worden sind. Das liegt schlicht und einfach an der Umrechnung von Millimeter zu Inch. Hätten die Engländer in grauen Vorzeiten nicht ein so krummes Maß entstehen lassen – 25 Millimeter hätten es doch auch getan! –, dann ließe sich so manche Maßangabe einfach schneller erkennen und entsprechend zuordnen. Aber gottlob stehen den Inch-Angaben ja stets die in Millimeter gegenüber – obwohl: Auch so mancher Mitteleuropäer, sofern er denn begeisterter Zigarrenraucher ist, hat sich an die Inch-Angaben gewöhnt und kann sich beim Lesen des entsprechenden Maßes leichter die Länge einer Zigarre vorstellen als bei einer Angabe, die in Millimeter erscheint.

*I*NDONESIEN

Insgesamt erstreckt sich das Gebiet der südostasiatischen Republik Indonesien auf 13 677 Inseln. Von den 6044 bewohnten fokussiert sich das Interesse all jener, die mit der Zigarre verbunden sind, jedoch nur auf zwei (große) Eilande: auf Java und auf Sumatra, die, neben Borneo und Celebes, zu den Großen Sunda-Inseln gehören. Auf den beiden Inseln wird der Anbau von Zigarrentabak seit Jahrhunderten gepflegt. Es ist nicht zuletzt die daraus resultierende Erfahrung, welche zur hohen Qualität des indonesischen Rohtabaks entscheidend beiträgt. Doch besagte Erfahrung wäre nutzlos, wenn nicht die klimatischen und topographischen Bedingungen stimmen, die so wichtig sind für die Entwicklung des Tabaksamens bis zur voll ausgereiften Pflanze.

Auf Sumatra sind die angesprochenen Bedingungen jedenfalls vorhanden. Hier, im äußersten Norden der Insel, mißt man im Jahresdurchschnitt 27° Celsius, ist der fruchtbare Boden teils vulkanischen Ursprungs, teils sandhaltig-lehmig, fällt ausgiebig Regen, bedecken ständig zahlreiche Wolken den Himmel und schwächen somit die tropische Sonne ab. Dieses Zusammenspiel von Klima und Wetter liefert die ideale Voraussetzung für den Anbau von Zigarrentabak.

Die Region, in der die Gegebenheiten für die entsprechende Plantagenwirtschaft so hervorragend sind, heißt Medan, benannt nach der gleichnamigen Millionenstadt, die im südlichen Teil der Region an das Anbaugebiet grenzt. Dieses Gebiet bringt auch das helle Deli-Sandblatt hervor, eines der kostbarsten Deckblätter, die auf dieser Welt angeboten werden.

Zu erwerben sind jene Deckblätter jedoch nicht auf Sumatra, sondern in – Bremen. Dieser Umstand bedarf einer kurzen Erklärung. Nachdem im Jahre 1958 die niederländischen Unternehmen, die auf Sumatra in Sachen Tabak das Sagen hatten, enteignet worden waren, wurde der Tabakanbau von staatseigenen Gesellschaften weiterbetrieben (und wird es auch heute noch). Doch mit der Vermarktung des so wichtigen Rohstoffes kam man nicht so klar, wie man sich das erhofft hatte. Das übernahm die schon 1959 gegründete »Deutsch-Indonesische Tabak-Handelsgesellschaft«, kurz DITH. Und so ist es noch heute: Wer als Zigarrenhersteller Sumatra-Tabak erwerben will, der ist gehalten, die alljährlich statt-

Auf Sumatra wird die Einzelblattpflückung gepflegt. Nach rund 30tägiger Trocknung folgt ein sechsmonatiger Fermentationsprozeß, bei der die Wärme in den Tabakballen 48° Celsius nicht überschreiten darf, damit Aroma und Farbgebung keinen Schaden nehmen.

findende Tabakbörse in der Hansestadt zu besuchen. Ausschließlich hier kann er den begehrten Rohstoff ordern.

Anders verhält es sich beim Java-Tabak. Den kann der interessierte Händler vor Ort erwerben. Zwar wird auch hier der Tabakanbau staatlich kontrolliert, doch sind direkte Käufe ohne den Umweg über die Bremer Tabakbörse möglich – und mittlerweile üblich.

Da auf Sumatra der Tabakanbau in den letzten Jahren merklich zurückgegangen ist, hat man auf Java versucht, diesen Verlust durch intensive Zusammenarbeit zwischen den staatlichen Stellen, die für die Betreibung der Plantagen verantwortlich zeichnen, sowie namhaften Zigarrenherstellern aufzufangen. Mit Erfolg: Sowohl in der Region Besuki, im äußersten Süden der Insel gelegen, als auch in der Region Vorstlanden, die sich nördlich von Besuki erstreckt, werden mittlerweile Zigarrentabake hervorgebracht, die als Einlage-Tabak wie auch als Um- und Deckblätter verwendet werden.

Um Java-Tabak zu erwerben, muß der interessierte Händler aber nicht unbedingt die weite Reise nach Ostasien antreten. Ein Großteil der Tabakballen javanischer Herkunft wird nämlich in Deutschland angeboten – auf der alljährlich in Bremen stattfindenden Börse der »Deutsch-Indonesischen Tabak-Handelsgesellschaft«.

*I*NFANTE

»Kleines Kind« lautet – neben »Infant«, »Infantin« – die deutsche Entsprechung dieses spanischen Begriffs. Ob der *Torcedor*, als er das heute nur noch recht selten verwendete Havanna-Format ins Leben rief, an ein kleines Kind oder an eine(n) bestimmte(n) Infant(in) – Titel der königlichen Prinzen und Prinzessinnen in Portugal und Spanien seit dem 13. Jahrhundert – dachte, ist nicht bekannt.

Javanische Deckblätter sind zum Teil etwas brauner und auch stärker strukturiert als jene von Sumatra. Das ist dann der Fall, wenn die Pflanzen nicht mit Schattennetzen überspannt worden sind.

Fest steht: Die »Infante« ist, was die Länge von 3 7/8 Inches (≈ 98 mm) betrifft, das kleinste aller kubanischen Formate. Mit ihrem – auf die Länge bezogen – beachtlichen Ringmaß von 37 (≈ 14,7 mm Durchmesser) gehört sie zur großen Gruppe der »Cigarillos«. Wie bei vielen kleinen Formaten üblich, sind auch die Zigarren der »Infante« von Hand gemacht.

JAMAIKA

Während der jeweiligen Auswanderungswellen, die in der Historie Kubas zu verzeichnen sind, ließen sich auch immer wieder einige Emigranten auf Jamaika nieder. Unter ihnen waren natürlich auch Zigarrenmacher – und so kann die südlichste Insel der Großen Antillen auf eine über hundertjährige Tradition in der Zigarrenherstellung verweisen. Heute werden immer noch rund 15 Premium-Marken auf Jamaika gefertigt, doch zeigt in diesem Bereich die Tendenz ein wenig nach unten. Eigentlich sind es nur noch die »Temple Hall«, die vor allem in Nordamerika ihre Abnehmer findet, und natürlich die »Macanudo«, die unbestreitbar zu den weltweiten Topmarken zu zählen ist, welche besagte Tradition aufrechterhalten.

J. CORTÈS

Sie gibt es als Short- und als Longfiller, die Zigarren aus dem belgischen Haus »Vandermarliere«. Während die Shortfiller eine Einlage aus brasilianischen, indonesischen und kubanischen Tabaken, ein Besuki-Umblatt aus Java sowie ein Deli-Sandblatt aus Sumatra haben, ist die Komposition der milden, aromatischen Longfiller, die in der Dominikanischen Republik hergestellt werden, etwas anders gestaltet. Für die Einlage verwendet man dagegen Tabake aus Java und solche aus der Dominikanischen Republik, die – interessant, weil ungewöhnlich – aus brasilianischen Saaten gezogen worden sind. Das Umblatt ist ebenfalls dominikanischen Ursprungs, während das helle Claro-Deckblatt aus Connecticut kommt.

Einerlei, welchen Zigarrentyp ein Raucher bevorzugt – die hervorragende Machart aller »J. Cortès«-Zigarren überzeugen den Short-
wie den Longfiller-Anhänger.

*J*OHN AYLESBURY

In dem Jahr, in dem Deutschland den Titel eines Fußball-Welt-
meisters zum zweitenmal erringen konnte, tat sich auch auf einem
Gebiet, das zwar, wie der Fußball, nicht überlebenswichtig ist, das
aber ebenfalls für eine herrliche Nebensache steht, nämlich für das
Zigarrenrauchen – in diesem Jahr 1974 tat sich etwas sehr Wichtiges
für den deutschen Zigarrenraucher.
Es taten sich in diesem Jahr acht Einzelhandelskaufleute zusammen,
die sieben Tabakwarengeschäfte vertraten. Ihr Ziel: Ein grobma-
schiges Netz von Tabakwarengeschäften zu etablieren, für deren
Streben nach Qualitätsprodukten eine gemeinsame Plattform geschaffen werden sollte. Auch sollte diese Plattform einen Namen
haben, der zum einen markant und unverwechselbar, also einpräg-
sam sein mußte, zum anderen als Synonym für die angestrebte
Qualität der Produkte stehen würde, die unter dem noch zu finden-
den Namen angeboten werden sollten. Die Suche danach gestaltete
sich schwerer als erwartet. Schließlich kam ein Vorschlag von außen:
»John Aylesbury«. Der Name war gefunden.
Gefunden wurden auch etwa 30 Einzelhändler, die für diese Idee
begeistert werden konnten. Was vor knapp einem Vierteljahrhun-
dert mit ganzen vier Sorten Pfeifentabak begann, die unter dem
Namen eines Londoner Vororts nahe Wimbledon, der dazu noch
den Vornamen »John« erhielt, offeriert wurden, hat sich mittlerweile fest etabliert. Nach einigen Jahren kamen die ersten Zigarren
hinzu, und heute unterbreitet »John Aylesbury« neben Accessoires
und Pfeifen sowie Pfeifentabak ein zwar nicht allzu breites, dafür
aber feines Sortiment von Zigarren und Zigarillos.
Neben den vier Sumatra-Formaten der »John Aylesbury Hollandse
Sigaren«, die in den Niederlanden gefertigt werden, sind da
zunächst die Marken »John Aylesbury Sumatra« und »John Aylesbury Brasil« sowie »Alte Tabak Manufaktur« und »Los Finos« zu

Formate der in Brasilien hergestellten deutschen Marke »John Aylesbury – Bahia do Brasil«

Handelsname und (in Klammern) Formatzuordnung	Länge in Inches (mm)	Ringmaß bzw. Durchmesser (mm)
Corona (Panatela)	6 5/16 (160)	15,5 (39)
Corona Chicas (Short Panatela)	4 11/12 (125)	15,5 (39)
Panetela (Slim Panatela)	6 1/12 (155)	13,5 (34)

nennen, wobei es letztere Marken sowohl als Brasil- wie als Sumatra-Zigarren gibt, für deren Fertigung auch vorwiegend Brasil- bzw. Indonesia-Tabake verwendet werden.

Doch es gibt noch weitere Marken. Wie alle werden sie nach den Vorstellungen der »John Aylesbury«-Leute in den jeweiligen Ländern vor Ort hergestellt und dann nach Deutschland importiert.

Formate der in der Dominikanischen Republik hergestellten deutschen Marke »John Aylesbury – Embejador«

Handelsname und (in Klammern) Formatzuordnung	Länge in Inches (mm)	Ringmaß bzw. Durchmesser (mm)
No. 100 (Churchill)	6 25/32 (172)	48 (19,1)
No. 200 (Panatela)	5 11/12 (150)	38 (15,1)
No. 300 (Corona)	5 1/3 (135)	44 (17,5)
No. 400 (Small Panatela)	4 13/16 (122)	33 (13,1)

Ausnahmen bilden hier lediglich die oben erwähnten Marken »Alte Tabak Manufaktur« und »Los Finos« sowie »John Aylesbury Brasil« und »John Aylesbury Sumatra«. Sie brauchen nicht importiert zu werden. Einleuchtender Grund: Sie werden in Deutschland gefertigt.

Bei den Zigarren der drei Formate umfassenden Marke »Bahia do Brasil« handelt es ich um *Puros*, wobei sowohl für die Einlage als auch für das Umblatt Tabake verwendet werden, die aus der Provinz Bahia stammen.

Die Marken »Embajador«, »El Fumo«, »Flor de Orlando« und »Santo Domingo«, allesamt in der Dominikanischen Republik hergestellt, sind zwar keine *Puros*, dafür aber nicht weniger gut. So haben beispielsweise die »Embajador« und die »Santo Domingo« eine Einlage und ein Umblatt aus dominikanischen Tabaken, doch ist letztere mit ihrem hellen Connecticut-Shade-Deckblatt recht mild, während die »Embajador«, die ein etwas dunkleres Ecuador-

Formate der in der Dominikanischen Republik hergestellten deutschen Marke »John Aylesbury – Santo Domingo«

Handelsname und (in Klammern) Formatzuordnung	Länge in Inches (mm)	Ringmaß bzw. Durchmesser (mm)
8-9-8		
(Grand Corona)	6 7/16 (164)	45 (17,9)
Brevas		
(Corona)	5 1/2 (140)	42 (16,7)
Churchill		
(Double Corona)	7 15/32 (190)	55 (21,8)
Corona		
(Petit Corona)	4 17/24 (120)	42 (16,7)
Panatella		
(Panatela)	6 3/8 (162)	35 (13,9)
Señorita		
(Small Panatela)	5 (127)	30 (11,9)

Formate der in Honduras hergestellten deutschen Marke »John Aylesbury – Pedro de Alvarado«

Handelsname und (in Klammern) Formatzuordnung	Länge in Inches (mm)	Ringmaß bzw. Durchmesser (mm)
Cabineta (Robusto)	4 11/12 (125)	50 (19,8)
Cetro (Long Corona)	5 5/6 (148)	43 (17,1)
Crema (Small Panatela)	4 1/3 (110)	31 (12,3)
Grande de Luxe (Panatela)	6 1/2 (165)	38 (15,1)
Supremo (Slim Panatela)	6 3/8 (162)	31 (12,3)
Torpedo (Torpedo)	4 13/16 (122)	54 (21,4)
Tubos (Panatela)	5 5/6 (148)	37 (14,7)

Deckblatt aufweist, das aus Connecticut-Saaten gezogen worden ist, ausgesprochen aromareich und würzig ist.

Aus Honduras importiert »John Aylesbury« die Marken »John Aylesbury Honduras«, »La Pintura«, »Pedro de Alvarado«, »San Pedro Sula« sowie »Santa Rosa de Copán« – ebenfalls alles ausgezeichnete Zigarren, die den Vergleich mit anderen Premium-Zigarren aus Honduras nicht zu scheuen brauchen. So handelt es sich etwa bei den »Alvarados«, benannt übrigens nach einem Columbus-Gefolgsmann, praktisch um *Puros*, da alle Tabake, die hier Verwendung finden, in dem Land zwischen der Karibik und dem Pazifischen Ozean gezogen worden sind – und weshalb die Zigarren vollaromatisch und würzig schmecken (wie das bei honduranischen *Puros* meist der Fall ist).

Eine besondere Erwähnung verdient die drei Formate umfassende

Marke »Feinschmecker«. Kreieren lassen hat sie die Chefredaktion des gleichnamigen Genießer-Magazins. Hinter der »Nr. 1« verbirgt sich eine klassische »Corona« aus brasilianischen bzw. indonesischen Tabaken, während sich die »Nr. 2«, eine Panatela, ebenfalls in Brasil bzw. Sumatra präsentiert, dazu noch eine würzige Note durch ein Havanna-Umblatt erhält. Schließlich wäre da noch die kleinformatige »Nr. 3«. Für die Komposition des Wickels werden Brasil-, Havanna-, Java- und Manila-Tabake verwendet, während das Deckblatt entweder ein Mata-Fina-Brasil oder ein Sumatra-Sandblatt ist. Notabene sind alle »Feinschmecker« handgerollt – und wie alle anderen Marken sind sie nur in den Tabakwarenfachgeschäften zu erhalten, die der »John Aylesbury Werbegesellschaft für Tabakwaren und Raucherbedarf«, so die volle Firmenbezeichnung, angehören.

Aus den ehemals rund 30 Geschäften sind mittlerweile knapp 50 geworden – nicht viel in den nahezu 25 Jahren, seit denen es »John Aylesbury« gibt. So will es aber die Philosophie der Gesellschaft. Es werden nämlich nur Geschäfte aufgenommen, die einen erstklassigen Ruf besitzen – und diesen Ruf auch zu verteidigen haben. Ob letztlich ein Bewerber aufgenommen wird, entscheiden die Mitglieder. Dabei muß das Geschäft nicht nur einen guten Ruf haben, sondern auch inhabergeführt sein. Selbst wenn es diese und einige andere Kriterien erfüllt, so ist ein Aufnahmegesuch zwecklos, wenn in der betreffenden Stadt schon ein Geschäft besteht, das der »John Aylesbury Werbegesellschaft« angehört. Nur ein Anbieter pro Stadt – das nennt man in puncto Exklusivität und Qualitätsanspruch konsequent gedacht.

»Was dieses Land braucht, ist eine wirklich gute Fünf-Cent-Zigarre.«

Thomas R. Marshall, US-amerikanischer Vizepräsident,
1920 auf die Frage einiger Senatoren, welche Maßnahmen
die Wirtschaft der USA wieder nach vorne bringen.

JOSÉ GENER

Das ist, neben der »Hoyo de Monterrey«, die zweite Marke, die José Gener geschaffen hat. Die »Geners« waren einmal sehr nachgefragt, auch unter den Produktlogos »José Gener La Escepcíon« und »La Escepcíon«. Da sich die Stückzahlen ihrer Herstellung gegen Null bewegen, sind die Zigarren dieser Marke leider nur noch äußerst schwer zu finden – was wiederum für den Anfänger beruhigend ist, der mit dieser starken Havanna bestimmt seine Schwierigkeiten hätte.

Wenn ein *Aficionado* sie vielleicht doch einmal aufspürt, so sollte er sich dessen gewiß sein, daß es von dieser Zigarre noch zwei Formate gibt, die maschinengefertigt sind: die »Excepcionales« und die »Perfecto«.

Ansonsten kann sich derjenige, der Havannas alten Stils liebt, darauf freuen, daß die übrigen Formate seiner Begeisterung für einen wirklich vollen Körper entgegenkommen.

Formate der kubanischen Marke »José Gener«

Handelsname und (in Klammern) Produktionsname	Länge in Inches (mm)	Ringmaß bzw. Durchmesser (mm)
Belvederes (Belvederes)	4 11/12 (125)	39 (15,5)
Cazadores (Cazador)	6 3/8 (162)	44 (17,5)
Excepcionales (Standard)	4 13/16 (122)	40 (15,9)
Longo (Ninfas)	7 (178)	33 (13,1)
Perfecto (Perfecto)	5 (127)	44 (17,5)
Superfino (Coronita)	4 5/8 (117)	40 (15,9)

JOSÉ L. PIEDRA

Bestand diese einstmals hochgeschätzte kubanische Marke bis vor nicht allzu langer Zeit lediglich aus einem einzigen (maschinengefertigten) Format, so erfährt sie seit kurzem eine Renaissance: Mittlerweile sind schon wieder ein halbes Dutzend Formate der relativ milden »Piedras« in heimischen Breiten auf dem Markt.

Bei diesen Formaten handelt es sich allerdings nicht um Havannas mit dem Gütesiegel *Totalmente a mano*, sondern um Zigarren, deren Einlage und Umblatt maschinell gefertigt sind, während das Deckblatt per Hand gerollt wird.

Mancher *Aficionado* wird vielleicht gar nicht in Erwägung ziehen, solche *Habanos* zu kaufen, doch sind diese »José L. Piedras« durchaus rauchbar – und sie sind für Havannas recht preisgünstig, wodurch sie vor allem für junge Raucher interessant erscheinen.

Hinweis: Da die Formate den allgemein üblichen kubanischen nicht entsprechen, sind die international gebräuchlichen angegeben.

Formate der kubanischen Marke »José L. Piedra«

Handelsname und (in Klammern) Formatzuordnung	Länge in Inches (mm)		Ringmaß bzw. Durchmesser (mm)	
Breva				
(Corona)	5 1/4	(133)	42	(16,7)
Cazador				
(Grand Corona)	6	(152)	45	(17,9)
Conserva				
(Corona)	5 1/2	(140)	44	(17,5)
Crema				
(Short Panatela)	5 3/10	(134)	39	(15,5)
Nacionales				
(Petit Corona)	5 3/10	(134)	42	(16,7)
Petit Cetro				
(Short Panatela)	5	(127)	38	(15,1)

*J*OYA DE NICARAGUA

Das »Juwel Nicaraguas« kann auf eine wechselvolle Geschichte zurückblicken, in der sich, wie das häufig zu beobachten ist, Höhen und Tiefen abwechseln.

Es waren nicht wenige Kubaner, die ihrer Insel nach dem US-Embargo den Rücken kehrten und in Nicaragua eine neue Heimat fanden. Die Tabakpflanzer fanden aber noch etwas vor, und zwar etwas, das ihrem Lebensinhalt – der Herstellung von guten Zigarren – sehr entgegenkam: einen Boden, der vergleichbar dem war, den sie in Kuba hatten aufgeben müssen. Das Resultat: Schon 1965 kam die Marke »Joya de Nicaragua« in den Handel. In der Folgezeit bildete sich ein fester Stamm von Käufern heraus, denn die »Joya de Nicaraguas« waren wirklich gute Zigarren. Ihre Tabake wurden in den fruchtbarsten Gebieten Nicaraguas angebaut: Die Einlage bestand aus heimischen Tabaken, die aus Havanna-Saaten gezogen wurden, für das Umblatt griff man auf Jalapa-Blätter zurück, während der Tabak für die Deckblätter ebenfalls in Nicaragua angebaut wurde, und zwar aus Connecticut-Saaten. Somit durften die »Joya de Nicaraguas« als *Puros* bezeichnet werden.

Dann kam das Jahr 1978. Als im Januar der führende Oppositionspolitiker Chamorro durch Anhänger des Diktators Somoza während einer Wahlkampfveranstaltung ermordet wurde, erschütterte bald ein blutiger Bürgerkrieg das mittelamerikanische Land, in dem die linksgerichteten Sandinisten letztendlich die Oberhand behielten. Es folgten 1979 die Emigration Somozas, 1980 die Bildung einer sandinistischen Junta und 1981 der Beginn des bewaffneten Widerstandes der rechtsgerichteten Contras. Unterstützt wurden letztere von den USA, die auch 1985 ein Embargo gegenüber Nicaragua verhängten (das erst 1990 aufgehoben werden sollte).

Mit diesem Jahr sollte wieder Ruhe in Nicaragua einkehren. Die war auch dringend notwendig, hatte doch die politische Instabilität, welche hauptsächlich von außen in das Land getragen worden war, die Wirtschaft nahezu zum Erliegen gebracht. Das betraf natürlich auch die Zigarrenindustrie: Felder waren verwüstet, Fabriken bom-

Standardformate der in Nicaragua hergestellten Marke »Joya de Nicaragua«

Handelsname und (in Klammern) Formatzuordnung	Länge in Inches (mm)		Ringmaß bzw. Durch- messer (mm)	
Churchill				
(Churchill)	6 7/8	(175)	49	(19,5)
Consul				
(Robusto)	4 1/2	(114)	52	(20,6)
No. 1				
(Lonsdale)	6 5/8	(168)	44	(17,5)
No. 5				
(Panatela)	6 7/8	(175)	35	(13,9)
No. 6				
(Toro)	6	(152)	42	(16,7)
Petit				
(Panatela)	5 1/2	(140)	38	(15,1)
Señorita				
(Slim Panatela)	5 1/2	(140)	34	(13,5)
Viajante				
(Giant)	8 1/2	(216)	52	(20,6)

bardiert worden, Facharbeiter waren umgekommen. Wie die übrigen Wirtschaftszweige, so erholte sich auch die Tabakindustrie nur allmählich von den Folgen jener blutigen Auseinandersetzungen, die über ein Jahrzehnt lang angedauert und das Land fast zerrissen hatten.

Vor diesem Hintergrund ist auch zu erklären, warum die »Joya de Nicaragua« nach Ende des Bürgerkriegs, als die Zigarrenherstellung wieder aufgenommen wurde, eine qualitativ bedeutend schlechtere war als vor dessen Beginn. Heute haben die Zigarren wieder fast ihren einstmals hohen Standard erreicht, wurden sie doch in den letzten Jahren von Erntezeit zu Erntezeit immer ein Stück besser. Und der Tag wird gewiß nicht fern sein, an dem sich

**Formate der Serie »Maduro de Luxe« der in Nicaragua herge-
stellten Marke »Joya de Nicaragua«**

Handelsname und (in Klammern) Formatzuordnung	Länge in Inches (mm)		Ringmaß bzw. Durch- messer (mm)	
Presidente				
(Double Corona)	7 1/2	(191)	50	(19,8)
Robusto				
(Robusto)	4 3/4	(121)	52	(20,6)
Toro				
(Toro)	6	(152)	50	(19,8)

diese Marke wieder in der Qualität präsentiert, mit der sie ehemals so viele Anhänger für sich gewinnen konnte.

Eine *Puro* ist die »Joya de Nicaragua« allerdings nicht mehr. Zwar werden in Nicaragua angebaute Tabake für die Einlage und das Umblatt verwendet und bilden sozusagen das Herz der Zigarren, doch kommen die Deckblätter (in Colorado Claro) für die Standardserie zum einen aus Ecuador (wo sie aus Connecticut-Samen gezogen werden), zum anderen aus Costa Rica (als Maduro für die hervorragend gemachten Zigarren der Serie »Maduro de Luxe«).

*J*UAN CLEMENTE

Genie und Wahnsinn liegen, wie allgemein bekannt, recht nahe beieinander, und manchmal muß jemand verrückt sein, wenigstens vernarrt in etwas, um schließlich die Welt in Staunen zu versetzen mit dem, was er gerade in Szene gesetzt hat.

Das In-Szene-Setzen geschah im Jahre 1982. Begonnen hatte aber alles bedeutend früher. Der Franzose Jean Clement, weit herumge-kommen, ein *Connaisseur* durch und durch, blieb irgendwann – wie konnte es auch anders sein? – in Lateinamerika hängen. Schließlich gab es hier nicht nur karibische Schönheiten, sondern auch jenes

Formate der Serie »Classic« der in der Dominikanischen Republik hergestellten Marke »Juan Clemente«

Handelsname und (in Klammern) Formatzuordnung	Länge in Inches (mm)		Ringmaß bzw. Durchmesser (mm)	
Churchill				
(Churchill)	6 7/8	(175)	46	(18,3)
Corona				
(Petit Corona)	5	(127)	42	(16,7)
Demi-Corona				
(Petit Corona)	4	(102)	40	(15,9)
Especiale No. 1				
(Long Panatela)	7 1/2	(191)	38	(15,1)
Especiale No. 2				
(Panatela)	6	(152)	38	(15,1)
»530«				
(Small Panatela)	5	(127)	30	(11,9)
Gargantua				
(Giant)	13	(330)	50	(19,8)
Gigante				
(Giant)	9	(229)	50	(19,8)
Grand Corona				
(Long Corona)	6	(152)	42	(16,7)
Panatela				
(Panatela)	6 1/2	(165)	34	(13,5)
Rothschild				
(Robusto)	4 7/8	(124)	50	(19,8)

karibische Naturprodukt, welches er als Genußmensch so überaus schätzte.

Viele Jahre verbrachte er in der Region zwischen den beiden Halbkontinenten, ehe er 1975 seiner Liebe die Profession folgen ließ: Der rührige Unternehmer gründete im dominikanischen Santiago de Los Caballeros eine kleine Zigarrenfabrik, und im erwähnten

Jahr 1982 verließen die ersten »Juan Clementes« die Tore der Manufaktur.

Die Zigarren jener Marke, die des Franzosen hispanisierten Namen tragen, vereinen allein in der Einlage-Mischung vier verschiedene Tabaksorten. Da hier der kräftige *Ligero* einen höheren Anteil hat als der *Seco*, besitzen die »Juan Clementes«, gemessen an der üblichen Stärke dominikanischer Zigarren, ein relativ starkes Aroma. Das gilt jedoch nur für die »Classic«-Serie, denn die 1992 eingeführte »Club Selection«-Serie präsentiert sich insgesamt milder, ist aber immer noch mittelstark im Aroma. Bemerkenswert: Bei den »Club Selections« handelt es sich um Jahrgangszigarren, die erst nach vier Jahren Reife auf den Markt kommen.

Des weiteren warten die Zigarren beider Serien mit einem vorzüglichen Santo-Domingo-Umblatt sowie einem Colorado-Deckblatt aus Connecticut auf. Dieser Umstand ist zwar erfreulich, jedoch nicht außergewöhnlich, denn mit diesen Tabakblättern sind auch eine Reihe anderer Zigarren versehen – nicht jedoch mit den Bauchbinden, welche die »Juan Clementes« tragen. Es ist eigentlich gar keine Bauchbinde, die sich, obwohl sie so aussieht, um die Zigarre wickelt, sondern sie dient vielmehr dem Halt einer Gold-

Formate der Serie »Club Selection« der in der Dominikanischen Republik hergestellten Marke »Juan Clemente«

Handelsname und (in Klammern) Formatzuordnung	Länge in Inches (mm)		Ringmaß bzw. Durchmesser (mm)	
No. 1				
(Toro)	6	(152)	50	(19,8)
No. 2				
(Corona Extra)	4 1/2	(114)	46	(18,3)
No. 3				
(Lonsdale)	7	(178)	44	(17,5)
No. 4				
(Corona)	5 3/4	(146)	42	(16,7)

folie, die sich um das Brandende schließt – gewiß eine durchdachte Maßnahme, da somit die empfindlichste Stelle einer Zigarre »von Geburt an« geschützt ist.

Doch es gibt noch etwas, das bei den »Juan Clementes« auffällig ist: die Bandbreite der Formate. Reichen die Ringmaße von 30 bis 50, ist die Spanne bei der Länge noch größer: Sie beginnt bei 4 und endet bei 13 Inches. Hinter letzterer Zahl – immerhin gut 330 Millimeter – verbirgt sich die »Gargantua«, womit sie weltweit wohl eine der längsten Zigarren sein dürfte, die im freien Handel zu erwerben ist.

JULIETA NO. 2

Als eines der sehr häufig gebrauchten Havanna-Formate hat die »Julieta No. 2« bei einem Ringmaß von 47 (≈ 18,7 mm Durchmesser) eine Länge von 7 Inches (≈ 178 mm), womit sie in ihren Maßen exakt dem klassischen Format einer »Churchill« entspricht. Zigarren des Formats »Julieta No. 2« sind von Hand gemacht.

JUSTUS VAN MAURIK

Die Kunst der Zigarrenherstellung hat in den Niederlanden eine lange Tradition – bis weit in das 18. Jahrhundert reicht sie zurück. Eine der bekanntesten Zigarrenmarken der ehemaligen Kolonialmacht ist die »Justus van Maurik« – eine Zigarre, die ebenfalls auf eine lange Geschichte zurückblicken kann. Benannt nach einem alten Adelsgeschlecht, kam die »Justus van Maurik« ebenfalls in der zweiten Hälfte des 18. Jahrhunderts auf den Markt, genauer gesagt 1794 – und gilt nicht nur aufgrund ihrer über 200jährigen Tradition als eines der Aushängeschilder niederländischer Zigarrenmacherkunst.

Die in klassischer holländischer Manier hergestellten Shortfiller aus 100 Prozent Tabak weisen ein Sumatra-Deli-Deckblatt auf, haben ein Java-Umblatt, das in der Region Vorstenlanden gezogen wird, während die Einlage aus brasilianischem Mata-Fina-, javanischem Besuki-, kubanischem Vuelta-Abajo- und philippinischem Isabella-

Tabak besteht. Das alles ergibt eine Zigarre, die nicht nur sehr harmonisch wirkt, sondern auch ein ausgezeichnetes Brandverhalten an den Tag legt.

Formate der in den Niederlanden hergestellten Marke »Justus van Maurik«

Handelsname und (in Klammern) Formatzuordnung	Länge in Milli- meter (Inches)		Durchmesser in Milli- meter (RM)
After Dinner			
(Short Panatela)	123	(4 5/6)	13,9 (35)
Corona No. 1			
(Cigarillo)	152	(6)	09,5 (24)
Coronation			
(Corona)	131	(5 1/6)	15,9 (40)
Grand Corona			
(Cigarillo)	152	(6)	09,5 (24)
Noblesse			
(Slim Panatela)	130	(5 1/8)	13,1 (33)
Petit Corona			
(Short Panatela)	100	(3 15/16)	13,9 (35)
Petit Panatela			
(Cigarillo)	117	(4 5/8)	10,3 (26)
Tuitknak			
(Small Panatela)	105	(4 1/8)	11,9 (30)

General Montgomery zu Churchill: »Ich trinke nicht, ich rauche nicht, ich schlafe viel, und deshalb bin ich hundertprozentig in Form.« Darauf Churchill: »Ich trinke viel, ich schlafe wenig, und ich rauche eine Zigarre nach der anderen. Deshalb bin ich zweihundertprozentig in Form.«

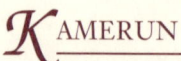

KAMERUN

Das Angebot an Deckblättern aus dem westafrikanischen Staat ist in den letzten Jahren merklich zurückgegangen. Das ist bedauerlich, denn die Deckblätter aus Kamerun gehören zu den besten, die weltweit verarbeitet werden.

Natürliches Wahrzeichen des Landes ist der in der Nähe der Küste gelegene Kamerun-Berg, ein etwas über 4000 Meter hoher Vulkan, der noch aktiv ist. Die Westseite dieses Berges gehört mit 10 000 Millimetern Niederschlag pro Jahr zu den regenreichsten Gebieten der Erde. Daneben existiert eine Vegetation, die als äußerst üppig und abwechslungsreich zu bezeichnen ist. Während sich im Norden des Landes weite Grasfluren erstrecken, die zum Süden hin in Trockensavannen übergehen, werden diese wiederum von Feuchtsavannen abgelöst, die schließlich, im Bereich der Küstenebene, von tropischen Regenwäldern begrenzt werden. Neben dem schon erwähnten Kamerun-Berg befinden sich noch landeinwärts einige Hochländer, die zwischen 600 und 1200 Metern über dem Meeresspiegel liegen.

Die verschiedenen Vegetationsformen sorgen in diesem Land, das insgesamt zur Hälfte bewaldet ist, gerade zur Küste hin für zahlreiche Niederschläge, weshalb hier auch von einem äquatorialen Regenklima gesprochen wird. Dieses Klima – im Norden relativ trocken, zum Süden hin zunehmend regenreich – ist natürlich ideal für den Anbau zahlreicher Nutzpflanzen wie Bananen, Baumwolle, Bohnen, Erdnüsse, Hirse, Kaffee, Kakao, Kautschuk, Mais, Maniok, Ölpalmen, Reis, Süßkartoffeln – und natürlich Tabak. Er wächst in den Lichtungen der Regenwälder und bringt Deckblätter hervor, die eine grünlich-braune bis braune Färbung aufweisen und sich durch eine aromareiche Würze auszeichnen. Außerdem lassen sie sich ausgezeichnet verarbeiten, da sie relativ dünn sind.

»Tagträume reisen auf den würzigen Wölkchen eines noblen Cigarillos.«

Geraldo Dannemann, deutsch-brasilianischer Zigarrenpionier

KAMPER TABAKSMUSEUM

Keine Sorge: Sie kommen Tag für Tag neu auf die Welt, die Zigarren der Marke »Kamper Tabaksmuseum«. Obwohl: Die Herstellung erinnert an museale Zeiten, denn alle Formate dieser Marke werden noch per Hand gemacht, und zwar in der »Tabaksfabriek De Olifant«. Sie befindet sich in der niederländischen Kleinstadt Kampen, die wiederum an einem Ostarm des Ijsselmeeres liegt und deren altstädtische Giebelgebäude aus Backstein jenen patinalen Charme vermitteln, der solchen Gemäuern eigen ist.

Und auch die »Tabaksfabriek De Olifant« vermittelt solch einen Charme – so ist der Name »Kamper Tabaksmuseum« gar nicht so abwegig. Doch es gibt noch eine andere Marke, die hier zu Hause ist. Deren »Sigaren« werden nach alter holländischer Tradition maschinell hergestellt.

Bei beiden Marken kommen nur ausgesuchte Tabake aus den verschiedensten Provenienzen in Frage. Deli-Sandblätter aus Sumatra, Besuki-Umblätter aus Java sowie Spitzentabake aus Brasilien, Indonesien und Kuba, die man in verschiedenen Zusammensetzungen für die jeweiligen Einlagen komponiert, garantieren einen ungetrübten Rauchgenuß, denn auch die Machart überzeugt – einerlei, ob es sich letztendlich um eine handgemachte oder maschinengefertigte Zigarre handelt. Bleibt nur noch der Name der zweiten Marke zu erwähnen. Er lautet: »De Olifant«.

KANARISCHE INSELN

Im Zuge der Entdeckung und späteren Erschließung Amerikas spielten die Kanarischen Inseln eine nicht unwesentliche Rolle. Sowohl für Christoph Columbus wie auch für die ihm nachfolgenden *Conquistadores* war die Inselgruppe vor der Küste Nordafrikas die letzte Station, bevor sie in die endlose Weite des Atlantischen Ozeans hinaussegelten, und Gomera, jenes Eiland, das westlich von Teneriffa liegt, war stets das erste Ziel für all jene Schiffe, welche die Rückreise von der Neuen Welt angetreten hatten.

In der Folgezeit fand dann so mancher »Austausch von Humankapital«, wie das neudeutsch so schaurig heißt, zwischen den Kanaren und Kuba statt, sei es, daß auf den Kanaren lebende Spanier nach Kuba auswanderten, sei es, daß Nachfahren jener Einwanderer ihr Glück in der Alten Welt suchten, die für sie auf dieser atlantischen Inselgruppe begann (und meist auch endete). Letzteres geschah meist dann, wenn auf der größten Karibik-Insel die Zeichen auf Sturm standen, also die dortige wirtschaftliche Lage miserabel war oder die politische Situation gegensätzliche Standpunkte heraufbeschwor und zu der Überzeugung führte, daß die verschiedenen Meinungen mit der Waffe »ausdiskutiert« werden würden.

Die letzte nennenswerte Auswanderungswelle fand nach Castros Machtübernahme statt, als zahlreiche Kubaner ihre Heimat verließen. Die meisten davon ließen sich im mittelamerikanischen Raum nieder, aber es waren auch einige, die es nicht wenigen ihrer Vorfahren gleichtaten und wie sie den Sprung über den großen Teich wagten. Darunter waren auch die Familien Garcia und Menéndez, Abkommen regelrechter Tabak-Dynastien, deren Namen in der Zigarrenwelt einen Rang einnahmen, der ganz oben anzusiedeln war (und immer noch ist). Dieser Schritt wurde ihnen nicht zuletzt dadurch erleichtert, daß es seinerzeit erhebliche Steuervergünstigungen gab, die der spanische Staat gewährte, wenn auf den Kanaren Firmen angesiedelt und somit wichtige Arbeitsplätze geschaffen wurden.

Nachdem sie sich auf den Kanaren einigermaßen eingerichtet hatten, dauerte es nicht lange, und Pepe Garcia und Benjamín Menéndez kreierten die »Montecruz«, eine Zigarre aus nichtkubanischen Tabaken, die an eine kubanische erinnern sollte – an die »Montecristo«, für deren Herstellung sie einst in Havanna verantwortlich gewesen waren. Mittlerweile gehen die Garcias und die Menéndez wieder in anderen Teilen der Welt ihrer Passion nach, nachdem das US-Unternehmen »General Cigar« Mitte der 70er Jahre Benjamín Menéndez angeboten hatte, die Herstellung der »Partagás«, deren Rechte in deren Besitz übergegangen waren, in der Dominikanischen Republik zu leiten.

Ein gutes Jahrzehnt darauf verließen erneut einige Zigarrenmacher

die Kanarischen Inseln. Der Grund: Spanien war am 1. Januar 1986 der EG beigetreten und war dadurch gezwungen, seine Steuergesetzgebung in bestimmten Teilen derjenigen der Gemeinschaft anzugleichen. Einige Steuervorteile wurden daraufhin gestrichen – und darunter fielen auch diejenigen, welche bei den Zigarrenfabriken bis dato angewendet worden waren.

Das änderte sich erst wieder in den letzten Jahren. »Off-shore« heißt jetzt das Zauberwort. Wie in vielen Teilen der Welt, so läßt man neuerdings auch auf den Kanaren jene »Off-shore-Gesellschaften« zu, die sich in Freihandelszonen ansiedeln, so gut wie keine Steuern zahlen, dafür aber dringend benötigte Arbeitsplätze schaffen. Damit ist jedem gedient – dem Staat und der betreffenden Gesellschaft.

Die Firmen, die heute auf den Kanarischen Inseln Zigarren herstellen, wissen natürlich um das Know-how des Zigarrenmachens – schließlich konnte sich das über einige Jahrhunderte auf der Inselgruppe entwickeln und hat zu einer Fertigkeit geführt, die höchsten Ansprüchen gerecht wird.

Vor diesem Hintergrund ist es leicht nachzuvollziehen, warum beispielsweise »Dunhill« einen Teil seiner Zigarren hier herstellen läßt. Aber »Dunhill« ist nicht die einzige Premium-Marke, welche von den Kanarischen Inseln aus ihre Reise in die verschiedensten Regionen der Welt antritt. »Alvaro«, »Casa Bueña«, »Condal«, »Gloria Palmera«, »Goya«, »Hacienda«, »La Fama«, »Peñamil« – zwar sind nicht alle diese Namen allen *Aficionados* ein Begriff, doch hat eine jede dort, wo sie angeboten wird, ihren festen Abnehmerkreis, nicht zuletzt deshalb, weil eine jede mit dem Hinweis *Hecho a mano* aufwarten kann.

Übrigens ist La Palma diejenige von den sieben Inseln, die als das Zentrum der kanarischen Zigarrenherstellung gilt. Nur hier wächst auch noch kanarischer Tabak – doch reichen die insgesamt etwa fünf Hektar Anbaufläche (Tendenz leicht rückläufig) gerade einmal aus, damit die verschiedenen Einlage-Mischungen auch mit einheimischem Tabak versehen werden können. Wenigstens in jeder Einlage, die hier komponiert wird, hat er vorzukommen, denn die *Palmeros*, wie sich die Einwohner La Palmas nennen, schwören auf ihre dunklen, kräftigen Tabake.

$\mathcal{K}$OPF

Hier handelt es sich um das Ende einer Zigarre, das, falls die Zigarre noch nicht angeschnitten ist – was bei Premium-Zigarren aus dem karibischen Raum höchst selten der Fall ist –, geköpft werden muß (will man sie denn rauchen). Ob nun der Ausdruck »Kopf« mit eben jenem Köpfen zusammenhängt, ist nicht verbürgt.

$\mathcal{K}$UBA

Da in dem vorliegenden Buch auf die größte der Großen-Antillen-Inseln nahezu auf jeder Seite in irgendeinem Zusammenhang eingegangen wird, sollen an dieser Stelle lediglich die einzelnen Anbauregionen kurz besprochen werden.

Die Oriente-Region erstreckt sich praktisch über drei Anbaugebiete, wovon zwei im äußersten Osten der Insel liegen, und zwar in der Nähe der ehemaligen Hauptstadt Kubas, Santiago de Cuba, während sich das dritte nördlich der Stadt Ciego de Avila erstreckt, die schon zur Mitte Kubas zu zählen ist – sofern man bei dieser langgestreckten Insel überhaupt von einer Mitte reden kann.

An das letztgenannte Anbaugebiet schließt sich westlich davon die Remedios-Region an. Es folgt die Partidos-Region, die südwestlich der Hauptstadt Havanna beginnt und den Ort San Antonio de los Baños als Zentrum hat.

Praktisch im äußersten Westen des Landes, in der Provinz Pinar del Rio, liegt die Region Vuelta Abajo. Kurz davor, also östlich davon, gen Havanna hin, befindet sich die Region Semi Vuelta.

Von den gesamten Regionen mit ihren zahlreiche Hektar umfassenden Anbaugebieten genügen lediglich zwei den Ansprüchen, die an die Pflanzen gestellt werden, die später einmal zu Havannas verarbeitet werden sollen. Neben der Remedios- ist das – notabene – die Region Vuelta Abajo.

Die Vuelta Abajo scheint mit einem Boden gesegnet zu sein, der, was den Tabakanbau betrifft, wohl kein zweites Mal auf dieser Erde anzutreffen ist. Dazu gesellt sich ein Klima, das ebenfalls speziell geschaffen scheint für diese immergrüne, sanft an- und absteigende

Hügellandschaft, aus der hier und da kleine Felsenformationen ragen, die ebenfalls begrünt sind. Wenn einer der zahlreichen Niederschläge mit der tropischen Hitze eine ungewollte Symbiose eingeht, steigen Nebelschwaden über die vielen kleinen Täler auf, um alsbald zu verharren – und dann scheint es, als ob die Dunstschleier nur dazu da wären, um sich schützend über dieses Stück Erde zu legen, damit es nicht von der Sonne ausgetrocknet werde. Boden und Klima sorgen also für beste Voraussetzungen und geben somit den Tabakpflanzen die Möglichkeit, sich voll zu entfalten. Jetzt kommt es »nur« noch auf die Erfahrung und die Kunst aller *Tabaqueros* an …

L A CASA DEL HABANO

Weltweit gibt es deren über 40, so jedenfalls der Stand Mitte 1999. Gemeint sind jene »Havanna-Häuser«, in denen jedem *Aficionado*, sofern er ein eingefleischter Havanna-Liebhaber ist, die Augen übergehen – schließlich führen diese »Tempel des Tabaks« neben Accessoires für das gepflegte Rauchen einer Zigarre ausschließlich Havannas.

Vor einigen Jahren hat die staatliche kubanische Gesellschaft »Habanos S. A.«, welche sich um die Belange der einheimischen Zigarrenindustrie sorgt, diese *Casas del Habanos* ins Leben gerufen, um weltweit mit den Erzeugnissen hoher kubanischer Zigarrenmacherkunst präsent zu sein. Das ist ihr bisher nur zum Teil gelungen, denn in Europa unterbreiten nur neun dieser Häuser ihr außergewöhnliches Angebot. Neben *Casas* in Andorra, Athen, Istanbul, Paris, Prag und auf Zypern befinden sich gottlob drei im deutschsprachigen Raum, und zwar in Zürich, in Meerbusch bei Düsseldorf und in Berlin.

Der letztere Ort ist zugleich auch derjenige, in dem die jüngste *Casa del Habano* in Deutschland zu finden ist. Als »Gastgeber des Hauses« begrüßt Dr. Maximilian Herzog seine Kunden. Der Connaisseur aus Leidenschaft, der seit 1987 auch ein Zigarrenhaus am Ludwigkirchplatz betreibt, ist darüber hinaus Privatdozent an der Technischen Hochschule Berlin mit dem Spezialgebiet »Niedere

Sinne«. Hierzu zählen neben Fühlen und Tasten auch Riechen und Schmecken – Dinge also, die sehr wohl etwas mit der Psychologie des Zigarrerauchens zu tun haben. Der *Casa* angeschlossen ist noch der »Club de Fumadores«, eine offene Vereinigung von ZigarrenliebhaberInnen, die sich regelmäßig zu einem Jour fixe treffen.

Schon zwei Jahre zuvor, genauer gesagt im Oktober 1997, ist die erste *Casa del Habano* in Deutschland offiziell eröffnet worden – offiziell deshalb, weil der Betreiber, Christoph M. Wolters, schon 1991 mit dem »Cigar Cabinet« eine Einrichtung ins Leben gerufen hatte, in der interessierten *Aficionados* Havanna-Raritäten unterbreitet wurden, so unter anderem die »Partagás Salomon 2«, eine »Torpedo«. Das »Figurado«-Format wurde nach einer alten Vorlage über einen längeren Zeitraum, und zwar von September 1996 bis Juni 1997, von erfahrenen *Torcedores* in Havanna von Hand gerollt. Auf 5000 Zigarren beschränkte sich diese Produktion, und obwohl beim Kauf einer Kiste – es gab deren 100 zu 50 Stück – nicht gerade Assoziationen frei wurden, die Erinnerungen an untere bzw. mittlere Preissegmente wach werden ließen, gab es eine rege Nachfrage nach diesen überaus kräftig schmeckenden Zigarren. Solche Raritäten bilden zwar die Ausnahme, doch in Meerbusch findet der *Aficionado* wie in Berlin Havannas, die er normalerweise nicht erwerben kann – außer natürlich in anderen *Casas del Habanos*. Für Havanna-Liebhaber etwa aus Düsseldorf, Köln und Mönchengladbach liegt ihr Mekka jedenfalls gleich um die Ecke.

Mit der gleichnamigen Einrichtung in Zürich, die Samuel Menzi betreibt, verhält es sich ähnlich. Wie in Berlin und Meerbusch kann der Interessierte neben den gängigen Havannas, die es hier natürlich auch zu kaufen gibt, Zigarren erwerben, die beispielsweise in anderen Ländern angeboten werden, nicht jedoch in den jeweiligen deutschsprachigen Fachgeschäften.

Da Neuheiten – Kuba plant ja ständig weitere Markteinführungen – nach einer gewissen »Anlaufzeit« meist auch in den »normalen« Fachgeschäften angeboten werden, sind es nicht die in einem Land neu angebotenen Havannas, welche die *Casas del Habanos* so interessant erscheinen lassen, sondern es sind – neben Sondereditionen –

die Marken und Formate, von denen nicht wenige meinen, es gäbe sie gar nicht mehr, jene seltenen Formate so klangvoller Marken wie »Belinda«, »Gispert« und »Los Statos de Luxe« ... um nur einige der Namen zu nennen, deren bloße Erwähnung schon genügt, um bei so manchem Havanna-Liebhaber einen mittleren Adrenalinstoß auszulösen – aber auch jede andere Form menschlicher Regung infolge Erregung ist da denkbar.

DIE ERSTEN EUROPÄISCHEN ZIGARRENRAUCHER

Der genuesische Seefahrer Christoph Columbus ging auf seiner ersten Expeditionsfahrt in spanischen Diensten am 12. Oktober 1492 vor einer zur Bahama-Gruppe gehörenden Insel vor Anker. Er war vor Guanahaní gelandet, das er »San Salvador« nannte, und hatte, wenn auch versehentlich, die beiden Amerika entdeckt. 15 Tage später, am 27. Oktober, segelte er mit seinen Schiffen »Santa Maria«, »Pinta« und »Niña« in die schützenden Gewässer der Bahia de Gibara der Insel Colba, wie die Eingeborenen die größte der dortigen Inseln nannten. Columbus war der Meinung, auf Zipangu gestoßen zu sein, jenes legendenumwobene Japan, das dem von Marco Polo beschriebenen Reich des Großkhans vorgelagert sein mußte. Doch es war nicht Japan, auf das er gestoßen war, sondern, wie gesagt, Colba, das heutige Kuba.

Zwei Matrosen, Rodrigo de Jerez und Luis de Torres, die der Atlantiküberquerer für eine erste Erkundung des Eilands an Land geschickt hatte, trafen dabei auf Eingeborene, die seltsame Stäbe aus getrockneten Blättern herstellten, um sie dann an der einen Seite »in Brand zu setzen« und an der anderen den durch das Anzünden entstandenen Rauch zu inhalieren.

Rodrigo de Jerez und Luis de Torres waren somit die ersten Europäer, die mit dem Tabakrauchen und – wenn auch im entferntesten Sinne – mit einer »Zigarre« Bekanntschaft machten.

*L*A CORONA

1845 ist das Geburtsjahr der »La Corona«, die somit zu den ältesten Havanna-Marken überhaupt gehört – »gehörte« muß man jetzt sagen, denn 1999 wurde die Produktion der kubanischen »La Coronas« endgültig eingestellt. Schade drum, denn diese altehrwürdige Marke verkörperte den traditionellen kubanischen Stil. Zukünftig werden in der Dominikanischen Republik »La Coronas« hergestellt – und es werden ganz andere Zigarren sein, die wohl kaum mehr an jene kräftigen Havannas erinnern werden, die von so vielen *Aficionados* in aller Welt geschätzt worden sind.

*L*A FLOR DE CANO

Ihr Aroma ist leicht bis mittelkräftig, und sie zählt zu den Havanna-Marken, deren Zigarren, sofern es sich um die handgemachten Formate handelt, von absoluter Spitzenqualität sind. Die »Blumen der Canos« – der Name weist auf die Brüder José und Tomás Cano hin, welche die Marke züchteten und den Einlagen für die Zigarren eine besondere Pflege angedeihen ließen, ehe sie ihnen 1884 erlaub-

Formate der kubanischen Marke »La Flor de Cano«

Handelsname und (in Klammern) Produktionsname	Länge in Inches (mm)		Ringmaß bzw. Durchmesser (mm)	
Corona				
(Mareva)	5 1/12	(129)	42	(16,7)
Diadema				
(Julieta No. 2)	7	(178)	47	(18,7)
Gran Corona				
(Corona Gorda)	5 5/8	(143)	46	(18,3)
Petit Corona				
(Standard)	4 5/6	(123)	40	(15,9)	→

Preferidos					
(Veguerito)	5	(127)		37	(14,7)
Selectos					
(Cristal)	5 7/8	(149)		41	(16,3)
Short Churchill					
(Robusto)	4 7/8	(124)		50	(19,8)

ten, ins Licht der Öffentlichkeit zu treten –, diese Blumen, sprich Blätter, werden heute überwiegend in der »El Rey del Mundo«-Fabrik sorgfältigst behandelt, damit sie, nachdem sie zu Zigarren geformt worden sind, dem Ruf gerecht werden, der ihnen seit nunmehr über einem Jahrhundert vorauseilt: Havannas zu sein, die in Qualität und Machart höchsten Ansprüchen genügen.

*L*A FLOR DEL CANEY

Falls überhaupt, dann ist diese Havanna, die vor der kubanischen Revolution über Jahre einen festen Kundenstamm hinter sich wußte, nur noch in den *Casas del Habanos* zu finden. Die mit einem kräftigen Aroma aufwartenden »Flor del Caneys« werden darüber hinaus nur dann hergestellt, wenn die Blätter für die spezielle Einlage-Mischung sowie Um- und Deckblätter in ausreichendem Maße zur Verfügung stehen.

Formate der kubanischen Marke »La Flor del Caney«

Handelsname und (in Klammern) Produktionsname	Länge in Inches (mm)			Ringmaß bzw. Durch- messer (mm)	
Bouquet Fino					
(Veguerito)	5	(127)		37	(14,7)
Canape					
(Chicos)	4 1/6	(106)		29	(11,5)
Delgado					
(Veguerito)	5	(127)		37	(14,7)

→

Especiale				
(Culebra)	5 3/4	(146)	39	(15,5)
Predilecto				
(Standard)	4 5/6	(123)	40	(15,9)
Selecto				
(Nacionales)	5 1/2	(140)	40	(15,9)
Veguero				
(Preferido)	5	(127)	38	(15,1)

*L*A FONTANA

Bei den »La Fontanas« – in einigen Ländern unter »La Fontana Vintage« als Jahrgangszigarren angeboten – handelt es ich um Zigarren, die sich hervorragend für Anfänger eignen. Unter dem Colorado-Claro-Deckblatt aus Connecticut verbergen sich eine Einlage aus Honduras-Tabaken sowie ein Umblatt aus Mexiko.

Beim Lesen der Handelsnamen könnte leicht der Eindruck entstehen, hier handelte es sich um eine Marke, die in Italien hergestellt wird. Das ist nicht der Fall. Die Manufaktur der »La Fontanas« steht im honduranischen Danlí, und in dieser Manufaktur der Familie Eiroa (die aus Kuba stammt und auch die erwähnten »Baccarats« herstellt) scheinen *Torcedores* zu arbeiten, die ihr Handwerk verstehen, denn die Zigarren mit dem milden Aroma sind hervorragend gemacht.

Formate der in Honduras hergestellten Marke »La Fontana Vintage«

Handelsname und (in Klammern) Formatzuordnung	**Länge** in Inches (mm)		**Ringmaß** bzw. Durchmesser (mm)	
Dante				
(Panatela)	5 1/2	(140)	38	(15,1)
Da Vinci				
(Churchill)	6 7/8	(175)	48	(19,1)

Galileo				
(Robusto)	5	(127)	50	(19,8)
Michelangelo				
(Double Corona)	7 1/2	(191)	52	(20,6)
Mona Lisa				
(Pyramid)	4 3/4	(121)	46	(18,3)
Puccini				
(Lonsdale)	6 1/2	(165)	44	(17,5)
Rossini				
(Slim Panatela)	5 1/2	(140)	33	(13,1)
Verdi				
(Corona)	5 1/2	(140)	44	(17,5)

$\mathcal{L}$AGERUNG

Nicht jedem Besitzer von Premium-Zigarren steht zu Hause ein Kellerraum zur Verfügung, der nicht nur eine konstante Luftfeuchtigkeit von circa 70 Prozent und eine Temperatur aufweist, die 20° Celsius nicht überschreitet, sondern der darüber hinaus auch noch frei von Fremdgerüchen ist. Denn: Zigarrenkisten, für die sich ein solcher Keller zwecks deren Lagerung anbietet, sollten nicht an einem Ort aufbewahrt werden, an dem, womöglich auf engstem Raum, neben dem »braunen Gold« auch noch braune Knollen, sprich Kartoffeln, sowie Knoblauchzöpfe, Paprikaschoten, Trockenfisch und Zwiebeln zwischengelagert werden.

Da bieten sich andere Lösungen an. Zum einen gehört ein Knoblauchzopf an ein Fensterkreuz gehängt (wegen der Vampire), zum anderen sind Zigarren am besten in einem Humidor aufzubewahren (wegen der Genußerlebnisse). Solch ein Humidor verfügt über ein integriertes Befeuchtungssystem, dessen Regulator jederzeit eine relative Luftfeuchtigkeit von besagten 70 Prozent garantiert und außerdem nicht nur Feuchtigkeit abgibt, sondern sie, wenn zuviel davon existiert, auch absorbiert. So sollte es eigentlich sein. Ein funktionierender Humidor sorgt jedenfalls für stets tropenfeuchte Zigarren und trägt mithin zu einem ungetrübten Rauchgenuß bei.

Getrübt wäre dieser Genuß allerdings, wenn der Humidor etwa direkt auf einer Fensterbank stünde, unter der ein Heizkörper tüchtig vor sich hinböllert. Auch vom winterlichen Platz neben dem Kamin, gar auf dem Kaminsims – auf dem der teure Humidor natürlich jedem Besucher direkt ins Auge fällt – ist dringlichst abzuraten. Zum einen hat ein wahrer *Connaisseur* solche Zurschaustellung nun wirklich nicht nötig, zum anderen sorgen zwar die Edelhölzer, aus denen ein Humidor meist gefertigt ist, sowie der luftdichte Verschluß dafür, daß so gut wie kein Einfluß von außen auf den Inhalt einwirkt, doch wie jedes Holz, so paßt sich auch dichtes Tropenholz den Temperaturen an, denen es ausgesetzt ist, und das wiederum hat zur Folge, daß der betreffende Humidor bei einer relativ hohen Außentemperatur im Inneren einige Grad Celsius zuviel aufweist – zuviel für die sich darin befindlichen Zigarren. Wie schon angedeutet, ist nicht nur die Luftfeuchtigkeit für die richtige Aufbewahrung der »Tropenschätze« wichtig, sondern auch die Temperatur. Sie sollte 20° Celsius möglichst nicht überschreiten – und deshalb hat ein Humidor in einem Raum zu stehen, der relativ kühl ist.

In einen Humidor gehören alle karibischen Zigarren, aber auch Zigarren holländischen Typs, die relativ wenig Anteil von Sumatra-Tabaken aufweisen, danken es ihren Besitzern, wenn sie sie dem Klimaschrank anvertrauen.

Apropos Klimaschrank. Das Geschäft, in dem jemand seine Zigarren kauft, sollte zumindest über eine entsprechende Anzahl solcher Schränke verfügen, besser noch über einen Klimaraum. Darauf ist unbedingt zu achten, denn auch ein noch so guter Humidor zu Hause kann niemals eine schlechte Zwischenlagerung wettmachen.

Humidore gibt es in jedem guten Fachgeschäft zu kaufen wie auch bei den Versandhäusern zu bestellen, die sich auf Zigarren spezialisiert haben. Dabei ist die Preisspanne eine sehr breite. So werden Humidore offeriert, auch aus Edelhölzern, die nur wenige hundert Mark kosten (und durchaus ihren Zweck erfüllen), doch warten auch wahre Kunstwerke darauf, irgendwann beispielsweise die Bibliothek eines Käufers zu verschönern. In letzterem Fall sind dann Preise zu entrichten, die im fünfstelligen D-Mark-Bereich anzusiedeln sind. Schließlich: Wie bei so vielem, so sind auch hier nach oben keine Grenzen gesetzt. Es bietet sich etwa ein Spezialschrank an, der nicht nur edlen Zigarren Platz bietet, sondern auch ausgesuchten Weinen, wobei natürlich verschiedene Klimasysteme zum Einbau kommen und wobei ausschließlich auf »Ebenholz Marcassa« zurückgegriffen wird. Das »Holz der Könige« ist übrigens das einzige Edelholz, das ein Schreiner nach Kilo bezahlen muß. Aber es soll ja auch Zigarren geben, bei denen ein durchschnittlich verdienender Mitteleuropäer gut beraten ist, von ihnen nur eine einzelne pro Woche zu kaufen …

*L*A GLORIA CUBANA

Eigentlich paßt sie so gar nicht in das Produktionsprogramm der »Partagás«-Fabrik, die Havanna-Marke »La Gloria Cubana«, werden doch hier mit der »Bolivar«, der »Partagás« und der »Ramón Allones« Zigarren hergestellt, die eindeutig den stärksten Havannas zuzuordnen sind, die es zu kaufen und zu rauchen gibt. Die »Gloria Cubanas« stehen nämlich stark im Gegensatz zu den Zigarren der oben genannten Marken, denn sie gehören zu den Havannas, die eindeutig als »mildaromatisch« gelten.

Zum Glück für diejenigen, die milde Havannas bevorzugen, gibt es die »Glorias« überhaupt noch. Besser müßte man sagen: Es gibt sie wieder, denn eine ganze Zeit lang wurden sie gar nicht hergestellt, obwohl sie vor der kubanischen Revolution, einmal auf dem Markt, zu den Zigarren gehörten, die mehr und mehr nachgefragt wurden. Doch wie so viele Marken, so ereilte auch die »Gloria Cubanas« das Schicksal, nicht mehr auf der Liste der einstmals angesehenen, Glanz und Exklusivität ausstrahlenden Traditionsmarken zu stehen, deren Produktion – nach dem unsäglichen Zwischenspiel mit der »El Siboney« als einziger Vertreterin der Havanna – sofort wieder aufgenommen wurde.

Doch mittlerweile erfreuen sich die »Gloria Cubanas« abermalig einer steigenden Anhängerschaft und haben sich somit fest etabliert

Formate der kubanischen Marke »La Gloria Cubana«

Handelsname und (in Klammern) Produktionsname	Länge in Inches (mm)		Ringmaß bzw. Durchmesser (mm)	
Cetros				
(Cervantes)	6 1/2	(165)	42	(16,7)
Medaille d'Or No. 1				
(Delicado Extra)	7 9/16	(192)	38	(15,1)
Medaille d'Or No. 2				
(Dalia)	6 11/16	(170)	43	(17,1)
Medaille d'Or No. 3				
(Panetela Larga)	6 7/8	(175)	28	(11,1)
Medaille d'Or No. 4				
(Palmita)	6	(152)	32	(12,7)
Minuto				
(Franciscano)	4 7/12	(116)	40	(15,9)
Sabroso				
(Corona Grande)	6 1/12	(155)	42	(16,7)
Taino				
(Julieta No. 2)	7	(178)	47	(18,7)
Tapados				
(Cosaco)	5 1/3	(135)	42	(16,7)

– zum Glück auch für diejenigen, welche mit der Welt der Havannas Bekanntschaft machen wollen, denn trotz ihrer Milde verfügen die »Glorias« über jene unvergleichliche Würze, die fast allen Havannas eigen ist.

Die kubanische Revolution – sie brachte damals einiges an Irrungen und Wirrungen mit sich. Und so wunderte sich denn auch niemand, als auf einmal im US-Staat Florida, genauer gesagt in »Little Havana«, jener großen Gemeinschaft der Exil-Kubaner in Miami, die mehr als ein Viertel aller Einwohner der Hafenstadt an der Biscane Bay stellt – als dort auf einmal eine Zigarrenmanufaktur »Gloria Cubanas« herstellte. Geleitet wurde sie von dem Kubaner, der nicht nur für die Fertigung der »Glorias« schon in Kuba verantwortlich gezeichnet hatte, sondern der auch die Rechte an der Marke besaß. Da im Kuba der 60er Jahre neben vielen anderen Zigarren auch die »La Gloria Cubana« nicht mehr existent war, nutzte der Exil-Kubaner die allgemeine Unsicherheit und füllte das entsprechende Vakuum.

Die Rechte sind seit dieser Zeit in Florida verblieben, doch auf den kubanischen Tabak, der damals die Lagerhäuser der hier ansässigen Tabakfabriken zum Überquellen brachte und für eine Renaissance der »Clear Havanas« sorgte – auf diesen Tabak läßt sich nicht mehr zurückgreifen.

Und so besitzen heute die US-amerikanischen »Glorias« eine Einlage, die aus dominikanischen und nicaraguanischen Tabaken besteht, wohingegen das Umblatt ein nicaraguanisches ist und das Deckblatt ein ecuadorianisches, welches aus Sumatra-Saaten gezogen worden ist. Das ergibt Zigarren, die allein schon durch ihr recht starkes Aroma nicht mehr mit den heutigen kubanischen »La »Glorias« zu vergeichen sind. Und noch etwas: Angeboten werden die amerikanischen Formate gleich dreifach: in Claro Claro, Colorado Claro und in Maduro.

Wer solche Zigarren liebt, der sollte sich ruhig einmal während eines USA-Besuchs der einen oder anderen Zigarre aus der Fabrik »El Credito« zuwenden, denn die handgemachten »Glorias« lassen von der Machart her in der Regel wenig zu wünschen übrig.

Formate der in den Vereinigten Staaten hergestellten Marke »La Gloria Cubana«

Handelsname und (in Klammern) Formatzuordnung	Länge in Inches (mm)		Ringmaß bzw. Durchmesser (mm)	
Charlemagne				
(Double Corona)	7 1/4	(184)	54	(21,4)
Churchill				
(Double Corona)	7	(178)	50	(19,8)

→

Corona Extra Larga				
(Giant Corona)	7 3/4	(197)	44	(17,5)
Corona Gorda				
(Toro)	6	(152)	52	(20,6)
Crown Imperial				
(Giant)	9	(229)	49	(19,5)
Double Corona				
(Double Corona)	7 3/4	(197)	49	(19,5)
Glorias				
(Corona)	5 1/2	(140)	43	(17,1)
Glorias Extra				
(Grand Corona)	6 1/4	(159)	46	(18,3)
Glorias Inmensa				
(Churchill)	7 1/2	(191)	48	(19,1)
Medaille d'Or No. 1				
(Lonsdale)	6 3/4	(171)	43	(17,1)
Medaille d'Or No. 2				
(Long Corona)	6 1/4	(159)	43	(17,1)
Medaille d'Or No. 3				
(Cigarillo)	7	(178)	28	(11,1)
Medaille d'Or No. 4				
(Panatela)	6	(152)	32	(12,7)
Minuto				
(Small Panatela)	4 1/2	(114)	40	(15,9)
Panatela de Luxe				
(Long Panatela)	7	(178)	37	(14,7)
Piramides				
(Pyramid)	7 1/4	(184)	zunehmend	
Soberano				
(Giant)	8	(203)	52	(20,6)
Torpedo No. 1			zu- und	
(Torpedo)	6 1/2	(165)	abnehmend	
Wavell				
(Robusto)	5	(127)	50	(19,8)

*L*AURA CHAVIN

Benannt hat er die Marke nach den Vornamen seiner Tochter: Helmut Bührle, in eine Stuttgarter Kaufmannsfamilie hineingeboren, die seit Jahrzehnten dem Tabak verbunden ist, als Designer lange Zeit für Konzerne wie »Davidoff« und »Ferré« tätig, hat die »Laura Chavin« geschaffen. Dabei halfen ihm Experten der »Tabacalera de Garcia«, und dort, in der Dominikanischen Republik, werden die »Laura Chavins« auch von Hand gefertigt.

Herausgekommen sind dabei relativ milde Longfiller, deren Einlage vier Jahre gelagerte dominikanische *Olor-* und *Piloto-Cubano-*Tabake vereinigt, während das Umblatt aus dem mexikanischen San-Andrés-Tal kommt und das Shade-Deckblatt im Connecticut River Valley wächst. Diese Mischung sorgt bei der angenehmen Milde für eine interessante Würze, weshalb sich die »Laura Chavin« gegenüber anderen Premium-Marken nicht zu verstecken braucht.

Formate der in der Dominikanischen Republik hergestellten deutschen Marke »Laura Chavin«

Handelsname und (in Klammern) Formatzuordnung	Länge in Inches (mm)		Ringmaß bzw. Durchmesser (mm)	
Churchill				
(Churchill)	7	(178)	48	(19,1)
Corona				
(Corona)	5 1/2	(140)	42	(16,7)
Panatela				
(Slim Panatela)	6	(152)	33	(13,1)
Petit Panatela				
(Short Panatela)	4 1/2	(114)	36	(14,3)
Robusto				
(Robusto)	5	(127)	50	(19,8)
Torpedo				
(Torpedo)	6	(152)	52	(20,6)

Wie sehr viele Marken dominikanischer Provenienz, so gehört auch die »León Jimenes« zu denjenigen, deren Zigarren einen mittelstarken Körper aufweisen, was darauf zurückzuführen ist, daß die Balance zwischen Einlage, Umblatt und Deckblatt als gelungen bezeichnet werden kann.

Während dominikanische Tabake für Einlage und Umblatt genommen werden, kommt das Colorado-Maduro-Deckblatt aus Connecticut.

Formate der in der Dominikanischen Republik hergestellten Marke »León Jimenes«

Handelsname und (in Klammern) Formatzuordnung	Länge in Inches (mm)		Ringmaß bzw. Durchmesser (mm)	
Belicoso				
(Torpedo)	6 1/4	(159)	52	(20,6)
Churchill de Luxe				
(Churchill)	7	(178)	47	(18,7)
Cristal*				
(Lonsdale)	6 1/2	(165)	42	(16,7)
Grand Corona				
(Torpedo)	6 1/2	(165)	50	(19,8)
No. 1				
(Double Corona)	7 1/2	(191)	50	(19,8)
No. 2				
(Churchill)	7	(178)	47	(18,7)
No. 3				
(Lonsdale)	6 1/2	(165)	42	(16,7)
No. 4				
(Corona)	5 5/8	(143)	42	(16,7)
No. 5				
(Short Panatela)	5	(127)	38	(15,1)

→

Petit Belicoso					
(Robusto)	5	(127)	52	(20,6)
Petites					
(Small Panatela)	4	(102)	30	(11,9)
Robusto					
(Robusto)	5 1/2	(140)	50	(19,8)
Torpedo					
(Pyramid)	6	(152)	58	(23,0)

Die »León Jimenes« kann übrigens auf eine lange Tradition zurückblicken. 1903 erstmals hergestellt, ist sie die älteste noch bestehende dominikanische Marke.

L ONDRES

Ob das relativ gebräuchliche Havanna-Format »Londres« auf einen Auftraggeber hinweist, der sein Domizil in der britischen Hauptstadt hatte, oder eine Referenz an London ist – »Londres« ist die spanische Bezeichnung für die Stadt an der Themse –, entzieht sich allgemeiner Kenntnis.
Mit ihrem Ringmaß von 40 (≈ 15,9 mm Durchmesser) und ihrer Länge von 4 11/12 Inches (≈ 125 mm) ist die »Londres« mit dem international gebräuchlichen Format einer »Petit Corona« gleichzusetzen und durchaus zu den Formaten zu zählen, die aufgrund ihrer Maße oft nachgefragt werden. Zigarren des Formats »Londres« sind maschinengefertigt.

L ONG CORONA

Die klassischen Maße dieses international gebräuchlichen Formats betragen in der Länge 6 Inches (in), was ca. 152 Millimetern (mm) entspricht, und 42 im Ringmaß, was wiederum mit einem Durchmesser von ca. 16,7 Millimetern gleichzusetzen ist.
Man spricht immer noch von einer »Long Corona«, wenn die Länge mindestens 5 7/8 Inches sowie höchstens 6 3/8 Inches beträgt und gleichzeitig das Ringmaß zwischen 40 und 44 liegt. In metri-

schen Maßen ausgedrückt: Die Länge hat eine Spanne, die bei ca. 149 Millimetern beginnt und bei ca. 162 Millimetern endet, während die Spannbreite beim Durchmesser von ca. 15,9 bis ca. 17,5 Millimetern reicht.

Bewegen sich also beide Maßangaben innerhalb der zwei Spannbreiten – Beispiel: 6 1/4 in × 42 (≈159 × ≈16,7 mm) –, so handelt es sich um das Format »Long Corona«.

*L*ONG PANATELA

Die klassischen Maße dieses international gebräuchlichen Formats betragen in der Länge 7 1/2 Inches (in), was ca. 191 Millimetern (mm) entspricht, und 38 im Ringmaß, was wiederum mit einem Durchmesser von ca. 15,1 Millimetern gleichzusetzen ist.

Man spricht immer noch von einer »Long Panatela«, wenn die Länge mindestens 7 Inches beträgt – nach oben gibt es keine Grenze – und gleichzeitig das Ringmaß zwischen 35 und 39 liegt. In metrischen Maßen ausgedrückt: Die Mindestlänge beginnt bei ca. 178 Millimetern, während die Spannbreite beim Durchmesser von ca. 13,9 bis ca. 15,5 Millimetern reicht.

Beginnt also die Längenangabe bei 7 Inches und bewegt sich die Angabe des Ringmaßes innerhalb der genannten Spannbreite – Beispiel: 8 × 38 in (≈203 × ≈15,1 mm) –, so handelt es sich um das Format »Long Panatela«.

*L*ONSDALE

Die klassischen Maße dieses international gebräuchlichen Formats betragen in der Länge 6 1/2 Inches (in), was ca. 165 Millimetern entspricht, und 42 im Ringmaß, was wiederum mit einem Durchmesser von ca. 16,7 Millimetern gleichzusetzen ist.

Man spricht immer noch von einer »Lonsdale«, wenn die Länge mindestens besagte 6 1/2 Inches sowie höchstens 7 1/4 Inches beträgt und gleichzeitig das Ringmaß zwischen 40 und 44 liegt. In metrischen Maßen ausgedrückt: Die Länge hat eine Spanne, die bei ca. 165 Millimetern beginnt und bei ca. 184 Millimetern endet, während die Spannbreite beim Durchmesser von ca. 15,9 bis ca. 17,5 Millimetern reicht.

Bewegen sich also beide Maßangaben innerhalb der zwei Spannbreiten – Beispiel: 7 in $\times$ 44 ($\approx$178 $\times$ $\approx$17,5 mm) –, so handelt es sich um das Format »Lonsdale'«.

Die Maßangaben für dieses Format gab einst der Earl of Lonsdale vor, als er in den 30er Jahren unseres Jahrhunderts die Marke »Flor de Rafael Gonzáles« stets in großen Gebinden bestellte. Das verlangte Format gab es damals noch nicht, doch der Wunsch solcher Kunden war natürlich Befehl – und so entstand dieses heute sehr beliebte Format aufgrund des liebenswürdigen Spleens eines englischen Adligen, der partout nicht davon abzubringen war, nur jene Zigarren zu rauchen, deren Bauchbinden – denn das war für ihn selbstverständlich – sein Konterfei wiedergaben und deren Maße er »kreiert« hatte.

$\mathcal{L}$OS STATOS DE LUXE

Das »L« am Anfang von »Los«, dem ersten Teil des Markennamens »Los Statos de Luxe«, könnte auch für »leider« stehen, mit dem dann wiederum mehrere Sätze beginnen würden. Also: Leider umfaßt diese Marke nur noch fünf Formate. Leider werden davon nur noch drei von Hand gemacht (»Breva«, »Crema« und »Selecto«). Leider sind diese nur noch selten zu bekommen. Leider deswegen, weil es sich bei den »Statos« um Zigarren handelt, die dem traditionellen Stil einer Havanna entsprechen – will heißen: Die »Statos« sind relativ stark im Aroma, womit sie der Vorliebe eingefleischter Havanna-Liebhaber nach einem »starken Stück« Zigarre sehr entgegenkommen.

»Die Zigarre ist allgegenwärtig. Sie ist die Ergänzung des müßigen und eleganten Lebens. Ein Mann, der nicht raucht, ist ein unvollkommener Mensch. [...] Die Berühmtheiten unserer Tage erheben sich in einer Wolke von Rauch ...«

Jules Sandeau, französischer Schriftsteller   **257**

Formate der kubanischen Marke »Los Statos de Luxe«

Handelsname und (in Klammern) Produktionsname	Länge in Inches (mm)		Ringmaß bzw. Durchmesser (mm)	
Delirios				
(Standard)	4 5/6	(123)	40	(15,9)
Dobles				
(Standard)	4 5/6	(123)	40	(15,9)
Brevas				
(Nacionales)	5 1/2	(140)	40	(15,9)
Cremas				
(Nacionales)	5 1/2	(140)	40	(15,9)
Selectos				
(Nacionales)	5 1/2	(140)	40	(15,9)

$\mathcal{M}$ACANUDO

Wie bei so vielen karibischen Zigarren, so sind die Anfänge auch dieser Marke auf Kuba zu suchen. Eigentlich ein Format der »Punch«, jener Havanna-Marke, die in der zweiten Hälfte des 19. Jahrhunderts fast ausschließlich für den britischen Markt produziert wurde, erlangte die »Macanudo« jedoch relativ schnell ihre Eigenständigkeit, nachdem 1868 die ersten Formate auf Jamaika gerollt worden waren, und zwar in einer Manufaktur, die sich in kubanischem Besitz befand. Gut 90 Jahre sollte diese Konstellation bestehen bleiben.

Dann kam die kubanische Revolution, und in deren Nachwirren sahen sich die kubanischen Besitzer der »Macanudo« gezwungen, die Produktionsstätte dieser berühmten Zigarre aufzugeben und die Rechte der Marke an eine jamaikanische Gesellschaft zu veräußern, welche nun die »Macanudos« unter eigener Regie fertigte. Diese neue Situation war dann schon nach wenigen Jahren beendet. Die Jamaikaner, die mit Herstellung und Vertrieb nicht so zurecht-

Standardformate der auf Jamaika und in der Dominikanischen Republik hergestellten US-Marke »Macanudo«

Handelsname und (in Klammern) Formatzuordnung	Länge in Inches (mm)		Ringmaß bzw. Durchmesser (mm)	
Ascot				
(Small Panatela)	4 1/8	(105)	32	(12,7)
Baron de Rothschild				
(Lonsdale)	6 1/2	(165)	42	(16,7)
Caviar				
(Short Panatela)	4	(102)	36	(14,3)
Claybourne				
(Slim Panatela)	6	(152)	31	(12,3)
Crystal*				
(Robusto)	5 1/2	(140)	50	(19,8)
Duke of Devon				
(Corona)	5 1/2	(140)	42	(16,7)
Duke of Windsor				
(Torpedo)	6	(165)	50	(19,8)
Hampton Court*				
(Corona)	5 3/4	(146)	43	(17,1)
Hyde Park				
(Robusto)	5 1/2	(140)	49	(19,5)
Petit Corona				
(Short Panatela)	5	(127)	38	(15,1)
Portofino*				
(Long Panatela)	7	(178)	34	(13,5)
Prince Philip				
(Double Corona)	7 1/2	(191)	49	(19,5)

kamen, wie sie sich das vorgestellt hatten, verkauften die Rechte an ein Unternehmen in Tampa, ehe diese, wiederum einige Zeit später, von der »General Cigar Company« übernommen wurden. »General Cigar«, einer der führenden US-Konzerne in Sachen

Tabak und Zigarren, läßt die »Macanudo« auch heute noch fertigen, und zwar unter der Leitung eines der angesehensten Zigarrenmacher unserer Zeit. Nachdem Benjamín Menéndez seine Zelte auf den Kanarischen Inseln abgebrochen hatte und zunächst für die Herstellung der »General Cigar«-Marke »Partagás« auf der Dominikanischen Republik verantwortlich zeichnete, widmet er sich seit Mitte der 80er Jahre vornehmlich der Fertigung der »Macanudo«. Dadurch ist er sozusagen zum »Wanderer zwischen den Welten« geworden, denn die Zigarren dieser traditionsreichen Marke wer-

Formate der Serie »Vintage Cabinet Selection« der auf Jamaika und in der Dominikanischen Republik hergestellten US-Marke »Macanudo«

Handelsname und (in Klammern) Formatzuordnung	Länge in Inches (mm)		Ringmaß bzw. Durchmesser (mm)	
No. I				
(Double Corona)	7 1/2	(191)	49	(19,5)
No. II				
(Lonsdale)	6 1/2	(165)	43	(17,1)
No. III				
(Corona)	5 1/2	(140)	43	(17,1)
No. IV				
(Corona Extra)	4 1/2	(114)	47	(18,7)
No. V				
(Robusto)	5 1/2	(140)	49	(19,5)
No. VI				
(Torpedo)	6	(152)	52	(20,6)
No. VII				
(Long Panatela)	7 1/2	(191)	38	(15,1)
No. VIII*				
(Robusto)	5 1/2	(140)	50	(19,8)
No. XX				
(Churchill)	7	(178)	47	(18,7)

den in etwa zu gleichen Teilen auf Jamaika und in der Dominikanischen Republik hergestellt. Die Zigarren, welche in Europa angeboten werden, stammen übrigens vornehmlich aus Jamaika – und das aus gutem Grund: Der zum britischen Commonwealth gehörende Karibik-Inselstaat betreibt eine äußerst moderate Steuerpolitik, deren Annehmlichkeiten sich bei Exporten in das »Mutterland« fortsetzen, und da Großbritannien bekanntlich der Europäischen Union angehört, schlägt sich die Ausfuhr jamaikanischer Waren in die Alte Welt recht günstig in den Bilanzen nieder. Doch einerlei, ob die Zigarren nun auf Jamaika oder in der Dominikanischen Republik hergestellt werden – in Qualität und Machart findet sich kein Unterschied. Allen »Macanudos« gemein sind die Einlage, welche aus dominikanischen, jamaikanischen und mexikanischen Tabaken besteht, ein Umblatt aus Mexiko sowie ein Connecticut-Deckblatt, wobei die Farbpalette der Deckblätter von Claro Claro bis Maduro reicht. Ehe diese Tabake zu Zigarren gefertigt werden, haben sie eine Reifezeit von drei Jahren hinter sich, und auch die Zigarren selbst reifen noch bis zu zehn Wochen, sobald sie die Tische der *Torcedores* verlassen haben. All das ergibt Zigarren, die den Ruf der »Macanudo« als eine der weltweit besten Premium-Marken untermauern.

Besonders erwähnt werden muß die »Vintage Cabinet Selection«-Serie, deren Zigarren mit ihren Colorado-Maduro-Deckblättern etwas süßlich schmecken, während die Stärkeskala der übrigen Formate von mild über mittelstark bis kräftig reicht.

MAREVA

Die »Mareva« ist das gebräuchlichste Havanna-Format überhaupt. Mit ihrer Länge von 5 1/12 Inches (≈ 129 mm) und ihrem Ringmaß von 42 (≈ 16,7 mm Durchmesser) entspricht sie in etwa dem international gebräuchlichen Format einer »Corona«. Im Gegensatz zu dem Havanna-Format »Petit Corona«, das exakt dieselben Maße aufweist und auch beim Gewicht nicht ein hundertstel Gramm von dem einer »Mareva« abweichen sollte, sind die Zigarren des am häufigsten vorkommenden Havanna-Formats von Hand gemacht.

MARIA GUERRERO

Diese einstmals so berühmte und für ihre ausgewogene Stärke bei nicht wenigen Aficionados beliebte kubanische Marke gibt es heute, wenn überhaupt, nur noch in einem einzigen Format. Angeboten unter dem Namen »Grande de España«, verbirgt sich dahinter eine (handgemachte) »Delicado«.

MEXIKO

Das Land der Maya und Azteken galt bis vor einiger Zeit als das Land, das neben Kuba als einziges in der Lage war, *Puros* herzustellen. In erster Linie liegt das am San-Andrés-Tal, in dem erstklassige Böden vorhanden sind, welche nahezu alle nur denkbaren Tabakpflanzen, seien sie aus brasilianischen oder kubanischen Saaten gezogen, aber auch aus solchen, die aus Connecticut oder Sumatra stammen, hervorragend gedeihen lassen. Natürlich wachsen hier auch ureigene Pflanzen, die etwa den *Negro* genannten Tabak hervorbringen, dessen Name praktisch schon Programm ist: Ein sattes Schwarz ist seine Farbe, in der sich auch viele Deckblätter präsentieren – und dadurch bei so manchem die Assoziation hervorrufen, er habe eine Zigarre vor sich, die einen beim Rauchen »umhaut«. Doch solche Zigarren sind in der Regel relativ mild.

Aber es gibt noch einen anderen, dazu sehr triftigen Grund, warum Mexiko ein Land der *Puros* ist. Bis vor nicht allzu langer Zeit existierte ein Gesetz, das es verbot, Zigarren herzustellen, die nicht zu 100 Prozent aus Tabakblättern mexikanischen Anbaus stammten. *Puros* waren, so kann man sagen, staatlich verordnet.

Dagegen unterliegt die Herstellungsart keiner wie auch immer gearteten Vorgabe. Dennoch werden in Mexiko nicht wenige Longfiller hergestellt, die darüber hinaus noch handgemacht sind – und somit Premium-Kriterien erfüllen. Tatsächlich kann Mexiko mit einer Reihe von Premium-Zigarren aufwarten – ungefähr 20 sind es zur Zeit, die dieses Gütesiegel auf ihren Bauchbinden zeigen können. Zu ihnen gehören die Marken »Excelsior«, »Santa Clara 1830« und »Te-Amo«, um nur die bekanntesten zu nennen.

Gefertigt werden die Premium-Zigarren fast ausschließlich im schon erwähnten San-Andrés-Tal, das im Bundesstaat Veracruz liegt, und zwar etwas mehr als 150 Kilometer südlich jener Hafenstadt am Golf von Mexiko, die ebenfalls Veracruz heißt.

In besagtem Tal erstrecken sich nicht nur zahlreiche Tabakplantagen, sondern hier befindet sich mit der Kleinstadt San Andrés Tuxtla auch das Zentrum der mexikanischen Zigarrenherstellung. So beherbergt San Andrés Tuxtla mit den Produzenten »Nueva Matacapan Tabacos« (»Excelsior«, »Te-Amo«) und »Tabacos San Andrés S. A.« (»Santa Clara 1830«) beispielsweise jene Fabriken, die zum einen als die größten (»Matacapan«), zum anderen als die traditionsreichsten Zigarrenhersteller des Landes gelten.

Obwohl das oben genannte Gesetz nun nicht mehr zwingend vorschreibt, wie die Komposition einer Zigarre vor sich zu gehen hat, wird es auch weiterhin viele *Puros* aus Mexiko geben. Warum sollte denn auch ein Land, in dem die ersten Zigarrenmanufakturen mit Beginn der 30er Jahre des 19. Jahrhunderts ihren Betrieb aufnahmen und in dem seither nur *Puros* hergestellt werden, mit jener Tradition brechen, zumal sich diese Zigarren einer wachsenden Beliebtheit unter den *Aficionados* in aller Welt erfreuen?!

MINUTO

In einer »Minute« ist es bestimmt nicht getan, eine Zigarre dieses durchaus gebräuchlichen Havanna-Formats zu Ende zu rauchen. Denkbar ist jedoch, daß einstmals – denn Zigarren des Formats »Minuto« werden heute maschinell gefertigt – ein geübter *Torcedor*

Die Fruchtbarkeit des Bodens im San-Andrés-Tal – dem »Zigarrenzentrum« Mexikos – ist außergewöhnlich. Sie erlaubt jährlich zwei Ernten. Im März, wenn in dem mittelamerikanischen Land Trockenzeit ist, können die Tabakbauern aus Sumatra-Saaten gezogene Tabake ernten, im »feuchteren« Juni dann etwa die einheimischen *Negros*.

nur wenig Zeit brauchte, um eine Zigarre dieses relativ kleinen Formats zu rollen. Mit ihren 4 1/3 Inches (≈ 110 mm) in der Länge und ihrem Ringmaß von 42 (≈ 16,7 mm Durchmesser) ist die »Minuto« dem international gebräuchlichen Format einer »Petit Corona« vergleichbar.

MONTECRISTO

Sehen viele Experten die »Cohiba« als »die« Havanna-Marke schlechthin an, so sind nicht wenige der Meinung, die »A« von »Montecristo« sei »die« Havanna, der die Krone als beste Zigarre gebühre, welche auf Kuba die Tore einer Fabrik verläßt.

Mit den Expertenmeinungen ist das so eine Sache. Wer sich ausschließlich an ihnen orientiert, kann mitunter zu den zeitweilig Enttäuschten auf dieser Welt gehören. Gerade dann, wenn es sich um den Geschmack dreht, wird jeder für sich herausfinden, was ihm besonders zusagt und was weniger. Das ist bei Zigarren wie bei jedem anderen Genußmittel so, und desbalb gibt es sie eigentlich gar nicht, die »beste« Zigarre. »Die beste Zigarre ist diejenige, die jeder ... in einem bestimmten Moment bevorzugt.« Der Satz stammt von Zino Davidoff, anerkannter *Aficionado* und überzeugter *Connaisseur*. Aus diesem Satz spricht viel Erfahrung, vor allem jedoch die Weisheit eines Mannes, der zwar persönliche Vorlieben hatte, der aber stets Toleranz gegenüber Andersdenkenden, in diesem Fall Andersschmeckenden, an den Tag legte.

Daß die »A« von »Montecristo« unzweifelhaft zum Besten gehört, was auf dem Markt der Havannas angeboten wird, ist jedoch unbestritten. Unbestritten ist auch, daß jenes größte Format, welches unter dem Markennamen »Montecristo« hergestellt wird, zum Teuersten zu zählen ist, was auf dieser Welt an Zigarren zu haben ist. Und von den Havannas, die außerhalb der *Casa del Habanos* in den »normalen« Zigarrengeschäften angeboten werden, ist sie gar die teuerste überhaupt, die man käuflich erwerben kann.

Indes besteht die Marke »Montecristo« nicht allein aus der »A«, denn auch die anderen Formate sind durchweg Havannas der

Spitzenklasse. Und so haben praktisch alle Formate (ausgenommen vielleicht die »B« als einzige maschinengefertigte) dazu beigetragen, die Marke »Montecristo« – neben der »Cohiba« – zur weltweit bekanntesten Havanna-Marke überhaupt werden zu lassen. Ihre Beliebtheit kommt natürlich nicht von ungefähr, zeichnen sich doch die »Montecristos« durch eine Qualität in der Machart aus, nach der man lange suchen muß, will man Vergleichbares finden.

Das ist vor allem zurückzuführen auf José Manuel Gonzalez, der für die Herstellung der »Montecristos« alleinverantwortlich zeichnete,

Formate der kubanischen Marke »Montecristo«

Handelsname und (in Klammern) Produktionsname	Länge in Inches (mm)		Ringmaß bzw. Durch- messer (mm)	
A				
(Gran Corona)	9 1/4	(235)	47	(18,7)
B				
(Cosaco)	5 1/3	(135)	42	(16,7)
Especial No. 1				
(Numero 1)	7 9/16	(192)	38	(15,1)
Especial No. 2				
(Numero 2)	6	(152)	38	(15,1)
Joyita				
(Numero 3)	4 13/24	(115)	26	(10,3)
No. 1				
(Cervante)	6 1/2	(165)	42	(16,7)
No. 2				
(Piramide)	6 1/8	(156)	52	(20,6)
No. 3				
(Corona)	5 7/12	(142)	42	(16,7)
No. 4				
(Mareva)	5 1/12	(129)	42	(16,7)
No. 5				
(Perla)	4	(102)	40	(15,9)

→ **265**

No. 6			
(Seoane)	4 11/12	(125)	36 (14,3)
No. 7			
(Panetela Larga)	6 7/8	(175)	28 (11,1)
Petit Tubos			
(Mareva)	5 1/12	(129)	42 (16,7)
Tubos			
(Corona Grande)	6 1/12	(155)	42 (16,7)

nachdem die Familien Menéndez und Garcia, Besitzer der Marke, schon bald nach Castros Machtergreifung ausgewandert waren. Gonzalez, für viele der beste Zigarrenmacher, der je gelebt hat, war bekannt dafür, auch nicht den kleinsten Fehler, nicht die geringste Unachtsamkeit einem seiner *Torcedores* durchgehen zu lassen, und auf ihn geht auch jene eindrucksvolle Auswahl der verschiedensten Blätter zurück – allein die Komposition der »A« vereint ein gutes Dutzend! –, welche auf der einen Seite alle »Montecristos« so unverwechselbar, auf der anderen Seite wiederum jedes Format so einzigartig macht. Selbst *Aficionados*, die den starken Havanna-Geschmack lieben, sind für die nicht ganz so starken »Montecristos« zu begeistern, da sie eine Fülle von Aromen freigeben, wobei jene Aromen äußerst harmonisch aufeinander abgestimmt sind.

Dabei war der Erfolgsweg der »Montecristo« gar nicht vorgezeichnet, als sie 1935 von Alonzo Menéndez und Pepe Garcia ins Leben gerufen wurde. Das geschah indes nicht als Marke, sondern als Format einer anderen, welche sie gerade erst erworben hatten. Doch schon bald entwickelte sich aus dem Format »H. Upmann Montecristo Selection« die eigenständige Marke »Montecristo«. Kurze Zeit später sollte dann jener phänomenale Erfolgsweg beschritten werden …

Warum die Geburtshelfer der Marke sie auf den Namen »Montecristo« tauften, ist nicht mehr ganz nachzuvollziehen. Wie bei so vielem anderem, was auf Kuba mit Zigarren in Verbindung gebracht wird, so existieren auch in diesem Fall einige gar wundersame Geschichten, auf welche Weise besagte Marke zu ihrem Namen gekommen ist. Meist ist dann die Wahrheit wenig spektakulär. Es wird wohl so gewesen sein: Einem der »Väter« ist von den Werken der Weltliteratur, die von den *Lectores* zu Gehör gebracht wurden, Alexandre Dumas' des Älteren Abenteuerroman »Der Graf von Montecristo« besonders im Gedächtnis haftengeblieben – der Name war gefunden.

Nach ihm brauchten die Verantwortlichen von »Consolidated Cigar« nicht zu suchen, als sie vor einigen Jahren darangingen, in der Dominikanischen Republik ebenfalls »Montecristos« herstellen zu lassen. Es handelt sich um nicht uninteressante Zigarren mit einem dominikanischen Wickel und einem Connecticut-Deckblatt in Colorado Claro, die ein mittelstarkes Aroma entwickeln.

Formate der in der Dominikanischen Republik hergestellten US-Marke »Montecristo«

Handelsname und (in Klammern) Produktionsname	Länge in Inches (mm)		Ringmaß bzw. Durch- messer (mm)	
Churchill				
(Churchill)	7	(178)	48	(19,1)
No. 1				
(Lonsdale)	6 1/2	(165)	44	(17,5)
No. 2				
(Torpedo)	6	(152)	50	(19,8)
No. 3				
(Corona)	5 1/2	(140)	44	(17,5)
Robusto				
(Robusto)	4 3/4	(121)	50	(19,8)
Tubos				
(Lonsdale)	6 5/8	(168)	42	(16,7)

»Iß weniger, aber iß nur das Beste. Trink weniger, aber trink nur das Beste. Rauche weniger, aber rauche nur das Beste ...«

Dr. Ernst Schneider, Freund und Weggefährte von Z. Davidoff

Nacionales

Relativ häufig ist dieses Havanna-Format anzutreffen, das eine Länge von 5 1/2 Inches (≈ 140 mm) sowie ein Ringmaß von 40 (≈ 15,9 mm Durchmesser) aufweist und dem international gebräuchlichen Format einer »Corona« entspricht. Zigarren des Formats »Nacionales« sind von Hand gemacht – im Gegensatz zu denen der »Crema«, die exakt dieselben Maße aufweist.

Naturales

Warum dieses äußerst selten vorkommende Havanna-Format, dessen Zigarren von Hand gemacht sind, die Bezeichnung »Natur« trägt, ist nicht bekannt. Mit ihrem Ringmaß von 37 (≈ 14,7 mm Durchmesser) mißt die »Naturales« 6 1/12 Inches (≈ 155 mm) – und ist somit dem Format einer »Panatela« vergleichbar.

Next Generation

Der Name ist Programm, denn Jeffrey hat ein Vorbild, das Zigarrengeschichte geschrieben hat: Avo Uvezian, der »Komponist« unter den Zigarrenschöpfern, »Vater« der gleichnamigen Premium-Marke. Es ist nie ein leichtes, die gleichen Wege zu betreten, die zuvor von einer Legende beschritten (und somit vorgegeben) worden sind.

Jeffrey Avo Uvezian (so der volle Name) hat es dennoch getan, und herausgekommen sind dominikanische Longfiller, die bestimmt einen Versuch wert sind. Hervorragend von Hand gemacht, vereinigen sie in der Einlage sorgfältig fermentierte *Piloto-Cubano*- und *Dominican-Olor*-Tabake, wobei von der letzteren Sorte auch das Umblatt stammt, während das Deckblatt aus Sumatra kommt.

Die in Santiago gefertigten »Next Generations« sind für Raucher gedacht, die schon etwas Erfahrung im Umgang mit Zigarren haben, sind doch die aromatischen Longfiller durchaus der Kategorie »mittelkräftig« zuzuordnen. Somit schließt sich der Kreis: Die

Fußstapfen, die der Vater vor Jahren hinterlassen hat, waren für den Sohn nicht zu groß.

Womit wohl festzustellen ist: Die Uvezians scheinen eine recht kreative Familie zu sein.

Formate der in der Dominikanischen Republik hergestellten US-Marke »Next Generation«

Handelsname und (in Klammern) Formatzuordnung	Länge in Inches (mm)		Ringmaß bzw. Durchmesser (mm)	
Churchill				
(Double Corona)	7	(178)	50	(19,8)
Corona				
(Grand Corona)	6	(152)	45	(17,9)
Lonsdale				
(Long Corona)	6 1/4	(159)	42	(16,7)
Robusto				
(Robusto)	5	(127)	50	(19,8)

NICARAGUA

»Die Zigarren aus Nicaragua sind denen aus Kuba nahezu ebenbürtig.« – »Was die Vuelta Abajo für Kuba ist, das sind die Gegenden um Estelí und Jalapa für Nicaragua. Hier wächst ausgezeichneter Zigarrentabak.« – »Es dauert nicht mehr lange, und man kann die kubanischen und nicaraguanischen Zigarren hinsichtlich Aromaentfaltung und Qualität kaum mehr unterscheiden.«

Was so ein Bürgerkrieg doch nicht alles kaputtmachen kann! Da befindet sich ein Wirtschaftszweig im Agrarbereich in einem geradezu atemberaubenden Aufschwung – und innerhalb eines halben Jahrzehnts werden Arbeit und Engagement von nahezu zwei Dezennien auf dem Altar der Machtpolitik geopfert, werden Hoffnungen und Visionen zerstört.

Wer einen der angeführten Sätze in der Mitte, ja noch gegen Ende der 70er Jahre aussprach, der erntete etwa beileibe kein mitleidiges Kopfschütteln, gar vehementen Widerspruch, sondern der wurde durchaus ernst genommen – sofern die Gesprächspartner etwas von Tabak und Zigarren verstanden, denn zu dieser Zeit galten Zigarren aus Nicaragua allgemein als die besten nach den Havannas.

Der Bürgerkrieg machte dieses Image zunichte. Begonnen hatte das alles Anfang 1978, als der Oppositionspolitiker Chamorro während einer Wahlkundgebung von Anhängern des Diktators Somoza ermordet worden war. Es kam zu einem allgemeinen Volksaufstand, der schon bald zum blutigen Bürgerkrieg wurde. Der gehaßte Diktator verließ zwar im Juli 1979 Nicaragua, doch zurück blieb ein Land, in dem nicht nur Felder und Gebäude zerstört waren, sondern auch die Volksseele großen Schaden genommen hatte. Als sich dann schließlich die sandinistische Regierung unter Daniel Ortega daranmachte, der darniederliegenden Wirtschaft durch Reformprogramme wieder Impulse zu geben, schien wieder Hoffnung angebracht. Doch schon bald wurden von außen neue Unruhen in das Land hineingetragen: Die rechtsgerichteten Contras, von den USA unterstützt, setzten von Honduras aus den bewaffneten Widerstand gegen die Sandinisten fort. Und als dann noch die Vereinigten Staaten 1985 ein Handelsembargo gegenüber Nicaragua verhängten, kam die Wirtschaft des mittelamerikanischen Staates vollends zum Erliegen.

Zum Erliegen kam natürlich auch die Tabak- und Zigarrenindustrie, also jener Wirtschaftsbereich, von dem am Anfang die

Schlägt man einen Atlas auf und betrachtet eine Karte der Karibik-Region, so kann man feststellen, daß die Vuelta-Abajo-Region und die Gegend um Jalapa – beides Zentren des jeweiligen einheimischen Anbaus von Zigarrentabak – in etwa auf demselben Längengrad liegen. Eine mögliche Erklärung für die sehr guten klimatischen und topographischen Gegebenheiten, die in beiden Ländern vorherrschen und für den Tabakanbau so ideal erscheinen?

Rede war. Während der bewaffneten Auseinandersetzungen zwischen Contras und Sandinisten, die sich vor allem auf das Grenzgebiet zu Honduras erstreckten, das heißt auf die Region, in der man Tabak anpflanzte und Zigarren herstellte – während dieser Auseinandersetzungen wurde so manche Plantage verwüstet und mußte so mancher Tabakschuppen als Unterschlupf für so manchen Sprengtrupp herhalten.

Mit ihrer regressiven Politik hatte die US-Administration den *Aficionados* in ihrem Land nach Kuba eine zweite hochwertige »Zigarren-Quelle« versiegen lassen. »Scheiß Machtpolitik!« werden da wohl nicht wenige Zigarrenfreunde in Alabama und Arizona, in Minnesota und Montana, in Nebraska und Nevada wie anderswo gedacht haben.

Mittlerweile sieht das alles für die Freunde in den Staaten wieder sehr rosig aus. Seit 1990, mit dem Antritt einer gemäßigten Regierung, ist in Nicaragua der Wiederaufbau in Gang, der zwar hier und da noch schleppend vor sich geht, auch schon mal leichte Rückschläge erfährt, aber insgesamt ist zu erkennen, daß es zwar langsam, doch stetig aufwärts geht – in der Zigarrenindustrie sogar mit schnellen Schritten. Denn mit jeder neuen Ernte verbessert sich die Qualität der Zigarren aus dem Land zwischen der Karibischen See und dem Pazifischen Ozean beträchtlich, was auch die ständig größer werdende Zahl von Premium-Zigarren unterstreicht.

Inzwischen steigt nicht nur die Zahl der Premium-Zigarren aus Nicaragua an, sondern es ist auch eine vermehrte Fertigung von *Puros* zu beobachten.

NICHTKUBANISCHE KARIBEN

So werden all jene Zigarren bezeichnet, die aus dem »Großraum Karibik« stammen, nicht jedoch in Kuba hergestellt werden. Dieser Großraum erstreckt sich nicht nur auf die Länder, die in der Karibik liegen, wie etwa die Dominikanische Republik und Jamaika, sondern auch auf Länder, die zum Festland gehören, wie etwa Honduras, Mexiko und Nicaragua, während wiederum Brasilien nicht zu diesem Kreis zu zählen ist.

Letzteres trifft auch auf die Vereinigten Staaten zu, obwohl Florida – der südöstlichste US-Bundesstaat beheimatet schließlich eine beträchtliche Reihe von Zigarrenfabriken – von den Fluten der Karibik umspült wird.

N INFAS

Rank und schlank – eben wie eine »Nymphe« – präsentiert sich das gern benutzte Havanna-Format »Ninfas«: Mit einem Ringmaß von 33 (≈ 13,1 mm Durchmesser) und einer stattlichen Länge von 7 Inches (≈ 178 mm) ist sie der Format-Kategorie der »Slim Panatela« zuzurechnen. Zigarren des Formats »Ninfas« sind von Hand gemacht.

N OBEL

Die 1835 von Emilius Nobel gegründete dänische Firma sei hier kurz erwähnt, obwohl sie sich hauptsächlich auf die Herstellung von Zigarillos beschränkt. Doch in diesem Bereich ist das Unternehmen »E. Nobel« zu den ganz Großen zu zählen – weltweit. Darüber hinaus gehörten die Dänen zu den ersten, die ihre maschinengefertigten kleinen Formate aus 100 Prozent Tabak herstellten (und viele Nachahmer fanden).

N UEVA MARCA

Die Zigarren der »Neuen Marke« sind mittlerweile ganz schön in die Jahre gekommen, denn leider – »leider« auch deshalb, weil alle Formate handgemacht sind – sind sie nur äußerst schwer zu bekommen. Wer jedoch eine *Casa del Habano* in seiner Nähe weiß oder wem sich während einer Reise die Möglichkeit eröffnet, solch einen »Havanna-Tempel« aufzusuchen, der sollte es mal mit dem ein oder anderen Format probieren – die wirklich gut gemachten »Nueva Marcas« sind durchaus einen Versuch wert.

Formate der kubanischen Marke »Nueva Marca«

Handelsname und (in Klammern) Produktionsname	Länge in Inches (mm)	Ringmaß bzw. Durch- messer (mm)
8-9-8		
(Dalia)	6 11/16 (170)	43 (17,1)
Especiale		
(Numero 1)	7 9/16 (192)	38 (15,1)
Especiale No. 2		
(Numero 2)	6 (152)	38 (15,1)
Joyita		
(Numero 3)	4 13/24 (115)	26 (10,3)
No. 1		
(Cervante)	6 1/2 (165)	42 (16,7)
No. 2		
(Piramide)	6 1/8 (156)	52 (20,6)
No. 3		
(Corona)	5 7/12 (142)	42 (16,7)
No. 4		
(Mareva)	5 1/12 (129)	42 (16,7)
No. 5		
(Perla)	4 (102)	40 (15,9)
Tubos		
(Corona Grande)	6 1/12 (155)	42 (16,7)

$\mathcal{N}$UMERO 1

Ein relativ selten anzutreffendes Havanna-Format, das durch seine beachtliche Länge von 7 9/16 Inches (≈ 192 mm) bei dem relativ kleinen Ringmaß von 38 (≈ 15,1 mm Durchmesser) zu den eher außergewöhnlichen Formaten gehört und recht nahe an die Maße der klassischen »Long Panatela« heranreicht.

Bei einigen Formatbezeichnungen ist die Angabe um das Wort »Laguito« erweitert – Hinweis darauf, daß Zigarren dieses Formats in der Fabrik »El Laguito« hergestellt werden. So verbirgt sich beispielsweise hinter der *Vitola de galera* (also dem Produktionsnamen) »Laguito No. 1« auch die mittlerweile schon legendäre »Cohiba Lanceros« – eine der beiden Lieblingszigarren Fidel Castros. Selbstverständlich sind die Zigarren des Formats »Numero 1« bzw. »Laguito No. 1« von Hand gemacht, denn dem *Máximo Líder* wäre es ja wohl kaum zuzumuten gewesen, eine maschinell hergestellte Zigarre zu rauchen.

Auf eine weitere Besonderheit bei diesem Format muß ebenfalls noch kurz eingegangen werden. Wie die Zigarren der »Numero 1« sind auch die des Havanna-Formats »Delicado Extra« von Hand gemacht – und auch die Maße beider Formate sind absolut identisch. Dennoch gibt es einen Unterschied – zwar klein, aber fein: Alle Zigarren des Formats »Numero 1« bzw. »Laguito No. 1« weisen am Kopfende einen kleinen Zopf auf.

Numero 2

Wie die »Numero 1« hat auch die etwas stärker vertretene »Numero 2« ein Ringmaß von 38 – und wie der »Numero 1« kann auch diesem durchaus gebräuchlichen Havanna-Format schon einmal der Zusatz »El Laguito« vorangestellt sein. Dritte Übereinstimmung: Auch die Zigarren des Formats »Numero 2« sind von Hand gemacht.

Damit nicht genug: Hinter diesem Format verbirgt sich, ähnlich der »Cohiba Lanceros«, ebenfalls ein Format bzw. eine Marke, deren Zigarren ausschließlich in diesem einen »Numero 2«-Format angeboten werden: die »El Siboney Especial«.

Mit ihrer Länge von 6 Inches (≈ 152 mm) sind die Maße der »Numero 2« übrigens identisch mit denen der klassischen (und international gebräuchlichen) »Panatela«.

Numero 3

Wie den Formaten »Numero 1« und »Numero 2« sei auch dem – relativ gebräuchlichen – Havanna-Format »Numero 3« zunächst einmal der Zusatz »El Laguito« vorangestellt. Das ist aber auch schon – neben der Namensähnlichkeit und dem Vermerk *Totalmente a mano* – die einzige Übereinstimmung zwischen den drei Formaten. Die »Numero 3« weist eine Länge von 4 13/24 Inches (≈ 115 mm) sowie ein Ringmaß von lediglich 26 (≈ 10,3 mm Durchmesser) auf und gehört somit zur »Familie« der »Cigarillos«.

OTTO HATJE

1922 wurden in der Hamburger Firma »Otto Hatje« erstmals Zigarren hergestellt, zum Teil von Hand. Das ist heute immer noch so.

Wer in der Nähe der Hansestadt wohnt, der kann die »Hatjes« sowie einige Importmarken, dazu noch Accessoires, im firmeneigenen Hamburger Verkaufsladen erwerben – wer nicht, der hat die Möglichkeit, sie über den Versandweg zu beziehen.

»Otto Hatje« verwendet für die Herstellung seiner Zigarren Einlage-Tabake aus Brasilien, Indonesien, Kuba und Mexiko, Umblätter aus Java sowie Brasil- und Sumatra-Deckblätter. Für seine Serie »Pur Havana« werden dagegen nur Havanna-Tabake genommen. Doch einerlei, für welche Zigarre sich der Käufer auch entscheidet – alle bestehen aus 100 Prozent Tabak.

OUD KAMPEN

»Sumatra cum Laude« – so lautet der Prägedruck, der auf jeder Kiste der Marke »Oud Kampen« zu lesen ist. Dieser Hinweis bezieht sich auf das feine Sumatra-Deckblatt, welches jede Zigarre dieser renommierten niederländischen Marke aufweist. Ferner haben die »Alt Kampener«, die heute unter der Aufsicht der renommierten Firma »Ritmeester« – übrigens Teil der schweizerischen »Burger Söhne AG« – hergestellt werden, eine Einlage, die sich aus brasilianischen, karibischen und indonesischen Tabaken zusammensetzt, sowie ein Java-Umblatt.

Die in traditioneller holländischer Manier gemachten milden Shortfiller lassen beim Rauchen eine feine Ausgewogenheit der

Mischung erkennen, die eine breite Aromenentwicklung freigibt. Die »Oud Kampen – Sumatra cum Laude«, deren Zigarren aus 100 Prozent Tabak gemacht sind, umfaßt eine ganze Reihe von Formaten. Zu nennen sind hier die »Amadeus«, die »Corona Final«, die »La Donna« und die »La Diva« – Formate, die von der »Panatela« bis zu einer schlanken »Corona« reichen.

*P*ALMA

Soll der Name dieses äußerst seltenen Havanna-Formats an die Hauptstadt der größten Baleareninsel oder an die Palmen auf Kuba erinnern – oder kamen einst die Maße der »Palma« des *Torcedors*, das heißt seiner »Handfläche« (denn auch diese Übersetzung läßt die Formatbezeichnung zu), bei dessen Arbeit entgegen? Genaues weiß man nicht. Fest steht aber: Zigarren dieses Formats sind maschinengefertigt.

Auch die folgenden Maßangaben sind verbindlich. Bei einem Ringmaß von 33 (≈ 13,1 mm Durchmesser) weist die »Palma« eine Länge von 6 11/16 Inches (≈ 170 mm) auf – und entspricht damit dem Format einer »Slim Panatela«.

*P*ALMITA

Wie die »Palma« ist auch die »Palmita« ein Havanna-Format, das äußerst selten vorkommt. Im Gegensatz zu den »Palmas« sind die »Palmitas« jedoch von Hand gemacht.

Mit einer Länge von 6 Inches (≈ 152 mm) und einem Ringmaß von 32 (= 12,7 mm Durchmesser) entspricht sie, obwohl ca. 18 Millimeter kürzer als die »Palma«, ebenfalls einer »Slim Panatela«.

*P*ANATELA

Ob nun »Panatela« oder »Panatella«, »Panetela« oder »Panetella« – gemeint ist immer das gleiche. Die klassischen Maße dieses international gebräuchlichen Formats betragen in der Länge 6 Inches (in), was ca. 152 Millimetern (mm) entspricht, und 38 im Ringmaß, was wiederum mit einem Durchmesser von ca. 15,1 Millimetern gleichzusetzen ist.

Man spricht immer noch von einer »Panatela«, wenn die Länge mindestens 5 1/2 Inches sowie höchstens 6 7/8 Inches beträgt und gleichzeitig das Ringmaß zwischen 35 und 39 liegt. In metrischen Maßen ausgedrückt: Die Länge hat eine Spanne, die bei ca. 140 Millimetern beginnt und bei ca. 175 Millimetern endet, während die Spannbreite beim Durchmesser von ca. 13,9 bis ca. 15,5 Millimetern reicht.

Bewegen sich also beide Maßangaben innerhalb der zwei Spannbreiten – Beispiel: 6 1/2 in × 38 (≈165 × ≈15,1 mm) –, so handelt es sich um das Format »Panatela«.

*P*ANETELA

Ein Havanna-Format, das nicht allzu häufig anzutreffen ist. Mit ihrer Länge von 4 5/8 Inches (≈ 117 mm) und ihrem Ringmaß von 34 (≈ 13,5 mm Durchmesser) ist die »Panetela« einer »Small Panatela« vergleichbar, ist also nicht, wie naheliegend vermutet werden könnte, identisch mit dem international gebräuchlichen Format einer »Panatela«. Zigarren des Formats »Panetela« sind von Hand gemacht.

*P*ANETELA LARGA

Wie ihre Schwester, die »Panetela«, zählt auch die »Panetela Larga« zu den Havanna-Formaten, die nicht so gebräuchlich sind – und wie die Zigarren der »Panetela« sind auch die der »Panetela Larga« von Hand gemacht.

Bei einem Ringmaß von 28 (11,1 mm Durchmesser) hat sie – wie die Bezeichnung »Larga« schon andeutet – eine beachtliche Länge: 6 7/8 Inches (≈ 175 mm) und verkörpert somit ein recht außergewöhnliches Format, das weder den klassischen Maßen einer »Slim Panatela« noch denen eines »Cigarillo« entspricht.

Dieses wirklich äußerst selten anzutreffende Havanna-Format hat eine Länge von 6 13/24 Inches (≈ 166 mm) sowie ein Ringmaß von 38 (≈ 15,1 mm Durchmesser) und ist dem Format einer »Panatela« vergleichbar. Zigarren des Formats »Parejo« sind von Hand gemacht.

DIE ZOLLFREIEN PARADIESE

Noch gibt es sie, die großen Duty-free-Shops auf den internationalen Flughäfen. Da in den EU-Staaten diese Paradiese zollfreien Einkaufs mit Beginn des Jahres 2000 dank der Europäischen Kommission in Brüssel Geschichte sind, bleiben dem zigarrerauchenden Reisenden nur jene Duty-free-Shops, die in einem Land anzutreffen sind, das nicht der Europäischen Union angehört, um dort die Rauchwarenabteilungen genauestens unter die Lupe zu nehmen. Gott sei Dank bleiben immer noch genug Länder, in denen der *Aficionado* sein Glück versuchen, das heißt, nach preisgünstigen Zigarren Ausschau halten kann, beispielsweise in Übersee.

Doch Vorsicht: Manchmal entpuppt sich solch ein Paradies als Irrgarten, da das Angebot unbefriedigend ist; dann wieder tun sich Abgründe auf, weil die Preise nur wenig niedriger sind als im Laden um die Ecke. Natürlich kommt es auch vor, daß sowohl Angebot als auch Preis stimmen. Dann heißt es zugreifen, denn mit Beginn des Jahres 2000 gibt es nur noch ein Geschäft innerhalb der EU, das zollfreie Waren anbietet. Dieser wundersame Duty-free-Shop befindet sich in Brüssel. Hier finden Normalsterbliche jedoch keinen Einlaß – Zutritt wird nur Europa-Abgeordneten und jenen Mitarbeitern gewährt, welche für die Europäische Kommission tätig sind.

$\mathcal{P}$ARTAGÁS

Im Jahre 1845 erstmals hergestellt, zählt sie zu
den ältesten Havanna-Marken, die heute noch
existieren – und sich großer Beliebtheit erfreuen,
vornehmlich bei jenen' *Aficionados*, die den typischen starken Geschmack einer Havanna lieben.
Ins Leben gerufen wurde sie von Don Jaime
Partagás, womit gleichzeitig der Markenname, um den es sich hier
dreht, verraten ist, und gefertigt wurde sie in der *Fábrica* ebenfalls
gleichen Namens, die – erneute Duplizität der Ereignisse – in
besagtem Jahr 1845 ihre Arbeit aufnahm.

In dem ehrwürdigen Gemäuer werden die zahlreichen Formate der
»Partagás« (es sind über 40) immer noch gefertigt, einige von ihnen
auch maschinell – nur heißt die *Fábrica* jetzt »Francisco Pérez
Germán«. Läßt man diese Firmierung einmal außer acht, so ist die
»Partagás«-Fabrik die älteste noch bestehende industrielle Fer-
tigungsstätte von Havannas.

Bei den »Partagás« handelt es sich, wie gesagt, um ausgesprochen
starke, »vollmundige« Zigarren, die durch erdig schmeckende
Aromen auffallen. Unter der fachkundigen Leitung von Ernesto
Lopez und Jorge Luna entstehen in der Calle de la Industria No.
520, gelegen im Herzen der Altstadt, Zigarren, die in der Machart
von hoher Qualität sind.

Das zeichnet auch die dominikanischen »Partagas« aus, deren
Herstellung ebenfalls von Meistern ihres Fachs geleitet wird, nämlich von Ramón Cifuentes und Benjamín Menéndez (obwohl sich
letzterer mittlerweile primär der Fertigung der »Macanudo« widmet). Beide entstammen berühmten Zigarrenmacherfamilien. So
erwarb beispielsweise Don Ramón Cifuentes, unterstützt durch
mehrere Partner, 1889 die Rechte an der »Partagás«, kaufte auch
die Fabrik, deren Leitung dann sein ältester Sohn, der oben erwähnte Ramón, nach dem Tod des Patriarchen übernahm, bevor er nach
Castros Machtübernahme in die Dominikanische Republik emi-
grierte.

Die Rechte an »seiner« so geliebten »Partagás« liegen zwar mitt-

lerweile beim US-Unternehmen »General Cigar«, doch Ramón Cifuentes steht nach wie vor für die hervorragende Qualität der Zigarren ein.

Die dominikanische »Partagas« mit ihrer Einlage aus dominikanischen und mexikanischen Tabaken, einem mexikanischen Umblatt sowie einem Colorado-Maduro-Deckblatt aus Kamerun – diese Kombination gilt für alle Serien – ist zwar nicht ganz so stark wie ihr kubanisches Gegenstück, verfügt aber mit ihrem mittleren bis vollen Körper über eine Stärke, wie sie sich nur selten bei dominikanischen Marken findet. Mit ihrem leicht süßlichen Geschmack gehört sie zu den besten Premium-Zigarren, die weltweit angeboten werden.

Formate der kubanischen Marke »Partagás«

Handelsname und (in Klammern) Produktionsname	Länge in Inches (mm)	Ringmaß bzw. Durchmesser (mm)
8-9-8		
(Corona Grande)	6 1/12 (155)	42 (16,7)
8-9-8		
(Dalia)	6 11/16 (170)	43 (17,1)
Aristocrat		
(Petit Cetro)	5 1/12 (129)	40 (15,9)
Astoria		
(Cosaco)	5 1/3 (135)	42 (16,7)
Belvederes		
(Belvederes)	4 11/12 (125)	39 (15,5)
Bonito Extra Mild		
(Chicos)	4 1/6 (106)	29 (11,5)

→

Capitol

(Petit Cetro) 5 1/12 (129) 40 (15,9)

Charlottes

(Carlota) 5 5/8 (143) 35 (13,9)

Chicos

(Chicos) 4 1/6 (106) 29 (11,5)

Churchill De Luxe

(Julieta No. 2) 7 (178) 47 (18,7)

Corona

(Corona) 5 7/12 (142) 42 (16,7)

Corona A. Mejorado

(Corona) 5 7/12 (142) 42 (16,7)

Corona Grande

(Corona Grande) 6 1/12 (155) 42 (16,7)

Corona Junior

(Coronita) 4 5/8 (117) 40 (15,9)

Corona Senior

(Eminente) 5 3/16 (132) 44 (17,5)

Cubano

(Placera) 4 11/12 (125) 34 (13,5)

Culebras

(Culebra) 5 3/4 (146) 39 (15,5)

Demi-Tip

(Demi Tip) 4 11/12 (125) 29 (11,5)

Eminentes

(Eminente) 5 3/16 (132) 44 (17,5)

Filipo

(Placera) 4 11/12 (125) 34 (13,5)

Habanero

(Belvederes) 4 11/12 (125) 39 (15,5)

Half Corona

(Minuto) 4 1/3 (110) 42 (16,7)

Londres en Cedro

(Petit Cetro) 5 1/12 (129) 40 (15,9)

Londres Extra

(Petit Cetro) 5 1/12 (129) 40 (15,9) →

Londres Fino

(Petit Cetro)	5 1/12	(129)	40	(15,9)

Lonsdale

| (Cervante) | 6 1/2 | (165) | 42 | (16,7) |

Lusitania

| (Prominente) | 7 5/8 | (194) | 49 | (19,5) |

Mille Fleur

| (Petit Corona) | 5 1/12 | (129) | 42 | (16,7) |

Palma Grande

| (Ninfas) | 7 | (178) | 33 | (13,1) |

Panatela

| (Conchita) | 5 | (127) | 35 | (13,9) |

Parisiano

| (Petit Cetro) | 5 1/12 | (129) | 40 | (15,9) |

Partagás De Luxe

| (Crema) | 5 1/2 | (140) | 40 | (15,9) |

Partagás de Partagás No. 1

| (Dalia) | 6 11/16 | (170) | 43 | (17,1) |

Partagás Pride

| (Minuto) | 4 1/3 | (110) | 42 | (16,7) |

Perfecto

| (Perfecto) | 5 | (127) | 44 | (17,5) |

Personales

| (Petit Cetro) | 5 1/12 | (129) | 40 | (15,9) |

Petit Bouquet

| (Infante) | 3 7/8 | (98) | 37 | (14,7) |

Petit Corona

| (Mareva) | 5 1/12 | (129) | 42 | (16,7) |

Petit Corona Especiales

| (Eminente) | 5 3/16 | (132) | 44 | (17,5) |

Petit Corona Tubos

| (Eminente) | 5 3/16 | (132) | 44 | (17,5) |

Petit Partagás

| (Petit Cetro) | 5 1/12 | (129) | 40 | (15,9) |

Petit Privado

| (Mareva) | 5 1/12 | (129) | 42 | (16,7) | →

Presidente				
(Taco)	6 1/4	(159)	47	(18,7)
Princess				
(Conchita)	5	(127)	35	(13,9)
Privado				
(Corona)	5 7/12	(142)	42	(16,7)
Ramonita				
(Carolina)	4 3/4	(121)	26	(10,3)
Regalias de la Reina Bueno				
(Coronita)	4 5/8	(117)	40	(15,9)
Royal				
(Londres)	4 11/12	(125)	40	(15,9)
Seleccion Fox No. 7				
(Minuto)	4 1/3	(110)	42	(16,7)
Seleccion Fox No. 11				
(Placera)	4 11/12	(125)	34	(13,5)
Seleccion Privada No. 1				
(Dalia)	6 11/16	(170)	43	(17,1)
Serie D No. 4				
(Robusto)	4 7/8	(124)	50	(19,8)
Serie du Connaisseur No. 1				
(Delicado Extra)	7 9/16	(192)	38	(15,1)
Serie du Connaisseur No. 2				
(Parejo)	6 13/24	(166)	38	(15,1)
Serie du Connaisseur No. 3				
(Carlota)	5 5/8	(143)	35	(13,9)
Shorts				
(Minuto)	4 1/3	(110)	42	(16,7)
Super Partagás				
(Crema)	5 1/2	(140)	40	(15,9)
Toppers				
(Toppers)	6 5/16	(160)	39	(15,5)
Tres Petit Corona				
(Franciscano)	4 7/12	(116)	40	(15,9)

Standardformate der in der Dominikanischen Republik
hergestellten US-Marke »Partagas«

Handelsname und (in Klammern) Formatzuordnung	Länge in Inches (mm)		Ringmaß bzw. Durch- messer (mm)	
8-9-8				
(Lonsdale)	6 7/8	(175)	44	(17,5)
Almirantes				
(Grand Corona)	6 1/4	(159)	47	(18,7)
Aristocrat				
(Torpedo)	6	(152)	50	(19,8)
Humitubes*				
(Lonsdale)	6 3/4	(171)	43	(17,1)
Maduro				
(Grand Corona)	6 1/4	(159)	48	(19,1)
Naturales				
(Robusto)	5 1/2	(140)	50	(19,8)
No. 1				
(Lonsdale)	6 3/4	(171)	43	(17,1)
No. 2				
(Corona)	5 3/4	(146)	43	(17,1)
No. 4				
(Short Panatela)	5	(127)	38	(15,1)
No. 6				
(Panatela)	6	(152)	34	(13,5)
No. 10				
(Double Corona)	7 1/2	(191)	49	(19,5)
Purito				
(Small Panatela)	4 1/8	(105)	32	(12,7)
Robusto				
(Robusto)	4 1/2	(114)	49	(19,5)
Sabroso*				
(Long Corona)	5 7/8	(149)	44	(17,5)

Formate der Serie »Limited Reserve« der in der Dominikanischen Republik hergestellten US-Marke »Partagas«

Handelsname und (in Klammern) Formatzuordnung	Länge in Inches (mm)		Ringmaß bzw. Durchmesser (mm)	
Regale				
(Grand Corona)	6 1/4	(159)	47	(18,7)
Royale				
(Lonsdale)	6 3/4	(171)	43	(17,1)

Formate der Serie »150 Signature« der in der Dominikanischen Republik hergestellten US-Marke »Partagas«

Handelsname und (in Klammern) Formatzuordnung	Länge in Inches (mm)		Ringmaß bzw. Durchmesser (mm)	
A				
(Lonsdale)	6 3/4	(171)	43	(17,1)
AA				
(Double Corona)	7 1/2	(191)	49	(19,5)
B				
(Grand Corona)	6 1/2	(165)	47	(18,7)
C				
(Robusto)	5 1/2	(140)	49	(19,5)
D				
(Short Panatela)	5	(127)	38	(15,1)
Don Ramón				
(Double Corona)	7	(178)	52	(20,6)
Figurado				
(Toro)	6	(152)	50	(19,8)
Robusto				
(Robusto)	4 1/2	(114)	49	(19,5)

Erstmals auf den Markt kam diese Zigarre von den Kanarischen Inseln im Jahre 1939, kreiert von einem gewissen José Martin Lesmes, der die »Peñamil« nach dem Familiennamen seiner Frau benannte.

Relativ rasch erfreuten sich die handgemachten Zigarren großer Beliebtheit, zunächst auf den Kanaren selbst, dann auch auf dem spanischen Festland, schließlich in Europa, um dann, mit Beginn der 70er Jahre, etwas in Vergessenheit zu geraten. Nach der Übernahme der Gesellschaft »Cita-Tabacos de Canarias S. A.« im Jahre 1991 erlebten sie einen Aufschwung und erfreuen sich heute wieder großer Beliebtheit.

Das durchaus zu Recht, denn bei der noch relativ jungen Serie »Peñamil Oro« handelt es sich um eine Einlage, deren Tabake aus der kubanischen Vuelta Abajo, der Dominikanischen Republik und aus Brasilien kommen, um ein Umblatt, das aus Mexiko stammt, sowie um ein Connecticut-Shade-Deckblatt, das, angefangen bei Claro (»No. 6«), stets etwas dunkler wird und sich bis Colorado Claro (»No. 25«) erstreckt. Das alles ergibt relativ milde Zigarren, die beim Rauchen einen aromareichen Geschmack entwickeln.

Hingewiesen sei noch auf die zwei Standardformate »Gran Reserva« und »Reserva«, beides ebenfalls hervorragend gemachte Longfiller. Gefertigt werden die »Peñamils« übrigens nicht auf der Insel

Standardformate der auf den Kanarischen Inseln hergestellten Marke »Peñamil«

Handelsname und (in Klammern) Formatzuordnung	Länge in Millimeter (in)	Ringmaß bzw. Durchmesser (RM)
Gran Reserva (Double Corona)	183 (7 1/5)	17,9 (45)
Reserva (Petit Corona)	152 (6)	16,7 (42)

Formate der Serie »Peñamil Oro« der auf den Kanarischen Inseln hergestellten Marke »Peñamil«

Handelsname und (in Klammern) Formatzuordnung	Länge in Milli- meter (in)		Ringmaß bzw. Durch- messer (RM)
No. 6			
(Long Corona)	152	(6)	16,7 (42)
No. 16			
(Long Panatela)	183	(7 1/5)	14,7 (35)
No. 17			
(Lonsdale)	173	(6 4/5)	16,7 (42)
No. 25			
(Churchill)	193	(7 3/5)	17,9 (45)

La Palma, dem eigentlichen Zentrum der Zigarrenherstellung auf den Kanaren, sondern in Santa Cruz de Tenerife, und zwar unter der Leitung von José Lorenzo Gonzáles, einem Exil-Kubaner.

PERFECTO

Ein nicht allzu häufig verwendetes Havanna-Format, das bei einem Ringmaß von 44 (≈ 17,5 mm Durchmesser) exakt 5 Inches (= 127 mm) in der Länge mißt und somit dem international gebräuchlichen Format einer »Petit Corona« gleichzusetzen ist. Die Zigarren des Formats »Perfecto« sind maschinengefertigt.

PERLA

Dieses relativ oft vorkommende Havanna-Format ist gerade einmal 4 Inches (≈ 102 mm) lang, hat aber, bezogen auf seine Länge, ein beachtliches Ringmaß von 40 (≈ 15,9 mm Durchmesser) – und zählt zu den Formaten, deren Zigarren von Hand gemacht sind. Damit entspricht die »Perla« mit ihren Maßen dem international gebräuchlichen Format einer »Petit Corona«.

$\mathcal{P}$ETIT

Wie der Name schon andeutet, handelt es sich bei diesem – nicht oft anzutreffenden – Havanna-Format um ein relativ »kleines« Format. Es hat eine Länge von 4 1/4 Inches (≈ 108 mm) sowie ein Ringmaß von 31 (≈ 12,3 mm Durchmesser) und ist somit dem international gebräuchlichen Format einer »Small Panatela« gleichzusetzen. Die Zigarren des Formats »Petit« sind von Hand gemacht.

$\mathcal{P}$ETIT CETRO

Dieses sehr oft verwendete Havanna-Format, dessen Zigarren von Hand gemacht sind, mißt bei einem Ringmaß von 40 (≈ 15,9 mm Durchmesser) in der Länge 5 1/12 Inches (≈ 129 mm) und kommt somit den Maßen des international gebräuchlichen Formats einer »Corona« recht nahe.

$\mathcal{P}$ETIT CORONA

Die klassischen Maße dieses international gebräuchlichen Formats betragen in der Länge 5 Inches (in), was genau 127 Millimetern (mm) entspricht, und 42 im Ringmaß, was wiederum mit einem Durchmesser von ca. 16,7 Millimetern gleichzusetzen ist.

Man spricht immer noch von einer »Petit Corona«, wenn die Länge mindestens 4 Inches sowie höchstens 5 Inches beträgt und gleichzeitig das Ringmaß zwischen 40 und 44 liegt. In metrischen Maßen ausgedrückt: Die Länge hat eine Spanne, die bei ca. 102 Millimetern beginnt und bei exakt 127 Millimetern endet, während die Spannbreite beim Durchmesser von ca. 15,9 bis ca. 17,5 Millimetern reicht. Bewegen sich also die beiden Maßangaben innerhalb der zwei Spannbreiten – Beispiel: 4 1/2 in × 42 (≈114 × ≈16,7 mm) –, so handelt es sich um das international gebräuchliche Format »Petit Corona«.

Bei den Maßen des gleichnamigen kubanischen Formats gibt es lediglich in der Länge eine (geringe) Abweichung gegenüber jenen, die oben angegeben sind.

Die »kleine Krone«, ein sehr gebräuchliches Havanna-Format, hat wie ihre Schwester, die »Petit Cetro«, eine Länge von 5 1/16 Inches (≈ 129 mm), verfügt jedoch mit einem Ringmaß von 42 (≈ 16,7 mm Durchmesser) über einen etwas kräftigeren Körper, wodurch sie (hier liegt die zweite Übereinstimmung mit der »Petit Cetro« vor) in etwa dem Format einer »Corona« entspricht – und somit nicht mit dem klassischen Format der »Petit Corona« identisch ist, denn das hat, wie gesagt, eine Länge von exakt 5 Inches (= 127 mm), während das Ringmaß bei beiden das gleiche ist. Obschon also beide Ringmaße übereinstimmen, ist eine »Petit Corona« nicht gleich eine »Petit Corona«, selbst wenn der Unterschied lediglich etwa 2 Millimeter ausmacht.

Die kubanische »Petit Corona« wird nicht selten mit der »Mareva« verwechselt, denn beide Formate weisen exakt dieselben Maße auf – selbst im Gewicht, das 8,14 Gramm betragen sollte, sind sie deckungsgleich. Der Unterschied liegt in einem ganz anderen Umstand, und zwar in einem wesentlichen: Während die Zigarren des Formats »Mareva« von Hand gemacht sind, werden die »Petit Coronas« maschinell gefertigt.

$\mathcal{P}$ETRUS

Allein schon der Name der honduranischen Zigarrenfabrik, welche die »Petrus« herstellt, läßt auf eine gute Qualität bei diesen Zigarren schließen: »La Flor de Copán« fertigt neben anderen Premium-Zigarren auch die Zigarren der Marke »Zino«, mit denen sich bekanntlich »Davidoff« den US-Markt eröffnete.

Zu unterscheiden ist bei den »Petrus«-Zigarren zwischen drei Serien: der Standard- sowie den Serien »Etiquette Rouge« und »Oro Negro« bzw. »Maduro«. Bei den Zigarren letzterer Serie handelt es sich um *Puros*, da alle Tabake  einheimischen Ursprungs sind. Die Standardserie wiederum hat einen Wickel aus honduranischen Tabaken und ein ecuadorianisches Deckblatt. Bleibt schließlich noch die Serie »Etiquette Rouge«. Sie ist »international« zusammengesetzt, denn hier kommt (nur) das Umblatt aus Honduras, während die Dominikanische Republik und Nicaragua in der Einlage vertreten sind und das Deckblatt aus Ecuador stammt.

Standardformate der in Honduras hergestellten Marke »Petrus«

Handelsname und (in Klammern) Formatzuordnung	Länge in Inches (mm)		Ringmaß bzw. Durchmesser (mm)	
Antonius				
(Torpedo)	5	(127)	52	(20,6)
Chantaco				
(Short Panatela)	4 3/4	(121)	35	(13,9)
Churchill				
(Double Corona)	7	(178)	50	(19,8)
Corona Sublime				
(Corona Extra)	5 1/2	(140)	46	(18,3)
Double Corona				
(Double Corona)	7 3/4	(197)	50	(19,8)
Duchess				
(Small Panatela)	4 1/2	(114)	30	(11,9)
Gregorius				
(Petit Corona)	5	(127)	42	(16,7)
Lord Byron				
(Long Panatela)	8	(203)	38	(15,1)
No. II				
(Long Corona)	6 1/4	(159)	44	(17,5)
No. III				
(Toro)	6	(152)	50	(19,8)
No. IV				
(Panatela)	5 5/8	(143)	38	(15,1)
Palma Fina				
(Panatela)	6	(152)	38	(15,1)
Rothschild				
(Robusto)	4 3/4	(121)	50	(19,8)

Müßig zu erwähnen, daß die Tabake für alle »Petrus«-Zigarren sorgfältigst ausgesucht werden, doch erwähnt werden muß, daß sie nach ihrer Ernte zunächst drei Jahre reifen, ehe sie verarbeitet werden. Das Ergebnis kann sich sehen lassen: Die Zigarren der Standardserie sind mild bis mittelkräftig und geben eine Vielfalt von Aromen frei. Die »Etiquette Rouges« sind mittelstark, ebenso die »Oro Negros«, wobei alle Longfiller der letztgenannten Serien dem Aromenreichtum der Standardformate kaum nachstehen.

Formate der Serie »Etiquette Rouge« der in Honduras hergestellten Marke »Petrus«

Handelsname und (in Klammern) Formatzuordnung	Länge in Inches (mm)		Ringmaß bzw. Durch- messer (mm)	
RB 1				
(Torpedo)	7	(178)	55	(21,8)
RCH 1				
(Churchill)	7	(178)	48	(19,1)
RCR 1				
(Corona)	5 3/4	(146)	44	(17,5)
RR 1				
(Robusto)	5	(127)	52	(20,6)

Formate der Serie »Oro Negro« der in Honduras hergestellten Marke »Petrus«

Handelsname und (in Klammern) Formatzuordnung	Länge in Inches (mm)		Ringmaß bzw. Durch- messer (mm)	
Antonius				
(Torpedo)	5	(127)	54	(21,4)
Churchill				
(Double Corona)	7	(178)	50	(19,8)

→ **291**

Corona Sublime				
(Corona Extra)	5 1/2	(140)	46	(18,3)
Double Corona				
(Double Corona)	7 3/4	(197)	50	(19,8)
No. II				
(Long Corona)	6 1/4	(159)	44	(17,5)
No. III				
(Toro)	6	(152)	50	(19,8)
Rothschild				
(Robusto)	4 3/4	(121)	50	(19,8)

*P*IRAMIDE

Leider kommt dieses interessante Havanna-Format nicht mehr so oft vor wie noch vor zwei bis drei Jahrzehnten – was wohl vor allem daran liegt, daß nur noch wenige *Torcedores* die Kunst beherrschen, eine »Piramide« perfekt zu rollen.

Während die klassische Länge einer »Pyramid« 7 Inches (≈ 178 mm) beträgt, ist das kubanische Format 6 1/8 Inches (≈ 156 mm) lang und verfügt über das beachtliche Ringmaß von 52 (≈ 20,6 mm Durchmesser), wohingegen beim internationalen »Pyramid«-Format das Ringmaß zwischen 36 und 54 variieren kann. Zigarren des Formats »Piramide« sind von Hand gemacht.

Hinweis: Falls bei einer »Pyramide« – wie bei einer »Torpedo« – das Ringmaß angegeben ist, so bezieht sich dies immer auf die dickste Stelle.

P. J. LANDFRIED

An der Bergheimer Straße, unmittelbar in der Nähe des Heidelberger Hauptbahnhofs, steht die älteste noch existierende (und produzierende) Zigarrenfabrik Deutschlands: »P. J. Landfried«. 1810 gegründet, wuchs relativ rasch das Auftragsvolumen der noch jungen Manufaktur – und somit auch die Mitarbeiterzahl. Gegen Ende des 19. Jahrhunderts konnte von einer Manufaktur schon lange nicht mehr die Rede sein – rund 2000 Beschäftigte zählte nun das

Unternehmen und gehörte damit zu den Großen der Branche. Sie arbeiteten schon an der Bergheimer Straße, da das Stammgebäude in der Heidelberger Innenstadt zuvor aus allen Nähten geplatzt war. Mittlerweile in der sechsten Generation geführt, fertigen rund 25 Mitarbeiter unter Leitung von Dieter Schinz Shortfiller nach bester europäischer Tradition, wovon der überwiegende Teil das Güte-siegel »100 Prozent Tabak« trägt.

Spitzenprodukt ist eine etwas längere »Corona«, deren jeweilige Deckblätter aus Brasilien, Region Mata Fina, oder aus Indonesien, Region Delí (Sumatra), stammen. Auch kann der Zigarrenfreund zwischen zwei verschieden geformten Brandenden wählen: einem »normalen« und einem sogenannten »Spitz-Format«. Hierbei han-delt es sich um eine relativ kurze Pyramide, die nach etwa vier Fünfteln der Zigarre beginnt und sich zum Brandende hin verjüngt. Heute sind solcherart gearbeitete Formate nur noch äußerst selten anzutreffen. Ein derartiges Format bietet das besagte Spitzen-produkt an, welches das Haus »P. J. Landfried« fertigt. Diese Serie kam erstmals 1988 als »Philipp Jakob Landfried« auf den Markt, und zwar anläßlich des 200. Geburtstags des Firmengründers – womit denn auch dessen Vornamen genannt sind.

$\mathcal{P}$LACERA

Ob bei der Geburt dieses Havanna-Formats, das durchaus ge-bräuchlich ist, an das spanische Wort *Placer*, das für »Genuß«, »Vergnügen« steht, gedacht worden ist, liegt ohne weiteres im Bereich des Möglichen, da es mit seiner Länge von 4 11/12 Inches (≈ 125 mm) und seinem Ringmaß von 34 (≈ 13,5 mm Durchmesser) dem beliebten Format einer »Small Panatela« entspricht – womit einmal mehr unterstrichen wird, daß auch ein kurzes Vergnügen zu den angenehmen Seiten des Lebens zu zählen ist. Die Zigarren des Formats »Placera« sind ausnahmslos maschinell gefertigt.

»Eine Frau ist nur eine Frau, aber eine Zigarre ist ein Rauchgenuß.«
Rudyard Kipling, englischer Schriftsteller

Gefertigt im nicaraguanischen Estelí, ist allein schon der Name der Marke Garant dafür, daß es sich bei diesen Zigarren um hervorragende, von Hand gemachte Longfiller handelt, gehört doch Nestor Plasencia zu den ganz großen Zigarrenmachern, die im karibischen Raum immer wieder interessant komponierte Kreationen auf den Markt bringen.

Beim Wickel vertraut Nestor Plasencia auf einheimischen Tabak, während er beim Colorado-Claro-Deckblatt auf eines aus Ecuador setzt. In der Summe ergibt das angenehm zu rauchende Longfiller, die eine mittlere Stärke haben und mit einer reichen Aromenvielfalt aufwarten.

Formate der in Nicaragua hergestellten Marke »Plasencia«

Handelsname und (in Klammern) Formatzuordnung	Länge in Inches (mm)		Ringmaß bzw. Durchmesser (mm)	
Corona Especial				
(Long Corona)	6	(152)	40	(15,9)
Presidente				
(Churchill)	7 1/2	(191)	48	(19,1)
Robusto				
(Robusto)	4 3/4	(121)	50	(19,8)
Torpedo				
(Torpedo)	6	(152)	48	(19,1)
Toro				
(Grand Corona)	6	(152)	46	(18,3)

»Die Lebenskunst ist eine Kultur, die von Lebensart, von Respekt und von Toleranz genährt wird. Die Kunst, eine Zigarre zu genießen, ist dasselbe.«

Zino Davidoff, zigarrerauchender Epikureer

$\mathcal{P}$LÉIADES

Jede »Pléiades« hat mit Sicherheit eine große Wegstrecke hinter sich, ehe sie in die Hand eines *Aficionados* gelangt. Denn die im dominikanischen Santiago hergestellten Zigarren treten nach ihrer Fertigstellung zunächst einmal eine lange Reise nach Frankreich an, um dort, genauer gesagt in Straßburg, noch bis zu sechs Monaten nachzureifen, ehe sie, nach vorgenommener Endkontrolle, in ihre Kisten – in denen übrigens ein Humidor integriert ist – gepackt und, falls notwendig, wieder verschickt werden.

Notwendig ist das meist, denn die Premium-Marke der staatlichen französischen Tabakgesellschaft »Seita« hat ihre Anhänger in nahezu allen Teilen der Welt sitzen. Das hat einen durchaus einleuchtenden Grund: Es handelt sich bei den »Pléiades« um wirklich gut gemachte, relativ milde Zigarren, die in der Regel über ein Connecticut-Shade-Deckblatt in Colorado Claro verfügen sowie einen Wickel, der aus dominikanischen Tabaken komponiert ist.

Und warum der ganze Aufwand? Die Verantwortlichen von »Seita« wollen einfach, daß die Endkontrolle von Mitarbeitern ihres Vertrauens durchgeführt wird. Außerdem ist so gewährleistet, daß die

Formate der in der Dominikanischen Republik hergestellten französischen Marke »Pléiades«

Handelsname und (in Klammern) Formatzuordnung	Länge in Inches (mm)		Ringmaß bzw. Durchmesser (mm)	
Aldebaran				
(Giant)	8 1/2	(216)	50	(19,8)
Antares				
(Corona)	5 1/2	(140)	40	(15,9)
Centaurus				
(Corona)	5 3/4	(146)	42	(16,7)
Neptune				
(Giant Corona)	7 1/2	(191)	42	(16,7)

$\rightarrow$

Orion				
(Corona)	5 3/4	(146)	42	(16,7)
Perseus				
(Small Panatela)	5	(127)	34	(13,5)
Pluton				
(Robusto)	5	(127)	50	(19,8)
Saturne				
(Giant)	8	(203)	46	(18,3)
Sirius				
(Churchill)	6 7/8	(175)	46	(18,3)
Uranus				
(Panatela)	6 7/8	(175)	34	(13,5)

notwendige, die Qualität fördernde Reifezeit in der Regel auch eingehalten wird. Denkbar ist aber auch folgendes: Da die »Pléiades« zu den wenigen Premium-Marken gehört, die »Seita« im Programm führt, wollen die Franzosen, was die Qualität angeht, vielleicht einfach auf Nummer Sicher gehen.

Verständlich ist das. Auszuzahlen scheint sich das auch, denn die »Pléiades«, die der *Aficionado* kaufen kann, sind durchweg von guter Qualität.

*P*OR LARRAÑAGA

Das ist sie, die älteste Havanna-Marke, die heute noch hergestellt wird. Zeitweilig war sie auch die bekannteste. Das hatte sie nicht zuletzt dem englischen Erzähler und Romancier Rudyard Kipling zu verdanken, der in einem seiner Gedichte die immer wieder gerne als Zitat kolportierte Feststellung machte: »Eine Frau ist nur eine Frau, aber eine gute Zigarre ist ein Smoke.«

Dieses Zitat findet sich in dem vorliegenden Buch noch einmal an anderer Stelle, allerdings ist da das Wort »Smoke« durch »Rauchgenuß« wiedergegeben. Ganze Generationen von Übersetzern haben sich mit diesem Wort schwergetan, besonders wohl die, die in

Formate der kubanischen Marke »Por Larrañaga«

Handelsname und (in Klammern) Produktionsname	Länge in Inches (mm)	Ringmaß bzw. Durchmesser (mm)	
Belvederes			
(Belvederes)	4 11/12 (125)	39	(15,5)
Corona			
(Corona)	5 7/12 (142)	42	(16,7)
Coronita			
(Panetela)	4 5/8 (117)	34	(13,5)
Eduardo			
(Numero 3)	4 13/24 (115)	26	(10,3)
Juanito			
(Chicos)	4 1/6 (106)	29	(11,5)
Lancero			
(Corona)	5 7/12 (142)	42	(16,7)
Largos de Larrañaga			
(Delicioso)	6 1/4 (159)	35	(13,9)
Lola en Cedro			
(Petit Corona)	5 1/12 (129)	42	(16,7)
Lonsdale			
(Cervante)	6 1/2 (165)	42	(16,7)
Montecarlo			
(Delicioso)	6 1/4 (159)	35	(13,9)
Panetela			
(Veguerito)	5 (127)	37	(14,7)
Petit Corona			
(Mareva)	5 1/12 (129)	42	(16,7)
Petit Lancero			
(Mareva)	5 1/12 (129)	42	(16,7)
Small Corona			
(Franciscano)	4 7/12 (116)	40	(15,9)
Super Cedro			
(Standard)	4 5/6 (123)	40	(15,9)

ihrem Leben nie eine gute Zigarre geraucht haben. »Smoke« ist eigentlich auch gar nicht ins Deutsche zu übersetzen, weil sich in unserer Sprache keine passende Entsprechung findet, jedenfalls keine, welche diesem Ausdruck gerecht wird. Das ist weiter nicht tragisch, denn es gibt viele angelsächsische Wörter, bei denen man guttut, sie einfach zu übernehmen – »Manager« ist so ein Wort.

Mit »Smoke« verhält es sich ähnlich. »Smoke« drückt eigentlich viel mehr aus, als es das Wort »Rauchgenuß« zu vermitteln vermag, obwohl das schon ein Begriff ist, der durchaus einiges an Gewicht hat, jedenfalls mehr als zum Beispiel das Wort »Rauchen«. Der Ausdruck »Raucherlebnis« kommt der Bedeutung da schon näher. Für viele *Connaisseurs* ist es nämlich ein Erlebnis, wenn sie sich abends in einer stillen Stunde ihre Zigarre anzünden, um den Tag noch einmal Revue passieren zu lassen. Dabei erfordert die Zigarre Aufmerksamkeit – man muß sich mit ihr beschäftigen, um sie zu erleben. Das nimmt gleichzeitig die Sinne in Anspruch – und so ist ein »Smoke« eben mehr, als nur eine Zigarre zu rauchen.

Manchmal sind Zitate, wenn sie alleine stehen, etwas irreführend. So verhält es sich vielleicht auch mit dem vorliegenden. Es läßt gleichfalls eine andere Interpretation zu: Eine Zigarre ist nur eine Zigarre, wenn man ihr nicht die genügende Aufmerksamkeit widmet, sich mit ihr nicht beschäftigt – genau wie eine Frau, wie ein Mann Menschen wie jeder andere bleiben, wenn man nicht gewillt ist, sie näher kennenzulernen. Deshalb sollte man das Rauchen zu einem Erlebnis der Auseinandersetzung machen.

Auch bei einer »Por Larrañaga« sollte sich der *Aficionado* die Mühe machen, sie zu erleben (falls es sich nicht um ein maschinengefertigtes Format handelt). Denn diese Zigarre erfordert Aufmerksamkeit, ist sie doch eine typische Vertreterin einer Havanna traditionellen Stils – will heißen: »Por Larrañagas« sind von mittlerem bis starkem Aroma, haben einen reichen vollen Duft und überraschen durch eine leichte Süße, die während des Rauchens freigegeben wird.

Wer sie erwirbt, was sich mitunter ein klein wenig schwierig gestalten kann, da sie nicht in so großen Stückzahlen wie beispielsweise die »Punch« – beide Marken werden übrigens hauptsächlich in der

»La Corona«-Fabrik gefertigt – hergestellt wird, der wird von einer »Por Larrañaga« ähnlich fasziniert sein wie ein *Connaisseur*, der sich schon 1834 mit ihr auseinandergesetzt hat – in dem Jahr, in dem die »Por Larrañaga« auf den Markt kam.

Heute kommt noch die von der Tradition geprägte Aura dieser erstklassig gemachten Zigarre hinzu, welche die »Por Larrañaga« vielleicht noch interessanter macht, als sie es vor nunmehr über eineinhalb Jahrhunderten erstmals war.

Bedeutend jünger ist die dominikanische Ausgabe der »Por Larrañaga«. Sie wird heute im dominikanischen La Romana hergestellt. Die zur »Consolidated Cigar Company« gehörende Marke hat eine Einlage-Mischung aus brasilianischen und dominikanischen Tabaken, ein dominikanisches Umblatt und ein Connecticut-Shade-Deckblatt in Colorado Claro. Die Zigarren sind ebenfalls sehr gut gemacht, sind jedoch um einiges milder als ihre kubanischen Vorbilder.

Wer einmal, etwa in einem Duty-free-Shop, in Verlegenheit gerät, sich zwischen zwei »Por Larrañagas« entscheiden zu sollen, dem genügt ein Blick auf die Bauchbinden. Während nämlich die kubanische Version den Aufdruck »Habana« trägt, ist bei der dominikanischen »La Romana« zu lesen. Das macht die Entscheidung dann leichter – oder auch nicht. In solch einem Fall empfiehlt sich vielleicht, beide Marken zu erwerben. So kann man am ehesten herausfinden, welche einem besser zusagt.

Formate der in der Dominikanischen Republik hergestellten US-Marke »Por Larrañaga«

Handelsname und (in Klammern) Formatzuordnung	Länge in Inches (mm)		Ringmaß bzw. Durchmesser (mm)	
Cetro				
(Lonsdale)	6 7/8	(175)	42	(16,7)
Delicado				
(Panatela)	6 1/2	(165)	36	(14,3)

→ **299**

Fabuloso				
(Double Corona)	7	(178)	50	(19,8)
Nacionales				
(Corona)	5 1/2	(140)	42	(16,7)
Petit Cetro				
(Short Panatela)	5	(127)	38	(15,1)
Robusto				
(Robusto)	5	(127)	50	(19,8)

PREFERIDO

Dieses nur noch äußerst selten vorkommende Havanna-Format, dessen Zigarren maschinengefertigt sind, hat bei einem Ringmaß von 38 (≈ 15,1 mm Durchmesser) eine Länge von 5 Inches (= 127 mm) und ist in ihren Maßen vollkommen identisch mit dem klassischen Format einer »Short Panatela«.

PREMIUM-ZIGARREN

Rund 1,5 Prozent macht ihr Anteil aus – und doch dreht sich (fast) alles um sie. Gemeint sind die etwa 150 Millionen Premium-Zigarren, die jährlich weltweit geraucht werden. Dagegen verblassen die knapp 10 Milliarden »normalen« Zigarren. Ob dies zu Recht oder zu Unrecht geschieht, mag dahingestellt sein.

Fest steht: Premium-Zigarren haben drei Voraussetzungen zu erfüllen. Erstens muß das Produkt zu 100 Prozent aus Tabak sein, zweitens hat es sich um einen Longfiller zu handeln, und zum dritten muß die Zigarre von Hand gemacht sein.

Zigarren, welche diese drei Kriterien erfüllen, kommen in erster Linie aus dem karibischen und dem mittel- bzw. lateinamerikanischen Raum, mitunter auch aus Indonesien und von den Philippinen. Europa kann da, mit Ausnahme der Kanarischen Inseln, einfach nicht mithalten. Der Grund: Würde in der Alten Welt eine Manufaktur ihre Zigarren in kostenintensiver Handarbeit herstellen, so müßte sie für die einzelne Zigarre einen Preis verlangen, der es ihr praktisch unmöglich machen würde, mit einem vergleichbaren Premium-Produkt aus den zuvor genannten Regionen zu konkurrieren.

Es geht natürlich nichts über eine wirklich gute Zigarre, die ausschließlich von Hand gemacht worden ist – in dieser Beziehung reicht die Maschine nicht an die Fähigkeiten eines erfahrenen *Torcedors* heran. Andererseits: Eine gut gemachte Zigarre, die maschinell hergestellt worden ist, kann mitunter besser sein als eine nicht sorgfältig genug gefertigte handgemachte, denn schließlich kommt es ja auch auf die Qualität und die Kombination der verwendeten Tabake an.

Somit ist nicht jede Premium-Zigarre auch ihr Premium-Geld wert, das für sie verlangt wird, obwohl das wiederum auf sehr wenige Marken zutrifft. Generell kann gesagt werden: Die Investition in eine Premium-Zigarre, aus qualitativ hochwertigen Tabaken gut gemacht (und somit angenehm zu rauchen), ist ihr Geld wert.

$\mathcal{P}$RIVATE STOCK

Die »Private Stocks«, im Besitz der Gruppe »Oettinger-Davidoff«, gehören mit zum Besten, was die Dominikanische Republik an Premium-Zigarren herstellt. Für ihren milden bis mittelstarken Körper sind in erster Linie ausgesuchte Tabake aus dem Valle del Cibao verantwortlich, welche sowohl für die Einlage als auch für das Umblatt verwendet werden. Hinzu kommt ein mittelbraunes Connecticut-Shade-Deckblatt, das den harmonisch zusammengesetzten Wickel ideal ergänzt.

Bei allen der zehn Formate, die vom »Cigarillo« bis zur »Churchill« reichen, handelt es sich um Longfiller, die »unselected« und »ungraded« sind, also »unsortiert« und »ungleich« – will heißen: Die Farbe des Deckblatts wie auch die jeweiligen Ringmaße weisen manchmal leichte Abweichungen voneinander auf – untrügliches Zeugnis absoluter Handarbeit.

Seit neuestem hat sich zu den Standardformaten eine Serie gesellt, deren Zigarren eine echte Innovation im Bereich der Premium-Produkte darstellen. »Private Stock Medium Filler« nennt sich diese Serie, wobei sich das Entscheidende hinter dem Wort »Me-

**Standardformate der in der Dominikanischen Republik herge-
stellten Schweizer Marke »Private Stock«**

Handelsname und (in Klammern) Formatzuordnung	Länge in Inches (mm)		Ringmaß bzw. Durch- messer (mm)	
No. 1				
(Churchill)	7 3/4	(197)	48	(19,1)
No. 2				
(Toro)	6	(152)	48	(19,1)
No. 3				
(Slim Panatela)	6 1/2	(165)	33	(13,1)
No. 4				
(Panatela)	5 3/4	(146)	38	(15,1)
No. 5				
(Corona)	5 3/4	(146)	43	(17,1)
No. 8				
(Short Panatela)	4 5/8	(117)	35	(13,9)
No. 9				
(Cigarillo)	4 5/8	(117)	26	(10,3)
No. 11				
(Robusto)	4 5/8	(117)	50	(19,8)
No. 12				
(Small Panatela)	4 3/5	(119)	30	(11,9)
No. 14				
(Toro)	6	(165)	50	(19,8)

dium« verbirgt. Hier handelt es sich zunächst einmal um Tabak jener Teile der Zigarre, die während der handgemachten Herstellung beim Zurechtschneiden der Zigarre auf Formatlänge anfallen. Wurde dieser Tabak bis dato gesammelt und an Firmen verkauft, die solche Teile kleinschneiden und zur Shortfiller-Produktion benutzen, so werden jene »Reste« – immerhin noch einige Zentimeter lang – nun grob »gerupft«, um sie dann als Einlage-Tabak zu gebrauchen. Damit die Einlage eine bessere Stabilität erhält, gesellt sich zu den gerupften Stücken ein – je nach Format-größe – halbes bzw. ganzes Longfiller-Einlageblatt. Danach wird der Wickel mittels Rollhilfen gefertigt und zum Schluß das Ganze einschließlich Deckblatt per Hand gerollt.

Gefertigt werden die Zigarren, wie alle »Private Stocks«, in der Fabrik Hendrik Kelners, wobei es sich bei dem Einlageblatt um ein dominikanisches handelt und sowohl für Umblatt als auch Deckblatt auf Connecticut Seed, gezogen in Ecuador, vertraut wird. Das alles ergibt recht milde, dazu aromareiche Medium Filler, die sich vor allem an junge Raucher wenden und an solche, die gerade erst mit dem Zigarrerauchen beginnen.

Formate der Serie »Medium Filler« der in der Dominikanischen Republik hergestellten Schweizer Marke »Private Stock«

Handelsname und (in Klammern) Formatzuordnung	Länge in Inches (mm)		Ringmaß bzw. Durch-messer (mm)	
Corona				
(Petit Corona)	5	(127)	42	(16,7)
Lonsdale				
(Long Corona)	6	(152)	42	(16,7)
Panetela				
(Panatela)	5 3/4	(146)	37	(14,7)
Robusto				
(Robusto)	5 1/8	(130)	50	(19,8)
Toro				
(Toro)	6	(165)	48	(19,1)

»Nein, aber wir bleiben gute Freunde.«
Graucho Marx, »Kopf« der »Marx Brothers«,
zu seiner Frau, nachdem sie ihn gebeten hatte,
auf seine Zigarren zu verzichten.

Es wird eine Reihe von dominikanischen Marken gefertigt, deren Zigarren sehr leicht sind. Dann gibt es einige Zigarren, deren Formate in 25er und/oder 50er Boxen angeboten werden, in denen ein Humidor integriert ist. Schließlich warten mit den »Juan Clementes« Zigarren auf, deren Bauchbinden eigentlich keine mehr sind, da sie an das Brandende »gerutscht sind« – zum Schutz desselben. Und dann gibt es noch die Marke »Profesor Sila«. Deren Zigarren weisen nicht nur die übliche Bauchbinde auf, sondern haben auch noch den angesprochenen zusätzlichen Schutz des Brandendes, werden darüber hinaus in Kisten mit integriertem Humidor angeboten und sind außerdem extrem mild – jedenfalls gehören sie zu den dominikanischen Zigarren, welche zu den mildesten Vertretern ihrer Spezies zu zählen sind.

Dabei sind die »Profesor Silas« erst seit 1997 auf der Insel Hispa-

Formate der in der Dominikanischen Republik hergestellten Marke »Profesor Sila«

Handelsname und (in Klammern) Formatzuordnung	Länge in Inches (mm)		Ringmaß bzw. Durchmesser (mm)	
Excelencia				
(Grand Corona)	6 3/10	(160)	45	(17,9)
Majestad				
(Double Corona)	7 1/2	(191)	50	(19,8)
Presidente				
(Corona)	5 1/2	(140)	40	(15,9)
Principe				
(Long Panatela)	7 1/2	(191)	38	(15,1)
Señor				
(Robusto)	4 1/2	(121)	50	(19,8)
Torpedo				
(Torpedo)	6 3/5	(170)	56	(22,2)

niola zu Hause. Ihre Heimat war zuvor Las Palmas de Gran Canaria. Hier wurden sie seit 1934 gefertigt, seit dem Jahr, in dem sie erstmals zu kaufen waren. Bis weit nach dem Zweiten Weltkrieg galt die Marke als das Aushängeschild der kanarischen Zigarrenmacher, und nicht nur so prominente Konsumenten wie Winston Churchill trugen zur Exklusivität dieser Marke bei.

Die Exklusivität blieb, doch mit der Zeit gingen die Verkaufszahlen langsam zurück, und als es mit den Steuervorteilen auf den Kanarischen Inseln erst einmal vorbei war, nachdem Spanien 1986 Mitglied der Europäischen Gemeinschaft geworden war, hatte die Fabrik »Profesor Sila« mit dem Überleben zu kämpfen. Doch 1993 kam die Wende: Der Geschäftsmann Dr. Nader Bayzid, ein im Libanon aufgewachsener Syrer, kaufte die Fabrik samt Markenrechten, ließ die »Profesor Silas« noch einige Jahre auf den Kanaren herstellen, ehe er Anfang 1997 die Fertigung in die Hauptstadt der Dominikanischen Republik verlegen ließ, nach Santo Domingo.

Über die Zusammensetzung des Wickels der »Profesor Silas« wird wie zu kanarischen Zeiten der Schleier des Geheimnisses gelegt. Nicht so über das Claro-Claro-Deckblatt, denn das kann seine Herkunft sowieso nicht verleugnen: Connecticut.

Anders verhält es sich mit der »Navegador«, der zweiten Marke der Fabrik »Profesor Sila«. Hier handelt es sich um aromenreiche »Pur

Formate der in der Dominikanischen Republik hergestellten Marke »Navegador« aus dem Hause »Profesor Sila«

Handelsname und (in Klammern) Formatzuordnung	Länge in Inches (mm)	Ringmaß bzw. Durchmesser (mm)	
Exhibicion No. 1			
(Grand Corona)	6 3/10 (160)	45 (17,9)	
Exhibicion No. 3			
(Grand Corona)	5 7/10 (145)	45 (17,9)	→

Exhibicion No. 4

(Corona Extra)	4 1/2	(114)	45	(17,9)

Margarita

(Panatela)	5 1/2	(140)	35	(13,9)

Robusto

(Robusto)	4 1/2	(121)	50	(19,8)

Viajante

(Churchill)	7 1/2	(191)	48	(19,1)

Havanas«, die mit viel Fülle und Volumen sowie einem sehr dunklen Deckblatt aufwarten, dessen Farbe fast schon als Oscuro bezeichnet werden kann.

Ähnlich dunkel ist auch das Deckblatt der Zigarren, die unter dem Namen »Santa Maria«, benannt nach dem Schiff, das Christoph Columbus nach Amerika brachte, in Santo Domingo gefertigt werden. Wie die Zigarren der übrigen Marken Longfiller, herrschen hier im Wickel dominikanische Tabake vor, während das Deckblatt aus Mexiko kommt. Das ergibt eine Zigarre, die einen mittelstarken Körper aufweist und während des Rauchens eine leicht süßliche Note freigibt.

Formate der in der Dominikanischen Republik hergestellten Marke »Santa Maria« aus dem Hause »Profesor Sila«

Handelsname und (in Klammern) Formatzuordnung	Länge in Inches (mm)		Ringmaß bzw. Durch- messer (mm)	
Admiral				
(Double Corona)	6 7/8	(175)	50	(19,8)
Ancla				
(Corona)	5 1/3	(135)	40	(15,9)
Capitan				
(Grand Corona)	6 3/5	(170)	45	(17,9)
Galeon				
(Long Corona)	5 9/10	(150)	40	(15,9)

→

Proa
(Grand Corona)   5 7/10   (145)   45   (17,9)
Robusto
(Robusto)   4 1/2   (121)   50   (19,8)
Timon
(Lonsdale)   6 1/2   (165)   40   (15,9)

*P*ROMINENTE

Ob dieses Havanna-Format »bekannt« bzw. »prominent« ist, wie es der Name verraten will, kann bezweifelt werden, denn es gehört nicht gerade zu den gebräuchlichen kubanischen Formaten – und steht somit auch nicht oft im Licht der Öffentlichkeit. Mit einem Ringmaß von 49 (≈ 19,5 mm Durchmesser) und einer Länge von 7 5/8 Inches (≈ 194 mm) weist es beachtliche Ausmaße auf, wodurch die »Prominente« dem Format einer »Double Corona« entspricht. Zigarren des Formats »Prominente« sind von Hand gemacht.

*P*UNCH

Es soll ein Deutscher gewesen sein, der diese beliebte Marke im Jahre 1840 ins Leben rief – allerdings noch nicht unter dem Namen, der schon wenig später auf eine der bekanntesten Havannas verweisen sollte. Dennoch ist die »Punch« nach der »Por Larrañaga« und der »Ramón Allones« die älteste Havanna-Marke, die heute noch hergestellt wird.

Weil zu jener Zeit die kubanischen Zigarren gerade davorstanden, ihren weltweiten Siegeszug anzutreten, und weil insbesondere Großbritannien als ein Markt galt, der als äußerst lohnend erschien, sannen ganze Heerscharen von Zigarrenmachern darüber nach, welch besondere Anreize es geben könnte, um die Briten noch mehr als bisher für die Havannas einzunehmen.

Das taten auch die Verantwortlichen von jener Fabrik, welche die oben erwähnten Zigarren herstellten. Schließlich erhielten sie uner-

307

wartete Hilfe aus dem Land, auf das sie ihr besonderes Augenmerk gerichtet hatten, aus England selbst. 1841 wurde dort nämlich eine satirische Wochenzeitschrift gegründet, und zwar mit dem Namen »Punch«, welcher sich wiederum auf die Titelfigur bezog: einen Harlekin, »Punch« geheißen (dem deutschen »Kasperl« übrigens sehr ähnlich), der sich Woche für Woche im Innenteil des Magazins auf den Seiten, welche für die Cartoons reserviert waren, als Spaßfigur mit hintergründigem Humor wiederfand. Als sich dann das Satire-Magazin schnell wachsender Beliebtheit erfreute, kamen die Zigarrenmacher auf die Idee, jene Beliebtheit zu nutzen, indem sie ihre noch namenlose neue Marke nach ebendiesem Magazin benannten. Und um den Briten ihr Produkt im wahrsten Sinne des Wortes schmackhaft zu machen, zierte schon bald jede Kiste »Punch« eine bunte Lithographie, auf der die Titelfigur genüßlich eine Zigarre raucht, während ein treuer Hund ihr zu Füßen sitzt. Umrahmt wird dieses Zufriedenheit ausstrahlende Duo von einigen Szenen aus der Zigarrenproduktion. Noch heute ist besagte *Cubierta* auf all jenen Kisten angebracht, deren Inhalt die bekannten »Punchs« sind, und wie ehedem erfreuen sich diese im Aroma mittelkräftigen Zigarren einer großen Beliebtheit – und das nicht nur in Großbritannien, sondern weltweit.

Ein weiterer Hinweis auf die wechselvolle Geschichte der »Punch« findet sich auf den Bauchbinden der Zigarren. Dort ist »Manuel Lopez« zu lesen. Unter seiner Leitung wurden die »Punchs« nämlich seit Mitte der 80er Jahre des vorigen Jahrhunderts von der Firma »Juan Valle y Cia« hergestellt, nachdem sein Bruder Fernando, Besitzer jener Firma, die Rechte an dieser Marke, die zuvor schon einmal den Besitzer gewechselt hatte, sein eigen nennen konnte.

Die oben angesprochene weltweite Präsenz bringt bisweilen etwas Verwirrung mit sich, denn nicht alle Formate weisen in allen Ländern gleiche Namen auf. Deshalb sollte beim Kauf einer »Punch« auf das Wissen eines erfahrenen Zigarrenhändlers zurückgegriffen werden, falls irgendwelche Ungereimtheiten hinsichtlich eines Formats auftauchen. Eine Hilfe bieten natürlich auch die Format-Tabellen auf den Seiten 190 bis 192, in denen die aufge-

Formate der kubanischen Marke »Punch«

Handelsname und (in Klammern) Produktionsname	Länge in Inches (mm)		Ringmaß bzw. Durch- messer (mm)	
Belvederes				
(Belvederes)	4 11/12	(125)	39	(15,5)
Black Prince				
(Corona Gorda)	5 5/8	(143)	46	(18,3)
Churchill				
(Julieta No. 2)	7	(178)	47	(18,7)
Cigarillo				
(Chicos)	4 1/6	(106)	29	(11,5)
Corona				
(Corona)	5 7/12	(142)	42	(16,7)
Coronation				
(Mareva)	5 1/12	(129)	42	(16,7)
Coronation				
(Petit Corona)	5 1/12	(129)	42	(16,7)
Coronet				
(Panetela)	4 5/8	(117)	34	(13,5)
Diadema Extra				
(Gran Corona)	9 1/4	(235)	47	(18,7)
Double Corona				
(Prominente)	7 5/8	(194)	49	(19,5)
Exquisito				
(Petit Cetro)	5 1/12	(129)	40	(15,9)
Gran Corona				
(Superior)	5 3/4	(146)	40	(15,9)
Margarita				
(Carolina)	4 3/4	(121)	26	(10,3)
Monarca				
(Julieta No. 2)	7	(178)	47	(18,7)
Nacionales				
(Cosaco)	5 1/3	(135)	42	(16,7)

→ **309**

Néctar No. 5				
(Ninfas)	7	(178)	33	(13,1)
Néctar No. 2				
(Corona Gorda)	5 5/8	(143)	46	(18,3)
Néctar No. 4				
(Franciscano)	4 7/12	(116)	40	(15,9)
Ninfas				
(Ninfas)	7	(178)	33	(13,1)
Palma Real				
(Crema)	5 1/2	(140)	40	(15,9)
Panatela Grande				
(Ninfas)	7	(178)	33	(13,1)
Panetela				
(Panetela)	4 5/8	(117)	34	(13,5)
Petit Corona del Punch				
(Mareva)	5 1/12	(129)	42	(16,7)
Petit Corona del Punch One				
(Mareva)	5 1/12	(129)	42	(16,7)
Petit Coronation				
(Franciscano)	4 7/12	(116)	40	(15,9)
Petit Coronation				
(Coronita)	4 5/8	(117)	40	(15,9)
Petit Punch				
(Perla)	4	(102)	40	(15,9)
Petit Punch De Luxe				
(Perla)	4	(102)	40	(15,9)
Presidente				
(Mareva)	5 1/12	(129)	42	(16,7)
Punch Punch				
(Corona Gorda)	5 5/8	(143)	46	(18,3)
Punchinello				
(Panetela)	4 5/8	(117)	34	(13,5)
Royal Coronation				
(Conserva)	5 17/24	(145)	44	(17,5)
Royal Coronation				
(Corona)	5 7/12	(142)	42	(16,7)

→

Royal Selection No. 11				
(Corona Gorda)	5 5/8	(143)	46	(18,3)
Royal Selection No. 12				
(Mareva)	5 1/12	(129)	42	(16,7)
S/N (Rayados)				
(Londres)	4 11/12	(125)	40	(15,9)
Seleccion de Luxe No. 1				
(Corona Gorda)	5 5/8	(143)	46	(18,3)
Seleccion de Luxe No. 2				
(Mareva)	5 1/12	(129)	42	(16,7)
Souvenir de Luxe				
(Londres)	4 11/12	(125)	40	(15,9)
Souvenir de Luxe				
(Petit Corona)	5 1/12	(129)	42	(16,7)
Super Selection No. 1				
(Corona Grande)	6 1/12	(155)	42	(16,7)
Super Selection No. 2				
(Corona Gorda)	5 5/8	(143)	46	(18,3)
Tres Petit Corona				
(Minuto)	4 1/3	(110)	42	(16,7)

führten Handelsnamen zwar die auf Kuba üblichen *Vitola de salidas* auflisten, jedoch die Produktionsnamen samt Maßen nachvollziehbare Rückschlüsse auf bestimmte Formate zulassen.

Überhaupt die Formate. Deren Anzahl ist beeindruckend – oder auch beängstigend. Dabei kommt es natürlich auf den Blickwinkel an. Während der erste das Angebot begrüßt, weil er dann überzeugt ist, bestimmt eine Zigarre zu finden, die ihm zusagt, hat der zweite mit der Qual der Wahl zu kämpfen. Diese Qual läßt sich jedoch reduzieren, indem man die maschinell gefertigten Formate, von denen es einige gibt, erst gar nicht in Betracht zieht. Wie dem auch sei: Die »Punch« wird gerne nachgefragt, da sie zu den preiswerten Havanna-Marken gehört und darüber hinaus qualitativ ganz oben anzusiedeln ist. Sie wird wohl noch lange ihre Anhänger haben – ebenso wie das gleichnamige Satire-Magazin, denn das existiert ebenfalls noch.

Von der Qualität her hoch anzusiedeln sind auch die »Punchs«, die in Honduras hergestellt werden, insbesondere die der Serien »De Luxe« und »Grand Cru«, obwohl die der Standardserie nicht gerade als schlecht zu bezeichnen sind. Die Zigarren letzterer Serie wenden sich vor allem an diejenigen *Aficionados*, die das volle Aroma lieben, das für die »Honduran Cigars« so typisch ist. Auch hier eröff-

Standardformate der in Honduras hergestellten US-Marke »Punch«

Handelsname und (in Klammern) Formatzuordnung	Länge in Inches (mm)		Ringmaß bzw. Durchmesser (mm)	
After Dinner				
(Lonsdale)	7 1/4	(184)	45	(17,9)
Amatista				
(Long Corona)	6 1/4	(159)	44	(17,5)
Café Royal*				
(Corona)	5 5/8	(143)	44	(17,5)
Casa Grande				
(Churchill)	7 1/4	(184)	46	(18,3)
Double Corona				
(Churchill)	6 3/4	(171)	48	(19,1)
Elite				
(Corona)	5 1/4	(133)	44	(17,5)
Largo Elegante				
(Slim Panatela)	7	(178)	32	(12,7)
London Club				
(Petit Corona)	5	(127)	40	(15,9)
Lonsdale				
(Lonsdale)	6 1/2	(165)	43	(17,1)
Pita				
(Toro)	6 1/8	(156)	50	(19,8)
Presidente				
(Giant)	8 1/2	(216)	52	(20,6)	→

net sich dem *Connaisseur* eine große Auswahl, da alle Standardformate sowohl in Claro Claro als auch in Colorado Maduro sowie in Maduro zu haben sind.

Das gilt auch für die Formate der Serie »De Luxe«, die dagegen im Aroma etwas leichter sind, aber immer noch vollmundig genug, um keinem die Chance zu geben, sie als »Zigarren ohne Charakter«

Punch
  (Long Corona)   6 1/4   (159)   44   (17,5)
Rothschild
  (Robusto)   4 1/2   (114)   50   (19,8)
Super Rothschild
  (Robusto)   5 1/4   (133)   50   (19,8)

Formate der Serie »De Luxe« der in Honduras hergestellten US-Marke »Punch«

Handelsname und (in Klammern) Formatzuordnung	Länge in Inches (mm)	Ringmaß bzw. Durchmesser (mm)
Chateau »L«		
(Double Corona)	7 1/4 (184)	54 (21,4)
Chateau »M«		
(Corona Extra)	5 3/4 (146)	46 (18,3)
Corona		
(Grand Corona)	6 1/4 (159)	45 (17,9)
Royal Coronation*		
(Corona)	5 1/4 (133)	44 (17,5)

»Die Zigarre muß zum Aussehen des Rauchers passen. Rundgesichtige Menschen sollten lange, dünne Zigarren meiden und umgekehrt.«

Kees van Dongen, französischer Maler
niederländischer Herkunft

abzustempeln. Gleiches trifft auf die Serie »Gran Cru« zu, obwohl
deren einzelne Formate stets nur in einer der drei genannten
Deckblatt-Farben angeboten werden.

Doch einerlei, welches Deckblatt gewählt wird: Alle honduranischen »Punchs« sind einen Versuch wert. Wer auf die bei »Villazon« gemachten Zigarren trifft, etwa während eines USA-Aufenthalts, der sollte nicht zögern, das eine oder andere Format einmal zu probieren. Schließlich war kein Geringerer als Frank Llaneza
bei der Komposition der Tabakmischung dabei, als es galt, die
Zigarren dieser US-Marke mit ihren Blättern aus Connecticut, der
Dominikanischen Republik, Honduras und Nicaragua (Wickel)
sowie Ecuador bzw. Sumatra (Decker) zu kreieren.

**Formate der Serie »Grand Cru« der in Honduras hergestellten
US-Marke »Punch«**

Handelsname und (in Klammern) Formatzuordnung	Länge in Inches (mm)		Ringmaß bzw. Durch- messer (mm)	
Britania				
(Toro)	6 1/4	(159)	50	(19,8)
Diadema				
(Double Corona)	7 1/4	(184)	54	(21,4)
Monarca*				
(Churchill)	6 3/4	(171)	48	(19,1)
Prince Consort				
(Giant)	8 1/2	(216)	52	(20,6)
Robusto				
(Robusto)	5 1/4	(133)	50	(19,8)
Superior				
(Robusto)	5 1/2	(140)	48	(19,1)

»Eine gute Havanna gehört zu den besten Dingen, die ich kenne.«

William Somerset Maugham, englischer Erzähler

*P*URO

Puro heißt im Spanischen nichts anderes als »Zigarre«, kann aber auch, als Adjektiv, mit »arteigen«, »echt«, »naturrein« oder »pur« ein Subjekt näher bezeichnen – und so ist in der Zigarrenwelt von einer *Puro* dann die Rede, wenn es sich um eine Zigarre handelt, die ausschließlich aus Tabakblättern gefertigt ist, die im eigenen Land geerntet worden sind. So ist beispielsweise eine Havanna stets eine *Puro*.

*P*UROS DE NICARAGUA

Hier handelt es sich um Zigarren, deren Tabake, wie man aufgrund des Markennamens meinen könnte, ausschließlich nicaraguanischen Ursprungs sind. Dem ist aber nicht so. Zwar stammt ein Teil der Einlage aus nicaraguanischem Anbau, gezogen aus kubanischen Saaten in den Tabaktälern von Estelí und Jalapa, doch auch *Olor* aus der Dominikanischen Republik wird hierfür genommen. Ist aus letzterem auch das Umblatt, so kommt das Connecticut-Saat-Deckblatt aus Ecuador. »Puros de Nicaragua« heißt demnach nichts

Formate der in Nicaragua hergestellten Marke »Puros de Nicaragua«

Handelsname und (in Klammern) Formatzuordnung	Länge in Inches (mm)		Ringmaß bzw. Durch- messer (mm)	
Corona				
(Corona Extra)	5	(127)	45	(17,9)
Linda				
(Panatela)	5 1/2	(140)	38	(15,1)
Numero Uno				
(Lonsdale)	6 3/5	(168)	43	(17,1)
Presidente				
(Giant)	8 1/2	(216)	50	(19,8)

anderes als »Zigarren aus Nicaragua« (was ja auch der wörtlichen Übersetzung entspricht).

Vollmundig und würzig, geben die handgemachten Longfiller ein mittelkräftiges Aroma frei, womit sie wiederum vielen *Puros* ähnlich sind, die aus dem mittelamerikanischen Land kommen.

QUAY D'ORSAY

Vielleicht liegt es an dem Namen, warum diese Havanna-Marke außerhalb Frankreichs so gut wie nicht anzutreffen ist. Jedenfalls wird der *Connaisseur* in deutschsprachigen Breiten – *Casa del Habanos* einmal ausgenommen – vergeblich nach ihr suchen. Das wiederum sollte einen eingefleischten *Aficionado*, der Havannas traditionellen Stils anhängt, also gerne eine starke Zigarre raucht, nicht weiter tangieren, da es sich bei den »Quay d'Orsays« durchweg um milde Zigarren handelt. Sie wären demnach ideal für denjenigen, der in die Welt der Havannas eintreten will, zumal es sich hierbei um eine Marke handelt, deren Formate ausschließlich von Hand gemacht sind.

Formate der kubanischen Marke »Quay d'Orsay«

Handelsname und (in Klammern) Produktionsname	Länge in Inches (mm)	Ringmaß bzw. Durchmesser (mm)
Corona Claro		
(Corona)	5 7/12 (142)	42 (16,7)
Corona Claro Claro		
(Corona)	5 7/12 (142)	42 (16,7)
Gran Corona		
(Corona Grande)	6 1/12 (155)	42 (16,7)
Imperiale		
(Julieta No. 2)	7 (178)	47 (18,7)
Panetela		
(Ninfas)	7 (178)	33 (13,1)

QUINTERO

Sie gehören zwar nicht zu den bekanntesten Havanna-Marken, doch haben sie in vielen Ländern ihre feste Anhängerschaft. Gemeint sind die »Quinteros«, recht milde Vertreter ihrer Klasse.

Ursprünglich waren die »Quinteros« gar keine Havannas, wurden auch nicht in Havanna gefertigt, sondern in Cienfuegos, einer Stadt an der Südküste Kubas westlich der Anbauregion Remedios. Dort, in Cienfuegos, hatte Augustin Quintero Mitte der 20er Jahre eine kleine Zigarrenmanufaktur eröffnet, nachdem er zuvor, wie auch seine vier Brüder, in der Remedios-Region Brot und Arbeit gefunden hatte. Er muß gute Zigarren gemacht haben, wohl auch gut gewirtschaftet, denn 1940 konnte er in die Hauptstadt ziehen und hier seinen Traum Wirklichkeit werden lassen: erstklassige Havannas zu fertigen.

Zusammen mit seinem ältesten Bruder gründete Augustin die Zigarrenfabrik »Quintero y Hno.« und konnte nun Zigarren her-

Formate der kubanischen Marke »Quintero«

Handelsname und (in Klammern) Produktionsname	Länge in Inches (mm)		Ringmaß bzw. Durchmesser (mm)	
Breva				
(Nacionales)	5 1/2	(140)	40	(15,9)
Churchill				
(Cervante)	6 1/2	(165)	42	(16,7)
Corona				
(Corona)	5 7/12	(142)	42	(16,7)
Corona Selecta				
(Corona)	5 7/12	(142)	42	(16,7)
Londres				
(Standard)	4 5/6	(123)	40	(15,9)

→ **317**

Londres Extra				
(Standard)	4 5/6	(123)	40	(15,9)
Media Corona				
(Londres)	4 11/12	(125)	40	(15,9)
Media Corona Selecta				
(Londres)	4 11/12	(125)	40	(15,9)
Nacionales				
(Nacionales)	5 1/2	(140)	40	(15,9)
Panetela				
(Veguerito)	5	(127)	37	(14,7)
Purito				
(Chicos)	4 1/6	(106)	29	(11,5)

stellen, für die ausschließlich Tabake aus der Vuelta Abajo Verwendung fanden: Havannas. Seinerzeit brachten die Quinteros mit den gleichnamigen Zigarren Havannas auf den Markt, welche recht mild waren, sich also von den meist kräftig schmeckenden Erzeugnissen anderer Hersteller deutlich abhoben. Doch sie blieben ihrer Linie treu.

Und so sind die »Quinteros« auch heute noch recht milde Zigarren, warten aber dennoch mit jenem unverwechselbaren Charakter auf, der die Havannas von anderen Zigarren unterscheidet – eine ideale Zigarre für den Einsteiger, der erstmals mit diesem Exporterzeugnis kubanischer Handwerkskunst Bekanntschaft machen will.

$\mathcal{R}$AMÓN ALLONES

Nach der »Por Larrañaga« ist die »Ramón Allones« die älteste Havanna-Marke, die heute noch produziert wird, und zwar in der »Partagás«-Fabrik, in der sie seit Mitte der 20er Jahre hergestellt wird, als die berühmte Zigarrenmacherfamile Cifuente die Fabrik übernahm und gleichzeitig die Rechte an der »Ramón Allones« erwarb. Hier war (und ist) auch die Heimat der Marken »Bolivar«

und »Partagás« – und hier befindet sich die »Ramón Allones« in bester Gesellschaft, denn wie die zwei erstgenannten, so gehört auch die »Allones« zu den hervorragend gemachten Havannas, die zudem, aufgrund eines recht hohen Anteils von *Ligero*, mit einem starken Aroma aufwarten und überzeugen.

Das war schon 1837 so, als Ramón Allones, ein gebürtiger Galizier, die nach ihm benannte Marke ins Leben rief. Allones war nicht nur ein guter Zigarrenmacher, sondern auch ein Mann, der etwas – obwohl man den Ausdruck seinerzeit nicht kannte – von Marketing verstand. So war er der erste, der seine Zigarrenkisten mit Etiketten versah, die er im Vierfarbdruck samt Goldprägung herstellen ließ. Außerdem führte er die 8-9-8-Verpackung ein und löste somit die rechteckigen Zigarren ab, welche diese Form annahmen, nachdem sie in die Kiste gepreßt worden waren. Zwei Formate mit der Handelsbezeichnung »8-9-8« erinnern noch heute an die damalige Innovation, welche die Zigarrenwelt nicht unwesentlich beeinflußte. Bei den angesprochenen Formaten handelt es sich übrigens um handgemachte Zigarren (die den maschinell gefertigten natürlich vorzuziehen sind).

Es existieren auch dominikanische »Ramón Allones«. Sie werden von der US-amerikanischen Gesellschaft »General Cigar« in San-

Formate der kubanischen Marke »Ramón Allones«

Handelsname und (in Klammern) Produktionsname	Länge in Inches (mm)	Ringmaß bzw. Durchmesser (mm)	
8-9-8 (Corona)	5 7/12 (142)	42 (16,7)	
8-9-8 (Dalia)	6 11/16 (170)	43 (17,1)	
Allones Specially Selected (Robusto)	4 7/8 (124)	50 (19,8)	
Belvederes (Belvederes)	4 11/12 (125)	39 (15,5)	→ **319**

Bit of Havana

(Chicos)	4 1/6	(106)	29	(11,5)

Corona

(Corona)	5 7/12	(142)	42	(16,7)

Delgado

(Toppers)	6 5/16	(160)	39	(15,5)

Gigante

(Prominente)	7 5/8	(194)	49	(19,5)

Mille Fleur

(Petit Corona)	5 1/12	(129)	42	(16,7)

Palmita

(Palmita)	6	(152)	32	(12,7)

Panetela

(Conchita)	5	(127)	35	(13,9)

Petit Corona

(Mareva)	5 1/12	(129)	42	(16,7)

Ramondo

(Crema)	5 1/2	(140)	40	(15,9)

Ramonita

(Carolina)	4 3/4	(121)	26	(10,3)

Small Club Corona

(Minuto)	4 1/3	(110)	42	(16,7)

Toppers

(Toppers)	6 5/16	(160)	39	(15,5)

Formate der in der Dominikanischen Republik hergestellten US-Marke »Ramón Allones«

Handelsname und (in Klammern) Formatzuordnung	Länge in Inches (mm)		Ringmaß bzw. Durchmesser (mm)	
A				
(Lonsdale)	7	(178)	45	(17,9)
B				
(Lonsdale)	6 1/2	(165)	42	(16,7)

→

Crystal*					
(Lonsdale)	6 3/4	(171)	42	(16,7)	
D					
(Petit Corona)	5	(127)	42	(16,7)	
Redondo					
(Double Corona)	7	(178)	49	(19,5)	
Trump					
(Lonsdale)	6 3/4	(171)	43	(17,1)	

tiago hergestellt und haben eine Einlage aus dominikanischen, mexikanischen und jamaikanischen Tabaken, ein mexikanisches Umblatt sowie ein Colorado-Maduro-Deckblatt, das aus Kamerun stammt. Diese »Ramón Allones« sind relativ mild – und vor allem aus diesem Grunde nicht mit ihren kubanischen Pendants vergleichbar.

$\mathcal{R}$INGMASS

Mit Ausnahme vor allem der mitteleuropäischen Länder ist es in nahezu allen anderen Teilen der zigarrenherstellenden Welt üblich, die Dicke einer Zigarre in Inches anzugeben. Das liegt nämlich jedem Ringmaß zugrunde, indem man 1 Inch als Maßstab bzw. als Ausgangsmaß nimmt, das dann zunächst durch 64 geteilt wird und schließlich als (unsichtbarer) Nenner einer (unsichtbaren) Bruchzahl angegeben wird. So müßte es bei einem Ringmaß 50 eigentlich 50/64 heißen, da der Durchmesser 50mal so groß ist wie der 64. Teil eines Inches. Um bei diesem Beispiel zu bleiben: Da 1 Inch 25,4 Millimeter lang ist, beträgt der Durchmesser bei einem Ringmaß von 50 (abgerundet) 19,8 Millimeter (25,4 ÷ 64 × 50). Und so mißt etwa der Durchmesser eines Ringmaßes von 64 bzw. 32 exakt 25,4 bzw. 12, 7 Millimeter.

»Falls das Zigarrerauchen im Himmel nicht erlaubt ist, möchte ich nicht hinein.«

Mark Twain, US-amerikanischer Schriftsteller

ROBUSTO

»Kräftig«, »robust« soll dieses gängige, bei nicht wenigen *Aficionados* sehr beliebte Format sein – und das ist es in der Tat. Jedenfalls vermittelt das gedrungene Erscheinungsbild einer »Robusto« mit ihrem großen Ringmaß und ihrer nicht gerade üppig zu nennenden Länge einen Zigarren-Typus, dessen voller Körper viel Inhalt verspricht, der wiederum einen kräftigen Zug verlangt.

Die klassischen Maße einer »Robusto« und die des kubanischen Formats sind nahezu deckungsgleich. Während beide ein Ringmaß von 50 ($\approx$ 19,8 mm Durchmesser) aufweisen, ist die Länge der kubanischen Version – Zigarren dieses Havanna-Formats sind übrigens allesamt von Hand gemacht – mit ihren 4 7/8 Inches ($\approx$ 124 mm) gegenüber 5 Inches (= 127 mm) um ca. 3 Millimeter kürzer, wodurch sie natürlich noch kompakter wirkt.

International spricht man auch von einer »Robusto«, wenn die Länge mindestens 4 1/2 Inches (in) sowie höchstens 5 1/2 Inches beträgt und gleichzeitig das Ringmaß zwischen 48 und 54 liegt. In metrischen Maßen ausgedrückt: Die Länge hat eine Spanne, die bei ca. 114 Millimetern (mm) beginnt und bei ca. 140 Millimetern endet, während die Spannbreite beim Durchmesser von ca. 19,1 bis ca. 21,4 Millimetern reicht.

Bewegen sich also beide Maßangaben innerhalb dieser zwei Spannbreiten – Beispiel: 5 1/4 in $\times$ 52 ($\approx$133 $\times$ $\approx$ 20,6 mm) –, so hat man es immer noch mit einer »Robusto« zu tun.

DAS RICHTIGE MASS

Zino Davidoff, *Connaisseur* durch und durch, zu der Frage, wie viele Zigarren pro Tag das richtige Maß seien …

– Keine, wenn Sie nicht die Zeit haben, sie zu genießen.
– Verzichten Sie nicht auf zu vieles. Schaffen Sie sich ausreichend Gelegenheiten.
– Zwei bis drei Zigarren pro Tag sind ein vernünftiges Maß.

ROMEO Y JULIETA

Eigentlich beginnt diese Marke erst mit dem Jahre 1903 zu leben, obwohl sie schon ein gutes halbes Jahrhundert zuvor, 1850, geboren worden war. In besagtem Jahr nach der Jahrhundertwende erwarb nämlich Fernandez Rodriguez, genannt »Pepin« (und auch meist unter diesem Namen bekannt), die Rechte an der Marke »Romeo y Julieta« von der Firma »Alvarez y García«, die seit 1875 die Rechte besaß und die Zigarren auch herstellte, und zwar ausschließlich für den heimischen Markt.

Das änderte sich schlagartig, als »Pepin« die Geschicke der »Romeo y Julietas« in die Hand nahm. Zuvor Leiter der Zigarrenfabrik »Cabañas«, damals eine der größten auf Kuba, nahm er es zum Anlaß, dort aufzuhören, als die US-amerikanische Gesellschaft »American Sumatra Tobacco« die Fabrik übernahm, um seinerseits die Unternehmerbühne zu betreten, nachdem ihm zur gleichen Zeit das Angebot unterbreitet worden war, den Betrieb »Alvarez y García« zu kaufen – nebst der Marke »Romeo y Julieta«, denn das waren die einzigen Zigarren, welche die Manufaktur herstellte.

Was folgte, ward in der Zigarrenwelt bis dato noch nicht gesehen. Der umtriebige »Pepin«, als Fachmann von der Qualität der »Romeo y Julietas« überzeugt, erkannte, welches »Pfund« er mit dem Namen des berühmtesten Liebespaares der Welt in Händen hielt, und bald brannte er ein wahres Marketing-Feuerwerk für seine Zigarren ab – mit Direkt-Werbung, mit Events, mit Produkt-Werbung, mit Promotions-Touren, praktisch mit allem, was 90 Jahre später zum Repertoire einer wirklich guten Werbe- und Marketing-Agentur gehören sollte.

Nach wenigen Jahren waren die »Romeo y Julietas« nicht nur über die Grenzen des Inselstaates hinaus, sondern nahezu in jedem Winkel der Erde bekannt und hatten eine Berühmtheit erlangt, die durchaus mit der des Shakespeareschen Liebespaares vergleichbar war. Das war, notabene, in erster Linie auf das unermüdliche Engagement »Pepins« zurückzuführen, der ständig durch die Welt reiste, um für seine »Romeo y Julietas« die Werbetrommel zu rühren. So taufte er eines seiner Rennpferde auf den Namen »Julieta«, das schließlich auf allen großen Turfrennbahnen Europas gegen die besten Galopper der Welt antrat; so versuchte er die »Casa Giulietta« (»Haus der Julia«) mit dem berühmten Balkon in der Via Cappello 23, gelegen in der Veroneser Altstadt und Schauplatz des Shakespeareschen Dramas, von den Gemeindevätern der norditalienischen Stadt käuflich zu erwerben – was zwar eine Absage nach sich zog, aber zur Erlaubnis führte, jedem Besucher dieses steinernen Denkmals der Weltliteratur eine Zigarre überreichen zu dürfen (was bis Ende der 30er Jahre praktiziert wurde); und so belieferte er Adlige und Apanagenempfänger, Minister und Moneymaker, Playboys und Premiers, Kaiser und Könige, kurz: Spitzen der Gesellschaft und solche, die sich dafür hielten, mit »Romeo y Julietas«, die das Konterfei des betreffenden Empfängers auf ihren jeweiligen Bauchbinden wiedergaben – die zahlreichen Druckaufträge für die einzelnen *Anillos* gingen in die Tausende, und nicht wenige Druckereien in Havanna, die sich auf die Herstellung bunter Lithographien spezialisiert hatten, mußten damals Sonderschichten einlegen. Einer dieser Empfänger war übrigens Winston Churchill – und da der Politiker meist großvolumige Zigarren eines ganz bestimmten Formats bestellte, erhielt, so die Überlieferung, dieses Format schließlich die Bezeichnung »Churchill«. Zwar gibt es kein kubanisches Format, das diese Bezeichnung trägt, doch das soll der Geschichte keinen Abbruch tun. Es ist ja auch nicht sicher, ob es William Shakespeare war, der das Drama um das Veroneser Liebespaar geschrieben hat. Wichtig ist jedoch, daß es dieses Stück, ohne das die Weltliteratur ärmer wäre, überhaupt gibt – und wichtig ist es für den *Aficionado*, daß er um das Format »Churchill« weiß.

Sonderschichten fielen auch für die Arbeiter und Angestellten in der Fabrik »Romeo y Julieta« an, die sich mittlerweile nach dem berühmten Markennamen der Produkte nannte, welche hier hergestellt wurden. Doch als schließlich aufgrund der immensen Nachfrage nach den bekanntesten Havannas jener Zeit ständig neue Arbeiter eingestellt werden mußten und sich die Zahl der Beschäftigten der Eineinhalbtausendgrenze näherte, zog die Belegschaft in eine neue Fabrik um. Dort werden die »Romeo y Julietas« noch heute gefertigt.

Und heute gehören diese Zigarren wie ehedem zu den besten Havannas, die hergestellt, angeboten und geraucht werden (dürfen), denn es ist schon ein Geschmackserlebnis für einen *Aficionado*, sich eine großvolumige »Romeo y Julieta« anzuzünden, wohl wissend, was ihn erwartet: eine hervorragend gemachte und zugleich ausgewogen komponierte Zigarre, die über ihren mittelkräftigen Körper eine Fülle von Aromen freigibt und das Rauchen zu einem »Event« werden läßt (um ein zuvor gebrauchtes Wort aufzugreifen und so den Kreis zu schließen).

Doch nicht nur die großvolumigen »Romeo y Julietas« zählen von der Machart her zur absoluten Spitzenklasse der Havannas, sondern auch alle anderen handgemachten Formate.

Von Hand gemacht sind auch die (recht milden) »Romeo y Julietas«, welche in der Dominikanischen Republik hergestellt werden. Sowohl die Zigarren der Standardserie mit ihrem Kamerun-Deckblatt in Colorado Maduro, ihrem Connecticut-Umblatt sowie ihrer Einlage aus brasilianischen und dominikanischen Tabaken als auch die Zigarren der Serie »Vintage« mit ihrem Connecticut-Shade-Deckblatt in Colorado Claro, ihrem mexikanischen Umblatt sowie ihrer Einlage aus dominikanischen Tabaken legen ein sehr gutes Zeugnis vom Können ihrer *Torquedores* ab.

Formate der kubanischen Marke »Romeo y Julieta«

Handelsname und (in Klammern) Produktionsname	Länge in Inches (mm)	Ringmaß bzw. Durchmesser (mm)
Belicoso		
(Campana)	5 1/2 (140)	52 (20,6)
Belvederes		
(Belvederes)	4 11/12 (125)	39 (15,5)
Cazadores		
(Cazadores)	6 3/8 (162)	44 (17,5)

→

Cedro de Luxe No. 1				
(Cervante)	6 1/2	(165)	42	(16,7)
Cedro de Luxe No. 2				
(Corona)	5 7/12	(142)	42	(16,7)
Cedro de Luxe No. 3				
(Mareva)	5 1/12	(129)	42	(16,7)
Celestial Fino				
(Britanica)	5 3/8	(137)	46	(18,3)
Chicos				
(Chicos)	4 1/6	(106)	29	(11,5)
Churchill				
(Julieta No. 2)	7	(178)	47	(18,7)
Clarines				
(Coronita)	4 5/8	(117)	40	(15,9)
Clemenceau				
(Julieta No. 2)	7	(178)	47	(18,7)
Club Kings				
(Mareva)	5 1/12	(129)	42	(16,7)
Club Kings				
(Petit Corona)	5 1/12	(129)	42	(16,7)
Corona				
(Corona)	5 7/12	(142)	42	(16,7)
Corona Grande				
(Corona Grande)	6 1/12	(155)	42	(16,7)
Coronita				
(Petit Cetro)	5 1/12	(129)	40	(15,9)
Coronita en Cedro				
(Petit Cetro)	5 1/12	(129)	40	(15,9)
Culebras				
(Culebra)	5 3/4	(146)	39	(15,5)
Excepcional				
(Petit Corona)	5 1/12	(129)	42	(16,7)
Exhibicion No. 3				
(Corona Gorda)	5 5/8	(143)	46	(18,3)
Exhibicion No. 4				
(Hermoso No. 4)	5	(127)	48	(19,1)

→

Exquisito					
(Petit Cetro)	5 1/12	(129)	40	(15,9)	
Favorita					
(Belvederes)	4 11/12	(125)	39	(15,5)	
Julieta					
(Franciscano)	4 7/12	(116)	40	(15,9)	
Mille Fleurs					
(Petit Corona)	5 1/12	(129)	42	(16,7)	
Montague					
(Toppers)	6 5/16	(160)	39	(15,5)	
Nacionales					
(Cosaco)	5 1/3	(135)	42	(16,7)	
Palma Real					
(Ninfas)	7	(178)	33	(13,1)	
Panetela					
(Panetela)	4 5/8	(117)	34	(13,5)	
Panetela					
(Sport)	4 5/8	(117)	35	(13,9)	
Perfecto					
(Perfecto)	5	(127)	44	(17,5)	
Petit Corona					
(Mareva)	5 1/12	(129)	42	(16,7)	
Petit Julieta					
(Entreacto)	3 15/16	(100)	30	(11,9)	
Petit Princess					
(Perla)	4	(102)	40	(15,9)	
Plateado de Romeo					
(Mareva)	5 1/12	(129)	42	(16,7)	
Plateado de Romeo					
(Petit Cetro)	5 1/12	(129)	40	(15,9)	
Prince of Wales					
(Julieta No. 2)	7	(178)	47	(18,7)	
Regalías de la Habana					
(Belvederes)	4 11/12	(125)	39	(15,5)	
Regalías de Londres					
(Coronita)	4 5/8	(117)	40	(15,9)	→

Romeo No. 1				
(Crema)	5 1/2	(140)	40	(15,9)
Romeo No. 1 de Luxe				
(Corona)	5 7/12	(142)	42	(16,7)
Romeo No. 2				
(Petit Corona)	5 1/12	(129)	42	(16,7)
Romeo No. 2 de Luxe				
(Mareva)	5 1/12	(129)	42	(16,7)
Romeo No. 3				
(Coronita)	4 5/8	(117)	40	(15,9)
Romeo No. 3 de Luxe				
(Franciscano)	4 7/12	(116)	40	(15,9)
Sancho				
(Gran Corona)	9 1/4	(235)	47	(18,7)
Shakespeare				
(Panetela Larga)	6 7/8	(175)	28	(11,1)
Sport Largo				
(Sport)	4 5/8	(117)	35	(13,9)
Tres Petit Corona				
(Franciscano)	4 7/12	(116)	40	(15,9)

Formate der in der Dominikanischen Republik hergestellten Marke »Romeo y Julieta«

Handelsname und (in Klammern) Formatzuordnung	Länge in Inches (mm)		Ringmaß bzw. Durchmesser (mm)	
Breva				
(Panatela)	5 5/8	(143)	38	(15,1)
Cetro				
(Lonsdale)	6 1/2	(165)	44	(17,5)
Chiquita				
(Small Panatela)	4 1/4	(108)	32	(12,7)
Churchill				
(Double Corona)	7	(178)	50	(19,8)

→

Corona					
(Corona)	5 1/2	(140)	44	(17,5)	
Delgado					
(Slim Panatela)	7	(178)	32	(12,7)	
Monarca					
(Giant)	8	(203)	52	(20,6)	
Palma					
(Long Corona)	6	(152)	43	(17,1)	
Panatela					
(Short Panatela)	5 1/4	(133)	35	(13,9)	
Presidente					
(Lonsdale)	7	(178)	43	(17,1)	
Romeo					
(Pyramid)	6	(152)	46	(18,3)	
Rothschild					
(Robusto)	5	(127)	50	(19,8)	

Formate der Serie »Vintage« der in der Dominikanischen Republik hergestellten Marke »Romeo y Julieta«

Handelsname und (in Klammern) Formatzuordnung	Länge in Inches (mm)		Ringmaß bzw. Durch- messer (mm)	
I				
(Long Corona)	6	(152)	43	(17,1)
II				
(Grand Corona)	6	(152)	46	(18,3)
III				
(Robusto)	4 1/2	(114)	50	(19,8)
IV				
(Churchill)	7	(178)	48	(19,1)
V				
(Double Corona)	7 1/2	(191)	50	(19,8)
VI				
(Pyramid)	7	(178)	60	(23,8)

329

Die in relativ geringer Stückzahl hergestellten und deshalb in unseren Breiten nicht leicht zu bekommenden »Saint Luis Reys« gehören mit zu den besten Havannas, die mit einem wirklich vollen Körper aufwarten. Sehr beliebt sind sie in Großbritannien, vielleicht auch deshalb, weil sie nach Vorstellungen zweier britischer Importeure in den 40er Jahren auf Kuba kreiert worden sind, aber wohl auch, weil viele *Aficionados* des Inselstaates den starken Geschmack einer im traditionellen Stil hergestellten Havanna lieben. Wer ein Anhänger dieser Richtung ist, der sollte – falls er sich

Formate der kubanischen Marke »Saint Luis Rey«

Handelsname und (in Klammern) Produktionsname	Länge in Inches (mm)		Ringmaß bzw. Durchmesser (mm)	
Churchill				
(Julieta No. 2)	7	(178)	47	(18,7)
Corona				
(Cervante)	6 1/2	(165)	42	(16,7)
Corona				
(Corona)	5 3/5	(142)	42	(16,7)
Double Corona				
(Prominente)	7 5/8	(194)	49	19,5)
Lonsdale				
(Cervante)	6 1/2	(165)	42	(16,7)
Mini-Habano				
(Chicos)	4 3/16	(106)	29	(11,5)
Petit Corona				
(Mareva)	5 1/16	(129)	42	(16,7)
Regio				
(Hermoso No. 4)	5	(127)	48	(19,1)
Serie A				
(Corona Gorda)	5 5/8	(143)	46	(18,3)

einmal in England aufhält und die nächste *Casa del Habano* nicht gerade um die Ecke liegt – nach den »Saint Luis Reys« gelegentlich Ausschau halten, denn die sehr gut gemachten Zigarren sind allemal einen Versuch wert.

Die »Saint Luis Reys« – inzwischen werden etwa in Deutschland drei Formate angeboten – sind jedoch nicht zu verwechseln mit den »San Luis Reys«, die von der Schweizer Firma »Villiger« in Deutschland hergestellt und von deren Tochterfirma »5th Avenue Products« vertrieben werden. Bei den in kubanischer Lizenz gefertigten »San Luis Reys« handelt es sich um »Pur Havanas«, also um Zigarren, für die ausschließlich Tabake aus der Vuelta Abajo Verwendung finden, und um Zigarren, die an den Stil traditioneller Havannas anknüpfen, also eine recht kräftige Note haben.

Etwas anders hingegen verhält es sich mit dem Format »San Luis Rey Mini Havana«. Diese Zigarillos stehen zwar auch unter der Obhut von »5th Avenue Products«, werden aber in Havanna von Hand hergestellt, ehe sie ihren Weg nach Deutschland antreten. In Waldshut-Tiengen, im Schwarzwald nahe der Grenze zur Schweiz gelegen, werden die Zigarillos dann wiederum von »Villiger« in die von der Vertriebsfirma bereitgestellten Zehner-Kartonetuis verpackt – ein Joint-venture der besonderen Art.

Um nun die Verwirrung komplett zu machen: Es gibt auch »Saint Luis Reys« aus Honduras. Hergestellt aus Tabaken, die samt und sonders in Honduras selbst gezogen werden, sind die in vier Formaten handgefertigten kräftigen Longfiller hauptsächlich für den amerikanischen Markt bestimmt.

SANCHO PANZA

Bis vor einiger Zeit gab es sie vorwiegend in Spanien zu kaufen, die »Sancho Panzas«, womöglich deshalb, weil sie Bezug nehmen auf eines der größten Werke der Weltliteratur, verfaßt von dem spanischen Dichter Miguel de Cervantes Saavedra. Benannt sind sie nach dem pfiffigen Waffenträger und treuen Weggefährten des Don Quijote, jenes Ritters von der traurigen Gestalt, der auf seinem Pferd Rosinante alle möglichen und unmöglichen Abenteuer mutig angeht, indem er sich auch nicht scheut, den Kampf gegen Windmühlen aufzunehmen.

Mittlerweile sind die sehr gut gemachten Havannas auch in anderen Ländern Europas zu haben, so auch in deutschsprachigen Breiten. Die recht milden Zigarren eignen sich hervorragend für diejenigen, welche die Welt der Havannas endlich einmal rauchend kennenlernen wollen.

Formate der kubanischen Marke »Sancho Panza«

Handelsname und (in Klammern) Produktionsname	Länge in Inches (mm)		Ringmaß bzw. Durchmesser (mm)	
Bachilleres				
(Franciscano)	4 7/12	(116)	40	(15,9)
Belicoso				
(Campana)	5 1/2	(140)	52	(20,6)
Corona				
(Corona)	5 7/12	(142)	42	(16,7)
Corona Gigante				
(Julieta No. 2)	7	(178)	47	(18,7)
Dorado				
(Cervante)	6 1/2	(165)	42	(16,7)
Molino				
(Cervante)	6 1/2	(165)	42	(16,7)
Non Plus				
(Mareva)	5 1/12	(129)	42	(16,7)
Sancho				
(Gran Corona)	9 1/4	(235)	47	(18,7)
Tronquito				
(Corona)	5 7/12	(142)	42	(16,7)

»Man sollte immer an die Freude denken, die sie uns schenken.«
Alfred H. Dunhill, englischer Tabakexperte, über die Zigarre

SANTA DAMIANA

Obwohl die Marke »Santa Damiana« erst vor einigen Jahren kreiert
worden ist, ist sie mittlerweile zu einer festen Größe bei denjenigen
Aficionados geworden, die eine mittelkräftige Zigarre bevorzugen,
dabei aber nicht auf eine gewisse Aromenbreite verzichten wollen.

Für die im dominikanischen La Romana – das westlich der Hauptstadt Santo Domingo liegt – von Hand gemachten Zigarren ergeben
verschiedene Tabake einheimischer Provenienz den Wickel, während das Claro-Deckblatt aus dem Tal des Connecticut River
kommt, wo es im Schatten gewachsen ist.

Die steigende Beliebtheit der »Santa Damianas« ist nicht zuletzt auf

**Formate der in der Dominikanischen Republik hergestellten US-
Marke »Santa Damiana«**

Handelsname und (in Klammern) Formatzuordnung	Länge in Inches (mm)		Ringmaß bzw. Durchmesser (mm)	
Corona				
(Corona Extra)	5 1/2	(140)	45	(17,9)
Churchill				
(Double Corona)	7	(178)	50	(19,8)
Panetela				
(Short Panatela)	4 1/2	(114)	36	(14,3)
Petit Corona				
(Corona Extra)	5	(127)	45	(17,9)
Tubulares				
(Corona Extra)	5 1/8	(130)	45	(17,9)
Tubulares Extra				
(Corona Extra)	5 1/8	(130)	45	(17,9)
Robusto				
(Robusto)	5	(127)	53	(21,0)
Torpedo				
(Torpedo)	6	(152)	53	(21,0)

die hervorragende Machart zurückzuführen – ein Zeichen für den hohen Qualitätsanspruch, den die *Torcedores* an ihre Arbeit stellen. Der Markenname scheint für sie Verpflichtung zu sein – schließlich weist er auf eine einstmals berühmte kubanische *Vega* hin und eine nicht minder berühmte ehemalige Havanna.

Sollte ein *Aficionado* während eines USA-Aufenthalts einmal auf diese Marke stoßen, darf er sich nicht an den Formatbezeichnungen stören, denn dann wird er es stets mit »Seleccions« zu tun haben, denn so lauten dort alle Formate der »Santa Damianas« (nebst entsprechender Numerierung). Darüber hinaus wird er bemerken, daß die Zigarren insgesamt etwas leichter im Aroma sind – ein Zugeständnis der dominikanischen Hersteller an die Raucher im Land der unbegrenzten Möglichkeiten, die es gerne etwas milder haben, wenn es um das Aroma von Zigarren geht.

SEOANE

Dieses äußerst selten anzutreffende Havanna-Format hat eine Länge von 4 11/12 Inches (≈ 125 mm) sowie ein Ringmaß von 36 (≈ 14,3 mm Durchmesser) und entspricht damit dem Format einer »Small Panatela«. Zigarren des Formats »Seoane« sind von Hand gemacht.

SHORT PANATELA

Die klassischen Maße dieses international gebräuchlichen Formats betragen in der Länge 5 Inches (in), was genau 127 Millimetern (mm) entspricht, und 38 im Ringmaß, was wiederum mit einem Durchmesser von ca. 15,1 Millimetern gleichzusetzen ist.

Man spricht immer noch von einer »Short Panatela«, wenn die Länge mindestens 4 Inches sowie höchstens 5 3/8 Inches beträgt und gleichzeitig das Ringmaß zwischen 35 und 39 liegt. In metrischen Maßen ausgedrückt: Die Länge hat eine Spanne, die bei ca. 102 Millimetern beginnt und bei ca. 137 Millimetern endet, während die Spannbreite beim Durchmesser von ca. 13,9 bis ca. 15,5 Millimetern reicht. Bewegen sich also beide Maßangaben innerhalb der zwei Spannbreiten – Beispiel: 5 1/4 in × 38 (≈ 133 × ≈ 15,1 mm) –, so handelt es sich um das Format »Short Panatela«.

SLIM PANATELA

Die klassischen Maße dieses international gebräuchlichen Formats betragen in der Länge 6 Inches (in), was ca. 152 Millimetern (mm) entspricht, und 34 im Ringmaß, was wiederum mit einem Durchmesser von ca. 13,5 Millimetern gleichzusetzen ist.

Man spricht immer noch von einer »Slim Panatela«, wenn die Länge mindestens 5 Inches beträgt – nach oben gibt es keine Grenze – und gleichzeitig das Ringmaß zwischen 30 und 34 liegt. In metrischen Maßen ausgedrückt: Die Mindestlänge beginnt bei exakt 127 Millimetern, während die Spannbreite beim Durchmesser von ca. 11,9 bis ca. 13,5 Millimetern reicht.

Beginnt also die Längenangabe bei 5 Inches und bewegt sich die Angabe des Ringmaßes innerhalb der genannten Spannbreite – Beispiel: 6 1/2 in × 33 (≈ 165 × ≈ 13,1 mm) –, so handelt es sich um das Format »Slim Panatela«.

SMALL PANATELA

Die klassischen Maße dieses international gebräuchlichen Formats betragen in der Länge 5 Inches (in), was genau 127 Millimetern (mm) entspricht, und 33 im Ringmaß, was wiederum mit einem Durchmesser von ca. 13,1 Millimetern gleichzusetzen ist.

Man spricht immer noch von einer »Small Panatela«, wenn die Länge mindestens 4 Inches sowie höchstens 5 Inches beträgt und gleichzeitig das Ringmaß zwischen 30 und 34 liegt. In metrischen Maßen ausgedrückt: Die Länge hat eine Spanne, die bei ca. 102 Millimetern beginnt und bei exakt 127 Millimetern endet, während die Spannbreite beim Durchmesser von ca. 11,9 bis ca. 13,5 Millimetern reicht.

Bewegen sich also beide Maßangaben innerhalb der zwei Spannbreiten – Beispiel: 4 1/2 in × 31 (≈ 114 × ≈ 12,3 mm) –, so handelt es sich um das Format »Small Panatela«.

SPORT

Selbst wenn es sich hier um ein relativ kleines Format handelt, so empfiehlt es sich wohl kaum als Muntermacher vor einem anstrengenden Wettkampf. Da scheint sich die »Sport« wohl eher dafür anzubieten, sie sich nach einem leichten Mittagsmahl zu Gemüte zu führen. Das nicht gerade oft vorkommende Havanna-Format, dessen Zigarren maschinengefertigt sind, mißt bei einem Ringmaß von 35 ($\approx$ 13,9 mm Durchmesser) 4 5/8 Inches in der Länge und ist mit dem Format einer »Short Panatela« gleichzusetzen.

STANDARD

Der Name dieses Havanna-Formats ist ohne Zweifel berechtigt, denn die »Standard« ist recht häufig anzutreffen. Ihr Ringmaß beträgt 40 ($\approx$ 15,9 mm Durchmesser) und ihre Länge 4 5/6 Inches ($\approx$ 123 mm), wodurch sie dem international gebräuchlichen Format einer »Petit Corona« entspricht. Zigarren des Formats »Standard« sind maschinengefertigt.

STÄRKE

Im Gegensatz zur Intensität bestimmter Aromen, die eine Zigarre während des Rauchens abgibt, läßt sich ihre Stärke relativ genau bestimmen. Zwar empfindet ein geübter *Aficionado* eine kräftige Havanna in ihrer Stärke anders als jemand, der mit dem Zigarrenrauchen gerade begonnen hat, doch ist die Stärke einer bestimmten Zigarre stets die gleiche.

Über Geschmack läßt sich bekanntlich nicht streiten, wenngleich man über den einer Zigarre gewiß trefflich in Auseinandersetzungen geraten kann. Doch da dieses Lexikon nicht dafür gedacht ist, eine gewisse Streitkultur unter *Connaisseuren* zu fördern, sondern primär sachliche Informationen zu unterbreiten, beziehen sich Aussagen wie »stark im Geschmack« oder »verfügt über ein kräftiges Aroma« stets auf die Stärke einer Zigarre.

S. T. DUPONT

Etwas mehr als ein Jahrhundert hat es gedauert, bis eine Zigarren-marke unter dem Namen »S. T. Dupont« der Öffentlichkeit vorge-stellt werden konnte. An Zigarren dachte Simon Tissot Dupont wohl auch kaum, als er 1872 eine Spedition eröffnete. Doch war das nur ein Vorspiel, denn nachdem die Gebäude des jungen Unter-nehmens einem Brand zum Opfer gefallen waren, kaufte er kurzer-hand noch im selben Jahr eine Lederwarenmanufaktur mit 30 An-gestellten – der Grundstein eines Unternehmens für Luxusartikel, das heute Weltruf genießt, war gelegt.

Beschränkte sich »Dupont« nach dem Zweiten Weltkrieg auf die Herstellung erstklassiger Feuerzeuge, so kamen zu Beginn der 70er Jahre Schreibgeräte, dann Lederwaren hinzu, und in den 80er Jahren folgten Uhren, schließlich Zigarrenschneider und -hüllen, Aschenbecher und Humidore.

Was lag da näher, dachten sich wohl die Verantwortlichen eines Unternehmens (dessen Luxuswaren man zwar nicht unbedingt zum Leben braucht, die aber das Leben verschönern), als eine Zigarren-marke unter dem berühmten Label auf den Markt zu bringen?! Da Zigarren weder mit Metall noch mit Chinalack, noch mit Leder zu tun haben, suchte man sich Experten, die etwas von Zigarren ver-stehen. Die fand man bei »El Mundo del Tabaco«, einem 1998 gegründeten Tochterunternehmen von »Villiger«.

Schnell fanden die Fachleute von »El Mundo« ihrerseits Experten, die von der Kunst handgemachter Longfiller etwas verstehen. Und so gibt es seit besagtem Jahr 1998 hervorragend gemachte Zigarren von den Kanarischen Inseln unter dem Namen »S.T. Dupont«. Hergestellt werden sie von einem Familienunternehmen, das schon seit mehreren Generationen auf Teneriffa Longfiller fertigt.

Die »Duponts« sind relativ kräftige Vertreter ihrer Spezies – was wohl auf die Tabake zurückzuführen ist, die hier Verwendung fin-den: Die Einlage besteht zu einem Großteil aus kubanischen Tabaken sowie aus dominikanischen und brasilianischen, das Um-blatt kommt aus Kolumbien, wo es aus kubanischen Saaten gezogen wird, während man beim Deckblatt auf Bewährtes zurückgreift, denn dessen Heimat ist Indonesien. Das Ergebnis ist eine Zigarre mit einem aromareichen Körper. Somit wenden sich die »Duponts« an *Aficionados*, die schon etwas Erfahrung beim Zigarrerauchen mitbringen.

Formate der auf den Kanarischen Inseln hergestellten Marke »S.T. Dupont«

Handelsname und (in Klammern) Formatzuordnung	Länge in Millimeter (in)		Durchmesser in Millimeter (RM)
Churchill			
(Churchill)	178	(7)	18,7 (47)
Doble Corona			
(Double Corona)	191	(7 1/2)	19,8 (50)
Lonsdale			
(Lonsdale)	165	(6 1/2)	17,1 (43)
Midi			
(Cigarillo)	121	(4 3/4)	11,5 (29)
Robusto			
(Robusto)	121	(4 3/4)	19,8 (50)

DIE BESTE ZIGARRE DER WELT

Zino Davidoff, Epikureer aus Überzeugung, zu der Frage nach der »besten Zigarre der Welt« ...

– Das ist diejenige, die jeder von Ihnen in einem bestimmten Moment bevorzugt.
– Das ist diejenige, die Ihnen erlaubt, sich zu entspannen, zu genießen, und Sie auf den Gipfel der Genüsse führt.
– Die beste Zigarre der Welt hat keinen Preis!

*S*UPERIOR

Dieses relativ selten vorkommende Havanna-Format, dessen Zigarren maschinengefertigt sind, hat eine Länge von 5 3/4 Inches (≈ 146 mm) sowie ein Ringmaß von 40 (≈ 15,9 mm Durchmesser) und ist dem international gebräuchlichen Format einer »Corona« vergleichbar. Ob es dadurch »besser« als all die anderen Zigarrenformate ist, wie es der Name suggerieren mag, sollte jeder *Aficionado* für sich entscheiden.

*T*ABACALERA

Hier präsentieren sich Premium-Zigarren von den Philippinen. Von dort mag sie so mancher nicht unbedingt vermuten. Zu begrüßen ist das allemal, denn mit der Serie »La Flor de la Isabela« werden Zigarren angeboten, die aufgrund ihres eigenwilligen Stils nur schwer mit anderen Premium-Zigarren, etwa aus der Karibik, zu vergleichen sind.

Über Jahrzehnte führte die Zigarrenindustrie auf den Philippinen eine Art Dornröschenschlaf. Sie existierte zwar, jedoch mehr schlecht als recht, und so nahm die Zigarrenwelt wenig Notiz von ihr. Dabei gab es hier einmal eine Zigarrenkultur, die sich sehen lassen konnte. Namhafte Manufakturen, gelegen in und um Manila, lieferten ihre Erzeugnisse in alle Welt, wobei die Adressen zu den ersten an den jeweiligen Zielorten gehörten. Dort wie anderswo schätzte man die hohe Kunst der philippinischen Zigarrenherstellung. Dabei konnte man in dem Inselstaat auf eine Tradition zurückblicken, die ihren Ursprung um die Wende vom 16. zum 17. Jahrhundert hatte.

Diese Tradition ist in den letzten Jahren wiederbelebt worden. Unter der Leitung eines kubanischen Experten in der Kunst der Zigarrenherstellung werden in der alten Fabrik der »Compania General Tabacos de Filipinas«, einer Gesellschaft der spanischen »Tabacalera S.A.«, recht milde, jedoch feinaromatische Zigarren mit einem Wickel aus einheimischen Tabaken aus der Region Isabela sowie einem Besuki-Deckblatt in Claro aus Java von Hand gemacht.

Das Ergebnis kann sich sehen lassen. Es verspricht einen interessanten Rauchgenuß zu einem relativ günstigen Preis.

Formate der Serie »La Flor de la Isabela« der auf den Philippinen hergestellten Marke »Tabacalera«

Handelsname und (in Klammern) Formatzuordnung	Länge in Inches (mm)		Ringmaß bzw. Durch- messer (mm)	
Corona				
(Corona)	5 1/2	(140)	44	(17,5)
Corona Larga				
(Lonsdale)	6 7/8	(175)	43	(17,1)
Corona Larga Especial				
(Giant)	8 1/12	(205)	46	(18,3)
Double Corona				
(Giant)	8 11/24	(215)	52	(20,6)
Panetela				
(Small Panatela)	4 3/4	(121)	34	(13,5)
Pyramid				
(Pyramid)	6 7/16	(164)	53	(21,0)
Robusto				
(Robusto)	5 1/24	(128)	52	(20,6)

*T*ABACALERO

Ob nun von einem *Tabacalero* oder von einem *Tabaquero* die Rede ist – gemeint sind mit diesen als Allgemeinbegriffe zu verstehenden Wörtern sämtliche Arbeiter und Angestellten der Tabakindustrie.

»Die Zigarre war einer der größten leiblichen Genüsse meines Lebens, eine Art Begleiter, ein großartiges Anregungsmittel – ein Bindeglied der Freundschaft.«

William Makepiece Thackerey, englischer Schriftsteller

Bei seiner Expedition, welche das Ziel hatte, den Seeweg nach Indien zu finden, entdeckte Columbus bekanntlich die beiden Amerika, und von dort brachte er so einiges mit zurück in die Alte Welt, was hier bis dato völlig unbekannt war. Darunter befanden sich auch zwei Gewächse, die noch heute eine bedeutende Rolle in Europa spielen. Da ist zunächst einmal jene Knolle zu nennen, die heute zu den wichtigsten Grundnahrungsmitteln zählt, die Kartoffel, und dann natürlich noch jene Pflanze, die, verschiedenartig verarbeitet, mittlerweile zu den Genußmitteln zählt, nach denen hierzulande am meisten verlangt wird: der Tabak.

Sowohl die Kartoffel, *Salanum tuberosum*, als auch der Tabak, *Nicotiana*, sind Nachtschattengewächse, die, wie der Name schon sagt, in der Nacht bzw. dann, wenn es dunkel ist, ihr Wesen treiben, also das tun, was zuvorderst ihre Aufgabe ist: wachsen.

In der vorkolumbischen Zeit taten sie das vornehmlich in relativer Nähe des Äquators, da hier zu allen Jahreszeiten Tag und Nacht in etwa gleich lang sind. Das ist für ein Nachtschattengewächs außerordentlich wichtig, denn extrem kurze Nächte, wie das beispielsweise im nordeuropäischen Sommer der Fall ist, fördern weder Wachstum noch Entwicklung der Pflanzen.

Durch entsprechende Züchtung baut man mittlerweile beide Nachtschattengewächse auch in nördlicheren Breiten an. Was für die Kartoffel gilt, das trifft auch – wohl in geringerem Maße – auf den Tabak zu, diese ursprünglich wildwachsende Tropenpflanze, selbst auf den, der speziell für die Zigarrenherstellung angebaut wird, obwohl letzterer gerne ein Klima hat, das dem tropischen bzw. subtropischen ähnelt, also durch hohe Temperaturen und ausgeprägte Niederschläge gekennzeichnet ist. In diesen Klimazonen liegen denn auch die »klassischen« Anbaugebiete für Zigarrentabak: Brasilien, Indonesien und die Karibik.

Doch wie schon angedeutet, macht die Zucht vieles möglich. Und so wird Zigarrentabak auch in Nordamerika, in Italien, Frankreich, ja sogar in Polen und in Deutschland angebaut. Die sich nördlich von Berlin erstreckende Uckermark, die Pfalz-Region um Speyer sowie die Oberrheinische Tiefebene zwischen Heidelberg und Freiburg im Breisgau – das sind die wichtigsten deutschen Gebiete, in denen Zigarrentabak gedeiht. Der bekannteste ist übrigens der »Geudertheimer«, ein milder, nikotinarmer Tabak mit einem leicht nussigen Charakter, der ohne weiteres als Kompositionselement einer Einlage, aber auch als Umblatt verwendet werden kann.

Die genannten Gebiete zeichnen sich nicht nur durch ein Klima aus, das sich auf den Tabakanbau günstig auswirkt, sondern verfügen auch über die zweite wichtige Komponente, auf die das Nachtschattengewächs nicht verzichten kann: über leicht lehmhaltige, vorwiegend sandige Böden, welche darüber hinaus einen hohen Nährstoffgehalt aufweisen.

TACO

Dieses äußerst selten anzutreffende Havanna-Format zählt mit seinem Ringmaß von 47 ($\approx$ 18,7 mm Durchmesser) sowie seiner Länge von 6 1/4 Inches ($\approx$ 159 mm) zu den eher größeren Formaten und entspricht dem international gebräuchlichen Format einer »Grand Corona«. Alle »Tacos« sind maschinell gefertigt.

TE-AMO

Die nach der »Santa Clara«, deren Ursprünge bis ins Jahr 1830 zurückgehen, wohl bekannteste – und beliebteste – Zigarrenmarke Mexikos ist die »Te-Amo«, deren Formate – wie könnte es auch anders sein?! – allesamt *Puros* sind. Ob man diese Zigarren lieben kann, wie es der Name (»Ich liebe dich«) geradezu verlangt, hängt wohl auch davon ab, welche Stärke man bevorzugt.

Die »Te-Amos« sind allesamt mild bis mittelkräftig, wobei die Stärke wiederum durch die verschiedenen Deckblätter beeinflußt wird, denn viele Formate werden sowohl in Colorada Claro als auch in Colorado Maduro sowie in Maduro angeboten. Da sich die mexikanischen Zigarren im Geschmack wie in der Aromenentfaltung nicht mit anderen Kariben vergleichen lassen, muß der Interessierte einfach herausfinden, ob sie zu ihm passen.

Formate der in Mexiko hergestellten Marke »Te-Amo«

Handelsname und (in Klammern) Formatzuordnung	Länge in Inches (mm)		Ringmaß bzw. Durchmesser (mm)	
Celebration				
(Lonsdale)	6 5/8	(168)	44	(17,5)
Churchill				
(Double Corona)	7 1/2	(191)	50	(19,8)
Figurado				
(Torpedo)	6 5/8	(168)	50	(19,8)
Gran Piramide				
(Pyramid)	7 3/4	(216)	54	(21,4)
Meditation				
(Panatela)	6	(152)	42	(16,7)
No. 4				
(Panatela)	5	(127)	42	(16,7)
Relaxation				
(Lonsdale)	6 5/8	(168)	44	(17,5)
Piramide				
(Pyramid)	6 1/12	(155)	54	(21,4)
Robusto				
(Robusto)	5 1/2	(140)	54	(21,4)
Torito				
(Robusto)	4 3/4	(120)	50	(19,8)
Toro				
(Toro)	6	(152)	50	(19,8)

»Tragant« nennt man den geruch- und geschmacklosen Pflanzenleim, der bei der Verarbeitung der Kappe und beim Anbringen der Bauchbinde verwendet wird. Er hinterläßt keinerlei Rückstände.

*T*HE GRIFFIN'S

Es soll der Besitzer eines Clubs in Genf gewesen sein, der diese Marke vor Jahren kreiert hat. Der Name des Clubs: »Griffin's«. Der seines Besitzers und Betreibers: Bernard Grobet. Fest steht hingegen: Die »Griffin's« werden von Hendrik Kelners »Tabadom« hergestellt und gehören zur Gruppe »Oettinger-Davidoff«.

Da diese beiden Namen Synonyme für Qualität sind, kann ein *Aficionado* eigentlich wenig falsch machen, wenn er sich mit diesen hervorragend gemachten Zigarren auseinandersetzen will. Die mild bis mittelstarken »Griffin's« haben eine Einlage, die aus drei Santo-Domingo-Tabaken besteht, wobei unterschiedliche Ernten zu deren Zusammensetzung herangezogen werden. Dazu kommt ein dominikanisches Umblatt. Gemeinsam ist allen »Griffin's«, welche das Prädikat »Premium« zu Recht tragen, ein Connecticut-Shade-Deckblatt in Colorado Claro.

Formate der in der Dominikanischen Republik hergestellten Schweizer Marke »The Griffin's«

Handelsname und (in Klammern) Formatzuordnung	Länge in Inches (mm)		Ringmaß bzw. Durchmesser (mm)	
No. 100				
(Long Panatela)	7	(178)	38	(15,1)
No. 200				
(Lonsdale)	7	(178)	43	(17,1)
No. 300**				
(Long Corona)	6 1/4	(159)	43	(17,1)
No. 400				
(Panatela)	6	(152)	38	(15,1)
No. 500				
(Corona)	5	(127)	43	(17,1)

→

Prestige				
(Giant)	7 1/2	(191)	50	(19,8)
Privilege				
(Slim Panatela)	5	(127)	30	(11,9)
Robusto**				
(Robusto)	5	(127)	50	(19,8)

$\mathcal{T}$OASTEN

Hiermit ist der Moment beim Anzünden der Zigarre gemeint, während dem das Brandende langsam über einer Flamme gedreht wird. So kann sich besagtes Brandende allmählich erwärmen, ohne »Feuer zu fangen«. Auf diese Weise verhindert man, daß die Zigarre einseitig angezündet wird und ein unruhiger Zug entsteht.

$\mathcal{T}$OPPERS

Dieses relativ seltene Havanna-Format mißt bei einem Ringmaß von 39 (≈ 15,1 mm Durchmesser) 6 5/16 Inches (≈ 160 mm) in der Länge und entspricht somit dem beliebten Format einer »Panatela«. Zigarren des Formats »Toppers« sind von Hand gemacht.

$\mathcal{T}$ORCEDOR

Mit ihm stehen und fallen die Anstrengungen all derer, welche vor ihm den Tabak auf den Feldern gepflegt und welche die geernteten Blätter behandelt haben, damit er aus letzteren Zigarren rollt. Damit ist auch schon auf den Beruf hingewiesen, der sich hinter der spanischen Bezeichnung *Torcedor (Torquedor)* verbirgt: Zigarrenroller.

Obwohl die Arbeit aller anderen *Tabacaleros* bzw. *Tabaqueros* nicht als minderwertig abgetan werden soll, ist der *Torcedor* das wohl wichtigste Glied in der langen Kette all derer, die auf den Feldern, den Tabakhäusern und den Zigarrenfabriken tätig sind. Liefert der *Torcedor* nämlich eine schlechte Arbeit ab, so waren die bisherigen Mühen der *Tabacaleros* praktisch umsonst.

All das erklärt auch, warum die Ausbildung zum Zigarrenroller die längste aller *Tabacaleros* ist – sie erstreckt sich im Durchschnitt über ein Jahr, wobei es allerdings von Fabrik zu Fabrik geringe Unterschiede in der Dauer geben kann. Indes: Danach beginnt der eigentliche Weg zum *Torcedor*; denn durch jahrelange Erfahrung erlangt der Zigarrenroller erst jene schlafwandlerische Fähigkeit, auch die schwierigen Formate perfekt herzustellen.

Oft taucht die Frage auf, wieviel Zigarren ein erfahrener *Torcedor* pro Tag fertigt. Das hängt natürlich von der Größe des Formats, mehr jedoch noch vom Format selbst ab, denn eine »Corona« beispielsweise ist leichter zu rollen als etwa eine »Piramide« oder gar ein »Torpedo«. Außerdem nutzt eine hohe Stückzahl herzlich wenig, wenn dabei die Qualität zu kurz kommt. Doch ganz pauschal ist zu sagen: Ein guter *Torcedor* stellt pro Tag ungefähr 120 Zigarren erster Güte eines Formats wie der »Corona« her.

Der Raum, in dem die *Torcedores* ihre Zigarren rollen, heißt übrigens *Galera*. Dieser Ausdruck geht auf das erste Drittel des 19. Jahrhunderts zurück, gegen dessen Ende die Nachfrage nach kubanischen Zigarren ständig stieg und kurz darauf ein wahrer Havanna-Boom einsetzte. Da zu der Zeit Arbeitskräfte rar waren und sich die Besitzer der zahlreichen Manufakturen weigerten, auf Sklaven zurückzugreifen, wurde eine beträchtliche Zahl von Sträflingen für diese Arbeit herangezogen. Und da so mancher Gefängniskeller an einen Schiffsbauch erinnerte, heißt noch heute der Arbeitsraum der *Torcedores* wie der Bauch eines Schiffes, in dem Sklaven auf den Ruderbänken ein armseliges Dasein fristeten.

Da ist die Arbeit in einer heutigen kubanischen *Galera* bedeutend angenehmer, nicht zuletzt auch deshalb, weil die Arbeiter unterhalten werden. Das geschieht in Gestalt eines *Lectores*. Er fungiert in des lateinischen Wortes wahrster Bedeutung, nämlich als Leser, genauer gesagt als Vorleser. So bringt er den *Torcedores* während ihrer Arbeit Werke zeitgenössischer Autoren, aber auch solche der Weltliteratur zu Gehör, liest ihnen ferner die neuesten Nachrichten aus der »Granma« vor, der Parteizeitung der »Partido Comunista de Cuba«, unterbrochen lediglich vom Radio, aus dem dann westliche Hits und Songs ertönen.

Schon vor einigen Jahrzehnten war die erste Fabrik dazu übergegangen, den *Lector* ganz oder teilweise durch Lautsprecher zu ersetzen, aus denen dann Sprach- und Musikbeiträge aus dem Radio blechern ans Ohr drangen (und dringen). Andere folgten dem Beispiel. Wann jedoch – oder ob überhaupt – der letzte *Lector* seinen letzten Beitrag beendet haben wird, bleibt abzuwarten. Jedenfalls gibt es die Institution *Lector* wie ehedem.

Ehedem – das war 1850, als solch ein *Lector* erstmals die *Galera* der »Partagás«-Fabrik betrat, sich dann zu einer pultartigen Erhöhung begab, dort einen Stuhl an sich zog und mit dem Vorlesen begann. Bald gab es in jeder Fabrik einen *Lector*, und so wurden denn Tag für Tag die *Torcedores* in des Wortes doppelter Bedeutung »belesen«. Werke von Honoré de Balzac, Charles Dickens, Alexandre Dumas, des Älteren wie des Jüngeren, in neuerer Zeit von Ernest Hemingway – um nur einige Namen zu nennen – trugen (und tragen) jedenfalls erheblich zur Erweiterung der Bildung bei den Zuhörern bei. Während Kuba weltweit heute zu den Ländern gehört, welche mit die niedrigsten Analphabetenraten aufweisen, Bildung und Wissen also allen Mitgliedern der Gesellschaft vermittelt werden, sah das Bild in diesem Bereich bis zur Machtergreifung Castros erschreckend anders aus. Vor jenem Hintergund nahmen die *Torcedores* der Zigarrenfabriken eine besondere Stellung innerhalb der arbeitenden Bevölkerung ein. Durch dieses Privileg, einen *Lector* zu haben, der ihnen Teile der Weltliteratur vermittelte, galten sie als die »Intellektuellen des Proletariats«.

»Eine Sache, die ich bei Frauen noch nie verstanden habe, ist die, daß sie keinen Augenblick zögern, sich mit dem Duft von einem Pint Parfum zu umgeben, ein Pfund Talkumpuder sowie übel riechendes Lippenrouge aufzutragen, einen seltsamen Geruch verbreitendes Haaröl und ein halbes Dutzend verschiedener Körperöle zu verwenden, um sich dann über den Duft einer guten Zigarre zu beklagen.«

Groucho Marx, US-amerikanischer Filmschaffender **347**

TORO

Die klassischen Maße dieses international gebräuchlichen Formats betragen in der Länge 6 Inches (in), was ca. 152 Millimetern (mm) entspricht, und 50 im Ringmaß, was wiederum mit einem Durchmesser von ca. 19,8 Millimetern gleichzusetzen ist.

Man spricht immer noch von einer »Toro«, wenn die Länge mindestens 5 5/8 Inches sowie höchstens 6 5/8 Inches beträgt und gleichzeitig das Ringmaß zwischen 48 und 54 liegt. In metrischen Maßen ausgedrückt: Die Länge hat eine Spanne, die bei ca. 143 Millimetern beginnt und bei ca. 168 Millimetern endet, während die Spannbreite beim Durchmesser von ca. 19,1 bis ca. 21,4 Millimetern reicht.

Bewegen sich also beide Maßangaben innerhalb der zwei Spannbreiten – Beispiel: 6 1/2 in × 52 (≈ 165 × ≈ 20,6 mm) –, so handelt es sich um das Format »Toro«.

TOSCANO

Der Kenner trennt diese »Sigaro« zunächst einmal in zwei Hälften, um sie dann in vollen Zügen zu genießen. Das mag etwas ungewöhnlich klingen, doch bei den »Toscani« handelt es sich um Zigarren, die in nahezu jeder Hinsicht außergewöhnlich sind.

Da ist zunächst einmal der Tabak, genauer gesagt der Tabaksamen. Er kommt aus Übersee, aber nicht etwa aus dem karibischen Raum, sondern aus den Vereinigten Staaten – und wartet mit einer weiteren Besonderheit auf: Es handelt sich nicht um den bekannten Connecticut-Samen – der Wickel wird nämlich ausschließlich aus Tabaken gefertigt, die in Italien, genauer gesagt in der Toskana (deshalb der Name), angebaut werden, und zwar gezogen aus Kentucky-Saatgut. Auch beim Wrapper, also beim Deckblatt, handelt es sich um ein Kentucky-Blatt – allerdings wird das direkt aus dem US-Staat importiert.

Sowohl die Einlage-Tabake als auch die Deckblätter unterliegen einem intensiven Fermentationsprozeß, dem sich eine bis zu neun Monate dauernde Lagerung und Trocknung anschließt. Das ergibt recht starke Zigarren, die hart und trocken sind und die einen unvergleichbar würzigen Geschmack haben. Darüber hinaus handelt es sich bei den »Toscani« um Longfiller, die aus 100 Prozent Tabak bestehen – und maschinell gefertigt werden. Eine Ausnahme ist die »Toscano Originale«, die komplett von Hand gemacht wird. Keine Ausnahme gibt es dagegen beim Format – hier sind alle »Toscani« gleich. Rund 155 Millimeter lang, haben sie am Brandende wie am Kopf einen Durchmesser von etwa 10 Millimetern und breiten sich zur Mitte hin auf circa 15 Millimeter aus, bilden somit einen Bauch, der auch als solcher sofort auszumachen ist. Die Bauchbinde ist – auch hier der Unterschied zu anderen Zigarren – recht locker übergestreift, weshalb man sie problemlos abnehmen kann. Das sollte man auf jeden Fall machen, denn beim Kenner kommt vor dem Genuß das Durchschneiden in der Mitte. Das erübrigt sich lediglich bei den »Toscanellis«, die schon zuvor eine Halbierung erfahren haben.

Neben den genannten »Formaten« gibt es noch die normalen »Toscani«, dann die »Antico Toscano«, die »Toscano Garibaldi«, die »Toscani Extra-Vecchi« und die »Antica Riserva«, wobei die Tabake des letztgenannten Formats, ebenso wie die der »Originale«, die vollen neun Monate, die des erstgenannten Formats hingegen etwa sechs Monate gereift und gelagert worden sind – und somit die »Toscani« etwas leichtere »Sigari« sind. Doch ist hier die Bezeichnung »leicht« mehr als relativ, weil alle »Toscani« Raucher ansprechen, die wirklich starke Zigarren mögen.

Zwar wird im deutschsprachigen Raum nach dieser italienischen Spezialität durchaus gefragt, doch ist sie – leider – erst in wenigen Geschäften erhältlich. Wenn also der Händler um die Ecke keine »Toscani« anbietet, so bleibt lediglich der Versandweg, etwa über »Tabak Sommer« in München.

»An einem kalten Wintermorgen stärkt einem eine toskanische Zigarre die Seele.«

Marie Henri Beyle, französischer Schriftsteller,
besser bekannt als Stendhal

TRABUCO

Die »Trabuco«, ein äußerst seltenes Havanna-Format, weist dasselbe Ringmaß (38 ≈ 15,1 mm) auf wie die »Universal«, ist aber mit ihrer Länge von 4 1/3 Inches (≈ 110 mm) um einiges kürzer als diese und wirkt somit etwas gedrungen. Dennoch ist auch sie – wie die »Universal« – mit dem Format einer »Short Panatela« vergleichbar. Zigarren des Formats »Trabuco« sind maschinengefertigt.

TRINIDAD

Am 10. Mai 1999 war es endlich soweit: Die »Trinidad« wurde in Deutschland offiziell eingeführt, gut ein Jahr nach ihrer Präsentation, die im Februar 1998 in der Hauptstadt Kubas stattfand. Rund 500 *Aficionados*, manche von weither, waren nach Niederaußem vor den Toren Kölns gekommen, um im »Château Henri« von »Peter Heinrichs« jene legendäre Havanna zu verkosten, die bis vor nicht allzu langer Zeit lediglich Staatsgästen des *Máximo Líders* vorbehalten war.

Die nun lebende – sprich: rauchende – Legende hielt, was man sich von ihr versprochen hatte: Bei der »Trinidad« handelt es sich um eine ausgewogene Havanna, die zwar etwas leichter als die »Co-

---

GEHEIME BOTSCHAFTEN

José Martí (1853–1895), der kubanische Schriftsteller, der für die Befreiung seiner Heimatinsel von der spanischen Vorherrschaft eintrat, dabei eine Annexion Kubas durch die USA vehement ablehnte und zum Kampf gegen Ungerechtigkeit und Ungleichheit aufforderte ... dieser José Martí hatte sich etwas ganz Besonderes ausgedacht, damit die geheimen Botschaften, die er über Kuriere an seine Mitstreiter schickte bzw. von ihnen erhielt, auch wirklich geheim blieben: Er ließ sie in Zigarren rollen!

hiba«, aber dennoch recht würzig ist und beim Rauch eine Fülle von Aromen freigibt. Gefertigt wird sie in der Fabrik »El Laguito«, aus der auch die »Cohibas« kommen, jene weiteren Vorzeige-Havannas, die eindrucksvolles Zeugnis von dem breiten Wissen der erfahrensten *Tabacaleros* und der hohen Kunst der besten *Torcedores* geben, die auf Kuba ihrem Handwerk nachgehen.

Weltweit angeboten wird bisher nur ein einziges Format, die »Fundadores«. Es entspricht ziemlich genau einer«Laguito No. 1«, jener *Vitola de Galera*, die auch für die »Cohiba Lancero« – jahrelang Fidel Castros Lieblings-Havanna – Verwendung findet.

$\mathcal{T}$ROYA

Zigarren dieser alten Havanna-Marke sind nur noch selten zu finden. Lediglich zwei Formate gibt es noch von den »Troyas«, die darüber hinaus zu den Formaten zu zählen sind, die normalerweise maschinell hergestellt werden. Wer sich davon indes nicht abschrecken läßt, zudem den typischen vollen Havanna-Geschmack liebt, der sollte sich von einem Versuch nicht abschrecken lassen.

Es gibt auch eine dominikanische Version der »Troya«. Ihre relative Nähe zum kubanischen Original rührt daher, daß sie zu den stärksten Zigarren zählt, die in der Dominikanischen Republik hergestellt werden. Der Wickel der »Troyas« besteht aus dominikanischen Tabaken, während das Colorado-Claro- (beide Serien) bzw. Maduro-Deckblatt (Standardserie) aus Connecticut stammt.

Formate der kubanischen Marke »Troya«

Handelsname und (in Klammern) Produktionsname	Länge in Inches (mm)		Ringmaß bzw. Durch- messer (mm)	
Corona Club Tubulares				
(Standard)	4 5/6	(123)	40	(15,9)
Universales				
(Universales)	5 1/4	(133)	38	(15,1)

351

*U*MBLATT

Das Umblatt, jener »Mittler« zwischen Einlage und Deckblatt, hat in den letzten Jahren an Bedeutung gewonnen. Diente es in zurückliegenden Jahren zuvorderst dazu, der Einlage einen gewissen Halt zu geben und somit den Wickel zu vervollkommnen, wobei es relativ geschmacksneutral zu sein hatte, so spielt es heute eine verstärkte Rolle bei der Komposition der Einlage und somit der Zigarre insgesamt. Qualität beim Umblatt ist demnach gefragt – und die liefern mittlerweile nahezu alle klassischen Anbaugebiete für Zigarrentabak.

*U*NIVERSAL

Dieses äußerst seltene Havanna-Format, dessen Zigarren maschinell gefertigt sind, weist eine Länge von 5 1/4 Inches ($\approx$ 133 mm) auf und mißt im Ringmaß 38 ($\approx$ 15,1 mm Durchmesser). Damit kommen die Maße der »Universal« denen der klassischen »Short Panatela« sehr nahe – und da letzteres Format »weltweit« (also »universal«) sehr beliebt ist, wird aus der kubanischen Entsprechung wieder ein Schuh daraus.

*V*EGAS ROBAINA

Im Jubiläumsjahr der »Cohiba«, genauer gesagt im Juni 1977, offiziell vorgestellt, ist sie nun auch im deutschsprachigen Raum zu haben, nachdem sie zunächst in Frankreich und Spanien angeboten wurde. Gemeint ist die »Vegas Robaina«, die zu den jüngsten Kreationen der kubanischen Zigarrenmacher gehört.

Der Name verweist auf eine der letzten *Vegas* in Privatbesitz, die auf Kuba noch existieren. Gleichfalls kann die Plantage auf eine über 150jährige Tradition des Tabakanbaus zurückblicken, wovon die Zahl »1845« zeugt, die auf der Bauchbinde einer jeden »Vegas Robaina« zu sehen ist und die auf die Inbetriebnahme einer *Vega* verweist, welche eines der besten Deckblätter hervorbringt, die in der Vuelta Abajo geerntet werden.

Eine Referenz an die Tabakbauerfamilie mit der langen Tradition ist auch die *Vitola de salida* des Formats »Prominente«, das den Namen des jetzigen Patriarchen führt: Don Alejandro, der mit seinen knapp 90 Jahren noch heute Tag für Tag auf den Tabakfeldern seiner *Vega* zu finden ist. Die Zahlen übrigens, die den einzelnen Formatbezeichnungen hinzugefügt sind, geben jeweils Auskunft über das Ringmaß der betreffenden Zigarre.

Bei den »Vegas Robainas« handelt es sich um Havannas, die nicht dem traditionellen Stil verbunden sind, der vor allem durch einen kraftvollen Körper gekennzeichnet ist, sondern einem Stil, der dem immer stärker werdenden Verlangen der jungen Generation der Zigarrenraucher nach cremig schmeckenden, relativ milden Zigarren Rechnung trägt.

Und so entfalten denn auch die einzelnen Formate ein mittleres Aroma, sind dennoch reich im Geschmack, wobei sie sich durch eine wunderbare Balance auszeichnen. Daß schließlich alle »Vegas Robainas«, die in der »H. Upmann«-Fabrik hergestellt werden, erstklassig gerollt sind und hervorragende Brandeigenschaften aufweisen, versteht sich fast von selbst.

Formate der kubanischen Marke »Vegas Robaina«

Handelsname und (in Klammern) Produktionsname	Länge in Inches (mm)		Ringmaß bzw. Durchmesser (mm)	
Clásico 42				
(Cervante)	6 1/2	(165)	42	(16,7)
Don Alejandro 49				
(Prominente)	7 5/8	(194)	49	(19,5)
Familiar 42				
(Corona)	5 7/12	(142)	42	(16,7)
Unicos 52				
(Piramide)	6 1/8	(156)	52	(20,6)
Famosos 48				
(Hermoso No. 4)	5	(127)	48	(19,1)

$\mathcal{V}$EGUERITO

Veguerito ist die Koseform von *Veguero*, und wohl zu Ehren seiner Kollegen auf dem Feld, ebenjener *Vegueros*, der Tabakbauern, hat der *Torcedor*, der dieses durchaus gebräuchliche Havanna-Format, dessen Zigarren von Hand gemacht sind, aus der Taufe gehoben hat, es »Tabakbäuerchen« genannt.

Die »Veguerito« hat bei einem Ringmaß von 37 ($\approx$ 14,7 mm Durchmesser) eine Länge von 5 Inches (= 127 mm), und somit ist das »Tabakbäuerchen« durchaus dem Format einer »Short Panatela« vergleichbar.

$\mathcal{V}$EGUERO

So werden all jene Tabakbauern genannt, die auf den *Vegas*, den Tabakfeldern, für die Aussaat der Tabaksamen, ferner für Aufzucht und Pflege der Tabakpflanzen sowie schließlich für die Ernte der Tabakblätter verantwortlich sind. Wie mühevoll sich die Arbeit der *Vegueros* oftmals gestaltet, ist auf den Seiten 181 bis 184 beschrieben.

$\mathcal{V}$EGUEROS

Eigentlich waren die »Vegueros« dazu gedacht, als maschinell gefertigte Longfiller den heimischen Markt zu bedienen. Doch da

---

Man schrieb das Jahr 1676, als die ersten Zigarren in Europa in Sevilla gefertigt wurden. Somit ist die andalusische Universitätsstadt praktisch der Geburtsort derjenigen Zigarren, wie wir sie noch heute von Format und Aussehen her kennen. Mehr als ein halbes Jahrhundert später erkannte dann der spanische Staat, daß mit Zigarren – und darüber hinaus durch das Erheben von Tabaksteuern – das mühselige Füllen der Staatskasse leichter vonstatten geht: 1731 wurden in Sevilla die Königlichen Zigarren-Manufakturen ins Leben gerufen.

die Zigarrenwelt nahezu nach allem giert, was auf Kuba in jenen *Fábricas* hergestellt wird, in denen *Tabacaleros* arbeiten, entschlossen sich die Verantwortlichen von »Habanos S. A.«, dem immer stärker werdenden Drängen der Importeure nachzugeben und die »Vegueros« weltweit zu vertreiben.

Mittlerweile auch in mitteleuropäischen Breiten angeboten, präsentieren sich die »Vegueros« als wirklich gut gemachte Longfiller, die mit ihrer mittleren bis kräftigen Stärke ein wenig an die Havannas traditionellen Stils erinnern – und sie sind nicht, wie einst vorgesehen, maschinell hergestellt, sondern tragen das Gütezeichen »Totalmente a mano«.

Formate der kubanischen Marke »Vegueros«

Handelsname und (in Klammern) Formatzuordnung	Länge in Inches (mm)	Ringmaß bzw. Durchmesser (mm)
Especiales No. 1 (Numero 1)	7 9/16 (192)	38 (15,1)
Especiales No. 2 (Numero 2)	6 (152)	38 (15,1)
Mareva (Mareva)	5 1/2 (129)	42 (16,7)
Seoane (Seoane)	4 11/12 (125)	36 (14,3)

VERPACKUNG

Mehr Schein als Sein – das trifft auch auf die Verpackung einiger Zigarrenmarken zu. In der Regel ist es jedoch so: Je aufwendiger die Verpackung ist, desto besser ist der Inhalt. Allerdings wird jede Regel – siehe oben – erst durch die Ausnahme bestätigt. Fest steht wiederum: Ist die Präsentation einer Zigarre recht ausgefallen, so ist dies auch der Preis. Ob der dann auch gerechtfertigt ist, steht auf einem anderen Blatt. Letztendlich entscheidet beim Zigarrenkauf der Geschmack – und über den läßt sich ja bekanntlich nicht streiten.

Schon diese wenigen Zeilen lassen erkennen, wie schwierig es ist, von der Präsentation einer Zigarre auf deren Qualität(en) zu schließen. Obwohl: Weicht die Verpackung von der Norm ab – und hier sollte schon eine Zedernholzkiste als Maßstab dienen – und ist beispielsweise jede einzelne Zigarre einer 25er Kiste in Zellophan gehüllt, so kann das Produkt nicht das schlechteste sein, jedenfalls nicht nach Auffassung des jeweiligen Herstellers, denn für ihn würde es nun wirklich keinen Sinn machen, eine mindere Qualität in den Adelsstand einer Premium-Zigarre erheben zu wollen – der Aufwand wäre ein zu hoher. Außerdem ließe sich ein erfahrener Zigarrenraucher nicht von einer prunkvollen Verpackung blenden, und schon gar nicht macht er seine Entscheidung beim Kauf davon abhängig. »Drum prüfe, wer sich ewig bindet«, mag man hier geneigt sein, mit Schiller zu sagen.

Aber auch ein *Aficionado* weiß: Wenn Zigarren in Zedernholzkisten angeboten werden, vielleicht auch einzeln von dünnstem Zedernholz umhüllt bzw. einzeln in Zellophan, manchmal auch in Seidenpapier verpackt sind, mitunter einzeln in Aluminiumfolie stecken, bisweilen einzeln in einer Aluminium- bzw. Glashülse (auch das gibt es) liegen, womöglich gar einzeln, von Zellophan umwickelt, in einer Aluminiumhülse, die mitunter mit Zedernholz ausgelegt ist, angeboten werden – dann dient dies alles dazu, die Frische der jeweiligen Zigarre(n) über einen gewissen Zeitraum zu erhalten und somit ihren Qualitätsstandard hochzuhalten. Solche Maßnahmen ersetzen natürlich keinen Humidor – doch das ist wiederum eine andere Geschichte.

Es war Heinrich Schlottmann, der 1788 in Hamburg die erste deutsche Zigarrenfabrik gründete. Zuvor hatte der Kaufmann in Sevilla, der damaligen europäischen »Zigarren-Metropole«, das Zigarrenhandwerk studiert. Bald waren die »Schlottmanns« über die Landesgrenzen hinaus bekannt und beliebt.

$\mathscr{V}$ILLIGER

Der Stammsitz liegt im Wynental, und dort, im Norden des schweizerischen Kantons Luzern, wurde auch vor nunmehr 100 Jahren die Firma gegründet, die heute unter dem Namen »Villiger Söhne A. G. Cigarrenfabriken« zu den Großen der europäischen Zigarrenwelt zählt. Einige wenige Zahlen mögen das belegen. So verlassen pro Jahr etwa 300 Millionen Zigarren und Zigarillos die Fabriktore der Werke in Pfeffikon, im badischen Waldshut-Tiengen, im westfälischen Bünde sowie seit 1990 auch im irischen Ballaghaderreen, um dann in 75 Ländern der Welt angeboten zu werden.

Diese Entwicklung konnte Jean Villiger, als er 1888 seine Firma ins Leben rief, gewiß nicht ahnen. Damals, im Zuge der Industrialisierung, war die Gründung einer Zigarrenfabrik kein Akt, der als außergewöhnlich bezeichnet werden konnte. Der allgemeine wirtschaftliche Aufschwung, der zu der Zeit Mitteleuropa erfaßte, ließ Fabriken wie Pilze aus dem Boden wachsen. Nahezu jede Region war schließlich von einem einzigen Wirtschaftszweig geprägt. Im Norden des Kantons Luzern war das die Zigarrenindustrie.

So einfach war das damals – und so schwierig wurde es danach. Während und nach dem Ersten Weltkrieg sowie gegen Ende der 20er Jahre waren die Zeiten alles andere als rosig für Unternehmer. Für die noch junge Firma »Villiger« setzte die schwere Zeit indes noch bedeutend früher ein, und zwar mit dem Jahr 1902, als Jean Villiger starb. Hätte damals nicht seine junge Witwe Louise das Unternehmerheft couragiert in die Hand genommen und vorausschauende Entscheidungen getroffen, wäre es dem Unternehmen wohl wie vielen anderen ergangen, die während besagter schwerer Zeiten ihre Werkstore für immer schließen mußten.

Doch es war nicht nur vorausschauend, sondern zunächst einmal außerordentlich mutig, als Louise Villiger 1910 mit der Gründung eines Tochterunternehmens im badischen Waldshut-Tiengen ein deutliches Zeichen für die Zukunft setzte.

Die damalige Zukunft steht heute, in der Gegenwart, auf sicheren Füßen. Das Unternehmen, das mittlerweile in der vierten Generation von Heinrich Villiger geführt wird, verdankt seine Stellung nicht zuletzt den richtungweisenden Produktinnovationen, wie das in Neudeutsch so schön heißt. So führte sie beispielsweise um die Jahrhundertwende die »Villiger-Kiel« ein, eine Zigarre, die mit einem Mundstück aus Gänsekiel aufwartete. Dann kam mit der »Rio 6« die »Havanna des kleinen Mannes« heraus, die noch heute die meistgerauchte Zigarre in der Schweiz ist.

Apropos Havannas: Es war Heinrich Villiger, der 1989 mit kubanischen Geschäftspartnern das weltweit erste Jointventure für den exklusiven Import und Vertrieb von Havannas gründete. Neben der Produktion von so bekannten Marken wie »Backgammon«, »Braniff«, »Tobajara« und »Villiger Curly« (»Culebras«) stellt »Villiger« in Lizenz auch einige kubanische Marken her, die in Europa vertrieben werden.

Erfolg kommt selten von ungefähr. Und deshalb mußte sich (und muß sich) bei allen Unternehmungen das Haus »Villiger« stets an einem Maßstab orientieren, der als oberstes Gebot Qualität zum Ziel hatte und hat.

$\mathcal{V}$ISTA

Vistas sind jene Lithographien, die an der Innenseite des Deckels einer Zigarrenkiste angebracht sind. Meist handelt es sich um romantisch verklärte Motive, die hier ins Auge fallen – sofern es sich um *Vistas* handelt, die von Zigarrenmarken erzählen, welche im vorigen Jahrhundert entstanden sind.

Die oft überaus bunten Motive vereinten mitunter acht bis zehn Farben. Das war damals möglich geworden durch die Erfindung des Steindrucks, die auf den Deutschen Alois Senefelder zurückgeht. Der Steindruck erlaubte diesen Druck, indem für jede Farbe eine entsprechend behandelte Steinplatte hergestellt wurde. Das Prinzip des Steindrucks beruhte – wie heute der Offset-Druck – auf der Verwendung von fetthaltigen Substanzen für die zu druckenden Stellen und von Wasser, das ja bekanntlich fettabweisend ist.

Jedenfalls kamen bunte Lithographien um die Mitte des vorigen Jahrhunderts in Mode, und da zu der Zeit der weiterentwickelte Steindruck die unbegrenzte Wiedergabe jener Motive ermöglichte, dazu viele Drucker im Zuge der Bismarckschen Sozialistengesetze Deutschland den Rücken kehrten und sich in der Neuen Welt, auch auf Kuba, niederließen – da all dies zusammenkam, konnte sich die »Litográfica de Habana«, die führende Druckwerkstatt im damaligen Havanna, bald über prall gefüllte Auftragsbücher freuen. Jede Zigarrenmanufaktur mußte für jede Zigarrenmarke solch eine *Vista* haben – je bunter, je lieber.

Man mag über die oftmals kitschig wirkenden *Vistas* schmunzeln, sie gar als Kitsch in Reinkultur abtun, man mag sie vor lauter Kitschigkeit wieder schön finden – jedenfalls geben die *Vistas* Zeugnis ab von dem Modegeschmack, der zur damaligen Zeit vorherrschte. Und das wiederum macht sie kulturhistorisch bedeutsam.

WALL STREET

Die relativ neue Marke von »Austria-Tabak«, deren erste Formate, eine »Corona Grande« und eine »Panetela«, im September 1995 auf den Markt kamen, hat sich mittlerweile eine feste Anhängerschaft erworben. Diese Zigarren, für deren Wickel Brasil-, Havanna- und Java-Tabake verwendet werden, wozu sich ein Sumatra-Deckblatt gesellt, sowie die im November 1996 herausgekommene »Double Corona«, ein von Hand gemachter Longfiller, der im Wickel brasilianische und dominikanische Tabake aufweist sowie ein Connecticut-Deckblatt hat, werden in der Fürstenfeldschen Zigarrenfabrik hergestellt.

WUHRMANN

Im schweizerischen Rheinfelden, einer Kleinstadt im Kanton Aargau, am linken Ufer des Hochrheins gelegen, stellten gegen Ende des 19. Jahrhunderts sieben Fabriken Zigarren her, eine beachtliche Zahl angesichts eines Ortes, der gerade einmal 10 000 Einwohner zählte. Heute existiert hier nur noch eine, die »A. Wuhrmann & Cie.«, die letzte eidgenössische Zigarrenfabrik in Familienbesitz.

Das in der fünften Generation geführte Unternehmen setzt bewußt auf Tradition, denn nur die Besetzung von Nischen, welche die großen Konzerne übriglassen, garantiert ein Fortbestehen mit Zukunft. So gibt es mit der »Habana« noch eine Rarität in der Schweiz zu kaufen, die einstmals gang und gäbe war: »Bündli«, Zehnerpackungen mit »Stumpen«, die in Papier eingewickelt sind. Aber auch »Krumme Hunde – Havana«, eine Spezialität, die an längst vergangene Zeiten erinnert, finden sich – neben anderen Zigarren – im Angebot der Rheinfeldener. Beide Produkte sind übrigens aus 100 Prozent Tabak gemacht – auch das eine Referenz an die Zeit, als es noch keinen Bandtabak auf Maschinenrollen gab.

ZIGARRENHERSTELLUNG

Nahezu unzählige Handgriffe sowie Lagerungs- und Produktionsschritte sind erforderlich, um schließlich eine Zigarre in angemessener Form präsentieren zu können. Es fängt an mit der Auswahl und Aussaat der Samen, der Pflege der heranwachsenden Tabakpflanze, setzt sich fort mit der Ernte und den einzelnen Lagerungsschritten sowie den verschiedenen Fermentationsphasen, bevor die eigentliche Be- und Verarbeitung der Tabakblätter beginnen kann. Doch damit sind die Arbeiten an dem »braunen Gold« noch lange nicht beendet. Jenes »braune Gold« soll sich ja auch entsprechend ansprechend präsentieren, und so steht die Auswahl nach Farbnuancen sowie eine letzte Qualitätskontrolle an, bevor des *Aficionados* liebste »Objekte der Begierde« eine Verpackung erfahren, die ihren Stellenwert widerspiegeln soll.

Weil so unendlich viele Handgriffe von den zahlreichen *Tabaqueros* erforderlich sind, ehe das Endprodukt schließlich in einer Zigarrenkiste Platz findet oder in einer Hülse einzeln in den Handel kommt, würde es in erster Linie der Unübersichtlichkeit dienen, jeden einzelnen Schritt, der vom Anbau und der Pflege der Pflanzen bis zur eigentlichen Herstellung der Zigarren erforderlich ist, unter dem jeweiligen Stichwort gesondert zu behandeln. Um auf diese Weise den gesamten Weg nachzuvollziehen, wäre ein endloses Hin- und Herblättern von einem zum anderen Stichwort notwendig.

Da sich Anbau und Verarbeitung von Tabakblättern, die für die Zigarrenherstellung bestimmt sind, überall auf der Welt ähneln, reicht es aus, dies explizit an einem Land festzumachen. Und so sei auf das Stichwort »Havanna(s)« verwiesen, da hier der Werdegang einer Zigarre, beginnend auf den Tabakfeldern und endend beim Versand, beispielhaft dargestellt wird. In anderen Ländern unterscheiden sich zwar einzelne Arbeitsschritte von denen, die auf Kuba gemacht werden, fallen auch einige weg, doch da Kuba nun mal das »Mutterland der Zigarre« und die Havanna die »Königin der Zigarren« ist, sollen die Anstrengungen der dortigen *Tabaqueros* entsprechend gewürdigt und als exemplarisch dargestellt werden, gedacht sozusagen als Verbeugung vor den Leistungen, die Jahr für Jahr erbracht werden, damit am Ende Tausende von *Aficionados* Millionen von Havannas genießen können – wobei nicht eine Zigarre identisch mit einer anderen ist.

ZIGARRENMARKEN

Wie schon im Vorwort angedeutet, handelt es sich bei diesem Buch um ein Lexikon, nicht um eine Enzyklopädie. Es ist daher unmöglich, etwa alle Premium-Zigarren, die weltweit hergestellt werden, hier vorzustellen. Von den Havannas einmal abgesehen, werden es

»Zigarren sind die perfekte Ergänzung eines eleganten Lebensstils.«

George Sand, eigentlich Aurore Dupin, französische
Schriftstellerin (und Konventionen ignorierende Frau)

weltweit um die 1000 Zigarrenmarken sein, die das Etikett »Premium« tragen. All diese Marken aufzuführen, dazu noch die guten niederländischen sowie die erwähnenswerten Marken, die in den deutschsprachigen Ländern hergestellt werden – das würde den Rahmen dieses Buches sprengen.

Der »Mut zur Lücke« war also notwendig. Er fiel um so leichter, wenn nicht genügend Informationen über eine bestimmte Marke vorhanden waren. Dabei wäre es praktisch jede Premium-Marke wert gewesen, hier Aufnahme zu finden. Zu denken ist da etwa an die »Alonso Menendez«, die »Balmoral«, die »Christian of Denmark«, die »Fürst Bismarck«, die »Goya«, die »Gran Nica«, die »José Martí«, die »La Esdura«, an Marken wie »La Finca«, »La Flor Dominicana«, »La Paz«, »Las Cabrillas«, »La Vega Real«, »Montague«, »Peterson«, »Pimentel«, »Royal Barbados«, »Royal Jamaica«, »Santa Clara 1830«, »Schimmelpenninck«, »Sillem's«, »Suerdiek«, »Van Oost«, »V. Centennial«, »Villar y Villar« – um nur einige zu nennen von den vielen, die es verdient hätten, näher auf sie einzugehen.

Zino

Als Zino Davidoff und Dr. Ernst Schneider Mitte der 70er Jahre darangingen, eine Lösung zu suchen, auf welchem Wege auch »Davidoffs« in die Vereinigten Staaten gelangen könnten, richtete sich ihr Augenmerk auf Honduras (siehe auch unter dem Stichwort »Davidoff«). Zum einen konnte das Land auf eine lange Tradition in der Zigarrenherstellung verweisen, zum anderen kamen Boden und Klima des mittelamerikanischen Landes den Bedingungen, die in der Region Vuelta Abajo herrschten, am nächsten. Das stimmte zwar nicht ganz, denn es gab ja noch Nicaragua, von vielen Experten als das kommende »Zigarrenland« angesehen, aber die dortige politische Lage war nicht dazu angetan, zu der Zeit in diesem Land etwas aufzubauen, was von Dauer sein sollte. Die Einschätzung sollte sich als richtig erweisen.

Als dann die Marke »Zino«, in Honduras unter Verwendung einheimischer Tabake für den Wickel und einem Connecticut-Shade-

Deckblatt in Colorado Claro als Longfiller hergestellt – als diese Marke dann 1977 auf den Markt kam, war zunächst einmal der Aufschrei unter den Havanna-Liebhabern groß, welche die »Davidoff«-Zigarren bisher mit Zigarren aus Kuba gleichsetzten. In den »Zinos« sahen sie jedenfalls einen Frevel an der Davidoffschen Sache. Davidoff und Schneider hatten jedoch alles richtig gemacht.

Formate der Serie »Gold Label« der in Honduras hergestellten Schweizer Marke »Zino«

Handelsname und (in Klammern) Formatzuordnung	Länge in Inches (mm)		Ringmaß bzw. Durchmesser (mm)	
Diamonds				
(Panatela)	5 5/8	(143)	38	(15,1)
No. 1**				
(Slim Panatela)	6 2/3	(169)	34	(13,5)
Princesse				
(Cigarillo)	4 1/8	(104)	25	(09,9) ›
Tradition				
(Long Corona)	6 1/5	(158)	44	(17,5)
Veritas				
(Double Corona)	6 9/10	(176)	49	(19,5)

Formate der Serie »Light Line« der in den Niederlanden hergestellten Schweizer Marke »Zino«

Handelsname und (in Klammern) Formatzuordnung	Länge in Milli- meter (in)		Durchmesser in Milli- meter (RM)	
Classic Brasil				
(Petit Corona)	123	(4 5/6)	17,1	(43)
Classic Sumatra				
(Petit Corona)	123	(4 5/6)	17,1	(43) ›

Grand Classic Brasil				
(Corona Extra)	135	(5 3/10)	18,3	(46)
Grand Classic Sumatra				
(Corona Extra)	135	(5 3/10)	18,3	(46)
Relax Brasil				
(Slim Panatela)	147	(5 3/4)	11,9	(30)
Relax Sumatra				
(Slim Panatela)	147	(5 3/4)	11,9	(30)

Die »Zinos« aus Honduras mit ihren vollen Aromen, die dennoch einen recht milden Geschmack zuließen, waren bei den amerikanischen *Aficionados* bald heiß begehrt – die beiden Schweizer hatten den US-Markt zu einer Zeit betreten, als gerade der Trend zu leichteren Zigarren einsetzte. Mittlerweile gibt es im Land der unbegrenzten Möglichkeiten neben der Standardserie, die unter dem Namen »Zino Gold Label« angeboten wird, auch noch die Serie »Zino Connoisseur« (die in europäischen Breiten leider nicht zu finden ist).

Der *Aficionado* hat hierzulande dennoch die Möglichkeit, weitere »Zinos« seinem Humidor zuzufügen, so etwa die milden, feinaromatischen Zigarren der Serie »Mouton Cadet«, die Davidoff einst für die Baronin Philippine de Rothschild kreierte. Nachdem sie 1983 erstmals angeboten wurden, war ihnen ebenfalls ein voller Erfolg beschert.

Dann gibt es noch ein Format, »Zino Jong« geheißen, das in den Niederlanden in traditioneller holländischer Manier maschinell gefertigt wird. Dieses Sumatra-Format, hergestellt aus besten Java- und Sumatra-Tabaken, beeindruckt durch seine ausgewogene Milde.

Schließlich sei noch die relativ junge »Zino«-Serie »Light Line« genannt. Sie umfaßt, neben zwei Zigarillos, jeweils drei Formate in Brasil und Sumatra, wobei alle Zigarren, die ebenfalls recht mild sind, in einem »Humidorpack« stecken, wodurch sie sich über Monate frischhalten.

Beworben werden die »Zinos« unter anderem mit einem Zitat, das sich in nur einem Buchstaben von dem Original unterscheidet und das aus der Zeit stammt, in dem das Römische Reich im Zenit seiner Macht stand: »… in Zino veritas«.

Dem ist eigentlich nichts mehr hinzuzufügen. Doch da es sich hier um das letzte Stichwort dieses Buches handelt, soll noch etwas Allgemeines zur Zigarre gesagt werden. Nur soviel: Da sich der Weinanbau und der für Zigarrentabak in so mancherlei Hinsicht ähneln, wird auch in der Zigarre viel Wahrheit liegen – wenn man es versteht, sie zu genießen, und wenn man bereit ist, sich mit ihr auseinanderzusetzen.

Formate der Serie »Mouton Cadet« der in Honduras hergestellten Schweizer Marke »Zino«

Handelsname und (in Klammern) Formatzuordnung	Länge in Inches (mm)		Ringmaß bzw. Durchmesser (mm)	
No. 1**				
(Long Corona)	6 1/5	(158)	44	(17,5)
No. 3				
(Panatela)	5 3/4	(149)	38	(15,1)
No. 4				
(Slim Panatela)	5 1/10	(129)	30	(11,9)
No. 5				
(Petit Corona)	5	(127)	42	(16,7)
No. 6				
(Robusto)	5	(127)	50	(19,8)
No. 7**				
(Small Panatela)	4 2/3	(118)	34	(13,5)
No. 8**				
(Churchill)	6 9/10	(175)	48	(19,1)

»Letztendlich geht jede Zigarre in Rauch auf.«

Brasilianisches Sprichwort

Adressenverzeichnis

**Verzeichnis guter Fach-
geschäfte in Deutschland***

Pfeifen-Schneiderwind
Krämerstr. 13–15
52062 **Aachen**

Tabak Jurewicz
Bismarckstr. 107
52066 **Aachen**

Zigarren Stenger
Sandgasse 30
63739 **Aschaffenburg**

No 7 Herbert Mayer
Steingasse 7
86150 **Augsburg**

E. Akerman
Ludwigstr. 20
83435 **Bad Reichenhall**

Zigarrenhaus P. Weinig
Hauptwachstr. 17
96074 **Bamberg**

C.u.S. Meiners
Luitpoldplatz 2
95444 **Bayreuth**

Rauchkultur Seiler
Bahnhofstr. 19
64625 **Bensheim**

Peter Heinrichs
Château Henri
Volta-/Ecke Ohmstr.
50129 **Bergheim-
Niederaußem**

Quartier 106
Department Store
Friedrichstr. 71
10117 **Berlin**

Für Tabak-Genießer
Frankfurter Allee 46b
10247 **Berlin**

Kiwus ... nur für Raucher
Kantstr. 56
10627 **Berlin**

Palm Tobacco
Kurfürstendamm 214
10719 **Berlin**

Zigarren Herzog
Ludwigkirchplatz 1
10719 **Berlin**

Tabac & Cigars Wolff
Potsdamer Platz Arkaden
10785 **Berlin**

Davidoff-Pilotgeschäft
im Kaufhaus des Westens
Tauentzienstr. 21–24
10789 **Berlin**

Durek Tabac-Shop
Tempelhofer Damm 152
12099 **Berlin**

Tabak & Pulver
Rheinstr. 42
12161 **Berlin**

Minow's Tabak Depot
Bahnhofstraße 56
12305 **Berlin**

Lorenz Tabakwaren
Fritz-Reuter-Allee 182a
12359 **Berlin**

Das Tabakhaus
im Forum Köpenick
Bahnhofstr. 33–38
12555 **Berlin**

Otto Boenicke
Flughafen Tegel
13405 **Berlin**

Palm Tobacco
Hohenzollerndamm 94
14199 **Berlin**

Crüwell Tabakhaus
Obernstr. 1a
33602 **Bielefeld**

Pipe Shop Kister
Bleichstr. 2
44787 **Bochum**

* Sehr viele Fachgeschäfte verkaufen Zigarren nebst Zubehör inzwischen über den Versandweg.
  Falls ein Händler sein Sortiment ausschließlich über diesen Weg anbietet, ist lediglich das Postfach angegeben.

E. Mühlensiepen
Poststr. 24
53111 **Bonn**

Zigarrenhaus Bertelt
Sternstr. 2
53111 **Bonn**

Fritz Farina
Friedrich-Wilhelm-Str. 48
38100 **Braunschweig**

M. Niemeyer
Domshofpassage 21a
28195 **Bremen**

Pfeifen-Studio
Roland von Bremen
Herdentorsteinweg 37
28195 **Bremen**

Tabac & Pfeife
Lloydpassage 4
28195 **Bremen**

Tabac & Pfeife
Schnoor 25
28195 **Bremen**

Pfeifen Pollner
Carl Pollner & Sohn
Bahnhofstr. 11
32257 **Bünde**

Friedrich Pröhl
Lange Str. 36
21614 **Buxtehude**

Tabak Bohn
Rheinstr. 16
64283 **Darmstadt**

Tabak Dehler
in der Corso-Passage
44137 **Dortmund**

Zigarren Henneke
Hörder Tabakbörse
Alfred-Trappen-Str. 10
44263 **Dortmund**

Berghofer Tabak-Ecke
Berghofer Str. 133
44269 **Dortmund**

Tabakwaren Hantzsch
Wilsdruffer Str. 8
01067 **Dresden**

Pfeifen-Center Linzbach
Graf-Adolf-Str. 78
40210 **Düsseldorf**

T.H. Kleen Tabakwaren
in der Bahnhofspassage
40210 **Düsseldorf**

Tabac Benden
in den Schadow-Arkaden
40212 **Düsseldorf**

Tabac Benden
Kö-Galerie 60
40212 **Düsseldorf**

Palm Tobacco
Königsallee 40
40213 **Düsseldorf**

Hildegard Willebrand
Corneliusstr. 85
40215 **Düsseldorf**

Die Tabakstube Kammerer
Weiße Herzstr. 1
91054 **Erlangen**

Pfeifen-Schilde
Kastanienallee 14
45127 **Essen**

Wolsdorff Tobacco
Haus am Kettwiger Tor
45127 **Essen**

Tabac International Keistler
Wormser Str. 31
67227 **Frankenthal**

Tabakhaus Büttner
Kornmarkt 9
60311 **Frankfurt/Main**

Palm Tobacco
Schillerstr. 4
60313 **Frankfurt/Main**

Tabak + Pfeife
in der Galerie Freßgasse
60313 **Frankfurt/Main**

Tabac Fischer
Münchener Str. 22
60329 **Frankfurt/Main**

Gebr. Heinemann
Flughafen
Abflughallen A + B
60549 **Frankfurt/Main**

Friedrich Freytag
Kaiser-Josef-Str. 222
79098 **Freiburg/Breisgau**

Stefan Meier Tabakwaren
Rathausgasse 26
79089 **Freiburg/Breisgau**

Palm Tobacco
Universitätsplatz 1
36073 **Fulda**

Zigarren Huber
Hauptstr. 30
82256 **Fürstenfeldbruck**

Zigarren Maiß
Neumarkt 1
45879 **Gelsenkirchen**

Wolsdorff Tobacco
Hochstr. 18
45894 **Gelsenkirchen**

Richard Wagner
Bahnhofstr. 106
35390 **Gießen**

Wolfgang Wagner
im City Center
35390 **Gießen**

Vogel's Tabakstube
Gerberstraße 15
73033 **Göppingen**

Wolsdorff Tobacco
vorm. E. Nehrkorn
Weenderstr. 70
37073 **Göttingen**

Zigarren- und Pfeifenhaus
König & Schubert
Barfüßerstr. 16
37073 **Göttingen**

Stefan Kleiner
Hansering 1
06108 **Halle/Saale**

Pfeifen-Timm
in der Landesbank-Galerie
20095 **Hamburg**

Wolsdorff Tobacco
Spitaler Str. 16
20095 **Hamburg**

M. Niemeyer
Gerhofstr. 40
20354 **Hamburg**

Pfeifen-Tesch
Colonnaden 10
20354 **Hamburg**

Tabacalera Hanseatica
Große Bleichen 36
20354 **Hamburg**

Tobacco World
Große Bleichen 1
20354 **Hamburg**

Tabak Richter
Alte Holstenstr. 66
21029 **Hamburg**

Dan Pipe
Frickert & Behrens
Curslacker Deich 136
21039 **Hamburg**

Pipe & Tobacco Shop
Rahlstedter Bahnhofstr. 21
22143 **Hamburg**

Pfeifen-Timm
im Elbe-Einkaufszentrum
22609 **Hamburg**

Hatje – Zigarrenmacher
Alte Königstraße 5
22767 **Hamburg**

Ch.J. Lossow
Am Markt 13
63450 **Hanau**

Pfeifenstube Heck
Rosenstr. 15
63450 **Hanau**

Pfeifenstudio Mühlhausen
Luisenstr. 10
30159 **Hannover**

Zigarren- und Pfeifenhaus
König & Schubert
Lavesstr. 71
30159 **Hannover**

Tabak Bieler
Hauptstr. 106
69117 **Heidelberg**

Tabak Sasse
Am Wollhaus 3
74072 **Heilbronn**

Pfeifen-Bresser
Berliner Str. 1
44652 **Herne**

Zigarrenhaus W. Wagner
Altstadt 7
95028 **Hof/Saale**

Zigarrenhaus Knöß
Kurhausstraße 3
65719 **Hofheim**

Raucher-Boutique
Franz Tropschuh
Theresienstr. 17
85049 **Ingolstadt**

Tabakhaus Kaufmann
Pirmasenser Str. 18
67655 **Kaiserslautern**

Eugen Kohm
Waldstr. 40a
76133 **Karlsruhe**

Pipe Shop & Exquisit
Wolfsschlucht 3
34117 **Kassel**

Tabak-Treff
in der Kurfürstengalerie
34117 **Kassel**

Zigarren Baumert
Centrum am Markt
77694 **Kehl**

Cigarrendepot
beim Pfeifenmacher
Knooper Weg 46
24103 **Kiel**

Tabac Trennt
Möllingstr. 28
24103 **Kiel**

Pipe House Jürgen Wilde
Jesuitengasse 1
56068 **Koblenz**

D.u.B. Beden
Feuerzeug-Zentrale
am Dom
Komödienstr. 1
50667 **Köln**

Peter Heinrichs
Haus der 10.000 Pfeifen
Hahnenstr. 2
50667 **Köln**

Tabac-Collegium Cöln
Richartzstr. 12
50667 **Köln**

Wilhelm Steffany
Wallrafplatz 1
50667 **Köln**

tabacon shop Kießling
im Hauptbahnhof
04103 **Leipzig**

Peter Heinrichs
Sächsische Pfeifenstube
Petersssteinweg 5
04107 **Leipzig**

Zigarren-Backhaus
Lange Str. 74
59555 **Lippstadt**

Heinrich Möller
in der Holstentor-Passage
23552 **Lübeck**

Smokers Corner
Beckergrube 80
23552 **Lübeck**

Wolsdorff Tobacco
Breite Str. 63
23552 **Lübeck**

Bottle & Pipe
am Rathaus
39104 **Magdeburg**

tabacon shop Hartmann
im Allee-Center
39124 **Magdeburg**

Wolsdorff Tobacco
Betzelstr. 23–25
55116 **Mainz**

Zigarren Hofmann
Fuststr. 2
55116 **Mainz**

L. Barbarino
Q 1/5
68161 **Mannheim**

Wolsdorff Tobacco
An den Planken O2, 1–10
68161 **Mannheim**

H. Knau
Gutenbergstr. 7
35037 **Marburg**

Peter Fendt
Postfach 11 33
87609 **Marktoberndorf**

H. Sturm
Kalchstr. 7
87700 **Memmingen**

Pfeifen- und Tabakhaus
Falkum
Hauptstraße 30
63897 **Miltenberg/Main**

Norbert H. Heinrich
Oberwallstr. 49
47441 **Moers**

Tabaksstube in der Altstadt
Friedrichstr. 39
47441 **Moers**

anno tobak
in der Theatergalerie
41061 **Mönchengladbach**

Dallmayr Tabacladen
Dienerstr. 15
80331 **München**

Diehl Smoker's Boutique
im Kaufinger Tor
80331 **München**

Pfeifen-Huber
Tal 22
80331 **München**

Wilh. Bader
am Marienplatz
80331 **München**

Max Zechbauer
Residenzstr. 10
80333 **München**

Wilh. und Rich. Diehl
Theatinerstr. 9
80333 **München**

Tabak Sommer
Dachauer Str. 7
80335 **München**

Wilhelm Fincke
Hammer Str. 63
48153 **Münster**

Zigarren Lammerding
im Hauptbahnhof
48161 **Münster**

Tabak Shop Schmahl
Großflecken 48
24534 **Neumünster**

Tabak Haack
im Herold-Center
22850 **Norderstedt**

Drexler's Tabakstube
Kaiserstr. 32
90403 **Nürnberg**

Michel Cigarren
im Hauptbahnhof
90433 **Nürnberg**

Paul Neifer
CentrOallee 164
46047 **Oberhausen**

Der Tabakladen
Herrnstr. 14
63065 **Offenbach**

L. Barbarino
Steinstr. 14
77652 **Offenburg**

Herman Paraat
Haarenstr. 18
26122 **Oldenburg**

Tabakhaus Mensler
Kisau 5
33098 **Paderborn**

Tabak Sigrist
Westliche 53
75172 **Pforzheim**

Cigar Gallery Pflaum
Poststr. 10
76437 **Rastatt**

Tabak Götz
Neupfarrplatz 3
93047 **Regensburg**

Tabak-Eck Naethbohm
Neuer Markt 14
18055 **Rostock**

Tabakwaren Andrea Nitz
Breite Str. 11
18055 **Rostock**

Zigarrenhaus Cesinger
Hafengasse 8
91541 **Rothenburg ob der Tauber**

Tabac Hirschmann
Marktplatz 25
73614 **Schorndorf**

Tabak Treff Wolfgang R.
Marktplatz 36
73525 **Schwäbisch Gmünd**

Zigarrenhaus Preußler
Friedrichstr. 6
19055 **Schwerin**

Siegener Tabakstube
Am Bahnhof 11
57072 **Siegen**

Haco – Kaffee und Tabak
Scheffelstr. 25
78224 **Singen**

Hugo Jahn
Düsseldorfer Str. 26
42697 **Solingen**

Zigarrenhaus Bennung
Kaiserstr. 41
66386 **St. Ingbert**

Alte Tabakstube
am Schillerplatz
Ralph Knyrim
Schillerplatz 4
70173 **Stuttgart**

Dürninger Classic
Karlspassage (Breuninger)
70173 **Stuttgart**

Pfeifen Archiv
Calwer Passage
70173 **Stuttgart**

Wolsdorff Tobacco
Königstraße 28
70173 **Stuttgart**

Tabacum
Schwabstr. 120
70193 **Stuttgart**

Wolsdorff Tobacco
Simeonstr. 40
54290 **Trier**

Cigarillo – Tabakwaren
Platzgasse 23
89073 **Ulm**

Dürninger Classic
Münsterplatz 90
89073 **Ulm**

Thomas Rösler
Wielandstr. 3
99423 **Weimar**

Andreas Voss
Strandstr. 4
25980 **Westerland/Sylt**

Thomas Timm
Strandstr. 6
25980 **Westerland/Sylt**

Tabakshop Barbarino
An den Quellen 10
65183 **Wiesbaden**

Pfeifenhaus Zander
Kirchgasse 54
65183 **Wiesbaden**

Otto Boenicke
Alte Freiheit 2
42103 **Wuppertal**

Pfeifen-Bruck
Friedrichstr. 52
42105 **Wuppertal**

Pfeifen-Roesch
Dominikanerplatz 3d
97070 **Würzburg**

Wolsdorff Tobacco
Domstr. 3
97070 **Würzburg**

**Verzeichnis guter Fach-
geschäfte in Österreich**

Karl Schnöller
Hauptstr. 44
7000 **Eisenstadt**

Horst Dreier
Weblinger Gürtel
8054 **Graz**

Fridolin Nessler
Maria-Theresien-Str. 2
6020 **Innsbruck**

Edith Wallnöfer
Maria-Theresien-Str. 31
6020 **Innsbruck**

Erika Springer
Burggasse 6
9020 **Klagenfurt**

Ute Breitwieser
Landstr. 70
4020 **Linz**

Kurt Friedrich
Alemannenstr. 20c
6830 **Rankweil**

Mag. Barbara Schiller
Rainerstr. 4
5020 **Salzburg**

Walter Schweller
Kremsergasse 6
3100 **St. Pölten**

Michael Mohilla
Kohlmarkt 6
1010 **Wien**

Georg Vacano
Kettenbrückengasse 21
1050 **Wien**

Josef Seiberl
Reinprechtsdorfer Str. 11
1050 **Wien**

Gerhard Cink
Favoritenstr. 152
1100 **Wien**

Klaus Fischer
Meidlinger Hauptstr. 42
1120 **Wien**

Rudolf Novak
Seitenberggasse 78
1170 **Wien**

**Verzeichnis guter Fach-
geschäfte in der Schweiz**

Tabakhaus zum Adler
Rathausgasse 31
5000 **Aarau**

Tabacaria SA
Am Obersee
7050 **Arosa**

Fausto Vacchini
P. Motta 33
6612 **Ascona**

Negozio La Riva
P. Motta 22
6612 **Ascona**

Badener Tabakhaus
Rathausgasse 7
5400 **Baden**

Lonesa SA
Centro Shopping
6828 **Balerna**

Oettinger Cigares
Marktplatz 21
4001 **Basel**

Intertabak
Havanna-Haus
Aeschenvorstadt 48
4051 **Basel**

Intertabak
Pfeifen-Wolf
Freie Str. 10
4051 **Basel**

Oettinger Cigares
Aeschenvorstadt 4
4051 **Basel**

Oettinger Cigares
Steinenvorstadt 2
4051 **Basel**

Zum Münsterberg
Freie Str. 81
4051 **Basel**

Oettinger Cigares
Centralbahnplatz 9
4052 **Basel**

Jenni's Tabakblatt
Untere Rebgasse 27
4058 **Basel**

A. Dürr & Co.
Spitalgasse 37
3011 **Bern**

Cigarren Flury
Bahnhofplatz 3
3011 **Bern**

Kägi Zigarren
Theaterplatz 2
3011 **Bern**

Küttel Tobacco SA
im Bahnhof
Christoffelunterführung 4
3011 **Bern**

Keller Tabak
Niedaugasse 20
2500 **Biel**

Wellauer & Co.
Bahnhofstr. 10
9470 **Buchs**

Tabaccheria
Corso San Gottardo 19
6830 **Chiasso**

Cigarren Mettler
Bahnhofstr. 14
7001 **Chur**

Grisotabak
Seilerbahnweg 8
7001 **Chur**

Librairie de Crans
Jacky Bonvin SA
3963 **Crans-sur-Sierre**

Cigarren-Haus
Promenade 73
7270 **Davos-Platz**

La Tabatière
26, Boulevard de Perolles
1700 **Fribourg**

Gérard Père et Fils
Hotel Noga Hilton
19, Quai du Mont-Blanc
1201 **Genève**

Les Tabacs Boutiques SA
34, rue Plantamour
1201 **Genève**

Tabac Rhein
1, rue du Mont-Blanc
1201 **Genève**

Comptoir des Tabacs
du Rhône
59, rue du Rhone
1204 **Genève**

Davidoff & Cie SA
2, rue de Rive
1204 **Genève**

Dunhill SA
100, rue du Rhône
1204 **Genève**

A. Dürr & Co.
Einkaufszentrum Glatt
8301 **Glattzentrum**

Cigares Tobacco
Hauptstrasse
3780 **Gstaad**

Tabakhüsli
Molkereistr. 12
8645 **Jona**

Portmann Tabakwaren
Konstanzer Str. 6
8280 **Kreuzlingen**

Tabatière Küsnacht
Bahnhofstr. 6
8700 **Küsnacht**

Tabatière du Théâtre
29, Avenue Léopold Robert
2300 **La Chaux-de-Fonds**

Tabacs-Souvenirs
Peyron-Arbez
1265 **La Cure-sur-Nyon**

Cigares Besson
22, rue de Bourg
1000 **Lausanne**

Tabacs Maillefer
5, Grand-Chêne
1000 **Lausanne**

Masson & Cie
28, rue de Bourg
1003 **Lausanne**

Tabacchi Cavallini
Via Nassa 21
6900 **Lugano**

Leoni Cigares
Via Nassa 68
6900 **Lugano**

Naegeli zum Tabakfass
Schwanenplatz 2
6004 **Luzern**

Tabacshop
46, Grand Rue
1820 **Montreux**

Tabak-Fachgeschäft
Hämmerli
Hauptgasse 43
3280 **Murten**

Pattus Tabacs
2, rue St. Maurice
2000 **Neuchâtel**

Tabacs La Couronne SA
34, rue de Rive
1260 **Nyon**

Naegeli zum Tabakfass
Seedamm-Center
8808 **Pfäffikon**

Wellauer & Co.
Basler Str. 27
4600 **Olten**

Raststätte Pratteln
Tabakblatt
4133 **Pratteln**

Mangeng Tabak
Hauptstr. 46
9424 **Rheineck**

Tabacs à la Civette
72, Grand Rue
1180 **Rolle**

Arcada-Silvretta
7563 **Samnaum**

Haus Cristal
7563 **Samnaum**

Naegeli zum Tabakfass
Goldsteinstr. 23
8202 **Schaffhausen**

Galerie Sédunoises
17, Avenue de la Gare
1950 **Sion**

Tabacs La Bouffard
10, rue de Lausanne
1950 **Sion**

A. Dürr & Co.
Hauptgasse 3
4500 **Solothurn**

Naegeli zum Tabakfass
Mode Center Tivoli
8957 **Spreitenbach**

Naegeli zum Tabakfass
Shopping Center
8957 **Spreitenbach**

Wellauer & Co.
Neugasse 1
9001 **St. Gallen**

Wellauer & Co.
St.-Leonhard-Str. 31
9001 **St. Gallen**

Wellauer & Co.
Walenbüchelstr. 21
9001 **St. Gallen**

Tabak O. Brühwiller
Spisergasse 17
9004 **St. Gallen**

Havanna-Haus Monopol
Via Maistra 17
7500 **St. Moritz**

Paul Buder
Via Rosatsch 9
7500 **St. Moritz**

Tabakhaus
Städtle 35
9490 **Vaduz**

Aux Galerie
Laurent et Marie Carron
1936 **Verbier**

Tabacs
49, Route de Thônon
1222 **Vésenaz**

Naegeli zum Tabakfass
Untertor 14
8400 **Winterthur**

Naegeli zum Tabakfass
Autobahnbrücke N1
8116 **Würenlos**

Shopping-Center Victoria
3920 **Zermatt**

Papeterie Wega
Vis-à-vis Poste
3920 **Zermatt**

Naegeli zum Tabakfass
Industriestr. 13b
6300 **Zug**

A. Dürr & Co.
Bahnhofplatz 6
8001 **Zürich**

A. Dürr & Co.
Paradeplatz 3
8001 **Zürich**

Davidoff Dépositaire
Agréé E. Roth
Poststr. 12
8001 **Zürich**

Naegeli zum Tabakfass
Bellevue, Theaterstr. 14
8001 **Zürich**

Naegeli zum Tabakfass
Bahnhofstr. 70
8001 **Zürich**

Tabacum
Bahnhofstr. 22
8001 **Zürich**

Tabak Victoria
Löwenstr. 68
8001 **Zürich**

Tabaklädeli Wagner
Storchengasse 19
8001 **Zürich**

Schwarzenbach P & Co.
im Hauptbahnhof
8023 **Zürich**

Cigares Ursula Bender
Edisonstr. 5
8050 **Zürich**

Casas del Habano*

Hotel Semiramis
Intercontinental, **Kairo**
Ägypten

Placa Co-Princeps,
Escáldes-Ergordany,
Andorra la Vella
Andorra

Heritage,
Quay No. 45, **Saint-John's**
Antigua

Viamontes No. 524, 1er
Piso, Apt. 1, **Buenos Aires**
Argentinien

Royal Plaza, **Oranjestad**
Aruba

Hotel Graycliff,
West Hill Street, **Nassau**
Bahamas

Shop No. 8, Le Royal
Meridien, **Manama**
Bahrain

Alameda Lorena
No. 1821, **São Paulo**
Brasilien

Fasanenstr. 9–10,
10623 **Berlin**
Deutschland

Poststr. 70,
40667 **Meerbusch**
Deutschland

169, Boulevard Saint
Germain, 75006 **Paris**
Frankreich

258 Kiffisias-Str.,
15451 **Athen**
Griechenland

Centre Saint-John,
Perse No. 54
97110 **Pointe-à-Pitre**
Guadeloupe

Villa Creole,
Saint-Jean, FWI 97133,
Saint-Barthélemy
Guadeloupe

Port La Royal,
71, rue de la Liberte,
Marigot, FWI 197150,
Saint Martin
Guadeloupe

Jalan, M.H. Thamrin,
10310 **Jakarta**
Indonesien

Islamic Bank Building,
Shmeissani, **Amman**
Jordanien

* Stand: Mitte 1999

1434 Sherbrooke Quest,
Montreal, Quebec
Kanada

980 Robson Street,
Vancouver,
British Columbia
Kanada

473 Ouelete Avenue,
Windsor, Ontario
Kanada

Fábrica Partagás, Industria
No. 520, **La Habana Vieja**
Kuba

Museo del Tabaco,
Mercaderes No. 120,
La Habana Vieja
Kuba

Ave. 5ta, Esq. 248,
Santa Fé, Marina
Hemingway, **La Habana**
Kuba

5ta y 16, Miramar
Plaza, **La Habana**
Kuba

Hotel Palco, Palacio
de las Convenciones,
Siboney, **La Habana**
Kuba

Ave. 1ra., Esq. 64,
Varadero, Matanzas
Kuba

Al-Sawani-Center,
Sheraton, Rounda Bout
Kuwait

Notre Dame Building,
Sassine Square,
Achrafieh, **Beirut**
Libanon

Art Center, Abu Jawde
Building, Zalka
Boulevard, **Beirut**
Libanon

Plaza Mazaryk, Presidente
Mazaryk No. 393,
Local 28, Col. Polanco
11560, **Mexico** (City)
Mexiko

Plaza Loreto, Altamirano
No. 46, Local 119,
Col. Tizapan San Angel
01090, **Mexico** (City)
Mexiko

Plaza Flamingo No. 233,
Zona Hotelera,
Cancun, Quintana Roo
Mexiko

Baja California Plaza,
Río Tijuana,
Paseo de Heroes No 95,
Local D-09, Zona Río,
Tijuana, Baja California
Mexiko

Calle Samuel Lewis, Santa
Rita, Centro Comercial,
Plaza Obarrio, Planta Baja,
Local No. 5, **Panama** (City)
Panama

Prince Sultan Street,
Olaya, **Ar Rijad**
Saudi-Arabien

Saladin Street,
Al Malaz, **Ar Rijad**
Saudi-Arabien

Palestine Road,
Alhambra, **Dschidda**
Saudi-Arabien

Bleicherweg 18,
8001 **Zürich**
Schweiz

48 Oriental Avenue,
10500 **Bangkok**
Thailand

Hotel Intercontinental,
Nam Curieovych 43/5,
1100 **Prag**
Tschechien

Nispetiye Cad 32/A1,
Levent, **Istanbul**
Türkei

Hotel Intercontinental,
Shopping Arcade, **Dubai**
Verein. Arab. Emirate

Riga Fereou,
Str. No. 4, **Limassol**
Zypern

Internetseiten (Auswahl)

Hersteller und/oder Importeure

www.arnold-andre.de: Arnold André, Bünde
www.chambrair.de: Chambrair, Hamburg
www.charles-fairmorn.com: Charles Fairmorn, Dingelstädt
www.dalay.de: Dalay Trading, Saarbrücken
www.dannemann.de: Dannemann, Lübbeke
www.davidoff.com: Oettinger-Davidoff-Gruppe, Basel (Schweiz)
www.5thavenue.de: 5th Avenue Products, Waldshut-Tiengen
www.habanos.de: 5th Avenue Products, Waldshut-Tiengen
www.john-aylesbury.de: John Aylesbury, Mülheim/Ruhr
www.laura-chavin.com: Laura Chavin, Hochdorf
www.schustercigars.de: August Schuster, Bünde
www.villiger.ch: Villiger, Waldshut-Tiengen

Magazine und unabhängige Infoseiten

www.cigar.ch: Das Schweizer »Cigar Magazin«
www.cigar-cult.at: Das »European Cigar Cult Journal«
www.habana.de: Komplette Übersicht der Havanamarken
www.zigarrenwelt.de: Deutschsprachiges Internet-Magazin für Zigarrenliebhaber

Zigarrenversand von Händlern

www.bennung.de: Zigarrenhaus Bennung, St. Ingbert
www.casa-del-habano.de: Casa del Habano, Berlin
www.cigar.de: Zigarrenversand Peter Fendt, Marktoberndorf
www.cigar-culture.com: Zigarren und Accessoires, Hohenems (Österreich)
www.cigarworld.de: Tabac Benden, Düsseldorf
www.derschnoor.de: Tabac & Pfeife, Bremen
www.falkum.de: Pfeifen- und Tabakhaus Falkum, Miltenberg/Main
www.havannas.ch: Schweizer Zigarrenversand
www.kiwus.de: Kiwus ... nur für Raucher, Berlin
www.la-casa-del-habano.com: Casa del Habano, Meerbusch
www.le-cigar-box.ch: Schweizer Zigarrenversand
www.pfeife.de: Peter Heinrichs, Köln
www.pfeifenstudio.de: Tabak Jurewicz, Aachen
www.pipehouse.de: Pipe House Jürgen Wilde, Koblenz
www.pipeshop.de: Pipe Shop & Exquisit, Kassel
www.schneiderwind.de: Pfeifen-Schneiderwind, Aachen
www.smokers-corner.de: Smokers Corner, Lübeck
www.tabakmeier: Stefan Meier Tabakwaren, Freiburg im Breisgau
www.tobacco.de: Pfeifen-Linzbach, Düsseldorf
www.zechbauer.de: Max Zechbauer, München
www.zigarren-herzog.com: Zigarren Herzog, Berlin
www.zigarren-stenger.de: Zigarren Stenger, Aschaffenburg
www.zigarrenversand.de: Zigarrenhaus P. Weinig, Bamberg

Zum Schluß: Englischsprachiges

www.cigaraficionado.com: Online-Ausgabe des US-Magazins »Cigar Aficionado«
www.cigargroup.com: Website von der »Internet Cigar Group«
www.smokemag.com: Online-Ausgabe des US-Magazins »Smoke Magazin«

Register

Abkürzungen: BS = Bundesstaat, DA = Dachmarke, DB = Deckblätter, DF = Deckblatt-Farbe, FA = Fabrik(en), FI = Figurado, FM = Familie, FO = Format, H = Havanna, HF = Havanna-Format, LF = Longfiller, O = Ort, S = Staat, SF = Shortfiller, U = Unternehmen, ZT = Zigarrentabak